Louis Kaplan
Vom jüdischen Witz zum Judenwitz

Die Andere Bibliothek

Begründet von
Hans Magnus Enzensberger

Louis Kaplan

Vom jüdischen Witz zum Judenwitz

Eine Kunst wird entwendet

Aus dem amerikanischen Englisch von Jacqueline Csuss. Mit 24 Illustrationen

9 Vorwort

17 Einleitung
Der Witz und seine Fragen
19 Der schmale Grat zwischen jüdischer Selbstironie und Antisemitismus
34 Ideologische Prismen und zeitgenössische Strömungen
39 Witzenschaft: Die Wissenschaft vom jüdischen Witz
46 Mit der Weisheit am Ende — Unter Tränen lachen

61 1 Sekundäre Bewegungen
Arthur Trebitsch und der jüdische Witz
67 Lessings Rückkehr des (närrisch) Verdrängten
71 Die „Judenfrage" auf der Trebitsch'schen Spiegelbühne
76 „Das ist echt jüdisch": Auf der Suche nach der Authentizität im Witz
80 Heimisch im Haus der Sprache
84 „Auf der Ka-Lauer"
88 Der Beinahe-Ghostwriter Freuds
94 Otto Weininger als Trebitschs Witzeschreiber
102 Vom Geschäftlichen: Fragwürdige Praktiken
107 Postskriptum: In den Wiener Strudel gefallen

123 2 Von Karikaturen, Witzen und Antisemitismus
Eduard Fuchs
129 Die antisemitischen Wurzeln der Karikaturen und Witze über Juden
134 Jüdische Selbstironie verstehen
139 Jüdische Selbstironie als Verteidigung
145 Der Rothschild-Witz: Vom jüdischen Wortspiel zur Kapitalismuskritik
150 Der Metawitz: Wie Juden lachen
155 Komische Demaskierung in einem „ehrenwerten" jüdischen Witz

159 Das Gespenst Adolf Hitlers und des Nationalsozialismus
165 Die untergehende Sonne

183 3 Von Wächtern und Kabarettisten
Jüdische Witze und Meinungsfreiheit in der Weimarer Republik
184 Als Alfred Wiener und dem Central-Verein das Lachen verging
195 Kurt Robitscheks Verteidigung des selbstironischen jüdischen Witzes
210 Schlussbemerkung

223 4 „Weit von wo?"
Erich Kahler und der jüdische Galuthwitz
229 Kahlers Argument im Detail
240 Der deutsche Michel
251 Rabbi Browne und die Grenzen „weiser jüdischer Selbstironie"
259 „Bist du wahnsinnig?" Kahler erzählt Thomas Mann einen Galuthwitz
262 Auserwählt für die Diaspora

277 5 Von Witzen und Propaganda
Die Mobilisierung des jüdischen Witzes in der NS-Zeit
280 Humor in der Propaganda: Theorie und Praxis der Nazis
290 Kadners tödlicher Diskurs
314 Schluss: Gegenpropaganda

327 6 Jüdischer Witz — Trauer und Wiedergutmachung in Deutschland und Österreich nach dem Holocaust
332 Der Witz als Trauer
336 Von Trauerritualen und Bergungsaktionen
342 Der jüdische Witz nach dem Holocaust: Die Umwandlung des Leidens in Lachen
347 Landmanns Buch als philosemitische Erfolgsgeschichte

352 Entschlüsselung einer antisemitischen Erfolgsgeschichte
359 Torberg gegen Landmann — jüdischer Witz als Trauer und Wiedergutmachung
368 Der Witz von der „Wiederjudmachung": Jüdische Witze als Revanche

389 Ein letzter Lacher

395 Epilog
Der jüdische Witz in Amerika unter Trump
397 Larry Davids Enthusiasmus
399 Von Borat zu Morad
401 Ironischer Nazismus und andere antisemitische Eskapaden

407 Danksagung
412 Abbildungsnachweis

Vorwort

Vom jüdischen Witz zum Judenwitz – der deutsche Titel dieses Buches will erklärt werden. Er erzählt zuerst von einer Transformation über einen längeren Zeitraum hinweg: Der Gegenstand dieses Buches hat sich gewandelt, er wurde verwandelt. Wenn wir die Uhr zurückdrehen, setzte der historische Übergang vor rund zweihundert Jahren ein, als jüdische Witze erstmals gesammelt und in Buchform und Pamphleten veröffentlicht wurden, beginnend 1810 mit Judas Aschers *Der Judenfreund, oder, Auserlesene Anekdoten, Schwänke und Einfälle von den Kindern Israels*. Im Laufe der nächsten hundertfünfundzwanzig Jahre riss der Strom dieser volkstümlichen Publikationen nicht mehr ab. Wenn es eine Transformation gäbe, stünde am Ende des jüdischen Witzes der „Judenwitz", am Kulminationspunkt jenseits allen Witzes und aller Weisheit: *At Wit's End,* also dort, wo man mit seiner Weisheit am Ende ist. Die völkisch-nationalistische Rhetorik mit ihrer Verhöhnung des *Judenwitzes* und seiner kulturellen Besonderheit geht Hand in Hand mit der „Judenfrage", jener gehässigen antisemitischen Redefigur, die in den 1880er-Jahren aufkam und schlussendlich die politische und rassistische Propaganda der Nationalsozialisten und deren erklärtes Ziel beherrschte, die Juden und ihre Witze auszulöschen. Bedenkt man jedoch, dass auch schon die frühen jüdischen Witzsammlungen von der Rhetorik des *Judenwitzes* kontaminiert waren, kann bereits am Beginn dieser Reise von begrifflicher Reinheit keine Rede sein. Diese Überlegung steht im Mittelpunkt von Jefferson Chase' aufschlussreichem Buch *Inciting Laughter: The Development of "Jewish Humor" in 19th Century German Culture* (2000). Chase veranschaulicht darin, wie die sogenannten „Judenwitzler" Ludwig Börne, Heinrich Heine und Moritz Saphir kontinuierlich mit dem toxischen Fallout des „zersetzenden" Judenwitzes konfrontiert waren, den er sowohl als negatives Stereotyp als auch als affirmative schriftstellerische Strategie ansieht.

Im Sinne dieser zweiten Interpretation entspricht *Vom jüdischen Witz zum Judenwitz* einer anhaltenden Dialektik von These und Antithese und wäre der Philosophie eines Hegel würdig (der kein Freund der Juden oder auch nur von jüdischen Witzen war). Diese Dialektik konstituiert ein Pendel, das zwischen den beiden Polen oszillierend ständig hin und her schwingt. Die Suche nach etwas rein Positivem oder Negativem, das vom jeweiligen Gegenstück nicht kontaminiert wird, erweist sich bald als vergeblich (und ist für sich genommen vielleicht schon ein Witz). Mit diesen komischen Schwankungen und logischen Widersprüchen vor Augen müssen wir darüber nachdenken, wie und wann affirmative jüdische Witze für antisemitische Absichten zweckentfremdet (oder verdreht) und zu gehässigen Judenwitzen werden. Eine Möglichkeit der Unterscheidung wäre die Frage, wer einen (ein und denselben) Witz erzählt und zu welchem Zweck. Nun ist aber der Grat zwischen jüdischer Selbstironie und Antisemitismus ein schmaler und ihre Nähe zueinander der Grund, warum eine kulturelle Aneignung bzw. Entwendung so ohne Weiteres möglich ist. Wann wird jüdische Selbstironie mit ihrem Hang zur Selbstabwertung und Selbstverhöhnung antisemitisch? Viele Deutungen versuchen, zwischen positiven, authentischen „jüdischen Witzen" und negativen, stereotypen „Witzen über Juden", also zwischen guten und schlechten Witzen zu unterscheiden. Wie aber verhält es sich mit den „Ausrutschern", den Abweichungen des einen in den anderen? Eben darum ging es in der Kontroverse um die Sammlung *Der jüdische Witz* (1960) von Salcia Landmann, der man entgegen jeder Absicht vorwarf, antisemitische Klischees zu verbreiten. (Landmann hatte übrigens kein Problem damit, den in ihren Augen offenbar nicht pejorativen Begriff „Judenwitz" zu gebrauchen, was eine Unterscheidung zusätzlich verkompliziert.) Und was, wenn sich ein jüdischer Komödiant einen abwertenden Begriff wie das englische „Heeb" oder das deutsche „Jud" „zurückholt" und das schmähliche Schimpfwort in ein stolzes Identitätsmerkmal rückverwandelt? Alle diese Beispiele veranschaulichen die komische Technik, die mit dem schwankhaften (jüdischen/Juden-)Witz einhergeht und *spin* genannt wird – es ist die Inversion, die die Dinge auf den Kopf stellt.

Das „jüdische Gelächter" hingegen war fester Bestandteil der antisemitischen Sündenbockpolitik Adolf Hitlers, als er zum ersten Mal mit der „Vernichtung der jüdischen Rasse in Europa" drohte. Bei seiner Reichstagsrede am 30. Januar 1939 (anlässlich des sechsten Jahrestags der Machtergreifung durch die Nationalsozialisten) ereiferte sich Hitler darüber, dass er von einem bestimmten Typus jüdischen Gelächters verfolgt, verspottet und behelligt werde. In dieser Rede, die sich zu Hitlers verhängnisvoller Ankündigung steigerte, bilden der Judenwitz und die sogenannte Judenfrage eine Einheit. Hitler bedient in dieser von hasserfüllter Rachsucht getriebenen Ansprache das alte antisemitische Stereotyp vom zersetzenden Judenwitzler und verwehrt sich dagegen, seit Jahren zum Gegenstand jüdischen Spotts und Hohns gemacht zu werden – zur Zielscheibe jüdischer Witze. Er inszeniert sich in der Rolle des verschmähten Propheten, der seine Kritiker und Verleumder nun endgültig Lügen straft, und erinnert daran, dass die Juden schon über seine früheren Prophezeiungen gelacht hätten, jetzt aber werde der Spieß umgedreht und wer zuletzt lacht, lacht am besten. Bezeichnend ist, dass Hitler die Lösung der Judenfrage in einen direkten Zusammenhang mit einer Antwort auf den jüdischen Spott stellt. In diesem dunklen Licht wird die „Endlösung" zur todernsten Entschlossenheit, das schallende jüdische Gelächter zum Verstummen zu bringen. Da die berüchtigte Rede unterstreicht, was im vorliegenden Buch mit dem tödlichen Diskurs über und gegen den jüdischen Witz gemeint ist, soll auszugsweise aus besagter Rede zitiert werden:

„Ich bin in meinem Leben sehr oft Prophet gewesen und wurde meistens ausgelacht. In der Zeit meines Kampfes um die Macht war es in erster Linie das jüdische Volk, das nur mit Gelächter meine Prophezeiungen hinnahm, ich würde einmal in Deutschland die Führung des Staates und damit der ganzen Nation übernehmen, und dann, unter vielen andern, auch das jüdische Problem zur Lösung bringen. Ich glaube, daß dieses damalige schallende Gelächter dem Judentum in Deutschland unterdessen wohl schon in der Kehle erstickt ist."

Am Vorabend des Zweiten Weltkriegs war das Lachen zu einer sehr ernsten Angelegenheit geworden. Und steckt es erst in der Kehle, kann es auch ersticken, und dann kann dieses „schallende Gelächter" zum Todesröcheln werden. Das ist der Kern von Hitlers Botschaft und dämonisierender Absicht. Bezeichnend ist auch, dass nach seiner Ankündigung vom Ende des jüdischen Lachens im Saal drei Geräusche herauszuhören sind – Applaus, Gelächter und ein hustender Hitler. In kaum zu übertreffender Ironie bildet dieses dem Brustkörper des „Führers" entweichende Mortalitätssignal – das ihm in der Kehle stecken bleibt – den Abschluss der antisemitischen Tirade und wird zur Begleitmusik des gehässigen Gelächters und pflichtbewussten Applauses seiner Anhänger. Hitlers trockener Husten ist die reaktionäre Antwort auf „das schallende Gelächter" des Judentums in Deutschland.

Es ist dies das zweite Mal, dass eines meiner Bücher in der „Anderen Bibliothek" erscheint. Ich erinnere mich noch gerne an das erste Mal vor fast dreißig Jahren und an die freundliche Unterstützung und Anleitung ihres Gründungsverlegers Hans Magnus Enzensberger. Und während mein damaliges *Buch des Unrats* (1992, Band 91) eine Bearbeitung von John Gregory Bourkes *Scatalogic Rites of All Nations* war (das 1913 erstmals ins Deutsche übersetzt wurde), in dem die Grenzen zwischen skatologischer Wissenschaft und Fäkalhumor verschwammen, ist der Ausgangspunkt der vorliegenden Abhandlung die unscharfe Grenze zwischen selbstironischen jüdischen Witzen und gehässigem antisemitischem Spott. (Zufällig setzen beide Bücher im selben Zeitraum an und in beiden begegnet man Sigmund Freud.) *Vom jüdischen Witz zum Judenwitz* nimmt die Leser mit auf eine kulturhistorische Reise, die in der Weimarer Republik und der Ersten Republik Österreich beginnt und über den Aufsticg der Nationalsozialisten und das Dritte Reich bis in die Ära der Wiedergutmachung nach der Shoah reicht (als der jüdische Witz wieder gut gemacht wurde und sich freilich die Frage stellte, ob das eine angemessene Weise zu trauern war). Unterwegs kommt es zu Begegnungen mit unterschiedlichen Protagonisten und ihren Überlegungen zum jüdischen Witz – die Bandbreite reicht vom österreichischen Antisemiten und konvertierten Juden Arthur Trebitsch zum deutsch-jüdischen Exil-Historiker Erich von Kahler, vom NS-Kulturpropagandisten Siegfried Kadner zum neo-marxistischen Kulturhistoriker der Karikatur Eduard Fuchs und vom jüdischen Kabarettisten Kurt Robitschek zum jüdischen Funktionär Alfred Wiener. Es handelt sich um einen Diskurs aus unterschiedlichen ideologischen und fachlichen Perspektiven, vertreten von Autoren, die in einer von Krisen zerrütteten Zeitspanne über die Bedeutung und Signifikanz des jüdischen Witzes nachdachten und stritten. Kurzum, es ist kein Buch jüdischer Witze, sondern eines, das den jüdischen Witz und die zentrale Rolle reflektiert, die er in den deutsch-jüdischen kulturellen Beziehungen und Begegnungen im 20. Jahrhundert spielte.

In Zeiten der Pandemie könnten wir alle mehr denn je eine Impfdosis jüdischen Lachens vertragen. Die Beziehung von Lachen und Leid – oder von Lachen, das dem Erlittenen entspringt – gehört gewiss zu den wichtigsten Erkenntnissen im Zusammenhang mit der kulturellen Rolle und historischen Funktion des jüdischen Witzes; sie ist auch der Grund, warum wir uns besonders in schwierigen Zeiten auf ihn besinnen – als Bewältigungsmechanismus und als komisches, die Spannung lösendes Ventil. Zu einer Zeit schließlich, da in Europa und Nordamerika der verdrängte Hass gegen Juden und andere Minderheiten unter Federführung von Neonazis und Alt-Right-Gruppen wieder aufbricht, scheint es umso angebrachter, sich mit dem jüdischen Witz und seinem belasteten Verhältnis zum Antisemitismus zu beschäftigen. Umgekehrt höre ich aber auch auf das, was uns jüdische Witze nicht sagen können und was sich einer Reflexion häufig widersetzt, und ich denke, auch das hat mich bewogen, dieses Buch zu schreiben. Das trifft vor allem dann zu, wenn uns jüdische Witze an den Punkt bringen, wo der Rest nicht Schweigen ist, sondern schallendes Gelächter. Vergessen wir also nie, dass es genau das war, was Adolf Hitler ebenso sehr fürchtete wie verabscheute.

Einleitung

Der Witz und
seine Fragen

Tief. Tief wie so viele jüdische Anekdoten.
Sie schließt einen Blick auf in die Tragikomödie
des heutigen Judentums.

(Heinrich Bermann in: *Der Weg ins Freie*
von Arthur Schnitzler)

1909 veröffentlichte der in Berlin lebende Illustrator, Karikaturist und Schriftsteller Edmund Edel (1864–1934) die erste monographische Abhandlung über den jüdischen Witz in deutscher Sprache.[1] Anders als Sigmund Freud, der den jüdischen Witz in *Der Witz und seine Beziehung zum Unbewussten* (1905)[2] in einen größeren, generell am menschlichen Verstand interessierten Zusammenhang stellte, scheint Edel an universell gültigen Aussagen über den Witz und sein Wesen weniger interessiert gewesen sein. In Edels *Der Witz der Juden*, einem im Feuilletonstil geschriebenen Büchlein, werden jüdische Witze nicht nur erzählt und analysiert, es werden darüber hinaus auch scharfsinnige Beobachtungen zur Bedeutung und Funktion des jüdischen Witzes in der modernen Kultur angestellt (Abb. 1). Edel ist aber auch von Anfang an bewusst, dass theoretische Mutmaßungen über Witz und Humor das beste Rezept sind, um das Lachen im Keim zu ersticken. Diese Beobachtung darf nicht unterschätzt werden; sie ist eine Lektion, die den hier präsentierten Fallstudien unbewusst innewohnt und mit der bunten Vielfalt des Diskurses über den jüdischen Witz und Humor zu tun hat, der zur Jahrhundertwende mit diesen und anderen Schriftstellern aufkam, als der jüdische Witz zum Gegenstand ernsthafter Forschungen wurde und sich als Redefigur in die größeren kulturellen und politischen Debatten zwischen Juden und Deutschen einbrachte, die in den deutschsprachigen Ländern vor dem ernüchternden und ideologisch aufgeladenen Hintergrund eines religiösen, wirtschaftlichen und rassischen Antisemitismus und der sogenannten „Judenfrage" geführt wurden. In einer archetypischen jüdisch-selbstironischen Geste, die sich über das eigene seriöse Unterfangen lustig macht, beschreibt Edel im Vorwort die Fall-

Einleitung

stricke einer „jüdischen Witz-Wissenschaft": „Es ist unmöglich, über das Lachen zu lachen – es ist schwer, über einen Witz eine theoretische Abhandlung zu schreiben. Alles Kommentieren verdirbt die Pointe, die Kugel an der Kette hindert am freien Ausschreiten."[3]

Der schmale Grat zwischen jüdischer Selbstironie und Antisemitismus

Edel greift das Thema jüdische Selbstironie als das maßgebliche Wesensmerkmal des jüdischen Witzes erst später auf. Diesbezüglich ist er mit Freud einer Meinung, der bekanntlich die „Selbstkritik" als zentrale Eigenschaft des jüdischen Humors hervorhob und sagte, er wisse „übrigens nicht, ob es sonst noch häufig vorkommt, daß sich ein Volk in solchem Ausmaß über sein eigenes Wesen lustig macht".[4] Insofern spielten der Wiener Psychoanalytiker und der Berliner Schriftsteller im Kontext des wiederkehrenden Gebrauchs dieser gegen sich selbst gerichteten Trope als dem charakteristischen Kennzeichen des jüdischen Witzes in der Moderne eine tonangebende Rolle.[5] Noch bemerkenswerter ist aber, dass Edel im folgenden Ausschnitt implizit andeutet, jüdische Selbstironie könne von antisemitischer Rhetorik nicht getrennt werden, und zwar unabhängig davon, ob sie als Reaktion auf feindselige Äußerungen zum Einsatz gelangt oder diese provoziert. Was Ersteres betrifft, argumentiert Ruth R. Wisse in ihrer Studie *No Joke: Making Jewish Humor,* dass der jüdische Witz (ob selbstironisch oder nach außen gerichtet) oft eine Antwort auf den Antisemitismus war und es den Juden ermöglichte, „ihre Erniedrigung in Lachen zu kanalisieren".[6] Indes lenkt Sander Gilmans Aufsatz „‚Jüdischer Humor' und die Bedingungen, durch welche Juden Eintritt in die westliche Zivilisation fanden" die Frage der Witzaneignung in eine andere Richtung: „Man könnte argumentieren, dass das antisemitische Bild die Waffe der Feinde sei, die nun von den Juden selbst benutzt werde."[7] In *Jewish Comedy: A Serious History* geht Jeremy Dauber ebenfalls auf diese „besonderes Unbehagen hervorrufende Form der jüdischen

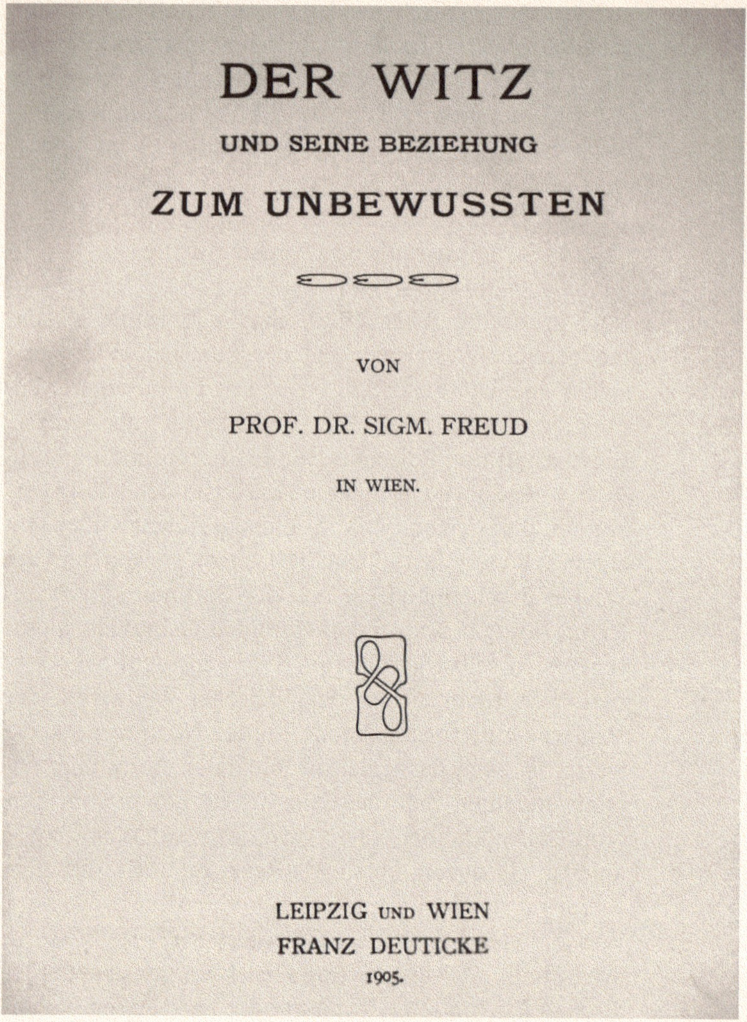

DER WITZ
UND SEINE BEZIEHUNG
ZUM UNBEWUSSTEN

VON

PROF. DR. SIGM. FREUD

IN WIEN.

LEIPZIG UND WIEN
FRANZ DEUTICKE
1905.

Abb. 1.1 Mit Sigmund Freuds *Der Witz und seine Beziehung zum Unbewussten* (1905) und Edmund Edels *Der Witz der Juden* (1909) setzt der Diskurs über den jüdischen Witz im 20. Jahrhundert ein.

Abb. 1.2 Edmund Edels *Der Witz der Juden* (1909)

Antisemitismus-Komödie" ein, deren Merkmal „in einer Verinnerlichung einiger der antisemitischen Angriffe" besteht und oft den Vorwurf zur Folge hat, die jüdischen Witzbolde praktizierten „eine Form von jüdischer Komödie, die häufig als ,sich selbst hassend' bezeichnet wird".[8] Andererseits lässt sich der jüdische Witz nicht in einen Raum versetzen, der von seiner potentiellen Aneignung oder Rückaneignung durch die Feinde der Juden unberührt bleibt und nicht von ihrem Wunsch kontaminiert ist, mit gehässigem Gelächter gegen sie zu hetzen. Im Vordergrund unserer Auseinandersetzung mit den hier zu Wort kommenden Analytikern und ihrer Erforschung des doppelbödigen und schwankenden Raumes des jüdischen Witzes stehen daher die möglichen Konsequenzen jüdischer Selbstironie, die auf Antisemitismus sowohl reagiert wie auch Gefahr läuft ihn auszulösen. So unerfreulich diese Gefahr auch ist, wie Edel im folgenden Ausschnitt anmerkt, so unvermeidlich ist sie. Sie geht mit der jüdischen Selbstironie einher und bedeutet, dass der Spieß umgedreht werden kann und das, was ein Jude im Scherz über sich selbst sagt, gegen ihn verwendet wird. So beobachtet Edel:

> Der Jude liebt es, sich nicht nur über die anderen lustig zu machen, sondern scheut nicht davor zurück, bei jeder Gelegenheit seine eigene Persönlichkeit zu ironisieren. Diese Selbstironie des Juden hat eine riesengroße Masse von guten Bemerkungen und Witzen geschaffen. In den Zeiten der großen Antisemitenbewegungen mußten diese Produkte leider den Gegnern als scharfe Waffen dienen, aber trotzdem man vom Standpunkt eines Religionsjuden diese Art der Selbstverulkung nicht recht gutheißen kann, weil sie vielleicht den Andersgläubigen, den die Feinheiten unseres Stammes entgehen, ein recht schiefes Bild geben, wird man zugestehen müssen, daß gerade diese Ironisierung der eigenen Schwächen wundervolle Perlen hervorgebracht hat.[9]

Mit den „Zeiten der großen Antisemitenbewegungen" dürfte der Berliner Antisemitismusstreit gemeint sein, den der deutsche Historiker Heinrich von Treitschke 1879 mit dem berüchtigten Ausspruch „Die Juden sind unser Unglück!"[10] vom Zaun brach. Im Laufe der nächsten Jahrzehnte sollte sich diese antisemitische Rhetorik fortsetzen und schließlich die Wende von einer religiösen zu einer rassistischen Stoßrichtung vollziehen. Dazu der Karikatur-Historiker Henry Wassermann: „Das Aufkommen antisemitischer politischer Parteien in den 1880er- und 1890er-Jahren wurde von der Verbreitung unverhohlen antisemitischer Karikaturen und übler Darstellungen der Juden begleitet, die zu den Vorläufern der Tradition eines *Stürmer* wurden."[11] Die Aneignung jüdischen Humors für antisemitische Zwecke durch illustrierte Blätter wie das Wiener *Kikeriki*, das Berliner *Kladderadatsch* oder die Münchner *Fliegenden Blätter* war also keine Seltenheit.[12] Da der politische Antisemitismus in den Jahren vor dem Ersten Weltkrieg jedoch teilweise an Popularität eingebüßt hatte, spricht Edel von den „großen Antisemitenbewegungen" in der Vergangenheitsform. Der Aufschub war freilich von kurzer Dauer, denn auf den Ausbruch des Ersten Weltkriegs 1914 folgten die militärische Niederlage, der Gebietsverlust und die im Versailler Vertrag geforderten Reparationszahlungen, die den Deutschnationalismus und mit ihm den Antisemitismus wieder aufflammen ließen und die Juden zu Sündenböcken für den Untergang des zweiten deutschen Reiches und der österreichischen Habsburgermonarchie machten. (Dort, und zwar bei Arthur Trebitsch und seinen antisemitischen Schmähschriften Wiener Prägung, setzt meine Studie im eigentlichen Sinne an.) Edel betont ferner, dass diese Art der Selbstironie und Selbstverulkung auch von religiösen Juden nicht goutiert wurde, die mit diesen Witzen gnadenlos entsakralisiert und verspottet sahen, was dem jüdischen Glauben heilig ist. Sie befürchteten, dass mit diesen ikonoklastischen Witzen lediglich oberflächliche und negative Stereotype erzeugt wurden, die der jüdischen Minderheit aus Sicht der christlichen Mehrheit ihren schlechten Ruf einbrachten. Edel verstand den jüdischen Humor als modernes Phänomen, das vorwiegend in Kreisen säkularisierender und urbaner Juden zu finden war. Die Historikerin und Literaturwissenschaftlerin Mary Gluck greift diesen Punkt in *The Invisible Jewish Budapest* ebenfalls auf und unterstreicht die ironische Weltanschauung des jüdischen Witzes: „Denn das bestimmende Merkmal im *jüdischen Witz* bestand eben nicht in der Affirmation bestimmter sozialer, politischer oder moralischer Absichten, sondern darin, allen diesen Absichten einen ironischen Dämpfer zu versetzen. Der *jüdische Witz* war die Stimme des losgelösten Einzelnen, der die Welt als absurdes Theater ansah. Daraus entstand eine relativistische und modernistische Geisteshaltung, in der sich die Instabilität der menschlichen Erfahrung und das fragmentarische Wesen der menschlichen Identität spiegelten."[13]

Edels Kommentar zur jüdischen Selbstironie ist deshalb so hochgradig ambivalent, weil der jüdische Witz an sich ein von Ambivalenz und Instabilität durchdrungener Bereich ist. Die eigentliche Frage lautet jedoch, ob die in diesen Witzen zum Ausdruck gebrachte Selbstironie und ihre Darstellung jüdischer Schwächen für die Juden gut oder schlecht sind. Für den jüdischen Humor sind sie sicherlich ein Gewinn. Aber haben wir es hier mit Selbstironie zu tun oder mit „Selbsthass"? Einerseits bestätigt Edel, dass die jüdische Selbstironie „wundervolle Perlen hervorgebracht" und „eine riesengroße Masse an guten Bemerkungen und Witzen geschaffen" hat. Andererseits wird die ernste Sorge deutlich, dass die unselige Konsequenz dieses gegen sich selbst gerichteten Spotts darin besteht, den Antisemiten etwas in die Hand zu geben, das sie gegen die Juden verwenden können. In Edels Bezeichnung der jüdischen Witze als „scharfe Waffen" schwingt die Befürchtung bereits mit, dass diese gegen sich selbst gerichtete Waffe in den falschen Händen zum Bumerang werden kann. Je nachdem, welche Absicht der Erzähler des Witzes verfolgt, würde daher ein in einem Kontext gut gemeinter und selbstironischer jüdischer Witz in einem anderen zur „Hassrede".[14] Markus Patka zufolge „bemerkt Edel scharfsinnig die Sprengkraft" jüdischer Selbstironie „inner- und außerhalb des Judentums".[15] Sie ist eine tickende Zeitbombe, die demjenigen, der diese Waffe zückt, relativ schnell um die Ohren fliegen kann. Im Inneren bemühten sich die religiösen Anführer und jüdische Funktionäre wie Alfred Wiener vom Centralverein deutscher Staatsbürger jüdischen Glaubens, die Bombe zu entschärfen, bevor sie in die Luft flog. Sie wollten dieser Art von Selbstverhöhnung, die für sie eine Form von Selbsthass darstellte, Grenzen auferlegen und sie in manchen Fällen sogar zensieren.[16] Selbst der Bildungsjude Erich Kahler, der den von ihm als *Galuthwitz* bezeichneten Diaspora- oder Exilwitz zu schätzen wusste, warnte davor, dass eine bestimmte Art frivoler jüdischer Selbstabwertung zu antisemitischen Attacken führen würde (übereinstimmend mit Daubers Argument, siehe dazu Kapitel 4). Außerhalb – wie die Fallstudien des von Selbsthass getriebenen Juden Arthur Trebitsch (Kapitel 1) und des Nazi-Propagandisten Siegfried Kadner (Kapitel 5) zeigen – verdrehten die Antisemiten die jüdischen Scherze für ihre eigenen Zwecke und holten die größtmögliche negative Bedeutung aus ihnen heraus. Sie deuteten die in diesen Witzen kolportierten jüdischen Schwächen zu antisemitischen und rassistischen Beweisen für jüdische Minderwertigkeit bzw. Degeneration um.

Kurz nach dem Ersten Weltkrieg beschäftigte die Frage, ob jüdische Selbstironie den Juden schadet, auch den jungen Gershom Scholem. Auf der Suche nach den Quellen des jüdischen Witzes gelangte der gelehrte Religionshistoriker zu der Überlegung, dass sich sein Spott und die subversiven Verwechslungen die ernst gemeinte talmudische Analyse und Interpretation des biblischen Kanons zu eigen machten, um sie auf komische Weise zu verdrehen, sodass „der jüdische Witz in der systematischen Verwechslung von Kanon und traditioneller Überlieferung entsteht". In diesem Tagebucheintrag vom 23. Dezember 1918 stellt Scholem noch die folgende Überlegung zur jüdischen Selbstironie an (bzw. dazu, wie er es nannte, dass der jüdische Witz „sich ironisch gegen sich selbst wendet"): „Es verbürge sich dann in ihm eine große symbolische Hindeutung auf die tiefste Gefahr des Jüdischen, eine tiefere Schicht der Selbstanklage."[17] Aus Scholems Sicht stellte die jüdische Selbstironie die tiefste vom Judentum gegen sich selbst ausgehende Gefahr und Bedrohung dar, und zwar noch vor der Bedrohung durch den Antisemitismus von außen.[18] Selbstironie, die immer tiefer gräbt, wird zur Selbstanklage. Insofern liefert Scholems Analyse der symbolischen Bedeutung jüdischer Selbstironie die rationalen Rahmenbedingungen für ein tieferes Verständnis des jüdischen Antisemiten Arthur Trebitsch, der zur gleichen Zeit *Geist und Judentum* veröffentlichte. Trebitsch war vom jüdischen Witz so fasziniert, weil er, je weiter er in dessen selbstironische Tiefen vordrang, desto vehementer diese Form von Selbstanklage entlarvte und zugleich darin schwelgte, da sie die leidenschaftliche Selbstverfolgung (oder Verfolgung des früheren jüdischen Selbst) dieses „arischen" Konvertiten ergänzte (und sie befeuerte).

Es gab aber auch diejenigen, die den jüdischen Witz in Schutz nahmen und argumentierten, der eigentliche Zweck jüdischer Witzbomben bestehe darin, den Antisemitismus abzuwehren und die Lacher auf die eigene Seite zu bringen. In Anbetracht der Geschichte der Unterdrückung der Juden in Europa unterstreicht diese wohlwollendere Deutung, warum der Witz manchmal als „die letzte Waffe der Wehrlosen" gezückt und versucht wurde, den antisemitischen Angriff durch Gelächter zu entwaffnen.[19] Unterdessen waren der in der Blütezeit der Weimarer Republik erfolgreiche Berliner Kabarettist und Mitbegründer des Kabaretts der Komiker (KadeKo) Kurt Robitschek und andere überzeugt davon, dass die Redefreiheit um jeden Preis zu bewahren sei und dass Kollateralschäden (das Verletzen bestimmter Juden oder gar das Schüren antisemitischer Ressentiments) die Mühe allemal wert wären, wenn damit demokratische Werte aufrechterhalten würden. Umgekehrt argumentierte der deutsche Marxist und Kulturhistoriker Eduard Fuchs, dass jüdische Selbstironie nicht unbedingt ein Zeichen von Schwäche sei, sondern eher noch eines von Stärke – und dass sie häufig als Finte und Pose eines selbstbewussten Volkes fungierte (vgl. Kapitel 2). Diese Ansicht findet sich auch bei Sander Gilman und seiner Argumentation, der selbstironische jüdische Humor habe den Juden nach der jüdischen Emanzipation den Eintritt in die bürgerliche Gesellschaft ermöglicht, indem sie der nichtjüdischen Welt bewiesen, dass sie Spaß verstünden, auch auf ihre Kosten. Um die Konjunktur jüdischer Selbstironie (bzw. von Juden, die Witze über Juden erzählen) zu diesem spezifischen historischen Zeitpunkt zu erklären, stellt Gilman die rhetorische Frage: „Oder anders gefragt: Soll die Verspottung von Juden durch Juden zeigen, dass sie es als kultiviertes Volk ertragen können, in Witzen lächerlich gemacht zu werden?"[20]

Die jüdischen Folkloristen und Sammler jüdischer Witze und Anekdoten jener Zeit, etwa der emsige chassidische Rabbi Chajim Bloch (1881–1973), traten dafür ein, die Unterscheidung zweier Kategorien von Witzen beizubehalten. Blochs offizielle Unterscheidung lautete: „In der Tat gibt es zweierlei Gattungen dieses Witzes – Judenwitz und jüdisches ‚Lozale' [derber, vulgärer Scherz], von Dr. Joseph S. Bloch [dem religiösen Oberhaupt der jüdischen Gemeinde in Wien] als ‚jüdisch-antisemitischer Witz' benannt."[21] Diese Dichotomie ignoriert jedoch die engen – manchmal bedrohlich engen – Beziehungen, die den selbstironischen jüdischen Witz und den antisemitischen Diskurs aneinander binden. In *Der Witz* widerspricht der deutsche Witzeforscher Lutz Röhrich dieser Dichotomie und unterstreicht, dass es unmöglich sei, die Umprägung des „authentischen" jüdischen Witzes zur antisemitischen Waffe zu verhindern: „Das Problem des jüdischen Witzes liegt aber vor allem darin, daß er zu einem Kampfmittel des Antisemitismus wurde, daß der jüdische Witz zum Judenwitz umgeprägt wurde."[22] Die Folkloristen, die sich als Teil der jüdischen Renaissance-Bewegung verstanden, reklamierten die „Witzüberlieferung" als wichtigen Bestandteil einer lebendigen jüdischen Tradition und als Instrument im Sinne einer sozialen Einbindung. Das waren die Voraussetzungen, unter denen die Herausgeber, Sammler und Übersetzer das jüdische Witzbuch zu einem folkloristischen Untersuchungsgegenstand konstruierten. Doch indem sie auf dem

„Gattungsgesetz" und ihrer Suche nach Blochs authentischem und nicht kontaminiertem jüdischem Witz beharrten, verschlossen sie die Augen vor einem differenzierteren Ansatz, der die inhärenten antisemitischen Gefahren anerkannt hätte, denen sich jeder selbstironische jüdische Witz aussetzt. Tatsächlich ließ die Klassifizierung in zwei fixe Gattungen keine Berücksichtigung des Wandels der historischen Umstände zu, unter denen sich die gesellschaftliche Wahrnehmung ein und desselben selbstironischen „jüdischen Witzes" verändern konnte und die Frage zu stellen gewesen wäre, ob er erzählt werden sollte oder nicht. Denn selbst wenn er zu einem toleranteren Zeitpunkt harmlos erscheinen mochte, konnte er zu einem anderen Zeitpunkt in der Geschichte die antisemitische Hetze befeuern.[23]

Manchmal war selbst die jüdische Gemeinde uneins in der Frage, wie bestimmte jüdische Witze zu klassifizieren waren. Während zum Beispiel die Kade-Ko-Kabarettisten der Weimarer Republik überzeugt waren, sie würden selbstironische jüdische Witze erzählen,[24] interpretierte sie der von Alfred Wiener geleitete Centralverein als sittlich-moralisch verwerflich und verglich sie mit den jüdischen antisemitischen Witzen im Sinne Blochs. Derselbe Streit entbrannte auch an einem in der Weimarer Republik unter Pseudonym erschienenen jüdischen Witzbuch, das den Parteivorsitzenden der Nazis verspottete (Abb. 2). In einem provokanten Akt jüdischer Selbstironie und wohl als Versuch, dem Antisemitismus seine Schärfe zu nehmen, wird das Buch *Jüdische Witze* (1927) H. Itler zugeschrieben. Die satirische Geste mag die Ängste vor Hitlers Bedrohung beruhigt haben, sie eignete sich aber auch, in den Händen der Antisemiten zur Waffe zu werden. Immerhin ist es „H. Itler", der über und gegen die Juden (antisemitische) Witze erzählt. Ob man sich diesen Scherz sechs Jahre später noch erlaubt hätte, sei – von der Nazi-Zensur einmal abgesehen – dahingestellt.

Ganz ähnlich, allerdings zu einem früheren Zeitpunkt, brachte das Theater der Gebrüder Herrnfeld in der Berliner Kommandantenstraße eine umstrittene

Abb. 2 H. Itler, *Jüdische Witze* (1927). Cover-Illustration von Friedrich Kurt Fiedler

Komödie auf die Bühne, mit der es sich auf den schmalen Grat zwischen jüdischer Selbstironie und den Angriffen durch die antisemitische Propaganda begab. Hier lohnt es, einen Kommentar zu erwähnen, der nur ein Jahr vor der Veröffentlichung von Edels Buch und zu einer Zeit erschien, als „es schon lange nicht mehr zum guten Ton gehört, Antisemit zu sein, im Gegenteil, Toleranz ist einmal wieder sehr in Mode".[25] Der Autor des Artikels mit dem Pseudonym Flaneur kritisiert „Die antisemitischen Gebrüder Herrnfeld" auf eine Weise, die ein ausführliches Zitieren wert ist:

> Um so unerfreulicher ist es, dass sich gerade hier in Berlin ein höchst übler und unerfreulicher Rest des alten Radauantisemitismus hält und nicht schwinden will. Wir meinen das Theater der Gebrüder Herrnfeld, das seit Jahren bestrebt ist, jüdisches Wesen und jüdischen Charakter in der gröbsten Weise zu beschimpfen und alle deutschen Juden durchweg als Trottel oder verlumpte Kerle hinzustellen ... Auch eine Verulkung des Judentums kann immer noch harmlos sein, steckt doch die Selbstironie und Selbstpersiflage tief im jüdischen Charakter, und sind doch all die köstlichen Kalauer (die jetzt der treffliche Manuel Schnitzer in zwei prächtigen Bänden gesammelt hat) in ihrer Mehrzahl eine harmlose Verspottung der eigenen Art und des eigenen Fehlers. Was da in der Kommandantenstraße so unerfreulich ist, das ist die gehässige Einseitigkeit, mit der alle Juden als Wichte oder Cretins dargestellt werden.[26]

Flaneur ging die jüdische „Selbstironie und Persiflage" der Gebrüder Herrnfeld entschieden zu weit, die in ihrer „gehässigen Einseitigkeit" unverhohlen antisemitisch war. Dennoch, im Rückblick erachtete der Vorsitzende des Centralvereins, Ludwig Holländer, die von den Gebrüdern Herrnfeld gebotene Unterhaltung – verglichen mit den KadeKo-Scherzen der nächsten Generation und im historischen Kontext der Weimarer Republik – fast schon nostalgisch als noch einigermaßen genießbar und lieferte damit ein weiteres Beispiel für die historisch fließende Grenze in der Unterscheidung zwischen jüdischer Selbstironie und ihrer antisemitischen Aneignung (siehe dazu Kapitel 3). Die Karikatur eines jüdischen Springteufels mit ausgestrecktem rechtem Arm des Berliner Graphikers Lucian Bernhard bietet sich ebenfalls als Beispiel an für die veränderlichen historischen Deutungen und die schmale Gratwanderung (Abb. 3). Als Illustration auf dem Cover von Alexander Moszkowskis überaus populären Büchern *Die jüdische Kiste* (1911) und *Der jüdische Witz und seine Philosophie* (1922) wurde die clowneske Figur nicht bewusst mit Antisemitismus assoziiert.[27] Hundert Jahre später wird das Cover als Darstellung eines jüdischen Witzbolds fehlgedeutet, der, indem er sich mit dem Hitlergruß selbst verunglimpft, zum antisemitischen Anachronismus wird.

Die Ambivalenz des jüdischen Witzes und die Überschneidung von jüdischem Witz und antisemitischem Diskurs unterwandern folglich jeden essentialistischen Versuch, sie als jeweils für sich stehende Formen kultureller Produktion zu unterscheiden. In jedem Fall korrespondiert die Instabilität der Grenze zwischen jüdischer Selbstironie und Antisemitismus mit den einander überschneidenden Begriffen von Deutschtum und Judentum, die nicht voneinander geschieden werden können, deren strikte Trennung mehrere Analytiker jüdischer Witze (insbesondere Erich Kahler, Siegfried Kadner und Arthur Trebitsch) aber dennoch verlangt haben. Die Dekonstruktion dieser essentialistischen Gesten ist allein deshalb wichtig, weil sie das Konzept von einem fixierten jüdischen oder deutschen nationalen oder rassischen Charakter unterstützen. Die Wiedereinführung des jüdischen Witzbuches nach dem Holocaust stellt einen weiteren Fall von versuchter Abgrenzung dar. Als Salcia Landmann das jüdische Witzbuch als folkloristischen Gegenstand wiederbelebte, bestand sie in ihrer Einleitung darauf, dass es möglich sei, zwischen „selbstkritischen und antisemitischen Witzen" zu unterscheiden. Sie schrieb: „Es ist sehr einfach: Nur der echte Judenwitz [sic] wirft den Juden ihre wirklichen Fehler und Sünden vor und nicht erfundene."[28] Das veranlasste den Wiener Schrift-

Abb. 3 Alexander Moszkowski: *Der jüdische Witz*, Berlin
(Eysler & Co., 1922)

steller Friedrich Torberg, Landmanns Projekt scharf zu kritisieren, wobei er sich u.a. auf die große Schwierigkeit einer eindeutigen und vorschnellen Unterscheidung konzentrierte (vgl. Kapitel 6). Tatsächlich warf Torberg vielen von Landmanns „echten jüdischen Witzen" vor, klassische antisemitische Stereotype zu verfestigen.

Auch Arthur Schnitzlers Roman *Der Weg ins Freie* (1908) passt in diese einleitende Suche nach dem schmalen Grat zwischen jüdischer Selbstironie bzw. Selbstkritik und Antisemitismus und entspricht einer Variante der KadeKo-Kontroverse mit einem wieder anderen, für den jüdischen Witz typischen Dreh. Heinrich Bermann, der jüdische Schriftsteller im Roman, erzählt den klassischen Witz von den beiden Juden im Eisenbahncoupé, von denen der eine, als ihm klar wird, dass er das Abteil mit einem modernen Glaubensgenossen teilt, weil dieser ihn fragt, wann denn Jom Kippur sei, entspannt die Füße auf die gegenüberliegende Bank legt.[29] Daraufhin attackiert Bermann die Juden und wirft ihnen mangelnden Respekt und ihre Unfähigkeit vor, sich an die bürgerlichen Anstandsregeln zu halten (das, was Cuddihy „Ordeal of Civility" nennt[30]). Bermann schließt mit den Worten: „Denn alle Gefühlsbeziehungen spielen sich in einer Atmosphäre von Intimität ab, sozusagen, in der der Respekt ersticken muß."[31] Bermann liefert dem Leser damit ein anschauliches Beispiel für die selbstreflexive Mutmaßung und eine Momentaufnahme des damals geläufigen Diskurses über den jüdischen Witz. Die kritische Deutung dessen, was der Witz repräsentiert, veranlasst seinen christlichen Freund Georg von Wergenthin zu den Worten: „Wissen Sie, was ich finde? Daß Sie ein ärgerer Antisemit sind, als die meisten Christen, die ich kenne."[32] Wir bleiben zurück auf der schwankenden Grenze zwischen dem, was der Jude denkt auszudrücken (legitime jüdische Selbstkritik anhand eines beliebten selbstironischen jüdischen Witzes), und dem, wie seine Worte von einem außenstehenden wohlmeinenden Christen aufgefasst werden (als jüdische, dem Antisemitismus verwandte Selbsthassrede).

Ideologische Prismen und zeitgenössische Strömungen

Inwieweit trägt der Diskurs über den jüdischen Witz (dem es immer um das Infragestellen und das Fragwürdige geht) also zum Verständnis der „jüdischen Frage" in dieser kritischen Phase der jüdischen Geschichte und der Weltgeschichte bei? In diesem Buch geht es um die komplexe kulturelle Trope vom jüdischen *Witz* (im Sinne von jüdischem Scharfsinn *und* jüdischen Witzen) und die Frage, in welchem Ausmaß sie sich dazu eignet, die deutsch-jüdischen interkulturellen Beziehungen und ihren Zusammenbruch in den deutschsprachigen Ländern zu beleuchten – und zwar ab dem Ende des Ersten Weltkriegs über den Aufstieg der Nationalsozialisten bis zur Post-Holocaust-Kontroverse um die Wiedereinführung des jüdischen Witzes als Konzept oder Begriff durch Salcia Landmann im Jahr 1960. Paradoxerweise eröffnet die ernsthafte Auseinandersetzung mit der Bedeutung und Signifikanz des jüdischen Witzes (und seines provozierenden Lachens) eine ungewöhnliche und einzigartige Perspektive, die neue Einsichten in den todernsten, mit der „jüdischen Frage" besetzten historischen Moment erschließt. Die Historikerin und Literaturwissenschaftlerin Mary Gluck stellte den Zusammenhang zwischen *Judenwitz* und jüdischer Frage her, als sie sich der Anthropologin Mary Douglas und ihrer Arbeit über Witze zuwandte: „Die Erkenntnis von Douglas, wonach Witze der Ausdruck von Widersprüchen innerhalb der sozialen Ordnung sind, legt unausweichliche Verbindungen zwischen dem *Judenwitz* und der jüdischen Frage nahe. Es könnte in der Tat argumentiert werden, dass die beiden Spiegelbilder voneinander waren und die ideologische Krise der mitteleuropäischen Moderne reflektierten, die die Juden ins Epizentrum des Konflikts rückte. Erstaunlicherweise weiß man nur sehr wenig über die theoretischen und empirischen Verbindungen zwischen *Judenwitz*, jüdischer Frage und Moderne."[33] Im Folgenden soll daher der Versuch unternommen werden, den Diskurs über den jüdischen Witz und seine sozialen und politischen Folgen ab der Weimarer Republik bis zum Holocaust und darüber hinaus genauer zu beleuchten und einige der von Gluck benannten Wissenslücken zu füllen.

Die Untersuchung dieses traumatischen Moments in der modernen deutsch-jüdischen Geschichte findet durch den Blickwinkel der komplexen und in seiner schärfsten Form todbringenden Auseinandersetzung mit dem jüdischen Witz statt und verfolgt einen multidisziplinären Ansatz, der in drei chronologische Zeiträume eingeteilt ist – die Weimarer und die Erste österreichische Republik (1918–1933), das Dritte Reich (1933–1945) und die Zeit nach dem Holocaust (1945–1964). Kapitel 1 und 2 sind der Zeit unmittelbar nach dem Ersten Weltkrieg gewidmet (konzentriert vor allem auf Texte von Arthur Trebitsch in Wien und Eduard Fuchs in Berlin). Kapitel 4 und 5 befassen sich mit den ersten Jahren des antijüdischen Terrors nach der Machtergreifung durch die Nazis (anhand der Arbeit von Erich Kahler in München und später im Exil sowie von Siegfried Kadner in Berlin). Kapitel 3, das die beiden Zeiträume überbrückt, behandelt die KadeKo-Kontroverse in Berlin zur Mitte der Weimarer Republik. Kapitel 6 beleuchtet die Wiederbelebung des jüdischen Witzes im Kontext der Post-Holocaust-Wiedergutmachung in der BRD und der Kontroverse um den phänomenalen Erfolg von Landmanns 1960 erschienener Witzsammlung. Unter der Prämisse, dass der jüdische Witz infolge seines wandelbaren Wesens auf markant unterschiedliche Weise mobilisiert wurde, beleuchte ich die von namhaften (jüdischen und deutschen) Schriftstellern und Denkern aus unterschiedlichen ideologischen Perspektiven und kulturellen Selbstpositionierungen getroffenen Aussagen. Jedes Kapitel betrachtet die Bedeutung des jüdischen Witzes durch eine andere Linse und konzentriert sich dabei auf jeweils einen Schlüsseltext, in dem sich diese Redefigur je nach Aufwand und Absicht seines Autors anders bricht. Zu den Vertretern dieses Spektrums an ideologischen Perspektiven und kulturellen Positionen gehören der jüdische Antisemit und frühe Nazi-Sympathisant

Arthur Trebitsch, der deutsch-marxistische Kulturhistoriker und Sammler Eduard Fuchs, der jüdische Exil-Historiker und Literaturwissenschaftler Erich Kahler, der jüdische Kabarett-Impresario Kurt Robitschek und der NS-Propagandist Siegfried Kadner. Begleitet werden diese Protagonisten von einer Reihe von Persönlichkeiten, die sich damals ebenfalls mit der Bedeutung des jüdischen Witzes beschäftigten und darüber geschrieben haben, darunter der zionistische Bildungsphilosoph Ernst Simon, der Wiener Psychoanalytiker Theodor Reik und der Berliner Satiriker und „Witzologe" Alexander Moszkowski.

Im Rückblick betrieben diese Literatur- und Kulturkritiker, Psychologen, Historiker, Philosophen und andere, denen es um eine ernsthafte Adaptierung des jüdischen Witzmaterials für ihre jeweils eigenen rhetorischen und ideologischen Zwecke ging, einen Prozess, den ich „Entwitzifizierung" nenne. Die hier versammelte Vielstimmigkeit dokumentiert die Ansichten von Nazis und Satirikern, von jüdischen Antisemiten und deutschen Sozialisten, von säkularen und religiösen, in der Diaspora lebenden Juden und Zionisten, die den jüdischen Witz zu definieren versuchten. Die vorliegende Arbeit operiert daher vorrangig auf einer Ebene des Lesens und Interpretierens der Strategien und Inszenierungen, die nötig sind, um ausgehend vom „jüdischen Witz" als Schlüsselbegriff und der Analyse bestimmter jüdischer Witze kulturelle Argumente zu konstruieren und ihnen zur Geltung zu verhelfen.

Das Interesse für den jüdischen Witz und jüdische Witze ist in den letzten zehn Jahren sowohl in der Populärkultur wie auch in akademischen Kreisen wieder stark gestiegen. Auf die jüngeren Publikationen führender nordamerikanischer Wissenschaftler wie Sander Gilman, Ruth Wisse und Jeremy Dauber wurde bereits hingewiesen. Im Mai 2013 fand das von Burkard Meyer-Sickendiek (Berlin) und Gunnar Och (Erlangen) an der Freien Universität Berlin veranstaltete Symposium „Der jüdische Witz: Zur unabgegoltenen Problematik einer alten Kategorie"[34] statt und befasste sich mit „der Frage der kulturhistorischen Wirkung des jüdischen Witzes". [35] In den Vorträgen ging es um deutsch-jüdische Literaten wie Heinrich Heine, Ludwig Börne und Karl Kraus und die Rolle, die der jüdische Witz in ihren Werken spielte, während der Flyer der Konferenz eigens auf die Sammlung von Salcia Landmann und die Debatte mit Friedrich Torberg in den 1960er-Jahren hinwies (vgl. Kapitel 6). [36] Einer der Referenten, Micha Brumlik, hielt einen Vortrag über den neomarxistischen Kulturhistoriker und Sammler Eduard Fuchs, der Gegenstand von Kapitel 2 ist, [37] und anlässlich ihrer umfangreichen Ausstellung *Alle meschugge?* Jüdischer Witz und Humor, die im Frühjahr 2013 im Jüdischen Museum in Wien zu sehen gewesen war, waren auf dem Berliner Symposium auch die beiden Wiener Kuratoren Markus Patka und Alfred Stalzer vertreten. [38] Allein daran lässt sich das in Deutschland und Österreich nie recht vergangene Interesse am jüdischen Witz und Humor als (Faszinations- und) Studienobjekt für Historiker und Literaturwissenschaftler wie auch als Schauobjekt für Museen ablesen.

Zum akademisch-wissenschaftlichen Interesse gesellen sich der enorme populärkulturelle Reiz unseres heiklen Themas und die provokanten Fragen, die es häufig mittels eines die Angstlust ansprechenden Lachens aufgreift. In Sander Gilmans Worten weist der Erfolg zeitgenössischer Kulturphänomene wie die Filme von Sacha Baron Cohen (ob *Borat* oder *Der Diktator)*, das *Heeb Magazine* oder Jon Stewarts *The Daily Show* auf „das postmoderne, postzionistische Zeitalter selbstbewusster jüdischer Aneignung von antisemitischen Klischees" hin. [39] Diese Art von haarsträubendem jüdischem Witz, der selbstbewusst als Antisemitismus missverstanden werden möchte, lässt Georgs Antisemitismusvorwurf in *Der Weg ins Freie* wieder aufleben. So liefert Borats satirisches Lied „In My Country There is a Problem" (auch als „Throw the Jew Down the Well" bekannt) ein Beispiel für jüdischen Humor im 21. Jahrhundert, der Antisemitismus sowohl parodiert wie auch provoziert. Exemplarisch für einen doppelläufigen, also selbstironischen und tendenziösen Witz, macht er sich gleichermaßen über die Antisemiten und die Juden lustig, indem er vorgibt, eine antisemitische Provokation zu sein. Baron Cohen erhielt denn auch einen strengen Brief von der jüdischen Anti Defamation League (ADL) mit der Warnung, das breite Publikum würde Borats satirische Botschaft womöglich nicht begreifen.[40] Im passend mit „What's so Funny About Anti-Semitism?" überschriebenen 1. Kapitel seines Buches *Jewish Comedy* schreibt Jeremy Dauber, dass Baron Cohen „sein transgressives Vergnügen daran findet, im bekanntlich so toleranten Amerika einen verborgenen bzw. nicht ganz so verborgenen Saum antisemitischer Ressentiments zu entlarven".[41]

Ganz ähnlich geht der Grafiker und selbsternannte jüdische Störenfried im Exil Eli Valley vor, der mit beißend satirischen Cartoons politisch konservative jüdische und israelische Persönlichkeiten (von Foxman über Netanjahu bis Jared Kushner) aufs Korn nimmt und vor ihrer Komplizenschaft und geheimen Absprache mit Antisemiten in der Ära Trump warnt.[42] Mit seinen Cartoons greift Valley auch die sogenannte Alt-Right-Bewegung an (z.B. Steve Bannon, den früheren politischen Berater des amerikanischen Ex-Präsidenten), um das neue Gesicht des amerikanischen Antisemitismus und Neonazismus zu demaskieren und seine satirische Sündenbockpolitik zu entlarven. Die von der Alt-Right in den Medien angefachte Welle antisemitischer Attacken samt Holocaust-Witzen und Verspottung jüdischer Namen erinnert in der Tat an die Hetzkampagnen der Nazi-Propagandisten Joseph Göbbels und Siegfried Kadner im Dritten Reich (vgl. Kapitel 5). Doch während die einen argumentieren, der Einfluss der Alt-Right verlange geradezu nach aggressiven und beißenden Satiren (im Stil von Chaplins *Großer Diktator* oder Mel Brooks *The Producers)*, um heutige Neonazis lächerlich aussehen zu lassen, warnen andere, dass ein so auffällig jüdischer Humor ihre Repräsentanten noch mehr ins Rampenlicht rücken und bestärken würde und womöglich noch größeren Schaden anrichtet. Auch auf die Gefahr hin, sich wie im Falle der Weimarer Possen des KadeKo (vgl. Kapitel 3) dem Vorwurf der „Selbsthass"-Rede auszusetzen,[43] befördern die komischen Beispiele von Baron Cohen und Eli Valley das heutige Publikum an den Rand des Zumutbaren und des guten Geschmacks. Sie konstituieren neue Varianten dessen, wie sich ein selbstironischer jüdischer Humor antisemitischen Hass „zurückholt" und ihn allen toxischen Gefahren zum Trotz in Gelächter verwandelt.[44] Sie legen aber auch den Gedanken nahe, dass es heutzutage nur noch mittels dieser extremen, in der Tradition des beißenden jüdischen Humors und seiner selbstironischen Abwehr antisemitischer Ressentiments verwurzelten Form der Komödie überhaupt möglich ist, kontroversen politischen Fragen den Kampf anzusagen, auch wenn damit die Grenzen der sogenannten „politischen Korrektheit" überschritten werden.

Witzenschaft: Die Wissenschaft vom jüdischen Witz

Das erste jüdische Witzbuch in deutscher Sprache erschien vor etwas mehr als zweihundert Jahren. 1810 brachte Solomon Ascher eine Sammlung jüdischer Anekdoten unter dem Titel *Der Judenfreund* heraus und signierte sie mit dem ironischen, die Ambivalenz und den Verrat an der Judenfreundlichkeit herausstreichenden Pseudonym „Judas Ascher". Aschers Sammlung markiert nicht nur den Beginn der Entstehungsgeschichte des jüdischen Witzbuchs, sie liefert zugleich ein Paradebeispiel für die schwankende Grenze zwischen jüdischer Selbstironie und Antisemitismus.[45] Zwei Jahre später erschien das berühmteste Witzbuch jener Epoche – die von Lippman Moses Büschenthal, dem damaligen Berliner Oberrabbiner, herausgegebene und eingeleitete Sammlung.[46] Der Zufall wollte es, dass seine Veröffentlichung mit der Emanzipation der Juden in Preußen zusammenfiel. Die Geburt des modernen jüdischen Staatsbürgers und die des modernen jüdischen Witzbolds erfolgten parallel zueinander. Für Sander Gilman ist das kein Zufall; er argumentiert, dass diese Witzbücher „den Juden ein Mittel an die Hand [gaben], um in eine sich gerade entwickelnde deutsche bürgerliche Gesellschaft einzutreten".[47] Rabbi Büschenthal interpretierte den Humor der Juden als direkte Reaktion auf ihren Status als unterdrücktes Volk und brachte somit erstmals die gängige Hypothese zu Papier, jüdischer Humor bedeute die Umwandlung jüdischen Leids in Lachen: „Dass aber die Juden insgemein so witzig sind, glauben wir, ihrem Jahrhundertelang erlittenen Druck, zuschreiben zu müssen." Lachen sollte jüdisches Leid nicht nur lindern, es sollte auch auf dieses Leid reagieren und als dessen notwendige Konsequenz angesehen werden. Der Berliner Rabbi sprach im Zusammenhang mit jüdischen Witzen aber auch Geschlecht und Klasse an: „Noth und Schwäche – dieß lehrt uns das weibliche Geschlecht – gebären die List, und List ist die Mutter des Witzes; daher man auch unter den gedrückten und dürftigen Landjuden denselben bey weitem häufiger, als bey reichen antrifft."[48] Büschenthals einleitende Worte verdeutlichen, dass es den Sammlern von Anfang an darum ging, die Bedeutung des jüdischen Witzes zu verstehen.

Zehn Jahre später geriet der jüdische Witz dank dreier wichtiger, post-emanzipatorischer jüdischer Satiriker und deren Schriften in den Mittelpunkt der Aufmerksamkeit der deutschen Literatur und Publizistik. Die Rede ist von Heinrich Heine (1779–1856), Ludwig Börne (1786–1837) und Moritz Saphir (1798–1858). Jefferson S. Chase, dessen Arbeit der vorliegenden Abhandlung als Vorläufer dient, widmete seine Forschung dem *Judenwitz*-Diskurs als Klischee und Strategie in der deutschen literarischen Kultur zwischen 1820 und 1850. Durch die spöttische Brille des *Judenwitzlers* spricht Chase von der „im Deutschland des neunzehnten Jahrhunderts üblichen Assoziation von Judentum und destruktivem satirischem Lachen".[49] Überdies insistiert Chase, dass „die Assoziation von Judentum und destruktivem Humor" ein „spezifisch deutsches Phänomen"[50] war, begünstigt durch das Aufkommen eines Nationalismus eigener Prägung. Chase verortet das sarkastische und „boshafte Lachen" des *Judenwitzes* als einen Diskurs von Außenseitern, der dem positiven und dominanten Diskurs über den deutschen Humor diametral gegenüberstand, seinerseits charakterisiert durch „leere Schlagworte" wie Güte, Phantasie und „Gemütlichkeit", die in „den kulturellen Errungenschaften Goethes und Schillers" wurzelten.[51] Folglich, so Chase, diente der literarische und kulturelle Diskurs, der den jüdischen Witz als destruktive Kraft verurteilte und den deutschen Humor als positive Kraft bestätigte, als Sammelbecken und einigendes Motiv für nationalistische Bestrebungen wie auch für antisemitische Ressentiments. Er schreibt: „Die Reaktion auf die drei Schriftsteller stellte Anknüpfungspunkte zwischen allgemein etablierten und antisemitischen Ansichten in der deutschen Kulturgeschichte her. Obwohl die überwiegende Mehrheit der Deutschen im neunzehnten Jahrhundert nicht in ethnischen Absoluten dachte, repräsentierte der *Judenwitz*-Diskurs einen literarisch-kulturhistorischen Punkt, an dem der Nationalismus der breiten Masse und der wahnwitzige antisemitische Rand zusammenliefen".[52]

Chase zufolge hatte sich „die angebliche Antithese zwischen jüdischen und deutschen Diskursformen, zwischen *Witz* und *Humor*", im Studium deutscher Literatur- und Kulturgeschichte als unausweichliche Figur etabliert und den Status einer „literaturhistorischen Legende"[53] angenommen. Er gelangt zu dem Schluss: „Am Ende des neunzehnten Jahrhunderts war die Annahme dessen, was ich fortan *Judenwitz* nenne, als Norm in die Literatur- und Kulturgeschichte eingegangen; ihr Einfluss sollte sich unangefochten bis ins Dritte Reich fortsetzen."[54] *Vom jüdischen Witz zum Judenwitz* setzt somit dort ein, wo Chase aufhört, denn es untersucht den Diskurs über den jüdischen Witz und jüdische Witze beginnend bei Sigmund Freud und Edmund Edel, während der Weimarer Republik und bis zur toxischen Rhetorik des Dritten Reiches. Das von Chase beschriebene Schema wird von dem Nazi-Propagandisten Siegfried Kadner in *Rasse und Humor* tatsächlich buchstabengetreu wiedergegeben, wenn er zwischen destruktiven jüdischen Zynikern und lebensbejahenden deutschen Humoristen unterscheidet (vgl. Kapitel 5). Dieses Gegensatzpaar (das ich problematisieren möchte) wirkte sich aber auch auf andere mit dem Thema beschäftigte jüdische Denker aus, sei es Erich Kahler oder Sigmund Freud.[55] Chase beharrt denn auch auf Freuds Vertrautheit mit dieser binären Gegenüberstellung und seiner Faszination vom jüdischen Witz, den er in seiner vom Geiste Heinrich Heines angeleiteten Studie standhaft verteidigt: „Dass Freud, so empfindlich wie er für Fragen des Judentums war, vom *Witz* fasziniert sein sollte, ist wohl kein Zufall – wie die Auswahl seiner Beispiele zeigt, schrieb er im Fahrwasser Heines und der im vorliegenden Buch beschriebenen Kontroversen."[56]

Vielleicht gehen wir noch einen Schritt weiter und behaupten, dass Freud den Wunsch hegte, die Auseinandersetzung mit dem jüdischen Witz zu einer auf der Psychoanalyse begründeten Wissenschaft zu machen. Insofern erlangte der Diskurs über den jüdischen Witz zur Jahrhundertwende einen formaleren Status, da die Kulturwissenschaften in ihrem Bestreben, menschliche Phänomene zu rationalisieren und systematisch zu erfassen, seine kulturelle und philosophische Signifikanz zu analysieren begannen und ihn in die Domäne modernen Wissens einbrachten.[57] Am Beispiel der Karriere Sigmund Freuds war der Versuch, den Witz in „wissenschaftlicher Weise" zu erforschen, Teil eines umfassenderen Prozesses, der die bis dahin verschmähten und marginalisierten Themen in den Rang anerkannter und legitimer Studienobjekte heben sollte. Ob Traumdeutung, menschliche Sexualität oder Witze – Dinge, die bis dahin tabuisiert waren oder als trivial galten, wurden nun zu den Grundsteinen der aufkommenden Fachgebiete Psychoanalyse, Anthropologie, Soziologie, Kulturgeschichte und Volkskunde.[58] Zugleich eröffnete die Legitimation des jüdischen Witzes als Forschungsgegenstand nun auch die Möglichkeit für intellektuelle Spekulationen auf populärerer Ebene, wie sie sich in Edmund Edels Studie oder in den Bemerkungen der Romanfigur Heinrich Bermann manifestierten, als er meinte, dass diese „tiefen" jüdischen Witze „einen Blick in die Tragikomödie des heutigen Judentums aufschließen".[59] Von den Folkloristen über die Psychoanalytiker, den Kulturhistorikern und Literaturkritikern über die Philosophen bis hin zu den Pädagogen – sie alle zogen den jüdischen Witz (und die jüdische Gewitztheit) nun als Quelle von Wissen und Weisheit in Betracht und hielten ihn für würdig, systematisch erforscht zu werden. Bloß war er an dieser kritischen Wegscheide nicht mehr lustig (oder geistreich) – beziehungsweise war er nicht *nur* lustig. Der jüdische Witz gehörte nicht länger ausschließlich einer mündlichen volkstümlichen Überlieferung an, die von Generation zu Generation weitergegeben wurde, er war in den Worten von Paul Mendes-Flohr von der Ebene der „Überlieferung" auf die der „Gesetze" gehoben worden. Er wurde nicht mehr als vergängliche Alltagstrivialität oder flüchtige Laune angesehen, die einzig und allein darauf abzielte, zu erheitern und schallendes Gelächter auszulösen. Im Moment seiner Intellektualisierung war der jüdische Witz zur Redefigur geworden, eingebettet in etwas viel Größeres als er selbst. Er wurde positioniert und in eine politische und ideologische Debatte mit schwerwiegenden Folgen eingebracht. Angesiedelt in einem semantischen Feld, auf dem ein Krieg der Worte tobte, erhielt der jüdische Witz im Kreuzfeuer der Debatten zwischen Juden und Deutschen über ihre kulturelle und politische Gegenwart und Zukunft die Funktion einer geladenen Waffe. Auf dieser selbstreflexiven Ebene eines Diskurses zweiter Ordnung ging der jüdische Witz von einem Mittel der Selbstverteidigung oder der Beleidigung durch (bzw. gegen) die jüdische Minderheit in eines der figuralen Mittel über, mit denen zu Beginn des 20. Jahrhunderts neue Einsichten in die „jüdische Frage" und die kulturelle Krise der Juden gewonnen werden sollten. Er war jetzt zu einem Gegenstand geworden, der für die Konstruktion eines größeren Arguments über das Wesen von Kultur und Gesellschaft bzw. über das Verhältnis von *Deutschtum* und *Judentum* herangezogen wurde. Der gewöhnliche volkstümliche Witz hatte einen Hauch von Nachdenklichkeit und Wichtigkeit angenommen, die ihm Zutritt in die hehren Hallen der kultivierten Debatte verschafften. Aus Sicht mancher unserer Autoren war das auch der Zeitpunkt, als der Witz in den Dienst eines

Wissenskörpers gestellt wurde bzw. als er in der Herausbildung einer Debatte, die für sich beanspruchte wissenschaftlich zu sein, zur Trope wurde. Im absonderlichen Fall eines Arthur Trebitsch und seines todernsten antisemitischen Diskurses wurde der jüdische Witz zur totalisierenden Metapher für die zweitrangige und minderwertige Qualität des jüdischen Verstands und des jüdischen Charakters ganz generell.

Das war also der Moment und der Rahmen, in dem der Witz zur Wissenschaft wurde und der Neologismus *Witzenschaft* aufkam. Den Beginn dieses diskursiven Phänomens markiert der 22. Juni 1897, als der junge Sigmund Freud in einem Brief an seinen Freund Wilhelm Fliess von seiner Arbeit an einer Sammlung jüdischer Witze erzählte: „Ich will gestehen, daß ich in letzter Zeit eine Sammlung tiefsinniger jüdischer Geschichten angelegt habe."[60] Das Schlüsselwort hier ist *tief*, das auch die fiktive Figur Heinrich Bermann in Schnitzlers Roman gebraucht. Die Betrachtung jüdischer Witze als etwas Tiefes, oder, wie Freud seinem Freund Fliess in einem anderen Brief mitteilt, als „so viel tiefsinnige, oft bittere Lebensweisheit",[61] macht sie für die Psychoanalyse zum geeigneten Untersuchungsobjekt. Die Sammlung jüdischer Anekdoten sollte zum Kern dessen werden, worauf Freud seine Wissenschaft vom Witz zu begründen versuchte und was er acht Jahre später mit *Der Witz* vorlegte.

Doch noch während der jüdische Witz zur Trope umgewandelt wird und die Witzfragmente von Schriftstellern wie Freud, Kadner, Kahler, Fuchs, Trebitsch und anderen auf exemplarische Weise instrumentalisiert werden, um sich in großen Worten und eloquent über den jüdischen Charakter, den jüdischen Verstand und die jüdischen Fragen zu äußern, regt sich bereits ein Rest von Widerstand, der sich aus dem jüdischen Witz selbst ableitet. Mit anderen Worten: Hier passiert etwas Komisches, und es manifestiert sich in der anhaltenden Skepsis gegenüber der bloßen Annahme, diese jüdischen Witze seien tatsächlich so ernst zu nehmen, oder zu meinen, sie seien von tiefgründiger Bedeutung. *Vom jüdischen Witz zum Judenwitz* muss vor diesem

Rest an witzelndem Widerstand gegen so viel Ernst auf der Hut sein – er führt die diskursiven und theoretischen Behauptungen aufs Glatteis und löst am Ende nur Gelächter aus. Dieses Lachen markiert die Rückkehr des Verdrängten (ob als Ironie oder Absurdität), das sich über dieses bedeutungsvolle Unterfangen lustig macht. Um noch einmal Mary Gluck zu zitieren: „Das bestimmende Merkmal im jüdischen Witz bestand eben nicht in der Affirmation bestimmter sozialer, politischer oder moralischer Absichten, sondern darin, allen diesen Absichten einen ironischen Dämpfer zu versetzen. Der jüdische Witz war die Stimme des losgelösten Einzelnen, der die Welt als absurdes Theater ansah."[62] Ich würde behaupten, dass die Zweifel bezüglich der Bedeutung des jüdischen Witzes auch in Freuds Geständnis gegenüber seinem Freund Fliess mitschwangen, als er ihm mitteilte, dass er aus diesen Witzen einen Diskurs zweiter Ordnung im Dienste der Psychoanalyse machen wollte. Das ‚Geständnis' des Witzesammlers (signalisiert mit den einleitenden Worten „Ich will gestehen") entspringt dem schlechten Gewissen (oder Unbewussten) eines aufstrebenden Wissenschaftlers, etwas Unernstes oder Ungebührliches zu tun, wenn er sich mit etwas so Trivialem, Vergänglichem und Oberflächlichem wie Witzen beschäftigt. Die vorliegende Arbeit ist daher auch daran interessiert zu sehen, wie der Witz jederzeit bereit ist, die Dinge umzudrehen (der jüdischen komischen Figur des Drehs entsprechend) und zu „einer Sammlung jüdischer Anekdoten von seichter Bedeutungslosigkeit" zu werden. Die dialektische Spannung zwischen tiefgründiger Weisheit und totalem Witz öffnet den Raum für diese interpretierende Lesart, die zu den instabilen Wurzeln der deutsch-jüdischen Witztradition als einer vom Wesen her *schwankhaften* und zur literarischen Form des *Schwanks* zurückkehrt.[63] Der Schwank ist mit der jüdischen Witztechnik des *Drehs* eng verwandt – der komischen Umkehr oder Inversion, die die Dinge umdreht und deren Kehrseite sichtbar macht. Edmund Edel war diese treibende Kraft des jüdischen Witzes und Charakters durchaus bewusst, als er schrieb: „Das ist der Jude.

Er wird sich immer einen ‚Dreh' geben."⁶⁴ Die hier angestellten Überlegungen werden also auch dem Lachen ein Ohr leihen, das durch die Spielereien des jüdischen Drehs ausgelöst wird, wenn er sich den Versuchen einer kulturellen oder philosophischen Aneignung widersetzt. Als Reaktion auf den diskursiven Ruf „Das ist einfach nicht mehr lustig" wird beharrlich ein respektloses Lachen und die spöttische Antwort folgen: „Das soll wohl ein Witz sein?" So kehrt der verdrängte Witz zurück und stellt die Weisheit und die *Witzenschaft* auf den Kopf.

Mit der Weisheit am Ende — Unter Tränen lachen

Warum der englische Titel *At Wit's End*? Warum die Wahl einer idiomatischen Redewendung, die ausdrückt, dass man an die Grenzen des gesunden Verstandes stößt bzw. mit seiner Weisheit am Ende ist, für ein Buch, das sich mit den Debatten über den jüdischen Witz und jüdische Witze in Deutschland und in Mitteleuropa in der ersten Hälfte des 20. Jahrhunderts befasst? Die Redensart schwingt jedenfalls mit, denn es wird eine Welt dargestellt, die mit der Machtergreifung der Nazis, der Umsetzung eines staatlich sanktionierten Antisemitismus und der genozidalen Endlösung der Judenfrage den Verstand verloren hatte und wahnsinnig *(meschugge)* geworden war. Der Volksverhetzer Adolf Hitler war selbst nicht abgeneigt, diese Redensart auf die Juden und die angstbesetzte und verstörte geistige Verfassung anzuwenden, in die er sie versetzen wollte. Götz Aly erinnert an die wüste antisemitische Rhetorik Hitlers im Wahlkampf 1930: „Drohend kündigte Hitler die Zeit an, in der niemand mehr ‚dem Juden' glauben werde: ‚Dann ist er mit seinem Latein zu Ende. Die Zeit, in der es ihm ergeht, wie es ihm vor hunderten Jahren ergangen ist, ist bereits angebrochen."⁶⁵ Das politische und kulturelle Klima, in dem sich dieser dann per Gesetz erlassene Verfolgungszustand (und Ausnahmezustand) abspielte, brachte eine in Angst und Schrecken versetzte jüdische Bevölkerung hervor, die, um den Druck leichter ertragen zu können, dringend der Ablenkung und Entspannung durch jüdische Witze bedurfte. In dieser paradoxen Situation lässt sich argumentieren, dass ein Dasein und Leben „am Ende der Weisheit" nach befreiender Komik verlangte, die oft die Form morbider und makabrer jüdischer Witze annahm. Mit anderen Worten: Buchstäblich „mit seiner Weisheit am Ende" zu sein, trug zu einem beißenden jüdischen Witz bei, der sowohl nötige Antwort wie auch Bewältigungsmechanismus war.

Außerdem soll dargelegt werden, wie jüdische Witze in dem Moment, als sie zum legitimen Bestandteil der Geistes- und Sozialwissenschaften wurden, vom bloß Scherzhaften in etwas übergingen, das auf einmal ziemlich ernst genommen wurde. Denn mit dem Diskurs über den jüdischen Witz kam auch die Überlegung auf, jüdische Witze könnten Bedeutsames und Tiefgründiges über das deutsch-jüdische gesellschaftliche, kulturelle und politische Leben aussagen. Etwas pointierter signalisiert *Vom jüdischen Witz zum Judenwitz* die Grenzüberschreitung, die im Mittelpunkt dieser Abhandlung steht. Falls und sobald sich jüdische Selbstironie zu weit in Richtung Antisemitismus bewegte, lief sie ernsthaft Gefahr, eine instabile politische Lage zu schaffen, die für die Juden nicht mehr lustig war – etwa als die Rufe „Hassrede" laut wurden, mit denen provokante jüdische Witze zensiert und eingeschränkt werden sollten, weil sie zu einem Klima beitrugen, das die Judenhetze und antisemitische Verfolgung begünstigte. Unter diesen Umständen wurde der Diskurs über jüdische Witze im wörtlichen Sinne tödlich. Besonders traf das auf die Zeit des historischen Übergangs von der Weimarer Republik über das Dritte Reich zum Holocaust zu. Mit anderen Worten: Schon allein aufgrund der Chronologie der Ereignisse, die dazu führten, dass die lebendige kulturelle Tradition des jüdischen Witzes und Humors in Ost- und Mitteleuropa mit der Massenvernichtung des europäischen Judentums 1945 ihr Ende fand, kann das vorliegende Projekt gar nicht anders, als ans „Ende seiner Weisheit" zu gelangen. Im Kontext des todbringenden Diskurses der Nazis gegen die Juden und ihre Witze sei an die schauderhaft makabren Worte Joseph Goebbels' erinnert, als er am 27. März 1942 – zwei Monate nach Wannsee – in sein Tagebuch schrieb: „Das Judentum hat nichts zu lachen." [66]

Im Rahmen der *Wiedergutmachung* der Nachkriegszeit und ihrer „jüdischen Witz-Reparationen" widerfuhr dem jüdischen Witz indes eine Post-Holocaust-Wiederbelebung und somit ein Leben nach dem Tod (vgl. Kapitel 6). Der Überlebende namens „jüdischer Witz" ließ sich also doch nicht so ohne Weiteres auslöschen. Funktion und Notwendigkeit des jüdischen Witzes sind in der Tat so angelegt, dass allein der Gedanke an sein mögliches oder angenommenes Ende nur die nächste Runde seines unauslöschlichen Lachens auslöst. Das voraussetzend, wird – außer im Falle einer völligen Vernichtung des Judentums (und im eigentlichen Sinne der Menschheit) – jede Redewendung vom Ende der Weisheit so irreführend wie unhaltbar. Die apokalyptische Ankündigung, mit seiner Weisheit am Ende zu sein, weicht daher der (ewigen) Erneuerung und Wiederkehr des Witzes als festem Bestandteil menschlicher Sterblichkeit – einer paradoxerweise lebendigen Tradition, die es vorzieht, im Angesicht des Todes zu lachen. Der moderne jüdische Witz und Humor war sich dieser Art von Grenzerfahrung immer schon bewusst, weil er seit jeher dem Zweck diente, sich aus den Fängen der Verfolgung und ihrer unmittelbaren Todesgefahr herauszulachen. Deshalb lautet der andere Leitgedanke seit Rabbi Büschenthal bis in die Gegenwart, die Bedeutung jüdischer Witze bestehe darin, „im Leid zu lachen" oder „unter Tränen zu lachen". So schreibt auch Edmund Edel: „Seit Jahrtausenden in der Weltgeschichte herumgeworfen, mußte er den Hohn und Spott der Menschen über sich ergehen lassen und es war vielleicht seine einzige Genugtuung, wenn er ins Ghetto zu seinesgleichen kam, sich mit einem Scherz all das Unangenehme abzuschütteln, was draußen ihn gepackt hatte." [67] Im Lichte der zunehmenden Verfolgung in der Nazi-Ära und auch nach dem Holocaust ließ sich das natürlich als umso attraktiveres Argument anführen und wird auch prompt von Salcia Landmann in ihrer Sammlung jüdischer Witze wiederholt. Einfach ausgedrückt: Ein Leben am Ende aller Weisheit – als einem, wie Edel es beschreibt, Kennzeichen der jüdischen Erfahrung in der Diaspora – verlangte und erforderte ein Lachen unter Tränen.[68]

Die Erklärung jüdischer Witze mit „im Leid lachen" erinnert an die jiddische Wendung „Oj wej!" oder „Ah waj!" („Weh ist mir!"), die Pointe zahlreicher jüdischer Witze (wie auch die Überschrift der Kritik Torbergs an Landmann). Der komischen Übertreibung unterworfen, stellt der Ausruf die Möglichkeit dar, Schmerz und Leid der Verfolgung unmittelbar und buchstäblich in Lachen umzukehren. Einer dieser Witze findet sich in Calman Levis Sammlung *Jüdische Witze,* die in den 1910er-Jahren erschienen ist.[69] Die beiden Juden Rosenduft und Veilchenduft treffen sich auf der Straße. Rosenduft sieht, dass sein Freund von der Obrigkeit verprügelt wurde. Er will wissen, warum sein Freund so geschlagen wurde; er will verstehen, warum er leidet. In einem Spiel, das an den berühmten Sketch der amerikanischen Vaudeville-Komödianten Abbott und Costello erinnert, in dem es um die Spieler eines fragwürdigen Baseballteams geht („Wer ist zuerst dran?"), nimmt Veilchenduft jede Frage wörtlich und nennt den Grund nicht, der sein Leid erklären würde. Vielleicht ist dieser Witz ja ein indirekter ironischer Hinweis auf unser Unvermögen, irgendeine kausale Grundlage oder Logik an der Wurzel des Antisemitismus zu erkennen, und markiert seine Willkür bzw. radikale Kontingenz.[70] Denn der Witz endet so: Der zornige Rosenduft: „Ich frage dich, was hast du getan?", worauf Veilchenduft erwidert: „Geschrien hab ich, Weh ist mir!"[71] Nach fünf weiteren Fragen bekommt Rosenduft noch immer nicht die Antwort, die er haben will. Doch aus der letzten Antwort – dem übertriebenen Ausruf „Oj wej!" – erschließt sich die jüdische Witzstrategie des „im Leid Lachens". Offen bleibt die Frage, ob der Witz als bloße Aneinanderreihung von Fragen zu verstehen ist, die Rosenduft keinen Schritt weiterbringen, oder ob er eine tiefgründige Überlegung zum

Antisemitismus und zur Judenfrage darstellt und veranschaulicht, wie jüdischer Witz und „im Leid lachen" den Juden in der Moderne eine Bewältigungsstrategie und ein Ventil für etwas lieferten, das zu begreifen extrem schwierig war. In Levis Sammlung trägt der Witz übrigens den Titel „Die Judenfrage"[72] und dürfte daher selbstreflexiv gedacht gewesen sein und seinen eigenen ironischen Kommentar zur Judenfrage – bzw. zum jüdischen Witz und seinen Fragen – gleich mitliefern. War es ein bedeutungsvoller Zufall? War es ein geistreicher Witz?

1 Siehe Jürgen Gottschalk und den von ihm online gestellten Essay über Edmund Edel sowie die umfassende Quellenübersicht zum jüdischen Witz, die seiner Analyse zugrunde liegt: „Eine doppelt versteckte ‚versteckte' Bibliographie in Edmund Edels *Der Witz der Juden, Documenta Humoristica Historica,* http://humoristica-judaica.pirckheimer.org/texte_1_.htm. Gottschalks Website ist eine hervorragende bibliographische Quelle für Arbeiten zum jüdischen Humor und versammelt jüdische Witzbücher in deutscher Sprache.

2 Sigmund Freud, *Der Witz und seine Beziehung zum Unbewußten* (Frankfurt am Main: Fischer Verlag 1970).

3 Edmund Edel, *Der Witz der Juden* (Berlin: Louis Lamm, 1909), S. 3.

4 Freud, *Der Witz und seine Beziehung zum Unbewußten,* S. 70. Das vollständige Zitat lautet: „Diese Bedingung der Selbstkritik mag uns erklären, daß gerade auf dem Boden des jüdischen Volkslebens eine Anzahl der trefflichsten Witze erwachsen sind, von denen wir ja hier reichliche Proben gegeben haben. Es sind Geschichten, die von Juden geschaffen und gegen jüdische Eigentümlichkeiten gerichtet sind." Eine faszinierende Analyse, die in Freuds Witzen „einen Akt des identitätsbasierten Ausdrucks" sieht, findet sich bei Elliott Oring, „Sigmund Freud's Jewish Joke Book", in: *Engaging Humor* (Urbana: University of Illinois Press, 2003), S. 116–128. Vgl. auch Orings aufschlussreiche Darstellung der Beziehung von Freuds jüdischen Witzen zu seiner eigenen persönlichen Biographie, *The Jokes of Sigmund Freud: A Study in Humor and Jewish Identity* (Philadelphia: University of Pennsylvania Press, 1984).

5 Markus Patka: „Die Selbstironie wird in fast allen Werken als das Hauptcharakteristikum des typisch jüdischen Humors Erwähnung finden." Markus G. Patka, *Wege des Lachens: Jüdischer Witz und Humor aus Wien* (Wiener Bibliothek der Provinz, 2011), S. 23.

6 Ruth R. Wisse, *No Joke: Making Jewish Humor* (Princeton, NJ: Princeton University Press, 2013), S. 10. Jefferson S. Chase nennt das einen „Teufelskreis" und sagt: „‚Jüdischer Humor' wurde durch judenfeindliche Vorurteile, durch noch mehr judenfeindliche Vorurteile und umgekehrt durch satirischen jüdischen Humor angefacht." Jefferson S. Chase, *Inciting Laughter: The Development of ‚Jewish Humour' in 19th Century German Culture* (Berlin: Walter de Gruyter, 1999), S. 3.

7 Sander L. Gilman, „Jüdischer Humor und die Bedingungen, durch welche Juden Eintritt in die westliche Zivilisation fanden", übersetzt von Angelika Beck, in: *Der jüdische Witz: Zur unabgegoltenen Problematik einer alten Kategorie,* hg. von Burckhard Meyer-Sickendieck und Gunnar Och (Paderborn: Wilhelm Fink, 2015), S. 164. (Anm. d. Ü.: Der Originaltitel lautet „Jewish Humour and the Terms by Which Jews *and Muslims* Join Western Civilization" und erschien im *Leo Baeck Institute Yearbook 57* (2012) – in der deutschen Ausgabe fällt „and Muslims" weg.)

8 Jeremy Dauber, *Jewish Comedy: A Serious History* (New York: W. W. Norton and Company, 2017), S. 20. Die Tatsache, dass Dauber „sich selbst hassend" in Anführungszeichen setzt,

9 Edel, *Der Witz der Juden,* S. 11–12.

10 Zu Treitschkes Urteil – „Die Juden sind unser Unglück!" – kam es am 15. November 1879; publiziert wurde es im Jahr darauf von G. Reimer in Berlin als Teil eines Pamphlets, das sich mit der „jüdischen Frage" befasste und den Titel *Ein Wort über unser Judentum* trug. Vgl. Kapitel 2, worin im Kontext der Arbeit von Eduard Fuchs genauer darauf eingegangen wird, was Treitschke über den jüdischen Witz zu sagen hatte.

11 Henry Wassermann, „Anti-Jewish (Modern) Caricature", in: *Antisemitism: A Historical Encyclopedia of Prejudice and Persecution,* Vol. 1, Hg. Richard S. Levy (Santa Barbara, CA: ABC-CLIO, 2005), S. 105.

12 Beispiele dafür finden sich in Eduard Fuchs, *Die Juden in der Karikatur: Ein Beitrag zur Kulturgeschichte* (München: Albert Langen Verlag, 1921). Gilman weist auf eine von ihnen hin, die, ursprünglich im *Kikeriki* erschienen, die Ostjuden in Hygienefragen verspottet und mit dem Witz eng verwandt ist, den Freud in seinem Buch erzählt.

13 (A.d.Ü.: Der im Deutschen antisemitisch konnotierte Begriff „Judenwitz", den Gluck, wie in der englischen Wissenschaftsliteratur häufig, gebraucht, verzichtet auf die entsprechende Differenzierung zwischen „jüdischer Witz" und „Judenwitz". „Judenwitz" als Begriff findet sich u.a. zwar auch bei Freud, steht dort aber in einem anderen historischen Kontext. Für die vorliegende deutsche Ausgabe konnte auf diese begriffliche Differenzierung nicht verzichtet werden, „Judenwitz" wird hier deshalb mit „jüdischer Witz" übersetzt.) Mary Gluck, *The Invisible Jewish Budapest: Metropolitan Culture at the Fin de Siècle* (Madison: University of Wisconsin Press, 2016), S. 107. Sie ist letztlich von der politischen Instabilität dieser Tradition überzeugt: „Die Tradition stützte sich auf die Ironie und die komische Doppelung, um sich von den dogmatischen politischen Traditionen ultranationalistischer und antisemitischer Strömungen, aber auch von den universellen ethischen Ansprüchen der jüdischen Kultur und Identität zu distanzieren."

14 Das findet in zahlreichen Vergleichsbeispielen das ganze Buch hindurch statt, wenn Antisemiten wie Arthur Trebitsch (in Kapitel 1) und Siegfried Kadner (in Kapitel 5) Freuds Interpretationen von jüdischen Witzen umstrukturieren.

15 Patka, *Wege des Lachens,* S. 23.

16 Salcia Landmanns vor über fünfzig Jahren geäußerten Worte zur Reaktion nichtreligiöser Juden ist auch hier gültig: „Diese harte Selbstkritik im Judenwitz führt immer wieder dazu, daß traditionsentfremdete Juden ihn ablehnen und als antisemitisch und ‚selbsterniedrigend' verschreien." Salcia Landmann, *Der jüdische Witz.* Vollständig neu bearbeitete und wesentlich ergänzte Ausgabe, herausgegeben und eingeleitet von Salcia Landmann (Olten: Walter-Verlag, 1976), S. 34–35.

17 Gershom Scholem, *Tagebücher nebst Aufsätzen und Entwürfen bis 1923, 2. Halbband 1917–1923* (Frankfurt am Main: Jüdischer Verlag, 2000), S. 421–422. Ich danke Steven Asch-

heim, der mich auf diese Überlegungen aufmerksam gemacht hat.

18   Im Kontext Scholems erkennt Stéphane Moses eine faszinierende Verbindung zwischen dem jüdischem Witz und der Kabbala und versteht ihn als „säkulares Substitut der religiösen Geheimlehre", der „deshalb wesentlich ein Produkt der jüdischen Emanzipation ist". Vgl. „Zur Poetik des Witzes" in: *Signaturen der Gegenwartsliteratur. Festschrift für Walter Hinderer*, Hg. Dieter Borchmeyer (Würzburg: Königshausen und Neumann, 1999), S. 299.

19   In den Worten von Landmann: „Sigmund Freud erklärt den Witz als die letzte Waffe des völlig Wehrlosen." Salcia Landmann, „Zum Jüdischen Witz", in: *Neues von Salcia Landmann: Jüdischer Witz* (München und Berlin: Herbig, 1972), S. 9. Obwohl dieser Satz Freud mehrmals zugeschrieben wurde, konnte ich das Zitat in keinem seiner Werke finden. Eike Christian Hirsch ist ebenfalls der Ansicht, dass es sich um eine Fehlzuschreibung handelt – in: *Der Witzableiter oder die Schule des Lachens* (München: C.H. Beck, 2001), S. 264.

20   Gilman, „Jüdischer Humor", S. 164.

21   Chajim Bloch, *Das jüdische Volk in seiner Anekdote: Ernstes und Heiteres von Gottsuchern, Gelehrten, Künstlern, Narren, Schelmen, Aufschneidern, Schnorrern, Reichen, Frommen, Freidenkern, Täuflingen, Antisemiten* (Berlin: Verlag für Kulturpolitik, 1931), S. 17. Aus einer dekonstruktiven Perspektive verdeutlicht Blochs Aufnahme der „Antisemiten" als letzten Typus der Charaktere, die in diesen Anekdoten auftreten, dass der antisemitische Andere zurückkehrt, um die Verfassung des jüdischen Witzes generell heimzusuchen.

22   Lutz Röhrich, *Der Witz: Figuren, Formen, Funktionen* (Stuttgart: J. B. Metzler, 1977), S. 284. Im Unterschied zu Bloch, und um die Angelegenheiten noch weiter zu komplizieren, bezieht sich Röhrich in diesem Kontext auf den *Judenwitz* als den kontaminierten Witz – mit dem „der jüdische Witz zum Judenwitz umgeprägt wurde".

23   Das Beharren auf diesem binären Gegensatz ist der Grund, warum die Folkloristen über eine gelegentliche Gegenüberstellung ihrer Ansichten hinaus in den vorliegenden Band nicht aufgenommen wurden.

24   In Verbindung mit der Verteidigung selbstironischer jüdischer Witze durch das KadeKo in der Weimarer Republik diskutiert Daniel Wickberg eine Parallelsituation in den USA, wo zur gleichen Zeit selbstreflexives Lachen als Zeichen von psychischer Gesundheit verstanden wurde. Er schreibt: „Ab den 1890er-Jahren wurde das Merkmal, ob jemand Sinn für Humor hat, an der Fähigkeit zur Selbstobjektivierung und daran gemessen, ob man einen Witz über sich selbst ‚vertragen' bzw. verstehen und über sich selbst lachen konnte. Diese Begriffe und der ihnen zugeordnete Wert fanden in der gesamten amerikanischen Kultur ihren Widerhall – vor allem ab den 1920ern bis in die 1950er-Jahre, in denen sie in der akademischen und populären Psychologie und in den neuerdings mächtigen Massenmedien häufig zum Ausdruck gelangten." Daniel Wickberg, *The Senses of Humor: Self and Laughter in Modern America* (Ithaca, NY: Cornell University Press, 1998), S. 107.

25 Flaneur, „Die antisemitischen Gebrüder Herrnfeld", Die Standarte 2, Nr. 44 (13. August 1908), https://www.filmportal.de/material/die-juedische-rundschau-ueber-das-herrnfeldtheater.

26 Flaneur verweist auf M. Nuél [Manuel Schnitzer], *Das Buch der jüdischen Witze* (Berlin: Hesperus, 1907) als positives Beispiel im Unterschied zum Herrnfeld-Theater. Vgl. Kapitel 2 für mehr Information über die Wirkung von Schnitzers beliebter Sammlung in Verbindung mit Eduard Fuchs und seiner Analyse jüdischer Selbstironie.

27 Vgl. Alexander Moszkowski, *Die jüdische Kiste: 399 Juwelen echt gefaßt* (Berlin: Verlag der lustigen Blätter, 1911) und *Der jüdische Witz und seine Philosophie* (Berlin: Dr. Eysler 1922). Die frühere Version dient als Grundlage für den Bucheinband des vorliegenden Bandes.

28 Landmann, *Der Jüdische Witz*, S. 35. Landmann bezieht sich hier auf Freud. Seine bekannte Unterscheidung zwischen jüdischer Selbstkritik und antisemitischer Brutalisierung lautet: „Die Witze, die von Fremden über Juden gemacht werden, sind zu allermeist brutale Schwänke, in denen der Witz durch die Tatsache erspart wird, daß der Jude den Fremden als komische Figur gilt. Auch die Judenwitze, die von Juden herrühren, geben dies zu, aber sie kennen ihre wirklichen Fehler wie deren Zusammenhang mit ihren Vorzügen." (Freud, *Witze*, S. 70) Elliott Oring insistiert, dass Freud selbst ein Problem damit hatte, diese Unterscheidung beizubehalten, und dass seine „positive" Verteidigung des jüdischen Witzes „selbstzerstörerisch" anmutet. Er schreibt: „Obwohl er den jüdischen Witz auf ein positives Fundament stellte, dient Freuds Gebrauch dieser Witze zur Veranschaulichung von Verdrängung, doppeltem Spiel, Spitzfindigkeit und fehlerhafter Logik sowie von Angriffen auf gesellschaftliche Werte, den Begriff der Wahrheit und die Möglichkeit von Wissen der Bekräftigung des traditionellen antisemitischen Bildes vom korrupten Juden." („Sigmund Freud's Jewish Joke Book", S. 123).

29 Freuds Version lautet: „Ein galizischer Jude fährt in der Eisenbahn und hat es sich recht bequem gemacht, den Rock aufgeknöpft, die Füße auf die Bank gelegt. Da steigt ein modern gekleideter Herr ein. Sofort nimmt sich der Jude zusammen, setzt sich in bescheidene Positur. Der Fremde blättert in einem Buch, rechnet, besinnt sich und richtet plötzlich an den Juden die Frage: ‚Ich bitte Sie, wann haben wir Jomkipur?' (Versöhnungstag.) ‚Aesoi', sagt der Jude und legt die Füße wieder auf die Bank, ehe er die Antwort gibt." (*Der Witz*, S. 48–49) In *No Joke*, „Introduction: The Best Medicine", S. 7–10, vergleicht Ruth R. Wisse die Interpretation Freuds und jene Arthur Schnitzlers. Siehe Kapitel 1 für meine Gegenüberstellung von Freuds Interpretation mit Arthur Trebitschs antisemitischer Lesart.

30 John Murray Cuddihy, *The Ordeal of Civilty: Freud, Marx, Levi-Strauss and the Jewish Struggle with Modernity* (New York: Dell Publishing, 1974).

31 Arthur Schnitzler, *Der Weg ins Freie* (Berlin: Fischer Verlag, 1918), S. 175–176. Theodor Reiks Essay „Die Intimität im Judenwitz" verdankt dieser Schnitzler-Passage viel, was der Psychoanalytiker auch eigens anerkennt: „Wir haben ja von Schnitzler gehört, daß die besondere Art von

Intimität, die dem gesellschaftlichen Verkehr unter Juden eigen ist, gerade das spezifische Gefühl des Respektes nicht aufkommen läßt." Theodor Reik, *Nachdenkliche Heiterkeit* (Wien: Internationaler Psychoanalytischer Verlag, 1933), S. 74.

32   Schnitzler, *Der Weg ins Freie*, S. 176.

33   Gluck, *Invisible Jewish Budapest*, S. 106–107. Gluck stellt anschließend die Ambivalenz zur Diskussion, die durch den jüdischen Witz als Forschungsgegenstand und seinen unter Wissenschaftlern umstrittenen Status aufkommt. Ihre Darstellung verleiht der Witzdialektik zwischen jüdischer Selbstironie und jüdischem Selbsthass/Antisemitismus eine neue Dimension: „Die Schwierigkeit, den *Judenwitz* in eine ernste wissenschaftliche Diskussion zu integrieren, lässt sich zum Teil mit seinem kompromittierten Status als kulturelle Praxis erklären. Der mit negativen jüdischen Stereotypen und vulgärem und abwertendem Humor assoziierte *Judenwitz* erweist sich als zutiefst kontrovers und hat unter Historikern des modernen Judentums zu abweichenden Interpretationen geführt. War der *Judenwitz* eine Geste des jüdischen Selbsthasses und Masochismus oder ein Akt der Selbstbehauptung und kulturellen Emanzipation? War er eine Reflexion der Abwertung des jüdischen Lebens in der Diaspora oder, umgekehrt, eine differenzierte Alternative zu seinen etablierten kulturellen Codes?" (S. 107)

34   Für eine Besprechung des Symposiums siehe Fabian Wolff, „Treffen sich zwei Juden …" *Jüdische Allgemeine Zeitung*, 23. Mai 2013, https://www.juedische-allgemeine.de/kultur/treffen-sich-zwei-juden-2/.

35   Die Presseaussendung kann unter http://www.fu-berlin.de/presse/informationen/fup/2013/fup_13_100/ aufgerufen werden. Sander Gilmans Impulsreferat trug den Titel „When did Jews Become Funny? A New Debate about the Limits of Representation after 9/11 or an Older Problem". Siehe auch Burkhard Meyer-Sickendiek und Gunnar Och (Hg.), *Der jüdische Witz: Zur unabgegoltenen Problematik einer alten Kategorie* (Paderborn: Wilhelm Fink, 2015).

36   „Man kennt das Stichwort ‚jüdischer Witz' vor allem durch die ungemein populäre Sammlung anonymer Erzählwitze, welche Salcia Landmann in den 1960er-Jahren in vielen Auflagen veröffentlichte. Doch ist damit das Phänomen tatsächlich hinreichend charakterisiert? Schon Friedrich Torberg hat das bezweifelt und Landmann eine ungehemmte Reproduktion antisemitischer Klischees unterstellt. Unsere Tagung möchte an diese Kontroverse anknüpfen und die Diskussion um den ‚jüdischen Witz' neu eröffnen." Siehe „Der jüdische Witz", Flyer, https://www.geisteswissenschaften.fu-berlin.de/fachbereich/chronik/2013/forschung/tagungen/_ressourcen/der_juedische_witz_flyer.pdf. Meyer-Sickendieks ausgezeichnete Übersicht „Jüdischer Witz und deutsch-jüdische Moderne" setzt ebenfalls bei der Landmann-Torberg-Kontroverse an. Vgl. Hans Otto Horch (Hg.), *Handbuch der deutsch-jüdischen Literatur* (Berlin: De Gruyter, 2016), S. 448–462.

37   Brumliks Vortrag trug den ambivalenten Titel: „Menschenfeindliches Zerrbild oder Satire": Eduard Fuchs und *Die Juden in der Karikatur*.

38   Markus G. Patka und Albert Stalzer (Hg.), *Alle meschugge?: Jüdi-*

scher Witz und Humor (Wien: Amalthea, 2013).

39   Gilman, „Jüdischer Humor", S. 169.

40   Hier ein Auszug aus dem Brief der *Anti-Defamation League* an Sacha Baron Cohen vom 9. August 2004: „Obwohl wir verstehen, dass mit dieser Szene dargestellt werden soll, wie leicht sich eine Gruppe ganz normaler Menschen dazu anstiften lässt, in antisemitisches Geschrei einzufallen, sind wir in Sorge, dass die Ironie bei Teilen Ihres Publikums nicht ankommt – oder schlimmer, dass manche Ihrer Zuschauer Borats Aussagen über Juden für bare Münze nehmen." (http://archive.adl.org/media_watch/tv/20040809-hbo.html#.UzxKIRZpGfQ). Vgl. auch Shaun De Waals Filmbesprechung, als *Borat* in die Kinos kam, und seine Vorhersage, dass Cohen der Vorwurf gemacht werden würde, ein „selbsthassender Jude" zu sein und nicht der Erfinder „einer bösartigen Parodie über einen undenkbar bösartigen Antisemitismus". Shaun De Waal, „In Jew course", *Mail and Guardian* (South Africa), 17. November 2006, https://mg.co.za/article/2006-11-17-in-jew-course. Baron Cohens von Trump inspiriertes Programm „Who is America?" wird im Nachwort behandelt.

41   Dauber, *Jewish Comedy*, S. 48.

42   Vgl. Eli Valley, *Diaspora Boy: Comics on Crisis in America and Israel* (New York and London: OR Books, 2017).

43   Zu Eli Valley schreibt Cathryn J. Prince: „Als Satiriker hat Valley ein gehöriges Maß an Kritik einstecken müssen. Kritik mag da noch ein harmloser Ausdruck sein. Er wurde als selbsthassender Jude bezeichnet, man nannte ihn Israel-Hasser, Ghetto-Jude, schimpfte ihn Kapo. Es gibt keine Beleidigung oder Schmähung, die er noch nicht gehört hat." Siehe „How satire got a cartoonist fired from a Jewish newspaper", *Times of Israel*, 22. September 2017, https://www.timesofisrael.com/how-satire-got-a-cartoonist-fired-from-a-jewish-newspaper/.

44   Ein anderes exzellentes Beispiel ist der israelische antisemitische Cartoon-Wettbewerb, den Amitai Sandy und Eyal Zusman als Reaktion auf den 2006 von der *Hamshahri Daily* gesponserten iranischen Holocaust-Cartoon-Wettbewerb lancierten. „Wir werden der Welt zeigen, dass wir die besten, schärfsten, anstößigsten judenhassenden Cartoons zustande bringen, die je veröffentlicht wurden", sagte Sandy. „Auf unserem ureigenen Gebiet schlägt uns kein Iraner!" Sandy, zitiert von Jonathan Leggett, „Anti-Semitism, the Jewish way", *Guardian*, 3. März 2006, https://www.theguardian.com/theguardian/2006/mar/03/features11.g2.

45   Siehe Judas Ascher, *Der Judenfreund, oder auserlesene Anekdoten, Schwänke und Einfälle von den Kindern Israels* (Leipzig, Baumgärtnersche Buchhandlung, 1810). Fabian Wolff dient das Buch als Maßstab für die schwankende Grenze: „Die Sammlung ist antisemitisch ausgerichtet, schöpft aber teilweise aus den gleichen Quellen. Hier kann man die vermeintliche ‚Gefahr' des jüdischen Witzes erkennen. Die einen sehen in ihm Selbstironie und die Dekonstruktion von Klischees oder eine jüdische *commedia dell'arte*, wie es Christina Pareigis (Zentrum für Literatur- und Kulturforschung Berlin) treffend formulierte. Für die anderen ist er nur Bestä-

tigung dieser Vorurteile, wenn nicht gar Antisemitismus" („Treffen sich zwei Juden …")

46   Lippman Moses Büschenthal, *Sammlung witziger Einfälle von Juden, als Beitrag zur Charakteristik der jüdischen Nation* (Elberfeld: Bey H. Büschler in Kommission, 1812).

47   Gilman, „Jüdischer Humor", S. 161.

48   Büschenthal, *Sammlung witziger Einfälle von Juden*, iv.

49   Chase, *Inciting Laughter*, S. 1.

50   Ebd., S. 4.

51   Ebd., S. 2–3. Mary Gluck führt den Gedanken von Chase in ihrer Diskussion des *Judenwitzes* im Kapitel „The Jewish Humor Magazine and Collective Self-Parody" in *The Invisible Jewish Budapest* weiter: „Der *Judenwitz* implizierte mehr als bloß Witze von oder über Juden. Er wurde mit dem Nihilismus des jüdischen Geistes/Temperaments identifiziert, der seinen charakteristischen Ausdruck in Ironie und boshaftem Gelächter fand. Der *Judenwitz* galt als Kreation entwurzelter Außenseiter, die das einheimische Idiom nie richtig beherrschten" (S. 105–106). Gluck bringt auch Mary Douglas und ihre den sozialen Funktionen des *Judenwitzes* verwandten Überlegungen zum Humor ins Spiel: „Die Anthropologin Mary Douglas hat zum Beispiel viele Aspekte des *Judenwitzes* in ihre eigenen Konzepte von Humor aufgenommen. Der Witz, so ihre Überlegung, war der Definition nach subversiv, da er soziale Kontrolle, Objektivität und etablierte Konventionen in Frage stellte. Ganz im Sinne klassischer Definitionen des *Judenwitzes* sah sie die Essenz von Humor in Begriffen wie ‚die Nivellierung von Hierarchien, der Triumph der Intimität über die Förmlichkeit, die Privilegierung inoffizieller Werte gegenüber offiziellen Werten.'" (S. 106).

52   Chase, *Inciting Laughter*, S. 16.

53   Ebd., S. 17.

54   Ebd., S. 2.

55   Selbst noch gegen Ende des 20. Jahrhunderts strukturiert die Gegenüberstellung von Witz und Humor die Arbeit des deutschen Literaturhistorikers Otto F. Best in *Volk ohne Witz: Über ein deutsches Defizit* (Frankfurt am Main: Fischer, 1993).

56   Chase, *Inciting Laughter*, S. 9.

57   In dieser Zeit verfasste Max Weber viele seiner wichtigen Schriften über die aufkommende Rationalisierung und Religionsverdrossenheit in den westlichen Gesellschaften. Seine Essays über die Methodologie der Sozialwissenschaften erschienen mehrheitlich zwischen 1903 und 1917, darunter auch „Kritische Studien auf dem Gebiet der kulturwissenschaftlichen Logik: Zur Auseinandersetzung mit Eduard Meyer". Den umstrittenen Essay „Wissenschaft als Beruf" schrieb Weber von 1918 bis 1919, dessen zentrale These lautet: „Es ist das Schicksal unserer Zeit, mit der ihr eigenen Rationalisierung und Intellektualisierung, vor allem: Entzauberung der Welt." (München und Leipzig: Verlag von Duncker & Humblot, 1930), S. 36. Der noch junge Erich von Kahler begann seine Karriere mit einer neoromantischen Widerlegung von Webers Aufsatz. Siehe Erich von Kahler, *Der Beruf der Wissenschaft* (Berlin: Bondi, 1920).

58　Der Liste muss auch der Wunsch nach kotartigem Wissen hinzugefügt werden. Freud spielte auch in der Rezeptionsgeschichte zu *Scatalogic Rites of All Nations* des Soldaten-Wissenschaftlers John Gregory Bourke (Washington DC: Lowdermilk, 1891) eine Rolle. Seine Veröffentlichung in deutscher Übersetzung von 1913 enthielt eine Einleitung Freuds. Siehe meinen Beitrag zu diesem unerquicklichen Thema („John Bourkes, Scatalog") in John Gregory Bourke, *Das Buch des Unrats* (Frankfurt am Main: Eichborn, 1992).

59　Schnitzler, *Der Weg ins Freie*, S. 176. Das vollständige Zitat lautet: „Tief. Tief wie so viele jüdische Anekdoten. Sie schließt einen Blick auf in die Tragikomödie des heutigen Judentums."

60　Sigmund Freud, *Briefe an Wilhelm Fliess, 1887–1904* (Frankfurt am Main: S. Fischer Verlag, 1986), S. 271. Der Satz stammt aus einem Brief vom 22. Juni 1897.

61　Um dieses Zitat in einen größeren Kontext zu stellen: Freud schildert Fliess einen seiner Träume: „Es sind hier in dem Material, aus dem der Traum gesponnen ist, zwei jener lustigen jüdischen Anekdoten zu erkennen, die so viel tiefsinnige, oft bittere Lebensweisheit verbergen, und die wir in Gesprächen und Briefen so gern zitieren." Sigmund Freud, *Die Traumdeutung* (Leipzig und Wien: Franz Deuticke, 1914), S. 148.

62　Gluck, *Invisible Jewish Budapest*, S. 107.

63　Vgl. Max Präger und Siegfried Schmitz, *Jüdische Schwänke* (Wien: R. Löwit, 1928). Die volkskundliche Sammlung verbindet den jüdischen Witz mit dieser literarischen Form und ist eine deutsche Auswahl und Übersetzung des von Immanuel Olsvangers transkribierten jiddischen Klassikers *Rosinkes mit Mandlen: Volksliteratur der Ostjuden* (Basel: Verlag der Schweizerischen Gesellschaft für Volkskunde, 1920).

64　Edel, *Der Witz der Juden*, S. 9.

65　Götz Aly, *Warum die Deutschen? Warum die Juden? Gleichheit, Neid und Rassenhass 1800–1933* (Frankfurt am Main: S. Fischer, 2011), S. 251. Die Fragen im Titel spielen auf einen berühmten jüdischen Witz über Antisemitismus an, der in Kapitel 3 und 6 besprochen wird. Hitlers Redewendung impliziert, dass selbst ein gebildeter, in der gelehrten Sprache der Wissenschaft geschulter Mensch um eine Antwort verlegen wäre. Vgl. Christian Hartmann (Hg.), *Hitler: Reden, Schriften, Anordnungen Februar 1925 bis Januar 1933* (München: Saur, 1995).

66　Ralf Georg Reuth (Hg.), *Joseph Goebbels, Tagebücher, Band 4, 1940–1942* (München: R. Piper, 1992), S. 1776.

67　Edel, *Der Witz der Juden*, S. 9–10.

68　Diese Strategie spielt auch im Vermächtnis von Jacques Derrida und im Sinne der Dekonstruktion eine unverzichtbare Rolle. In einem Interview mit Elizabeth Weber vom 13. September 1991 spricht Derrida von einem philosophischen Stil in seinem autobiographischen Text *Circumfession*, in dem sich das Lachen mit Tränen mischt: „Ich bin mir nicht sicher, ob man zwischen Lachen und Tränen wählen muss. Gute Tränen sind nicht notwendigerweise frei von jeder Art des Lächelns. Es ist, so sagt man, möglich, durch die eigenen Tränen zu lächeln, zu lachen, während man weint. Die Tränen, um die es in diesem Text geht, sollten Spott ausschließen, aber nicht unbedingt ein Lachen. Im Gegenteil." Jacques Derrida in: Elizabeth Weber (Hg.), *Questioning Judaism* (Stanford, CA: Stanford University Press, 1993), S. 58. Insofern steht der Diskurs über „Witz und Trauer" bzw. das „Lachen in der Trauer", mit dem der jüdische Witz nach dem Holocaust beschrieben wird und um den es in Kapitel 6 geht, im Einklang mit der Strategie der Dekonstruktion.

69   Von Calman Levi herausgegeben, erschien diese Sammlung mit dem generischen Titel *Jüdische Witze* in Dresden beim Max Fischer Verlag zwischen 1910 und 1919.

70   Slavoj Žižek: „Die Tatsache, dass es die Juden waren, die für diese Rolle erwählt wurden, ist letztlich kontingent", in: *Verweilen beim Negativen. Psychoanalyse und die Philosophie des deutschen Idealismus,* Band 2, übersetzt von Lydia Marinelli (Wien: Turia + Kant, 1994), Zitat in: Teil III von Hegels „Wesenslogik" als Ideologie, Fußnote 30, S. 206.

71   In jiddischem Tonfall liest sich die Pointe so: „*Nu, ah waih hab' ich geschrien!*" Vgl. Levi, *Jüdische Witze,* S. 70.

72   Davon gibt es mehrere Varianten mit ähnlicher Pointe, die aber alle unter anderem Titel veröffentlicht wurden. Zu diesen Versionen gehören „Ausführlicher Bescheid" in Avrom Reitzer, *Gut Jontev: Rituelle Scherze und koschere Schmonzes für unsere Leut* (Wien: J. Deubler Verlag, 1899), S. 71–72, und in einer anonym herausgegebenen und viel älteren Sammlung *Gewaltsachen: Eine Auswahl der besten jüdischen Anekdoten* (Berlin: Hoffmann, 1866), S. 33. Auch Landmann versucht sich in *Der jüdische Witz* an der Nacherzählung dieses Witzes im Kapitel „Bildung".

1 Sekundäre Bewegungen

Arthur Trebitsch und
der jüdische Witz

1923 erschien *Das Spinnennetz* von Joseph Roth, ein Roman über den Weltkriegsveteran und Antisemiten Theodor Lohse, der sich in den ersten Jahren der Weimarer Republik einer rechtsextremen Geheimorganisation anschließt. Einer der Anführer der Gruppe, ein gewisser Dr. Trebitsch, verheimlicht sein Judentum und verfasst für die ultranationalistische Organisation antisemitische Pamphlete.[1] Die Vorlage für diese nur oberflächlich verschleierte Figur lieferte Roth die Lebensgeschichte des erbitterten Antisemiten und Wiener Juden Arthur Trebitsch (1880–1927) (Abb. 4). Als Sohn eines wohlhabenden Seidenhändlers war Trebitsch finanziell unabhängig und veröffentlichte im Laufe seines Lebens an die zwanzig Bücher, in denen er seine rassistischen Theorien verbreitete, sich zum deutschen Volk bekannte, mit dem er sich vollständig identifizierte, und seinen Hass für alles Jüdische erklärte, dem er vollständig abschwor. Der von messianischem Sendungsbewusstsein getriebene – und zu seinem Glück blonde – Trebitsch sah sich selbst als eine Art Christusfigur, die ihr Judentum überwinden und zum Anführer der arischen Rasse werden konnte. In seiner antisemitischen Polemik *Geist und Judentum: Eine grundlegende Untersuchung* (1919) verleugnete Trebitsch seine jüdische Identität mit dem Ausruf: „Ich bin kein Jude, ich war nie einer und werde niemals einer sein!"[2] Bei einer so ausgeprägten Judeophobie ist es nicht weiter verwunderlich, dass Trebitsch Adolf Hitler und seine Nationalsozialistische Partei bereits in den frühen 1920er-Jahren mit großzügigen Spenden unterstützte und „in der Vorgeschichte des österreichischen Nationalsozialismus eine prominente Rolle spielte"[3] – beklemmend ist indes, dass Hitler von Trebitsch und seinen Schriften begeistert war und 1925 sogar mit dem Gedanken spielte, ihn zum offiziellen Ideologen der NSDAP zu ernennen. Acht Jahre nach Trebitschs Tod empfahl Hitler dessen Werk mit der Aufforderung: „Lesen Sie jeden Satz, den er geschrieben hat. Er hat die Juden entlarvt wie keiner."[4] Trebitsch war – wie sein Doppelgänger in Roths Roman – der festen Überzeugung, dass eine jüdische Weltverschwörung für den Ausbruch des Ersten Weltkriegs und Deutsch-

Abb. 4 Arthur Trebitsch (1926)

lands Niederlage verantwortlich war (die Dolchstoßlegende), und ging 1918 auf Lesereise, um das deutsche Volk vor der drohenden jüdischen Gefahr zu warnen.[5] In den Worten von Sander Gilman sollte „*[Geist und Judentum]* eine historische und philosophische Darlegung der wichtigsten Züge des ‚jüdischen Wesens' und der ‚jüdischen Verschwörung' sein. Natürlich wurde Trebitsch von der immer stärker werdenden antisemitischen Bewegung, die sich gegen Ende des 19. Jahrhunderts formiert hatte und nach der deutschen Niederlage 1919 in voller Blüte stand, mit offenen Armen empfangen. Hier hatte man einen Juden, der die Behauptung bestätigte, die Juden hätten diese Niederlage verursacht."[6]

Weniger bekannt ist, dass Trebitsch in *Geist und Judentum* den jüdischen Witz als rhetorische Figur aufgreift und davon ausgehend in Sachen Verstand, Geist und Charakter zu einer Unterscheidung zwischen arischer Überlegenheit und jüdischer Minderwertigkeit gelangt. Um bei Hitlers Redefigur zu bleiben, übernimmt Trebitsch die Rolle des Entlarvers, der den jüdischen Witz als nur eines von vielen Täuschungs- und Ablenkungsmanövern demaskiert, hinter dem sich das wahre Selbst der Juden verbirgt. Damit tritt der jüdische Witz in einen Urtext der Protogeschichte der Nazibewegung ein und spielt in der Aufbauphase ihrer rassistischen und antisemitischen Offensive eine wichtige Rolle. Trebitschs Buch entstand in einer Zeit enormer politischer und sozialer Umwälzungen, die vom Weltkrieg über den Zerfall der beiden Kaiserreiche bis zur Gründung der Weimarer Republik und der Ersten Republik Österreich reichten.[7] Der politische Linksruck in seiner Geburtsstadt und ihr neuer Status als das „Rote Wien", in dem die Sozialisten nach dem Zusammenbruch der Doppelmonarchie an die Macht gekommen waren, war für Trebitsch eine Katastrophe. Wie Theodor Lessing anmerkt: „Der Zusammenbruch Österreichs, die Revolution trieben Trebitsch in einen Zustand hoffnungsloser Raserei."[8] In einer so sehr von allgemeiner Mobilisierung und rasanter Veränderung geprägten Zeit wird „Beweglichkeit" zur zentralen

Denkfigur und für Trebitsch zur angstbesetzten Bedrohung. In diesem Kapitel soll untersucht werden, warum der jüdische Witz in *Geist und Judentum* eine so prominente Rolle spielt und wie Trebitsch mit einer ideologisch aufgeladenen, oft von absurd anmutenden Widersprüchen und lächerlichen Paradoxien gefärbten Argumentation zum antisemitischen Diskurs über den jüdischen Witz während und nach dem Ersten Weltkrieg beiträgt.

In *Geist und Judentum* ordnet Trebitsch die jüdische kulturelle und historische Erfahrung in ihrer Gesamtheit der Kategorie „sekundär-beweglicher Geist" unter und stellt sie dem primär-fixierten „arischen Geist" gegenüber.[9] Mittels einer stereotypen Populärpsychologie, die sich als wissenschaftliche Wahrnehmungstheorie ausgibt und rassenbiologische Modelle nachahmt, teilt Trebitsch die Welt der sehenden Subjekte und ihren Realitätsbegriff in jene ein, die „den festen Blick" verkörpern, und jene, denen „der flüchtige, der fliehende Blick" eigen ist.[10] In seiner Typologie mit ihrer Privilegierung der Unbeweglichkeit werden alle Erscheinungsformen der Mobilität zu Schreckensbildern. In Trebitschs eigener, obsessiver Herangehensweise an die „Fixation" wird „Beweglichkeit" zum Synonym für die Unfähigkeit des Konvertiten, mit den nomadischen und diasporischen Aspekten der europäisch-jüdischen Erfahrungswelt und der Figur des wandernden Juden umzugehen. Hier soll es jedoch nicht in erster Linie um Trebitschs fadenscheiniges Schema und seine überbordenden binären Gegenüberstellungen gehen, sondern um einen bestimmten Aspekt seines grandiosen Anspruchs – nämlich inwieweit der jüdische Witz zum Komplizen dieser ideologischen Zweiteilung der Dinge gemacht und in den Dienst des umfassenderen Arguments vom jüdischen Geist als etwas Sekundärem, Flüchtigem und Beweglichem gestellt wird. Dazu ist eine genaue Analyse der Kapitel 15 und 16 in *Geist und Judentum* erforderlich, wo diese offenkundige Indienstnahme stattfindet, um mit dem „jüdischen Witz" die theoretische Behauptung vom sekundären Geist der Juden unter Beweis zu stellen.

Aber noch während das Konzept vom jüdischen Witz und ausgewählte Beispiele als exemplarische Requisiten mobilisiert werden, um sich wie bei Trebitsch in grandioser Beredsamkeit zum jüdischen Geist und jüdischen Charakter zu äußern, regt sich bereits ein Rest von „Widerstand" – so als würden die Witzmaterialien der Aneignung nicht Folge leisten, die Polemiken des Autors sogar auslachen und ihn somit selbst in seiner Lächerlichkeit demaskieren. Gerade an den zentralen Stellen stößt man immer wieder auf Ironisches, das Trebitschs Text in performative Widersprüche verstrickt, sei es, weil es sich um innere Widersprüche, Double-Bind-Situationen, lachhafte Paradoxien oder ausgemachte Absurditäten handelt. Dem Ansinnen des Autors zum Trotz, sich mit dem „primären" Geist gegen den „sekundären" zu verbünden, überkreuzen die Dinge einander in einem Ausmaß, dass Trebitsch – als würde sich das Material rächen – an manchen Stellen nicht anders kann, als selbst Witze zu erzählen. Die Beweglichkeit, die Trebitsch im Kern des jüdischen Witzes verortet, kehrt wie ein böser Spuk zurück und sucht ihn und die innere Struktur seiner eigenen Theorien immer dann heim, wenn sie denselben komischen Effekten unterworfen werden. Wir werden sehen, wie die „sekundären Bewegungen" ihren Autor und seine primären Absichten hinters Licht führen und sein Text Ähnlichkeiten mit dem Gegenstand seiner Studie annimmt. Mit anderen Worten: Trebitsch wendet die Strategien des jüdischen Witzes ganz unwillkürlich selbst an, ganz entgegen seiner Absicht – und möglicherweise auch, um von sich selbst abzusehen.

Dieses dem Ich trotzende (und es spaltende) Absehen ruft das Gespenst vom „jüdischen Selbsthass" auf. Die Trebitsch-Lektüre fand daher unter Anleitung dieses theoretischen Konstrukts und seines konzeptuellen Rahmens statt, wobei sein Leben und Werk im Kontext der größeren Problematik all jener zu sehen ist, die dem dominanten kulturellen Diskurs mit seiner Auffassung vom abzulehnenden und verhassten jüdischen Anderen zustimmten und ihn verinnerlichten.[11] Der Fokus soll hier aber nicht auf dem emotionalen Affekt und psychologischen Drama des verworrenen Begriffs vom „jüdischen Selbsthass" liegen, sondern auf den paradoxen und innerlich widersprüchlichen Effekten, die diese Subjektposition auf der rhetorischen (und performativen) Ebene eines beweglichen und agilen Sprechraums und seiner Artikulation von Witz erzeugt (oder von ihr erzeugt werden). Hier schwingt (anders als bei Freud) die von Jacques Lacan mit Nachdruck vertretene These mit, dass „all das, was eigentlich zum Witz gehört, sich auf dem schwankenden Niveau hält, wo das Sprechen da ist", und „wär's nicht da, dann würde nichts existieren."[12] Denn im Unterschied zu Trebitschs rassistischer Polemik beharrt Lacans Analyse darauf, dass nicht der „sekundär-bewegliche" oder schwankende Geist des Judentums diesen witzigen Effekten zugrunde liegt, sondern „das schwankende Niveau des Sprechens", das durch jüdische Witze, durch alles, was mit jüdischem Witz zu tun hat, aktiviert wird.

Lessings Rückkehr des (närrisch) Verdrängten

Unser Ansatz mit seinem Augenmerk auf den „sekundären Bewegungen" muss zunächst der wichtigsten – und bereits zitierten – Arbeit in der kritischen Trebitsch-Rezeption gegenübergestellt werden. In seinem 1930 erschienenen Werk *Jüdischer Selbsthaß* widmet Theodor Lessing dem jüdischen „Selbsthasser" par excellence und „wütendsten Verfolger der Juden" seiner Generation ein ganzes Kapitel. Für sein biographisches Porträt wählt Lessing einen medizinisch-psychiatrischen Erzählmodus und bezeichnet das Leben Trebitschs als „Krankengeschichte", die einer kritischen Behandlung bedarf.[13] Aus Lessings Sicht handelt es sich um einen „Schulfall" jüdischen Selbsthasses, der pädagogisch zu untersuchen wäre.[14] Lessing beschreibt es sogar noch dramatischer: Trebitschs Leben ist eine Tragödie, die Respekt und Ehrfurcht hervorruft, der Rest aber „ist Schweigen", wie es bei Hamlet heißt: „Wir stehn vor einem tragischen Schicksal. Da geziemt ehrfürchtiges Schweigen."[15] Lessings Ansatz wurde im Laufe der Zeit aufgrund eigener Begriffsaneignungen kritisiert, die eine rassistisch-biologische Definition jüdischer Identität nahelegen.[16] Diese Kritik ist insofern angebracht, als sie den Double-Bind entlarvt, der jedem essentialistischen, rassistisch-biologischem Argument innewohnt; für dieses Kapitel und die Auseinandersetzung mit Trebitschs „sekundären Bewegungen" ist es jedoch sachdienlicher, die bei Lessing mitschwingende komische Schattenseite aufzuzeigen, wenn er als bevorzugten Erzählmodus für das Leben Trebitschs die Tragödie wählt. Denn mit dem Bild von Trebitsch als Psychopath und Verrückter löst er bei seiner Leserschaft ein nervös verhaltenes Lachen aus: Jemand, den angeblich der Verstand verlassen hat (und das ist, was auf Jiddisch *meshuggener* genannt wird), wird nur allzu leicht zum Gegenstand der Kömodie oder Tragödie. So wird die Geschichte Trebitschs zu einer makabren Science Fiction über einen Mann, der davon überzeugt war, dass eine jüdische Geheimorganisation (die „Alliance Israelite") seinen Kopf mit unsichtbaren elektromagnetischen Strömen attackierte, um ihn in den Wahnsinn zu treiben und zu beseitigen.[17] Durch den Fokus auf Trebitschs Verfolgungswahn möchte Lessing sein Denken diskreditieren und ihn als lächerliche Figur darstellen. Denn bei aller Rhetorik des Tragöden unterstreicht Lessing vor allem die komische Schattenseite von Trebitschs Geschichte und kennzeichnet ihn als Verrückten. Aus dieser Perspektive ist der Rest nicht Schweigen, sondern Gelächter.[18]

Tatsächlich schrieb Trebitsch mit *Die Geschichte meines „Verfolgungswahns"* ein autobiographisches Bekenntnis, das seinesgleichen sucht.[19] Bemerkenswert sind die Anführungszeichen, mit denen er sich im Titel vom Wahnhaften distanzieren möchte, selbst wenn es durch das possessive (und somit obsessive) Pronomen modifiziert wird. Darin erzählt er von einer wahnhaften Episode in seinem Leben zwischen April und Juni 1919 – dem Jahr, in dem auch *Geist und Judentum* erschien –, als er überzeugt war, von einem jüdischen „Geheimbund" verfolgt zu werden. Den Bekenntnissen eines Daniel Schreber[20] nicht unähnlich, vermeinte Trebitsch giftige elektrische Strahlen zu spüren, die von einer höherstehenden jüdischen Macht auf ihn abgefeuert wurden.

Man könnte auf die spezifischen psycho-historischen Details dieses absonderlichen Bekenntnisses und seiner Verschwörungstheorie näher eingehen, unser Ziel ist aber pointierter: Uns interessiert, wie diese Wahnvorstellung und ihre Begleitassoziationen Trebitsch mit der Rolle des Wahnsinnigen und des Narren verbinden. Selbst Lessing unterstreicht Trebitschs Lächerlichkeit.[21] Sven Brömsel zufolge lässt sich die wahnhafte Episode in Trebitschs Leben als die Geschichte eines Menschen lesen, der sich zum Narren machte und folglich den *Schlemiel* aus der jüdischen Folklore spielte.[22] In einem offenbar klaren Moment, vielleicht aber auch in einem Anfall von extremer Paranoia, betont der Autor denn auch, dass er zur Zielscheibe jüdischen Hohns gemacht wird. Mit dieser Behauptung will er sich offenbar bei der nichtjüdischen Gesellschaft anbiedern, und obwohl es nicht extra hervorgehoben werden muss, sagt er: „Daß das Judentum dafür sorgen wird, daß alle meine Aufklärungstätigkeit belächelt, bewitzelt und verdächtigt werde, braucht wohl nicht erst betont zu werden."[23] In diesem Zitat sticht das Wort „Aufklärung" ins Auge, eine von Trebitsch bemühte Zauberformel, um entgegen allen Vorwürfen von Wahnsinn und dem Spott, der solchen Spekulationen auf dem Fuße folgt, seinen klaren Kopf und seine Objektivität unter Beweis zu stellen.

Die unfreiwillige Komik wiederholt sich aber auch bei einer besonderen Begegnung mit der „arischen" Seite, bei der seine eigene Geschichte als jüdischer Witz aufgefasst wird oder zumindest als Witz, in dem er von den Juden zur närrischen und im Wahn befangenen Figur umgedreht wird. Als Trebitsch einem seiner Idole, dem rassistischen Historiker und Philosophen Houston Stuart Chamberlain, einen Besuch abstattet, weil er ihn vor der jüdischen Verschwörung warnen will, und ihm nahelegt, dass seine beginnende Paralyse die Folge tödlicher Strahlen sei, die gleichermaßen auf dessen arischen Schädel gerichtet seien wie auf seinen,[24] wird er mit einem herablassenden Lächeln abgefertigt. Ob wissentlich oder nicht, bei seiner Audienz bei Chamberlain in Bayreuth spielt Trebitsch die Rolle des antisemitischen Hofnarren. Fernab von Freuds *Schadchen,* dem Heiratsvermittler, wird dem höflichen und geduldigen Chamberlain weisgemacht, dass er einen schlechten Witz anderer Art zu hören bekommt.

Und als ich gar im darauffolgenden Jahre den verehrten Mann selber aufsuchte und ihn, den naturwissenschaftlich Hochgebildeten, nun meinerseits auf die für mich nicht mehr zweifelhaften wahren Ursachen seines Zustandes hinzuweisen versuchte, da merkte ich, wie man schon geschickt allen Aufklärungen entgegengearbeitet hatte, und daß entweder unbelehrbare Borniertheit und Besserwisserei oder aber wohl gar fürsorgliche Geheimbundtätigkeit dafür gesorgt hatte, daß der Gelähmte meine Aufklärungen mit dem milden Lächeln desjenigen mitanhörte, der einer ein wenig närrischen Phantasterei in höflicher Duldung sein Ohr leiht![25]

Am Ende muss sich Trebitsch eingestehen, dass seine Theorie nicht nur auf taube Ohren stieß, sondern auch wirklich etwas Närrisches hatte und für den anderen ein Hirngespinst bar jeder objektiven Grundlage war. Den Wirkungen der Beweglichkeit unterworfen, treten die in Lessings biographischer Beschreibung unterdrückten komischen Untertöne an die Oberfläche und äußern sich in der autobiographischen Erzählung dieser grotesken und wahnhaften Episode, die ihr biographisches Subjekt bis ans Ende seiner Weisheit verfolgt.

Lessings Erzählung aber vermeidet jede Verknüpfung zwischen dem Konzept „jüdischer Selbsthass" und jüdischem Humor. Spätestens seit Sigmund Freud wird in der Witzforschung geltend gemacht, dass ethnische Witze, die eine Minderheit über sich selbst erzählt, ihr ermöglichen, die gegen sie gerichtete Feindseligkeit zu kanalisieren (und zu entschärfen) und sich mit der Mehrheitsgesellschaft zu identifizieren. Was das betrifft, lässt sich unter jüdischen antisemitischen Schriftstellern eine gemeinsame Strategie verfolgen, die andere Juden mittels komischer Formen (z.B. Witze) verspottet, und das nicht nur in der Absicht, ihrer eigenen Feindseligkeit ein Ventil zu verschaffen, sondern auch in der Hoffnung, von der dominanten Kultur eher akzeptiert zu werden. Diese Überlegung würde zur Erklärung für die vielen selbstkritischen Witze in *Geist und Judentum* beitragen, die Trebitsch in der Rolle des antisemitischen Hofnarren erzählt. Trebitsch ist freilich der Ansicht, er erzähle die Witze unter dem Deckmantel des unvoreingenommenen Kulturwissenschaftlers, der zu einem sachgerechten Verständnis der jüdischen Psyche gelangen möchte. Dieses Pendeln zwischen den beiden Rollen kommt in der nächsten allegorischen Szene voll zur Geltung.

Die „Judenfrage" auf der Trebitsch'schen Spiegelbühne

Trebitschs *Geist und Judentum* beginnt vor einem Spiegel.[26] Der Spiegel dient dem Buch als Reflexions- und Projektionsfläche für seine Überlegungen zum Judentum und dessen Geist. Die grundlegenden binären Gegenüberstellungen und die Möglichkeit ihres „Umschlagens" (und „Ausschlagens") machen sich bereits bemerkbar. Das, was dieses Spiegelbild hervorzaubert bzw. was es ins Spiel bringt, ähnelt bereits einem Witz: Trebitsch erzählt eine Anekdote, die die Worte eines nicht näher identifizierten geistreichen Mannes wiedergibt (mit dem sich der Erzähler an der Oberfläche identifiziert). Diese Aussage geht auf Kosten eines anderen, der ausdrücklich als jüdischer Gelehrter identifiziert wird (von dem sich der Erzähler auf den ersten Blick desidentifiziert).

> Und wie ein geistreicher Mann einem jüdischen Gelehrten – der auf Grund der eindringlichen historischen, phrenologischen, psychologischen und biologischen Forschungen in der Judenfrage zu dem Resultate gekommen war, man könne kein einziges wesenhaftes Kriterium zur Konstatierung „des Jüdischen" ausstellen – die Frage entgegenhielt, ob er denn nie einen Blick in den Spiegel

geworfen habe? – so wollen wir, unserer Zeit und den Menschen unserer eigensten Kenntnis lieber fest ins Antlitz blickend, solchem Spiegelbilde der Frage alle wesentlichen Antworten entlocken.[27]
Wie nicht anders zu erwarten, sind der geistreiche Mann und der jüdische Gelehrte in der Judenfrage gegensätzlicher Meinung. Auf der einen Seite steht die wissenschaftlich fundierte Verneinung durch den jüdischen Gelehrten, der ausgehend von viererlei Wissenschaftsdisziplinen zu dem Schluss gelangt, dass es kein wesentliches Kriterium für eine jüdische Differenz gibt und von einer solchen keine Rede sein kann. Da er aber von Anfang an als jüdisch identifiziert und gebrandmarkt ist und das umstrittene Kriterium als „das Jüdische" bereits in Anführungszeichen gesetzt ist, dürfte diese Sichtweise in Trebitschs tautologischer Erzählung nicht sonderlich ins Gewicht fallen; das Argument von einer Ähnlichkeit, wenn nicht gar Assimilation ist somit von vornherein vergeblich. Andererseits stützt sich die Bejahung der jüdischen Frage einzig und allein auf physische Äußerlichkeiten. Doch noch während er diese Position bestätigt, legt der „geistreiche Mann" ein Verhalten an den Tag, das trotz allem als jüdisch erkennbar ist, denn er antwortet dem jüdischen Gelehrten mit einer Frage – und zwar einer, die den Blick des anderen in den Spiegel und auf das von ihm wahrgenommene Bild lenkt.[28] Indem er den Gelehrten mit der rhetorischen Frage auffordert, in den Spiegel zu schauen und allem Anschein nach als Jude und Anderer identifiziert zu werden, stellt sich der geistreiche Mann im Kontext der Judenfrage in den Dienst der Differenz und „Dissimilation".

Die Anekdote ist auch deshalb ungewöhnlich, weil sich Trebitschs Ansichten zu Rasse und Kultur auf keinerlei fundiertes Wissen stützen. Im weiteren Verlauf des Buches schlüpft Trebitsch immer dann in die Position des jüdischen Gelehrten, wenn er sich für seine Unterscheidung zwischen primärem und sekundärem Geist Unterstützung holt und Beweise präsentiert, die den genannten Disziplinen und Fragestellungen entspringen. Doch hier weicht der Trebitsch'sche Gelehrte dem Trebitsch'schen Witzbold in der Figur des „geistreichen Mannes". Bedenkt man, dass sich Trebitsch in seiner Rhetorik stets nach der neuesten Wissenschaftssprache richtet,[29] wird die Erzählung dieser Anekdote zur Ausnahme von der Regel und widerspricht sämtlichen gelehrten Disziplinen, die zu beweisen oder widerlegen versuchen, dass es so etwas wie „das Jüdische" gibt. Stattdessen entspricht Trebitschs geistreiche Beschwörung der generellen intellektuellenfeindlichen Kritik am jüdischen Intellektualismus. Wenn er den jüdischen Gelehrten zur Zielscheibe des Spotts macht, beruft er sich auf die Rassisten und ihre Doxologie vom gesunden Hausverstand, die eine Abkehr vom Elfenbeinturm des hyperintellektualisierten ‚Luftmenschen' propagiert und die Dinge zurück auf eine konkretere Ebene bringen will – zum Stereotyp des physischen Erscheinungsbilds als *dem* essentialistischen Kriterium für jüdische Differenz und Minderwertigkeit.

Die antisemitische Pointe der Anekdote wird daher auch kaum verschleiert. Denn selbstverständlich löst der Blick in den Spiegel die Assoziation mit den illustrierten Stereotypen der Judenkarikatur in den damaligen satirischen Zeitschriften wie *Die Fliegenden Blätter* oder *Kikeriki* aus.[30] Im konkreten Fall drängt sich der Vergleich mit einer anonymen Karikatur auf, die um 1890 im antisemitischen Wiener Witzblatt *Kikeriki* erschienen ist.[31] (Abb. 5)

Die Socialdemocratie im ‚Spiegel der Wahrheit' stellt die Habgier dar, die sich vermeintlich im Kern des „jüdischen" sozialdemokratischen Bewusstseins und seiner Unterstützung für die Arbeiterklasse verbirgt und in dem Moment sichtbar wird, wenn man ihrem Programm den Spiegel vorhält. Über dem ironischen Schriftzug *Adlerrace* (in Anspielung auf Victor Adler, den jüdischen Begründer der Sozialdemokratischen Arbeiterpartei Österreichs) wird der stereotype Jude mit allen konventionellen negativen visuellen Merkmalen – langer Nase, habgierigem Blick und gegabeltem Bart – sichtbar. Als boshafte politische Satire geht das Bild zwar weit über das physische Erscheinungsbild hinaus, aber es illustriert zum einen, wie über die Figur

Abb. 5 Anonym: „Die Socialdemocratie im ‚Spiegel der Wahrheit'",
dargestellt vom Kikeriki, aus: Fuchs, *Die Juden in der Karikatur*, S. 195

des Spiegels rassistische antisemitische Ressentiments projiziert wurden, und zum anderen, wie Trebitsch mit der Anspielung auf den Blick in den Spiegel bei einer Leserschaft, die mit diesem Typus rassistischer Karikatur groß geworden ist, negative Assoziationen hervorruft.

Das eigentliche Groteske dieser Spiegelinszenierung liegt aber woanders. Erst wenn man beginnt, Trebitschs Trennung zwischen „primär-arischem" und „sekundär-jüdischem" Geist aufzuschnüren, erahnt man die tiefe Ironie, die dieser Anekdote innewohnt. Denn wenn Trebitsch den „sekundär-beweglichen" Juden als flüchtig identifizieren möchte, wie stellt er sich dann vor, den Juden im Spiegelbild einfangen zu können? Die Logik vom Juden, der sich einem fixierten Spiegelbild entzieht, muss in Verbindung mit den horrorbeladenen Figuren vom Vampir und Juden-Gespenst gesehen werden, die nicht nur in *Geist und Judentum* durchklingen, sondern in den judeophoben Diskursen ganz generell.[32] Umgekehrt betrachtet: Wenn sich der jüdische Gelehrte im Spiegelbild einfangen lässt, dann ist er dem arischen Geist zuzuordnen, also dem, der mit seinem Blick fixiert und festhält. Ein ähnlicher Widerspruch ist der, dass in einem Buch mit dem Titel *Geist und Judentum* nicht der schlagfertige und geistreiche Mann als Jude identifiziert wird. Eine solche Personifizierung scheint Trebitschs Dichotomie zuwiderzulaufen, die den jüdischen Geist stets dem gewandten, *beweglichen* Verstand zuordnet.

Hier drängt sich der unbewusste Verdacht auf, dass der an den Beginn des Textes gestellte Spiegel es Trebitsch ermöglicht, seine eigene verleugnete Position in Bezug auf das Konstrukt von jüdischer Identität zu projizieren. Die gespaltene Szene von Trebitschs (Ent-)Identifizierung mit dem Judentum hilft die Dynamik einer umgekehrten Dialektik zu erklären, die oft von unbeabsichtigter Komik ist und die Trebitsch in eine antisemitische Schreibmaschine verwandelt und ihn dazu treibt, über zwanzig Abhandlungen zu Papier zu bringen. Dieser wie unter einem Spuk stehende Korpus stellt eine unaufhörliche Übung in jüdischem Exorzismus dar und lässt Trebitsch sein ganzes Erwachsenenleben hindurch eine wütende Hetzschrift nach der anderen auswerfen. Deshalb offenbart die Spiegelbühne zu Beginn von *Geist und Judentum* eine komplizierte Abfolge von Projektionen (und Ablehnungen) bezüglich der Identifizierung eines jüdischen Selbst und seines Anderen, die es allen an dieser dialektischen Abmachung Beteiligten erschwert, das eigene Bild unbewegt zu halten. Zurück auf der rhetorischen Ebene erklärt dieser Tauschhandel, warum Trebitsch mit dem paradoxen Bild endet, seinem eigenen Zeitalter ins Gesicht zu schauen – was ihm aber nur mithilfe des Spiegels gelingt, der dabei die Funktion des Vermittlers annimmt. Denn, wie Trebitsch selbst sagt, möchte er aus den Spiegelungen, bzw. buchstäblich aus den von der (jüdischen) Frage geworfenen Spiegelbildern, alle wesentlichen Antworten ableiten. In Anbetracht der Spiegellogik vom gespaltenen (und spaltenden) Bild ahnt man jedoch, dass diese rhetorische Strategie dem erbitterten jüdischen Antisemiten nur weitere Sprünge in der Spiegelung beschert.

„Das ist echt jüdisch": Auf der Suche nach
der Authentizität im Witz

Das Kapitel „Die Abtrünnigen" in Alexander Moszkowskis klassischer Sammlung jüdischer Witze enthält die Variante eines berühmten Taufwitzes aus seiner – für ihren Assimilationsdruck bekannten – Zeit. Die komplexe transformative Logik dieses witzigen Austauschs erzählt von einer authentisch/nichtauthentischen jüdischen Erfahrung und konstatiert allein schon in ihrer Antithese einen Aspekt jüdischer Identität:

„Haben Sie schon gehört? Der Davidl Bramson will sich taufen lassen!"
„Das ist echt jüdisch!"[33]

Der Witz vermittelt eine Konversionserfahrung, die so zu verstehen ist, dass sie den Austritt aus dem Judentum zu einem authentisch jüdischen Initiationsritus macht, der insofern „echt jüdisch" ist, als der komische Fall des Davidl Bramson im Prototyp von Jesus Christus einen kosmischen Vorläufer hat. Der Witz schwingt aber auch in der Lebenserfahrung von Trebitsch mit, der 1909 (im Alter von neunundzwanzig) offiziell aus der Wiener Kultusgemeinde austrat und sich schließlich bis zum Äußersten mit dem messianischen Christus identifizieren sollte.[34] Trebitschs Laufbahn als bekannter jüdischer Antisemit war von logischen Widersprüchen geprägt, die auf einer Linie mit dem komischen Fall des Davidl Bramson liegen. Konfrontiert mit seinem obsessiven Rasen (und *kwetschen)* gegen alles Jüdische, fühlte man sich versucht, ihm mit der umgekehrten Logik eines jüdischen Witzes zu antworten, dass das, was er da tut, echt jüdisch ist.[35] In der Tat stützt sich der Historiker Walter Laqueur auf einen Begriff aus Freuds *Der Mann Moses und die monotheistische Religion* und bezeichnet Trebitschs „militanten Antisemitismus" und „individuelle Psychopathologie" als einen extremen Fall von „schlecht getauft". Laqueur schreibt: „Freud bezeichnete sie als ‚schlecht getauft'. In seinen extremen Formen – wenn die Selbstverachtung bei Einzelnen in militanten Antisemitismus umschlug, wie bei Arthur Trebitsch, einem frühen jüdischen Nationalsozialisten, Otto Weininger oder dem französischen Schriftsteller Maurice Sachs – war der Selbsthass eher ein Fall für die individuelle Psychopathologie als für eine zu verallgemeinernde historische oder kulturelle Analyse."[36]

Der komische Jargon von (Un-)Authentizität und die selbstironische Selbstreflexivität im Davidl-Bramson-Witz dürften bei Trebitsch und seiner eigenen ernsthaften Suche nach dem echten jüdischen Witz jedoch ihre Wirkung verfehlt haben. Trebitsch schließt seine Witzanalyse mit einer Formel ab, die die Beweglichkeit unterdrückt, die er dem jüdischen Witz zuschreibt – also das, was sich der Stabilität der Authentifizierung widersetzt –, und die ins Zentrum der Sache führen: Erst wenn man beweisen kann, dass ein bestimmter Witz an der übergeordneten Struktur des „sekundär-beweglichen" Geistes teilhat, hat man an einer essentiellen und authentischen jüdischen Witzerfahrung teil: „Ist mithin der Kern des jüdischen Witzes und Wesens in der sekundär-beweglichen Art erkannt, so werden natürlich noch jene Witze als ‚echte' hinzukommen, wo anderweitige Ergebnisse dieser Sonderart im Verhalten zur Welt und zu den Wirtsvölkern hervortreten. Also: Entweder wird der sekundäre Geist selbst, oder aber der Charakter des jüdisch-sekundären Menschen im jüdischen Witz illustriert und dargestellt."[37] Trebitsch geht es aber nicht nur um die Definition dessen, was einen jüdischen Witz authentisch macht. Auf der Suche nach Authentizität konstruiert der zwanghafte Dialektiker außerdem einen binären Gegensatz, der eine Unterscheidung zwischen Echtheit und übler Nachahmung ermöglichen soll: „Wie wenig erkannt und durchschaut das Wesen des jüdischen Witzes bislang gewesen, zeigt die Freude, den Witzwert durch jüdischen Tonfall zu erhöhen, der allüberall angewandt wird, auch wo er keineswegs am Platze ist. Denn nicht jeder ‚gejüdelte' Witz ist deshalb auch ein ‚jüdischer' Witz zu nennen."[38] Damit will Trebitsch zum Ausdruck bringen, dass seine wissenschaftliche Forschung wenig mit den primitiven Antisemiten gemein hat, die glauben, dass man bloß hie und da ein jiddisches Wort einstreuen oder die Tonlage verändern muss, um mit einem authentischen jüdischen Witz aufzuwarten. Als begrifflicher Purist weigert sich Trebitsch, irgendeine auf die Sprechweise gelegte Betonung (also eine bestimmte Intonation, Akzentuierung oder einen bestimmten Jargon) als charakteristisches Merkmal des jüdischen Witzes zu akzeptieren. Seine strikte Trennung von Form und Inhalt lässt nicht zu, die Erzählweise als Teil der Bedeutung mitzudenken. In Trebitschs Denken wird ein Witz durch eine jüdische Intonation nicht authentisch jüdisch. Das wird er nur dann, sofern eine strikte Übereinstimmung seiner konstruierten Typologie des jüdischen Geistes mit ihrer komplizierten Umkehrung der Normen gegeben ist. Vermutlich, ohne es selbst zu merken, ändert Trebitsch im folgenden Ausruf, der diesen Punkt unterstreichen soll, selbst den Tonfall: „[...] so können wir wohl mit voller Bestimmtheit feststellen, daß überall dort und nur dort ein wirklich ‚jüdischer', und nicht bloß jüdisch erzähler, Witz vorliegt, wo das Sekundäre zum Ersten, das Primäre zum Nebensächlichen, belanglos-unbeachteten Zweiten geworden ist!"[39] Durch die Anführungszeichen, mit denen er „echte" im Zitat weiter oben versieht, hat sich Trebitsch zu der verzerrten Schlussfolgerung verleiten lassen, die Echtheit des jüdischen Witzes sei in seiner Umkehrung der Werte begründet – bzw. in der Art und Weise, wie er das Primat der Erfahrung, das einem Konzept wie dem von Authentizität anhaftet, ruiniert oder verrät.

Ironischerweise verlief die Suche des Antisemiten nach der Echtheit des jüdischen Witzes parallel zu den Bemühungen zeitgenössischer jüdischer Folkloristen, die ebenfalls zwischen dem authentischen und dem nicht authentischen jüdischen Witz zu differenzieren suchten. Trebitschs Beharren auf dem „echt jüdisch" geht ironischerweise mit einer umfassenderen (jüdischen) Debatte über die Authentizität jüdischer Witze einher, allerdings mit dem maßgeblichen Unterschied, dass für die jüdischen Folkloristen das Kriterium für die Trennlinie zwischen Imitation und Echtheit im Vorhanden- bzw. Nichtvorhandensein antisemitischer Inhalte besteht. In seiner Einleitung zu *Das jüdische Volk in der Anekdote* schreibt Chajim Bloch: „In der Tat gibt es zweierlei Gattungen dieses Witzes – den *Judenwitz* und jüdisches ‚Lozale', von Dr. Joseph S. Bloch ‚jüdischer antisemitischer Witz' benannt."[40] In *Jüdische Schwänke* beginnt Siegfried Schmitz sein Nachwort mit derselben Unterscheidung: „Betrachtung über das Wesen des jüdischen Witzes erfordert zunächst Abgrenzung und Verwechselung zu vermeiden: Es gibt jüdische Witze und es gibt jüdischen Witz."[41] Wie Schmitz weiter ausführt, will er mit seiner Arbeit eine strikte Grenzziehung zwischen einer echten und essentiell jüdischen und einer unechten Witzerfahrung herstellen – „[der Titel „Jüdische Schwänke"] der einerseits gegenüber den ‚Lozelach' [Jiddisch: amüsante und spöttische Anekdoten] des landläufigen Judenwitzes abgrenzen, andererseits eine stark bestimmende Wesenheit des jüdischen Volkswitzes zum Ausdruck bringen will."[42]

Mit diesem Begriffspaar wird jedoch bewusst davon abgesehen, auf das im Kern des jüdischen Witzes wirkende Schwankhafte hinzuweisen, wenn sich also jüdische Selbstironie oder Selbstkritik und jüdischer Antisemitismus (oder deutsche Kritik an den Juden und deutscher Antisemitismus) gegenseitig ausspielen und mitunter sogar die Plätze tauschen.[43] Tatsächlich entsinnt sich Schmitz im gleichen Absatz, in dem er für eine feste Abgrenzung der beiden Formen plädiert, auch der „schwankhaften Charakteristika des jüdischen Witzes", womit er auch auf die Tradition des *Schwanks* als komischer Gattung hinweist.[44] In gewisser Weise erfüllt das auf die Fluktuation bezogene „Schwankhafte" dieselbe Funktion wie Trebitschs „Beweglichkeit". Der Umstand, dass der jüdische Antisemit in *Geist und Judentum* diese in jeder Hinsicht authentischen Witze erzählt und pervertiert, um gegen die Juden zu hetzen, veranschaulicht die Schwierigkeit der philosemitischen Folkloristen, ihren Anspruch auf Authentizität und Reinheit jüdischer Witze zu untermauern und sich einer potentiellen antisemitischen Kontamination zu widersetzen. Es geht hier nicht um eine Antwort auf die Frage, was einen authentischen jüdischen Witz ausmacht. Der entscheidende Punkt ist vielmehr der, den essentialistischen Wunsch zu hinterfragen, der diesen übergeordneten Überlegungen zugrunde liegt, und darauf hinzuweisen, dass mit diesem Ansatz die Ortsgebundenheit unterdrückt wird, die Teil des Erzählens und Lachens über jüdische Witze ist und die Art und Weise bestimmt, in der sie instabile Effekte auslösen. Mit anderen Worten: Die Regulierungsstrategien von Autoren wie Schmitz und Bloch – und Trebitsch – und die Suche nach dem „echten jüdischen Witz"[45] ersticken das Lachen, das auf die Wirkungen eines ganzen Spektrums an ortsspezifischen Witzanlässen und -darbietungen angewiesen ist.

Heimisch im Haus der Sprache

Die Geistesgeschichte bildet mitunter merkwürdige Gespanne. Wer hätte gedacht, dass der jüdische Emigrant und Literat George Steiner etwas mit Trebitsch gemein hat und diese Verbindung auf Heinrich Heine zurückgeht? In *Our Homeland, the Text* schreibt Steiner: „Heines Formulierung ‚das aufgeschriebene Vaterland' ist absolut richtig. Das ‚Land der Väter', die *patrimoine,* ist die Schrift. In seiner zum Scheitern verurteilten Immanenz, in seinem Versuch, den Text an einem substantiellen, architektonischen Ort festzumachen, war der Tempel Davids und Salomons womöglich ein Erratum, eine falsche Deutung der transzendenten Mobilität des Textes."[46] Kurioserweise erinnert Steiners Aufruf, die textliche Überlieferung des diasporischen Judentums an keinen Raum zu binden, an Trebitschs Eröffnungssalve, mit der er zur Analyse der fünf von ihm ausgewählten Witze ansetzt, die sein Argument vom jüdischen Witz im Dienst des sekundärbeweglichen Geistes untermauern sollen: „Der im Wortbereiche – aber auch nur dort – Heimische [...]." Mit den Gedankenstrichen will er offenbar seine Vorbehalte markieren und den für den Juden richtigen Ort in der Welt eingrenzen, mit der Bemerkung an sich verlagert er das Gefühl des „Heimischseins" aus der Sphäre der Welt in die des Wortes. Aber selbst wenn das „aufgeschriebene Vaterland" eine beiden Schriftstellern gemeinsame Trope ist, so erweisen sie sich in ihrer Beurteilung als durchaus gegensätzlich. Anders als Trebitsch bejaht und bekräftigt Steiner die Figur der Mobilität als positive Komponente des jüdischen literarischen Geschehens. Davon abgesehen, kontrastiert seine Differenzierung zwischen fehlgeleiteter Immobilisierung des Tempelbergs und positiver Mobilisierung des Textapparats.

In Steiners Argument findet sich auch keine Spur von der sonderbaren Erkenntnistheorie und Metaphysik der Sprache, die Trebitsch dem jüdischen Geist unterstellt. Aus Trebitschs Sicht inszeniert der jüdische Witz eine simple sprachliche Inversion, die das Wissen um das Ding durch das Wissen um das Wort ersetzt. Aufgrund dieser Inversion, die die Worte voranstellt – bzw. den Signifikanten an den Platz des Signifikats stellt – agiert der jüdische Geist sekundär: „[...] so ist der typisch jüdische, nur einzig und allein diesem Geiste entsprechende Witz derjenige, in dem die Tatsache des Wortwissens vor dem Dingwissen schlagend zum

Ausdrucke kommt."[47] Doch Trebitschs todernste und unerschütterliche Auffassung davon, wie Sprache im jüdischen Witz operiert, nimmt selbst den Dreh eines jüdischen Witzes an. Er zieht zu keinem Zeitpunkt die Möglichkeit in Betracht, dass die Sprache nur deshalb so vorgeht, weil das von einer Witzpraxis verlangt wird, die auf die komische Inversion der sprachlichen Konventionen angewiesen ist. Indem er die Dinge (in diesem Fall die Worte) zu ernst nimmt, verliert Trebitsch die verspielten und parodierenden Möglichkeiten des Witzes aus dem Auge.

Trebitschs erste Witzanalyse konzentriert sich auf die aus seiner Sicht grundlegende Kehrtwende, die das Primat der Sprache über die gelebte Erfahrung stellt. Bei dem Witz handelt es sich um einen Klassiker seiner Zeit, von dem es viele Varianten gibt und der in Trebitschs Version verkürzt erzählt wird.[48] Im Grunde ist es ein philosophischer Witz, der durch seine epistemologische Fragestellung einen tiefen Blick in die Seele des Tierreichs wirft (so heißt eine Variante auch „Die Tierseele"): „Der Schriftgelehrte geht mit dem Schüler spazieren; da ein laut bellender Hund heranspringt, ergreift jener die Flucht; hierauf der Schüler, erstaunt: „Aber Rabbi, wißt Ihr nicht, daß Hunde, die bellen, nicht beißen?" und die Antwort: „Du weißt das, ich weiß das, aber weiß ich, ob der Hund es weiß?"[49] Zu einer Untergattung gehörend, die die Unkenntnis bzw. das Nichtwissen des Akteurs in den Vordergrund rückt, entfaltet sich die komische Wirkung in diesem Fall über die anti-anthropomorphe Skepsis des Rabbi, ob der Dritte im Bunde (ein nichtmenschlicher Akteur bzw. ein bellender Hund) auch wirklich weiß, dass „Hunde, die bellen, nicht beißen". Trebitsch vermeint in diesem Witz jedoch viel mehr zu erkennen. Er verbindet den epistemologischen Zweifel mit einem Beziehungsverlust zwischen Wirklichkeit und Sprache. Der sekundäre jüdische Geist hat das Vertrauen in das Primat der Erfahrung und selbst in die Redewendung als Spiegel der Erfahrung verloren. In dieser entfremdeten Welt der Worte oder in dem „Heimischsein" allein im „Haus der Sprache" befallen den jüdischen Geist Zweifel, inwieweit die Realität der Erfahrung noch einen Platz hat: „Der im Wortbereiche – aber auch nur dort – Heimische hat bereits die Überzeugung verloren, daß überall, so auch hier, der geistige Weg vom *Erlebnis* und von der Beobachtung zum Wort, zur ‚Redensart' hinführt. Er besitzt Worte und Redensarten als eigentliches, wesentliches Denkmaterial, und zweifelt daran, inwieweit die Wirklichkeit nun wirklich ‚sich nach der Redensart richten' möchte." [50]

Mit seiner strukturellen Inversion von Wort und Ding als Erklärung für den Witz (in dem die idiomatische Redensart an die Stelle der Erfahrung tritt) weigert sich Trebitsch, die allegorische Bedeutung dieses Witzes als konkrete historische Erfahrung zu denken, denn das würde zu einer völlig anderen, tief in der Geschichte des Antisemitismus verwurzelten Interpretation des Witzes führen. Dass er das übersieht, wird umso auffälliger, bedenkt man den zentralen Platz, den der Antisemitismus in den Schriften von Trebitsch einnimmt. In seiner Interpretation konkurriert die Geschichte vom bellenden Hund, der nicht beißt, in ihren rassistischen Zwischentönen mit den Geschichten vom „weißen Hund" im amerikanischen Süden. [51] William Novak und Rabbi Moshe Waldoks beleuchten in ihrer Witzsammlung (im Kapitel „Antisemitismus") die im Witz angedeuteten Assoziationen, die Trebitschs antisemitische Rhetorik ihrer extremen logischen und historischen Konsequenz zuführen. So kehren Trebitschs Verfolgungswahn und seine Angst vor einer jüdischen Verschwörung in umgekehrter Form als Nazis zurück, die ihre Kriegshunde auf die Juden hetzen: „Hunde, die bellen (und selbst Hunde, die nicht bellen), bezeichnen in diesen Geschichten die Antisemiten. Für die Städter waren die Hunde keine liebenswürdigen Haustiere, sondern ein Teil feindlicher Mächte. Während der Nazizeit wurden Hunde dazu eingesetzt, Juden, die sich verborgen hatten, aufzustöbern." [52] Anstatt sich mit epistemologischen Ungewissheiten aufzuhalten – nicht zu wissen, ob der Hund um seine Ungefährlichkeit weiß oder nicht weiß – oder nach einem korrekten Verhältnis von Sprache und Wirklichkeit oder Erfahrung zu suchen, verstehen Novak und Waldoks den Hund als zweischneidiges Symbol: als sowohl anthropomorphisierte Metapher für die antisemitischen Verfolger wie auch als Angst und Schrecken verbreitende Waffe im Dienst der Antisemiten.[53] In seiner Bewegung vom epistemologischen Zweifel über die Metaphysik der Sprache bis hin zur Allegorie für die Geschichte der antisemitischen Verfolgung weist der jüdische Witz über den bellenden Hund eine interpretatorische Beweglichkeit auf, die in einer Vielfalt von Kontexten heimisch zu sein scheint.

„Auf der Ka-Lauer"

Die Inversion von Wort und Ding durch den sekundären Geist hat Trebitsch zufolge mit einem für den jüdischen Witz charakteristischen Hang zum Kalauer zu tun.[54] Da der Kalauer generell als niedrige und dekadente Form eines gekünstelten Humors angesehen wird, der ausgehend von einer Klangähnlichkeit lediglich simple Wortspiele erzeugt, passt er in Trebitschs Gesamtrhetorik und seine Absicht, den Witz des jüdischen sekundären Geistes zu diskreditieren.[55] Nach Sander Gilman lässt sich seine Position wie folgt zusammenfassen: „Denn für Trebitsch gibt es so etwas wie einen spezifisch jüdischen ‚Witz', der sich in der Begeisterung der Juden für Wortspiele äußere, in ihrer Freude an der Demontage vordergründiger Wortbedeutungen, überhaupt in ihrer Neigung, dem Wort an sich mehr Beachtung zu schenken als der dadurch bezeichneten Sache. Besonders ihre Liebe zu Wortspielen charakterisiere zugleich das Wesen des jüdischen Witzes und den Sprachmißbrauch der Juden im allgemeinen."[56] Der auch Klangwitz genannte Kalauer inszeniert eine Bedeutungsverkettung, die auf der Ähnlichkeit seines Lautmaterials beruht. Diese linguistische Verdrehung unterwirft das Wesen der Dinge dem Klang der Worte, die sie ausmachen. Der Kalauer tut so, als würde die zufällige Ähnlichkeit im Bedeutungselement notwendigerweise auch einen Sinn ergeben.[57] Für Trebitsch ist er nur ein weiteres Beispiel für einen pervertierten Schwerpunkt auf dem Signifikanten anstelle der signifizierten Bedeutung und der Beweis, dass sich der bewegliche Verstand im Fluss der Wortspiele bewegt und den akrobatischen Assoziationsketten folgt, die sich aus der Ähnlichkeit des angedeuteten Materials und auf Kosten seiner divergenten Bedeutungen ergeben: „So wird er denn in seiner Beweglichkeit die Ähnlichkeit der Worte, unbehindert um die Diskrepanz zum Wesenswerte [sic], gar oft empfinden und so für den Kalauer ein seltsames Interesse zeigen, das demjenigen, dem die dinglichen Verschiedenheiten mehr vor Augen stehen, als daß ihm die klanglichen Ähnlichkeiten ‚zu Gehör kämen‘, beinahe unverständlich bleibt."[58]

Bei aller Hysterie deutet Trebitsch hier an, dass die Unfähigkeit der nichtjüdischen Kultur, gleichlautende jüdische Witze zu verstehen, zu Missklängen im deutsch-jüdischen Austausch und Dialog und in weiterer Folge zu seinem Zusammenbruch geführt hat.[59] Über ein und denselben Witz aneinander vorbeiredend, hört der verärgerte Nichtjude Unsinn und Dummheit, während der lachende Jude die tiefe Komik vernimmt. Trebitsch: „Dem Nichtjuden, dem diese sekundäre Art nicht eignet, wird denn auch gar oft die tiefe Komik des ‚jüdischen Witzes‘ verborgen bleiben, weil er mehr den ‚Unsinn‘ und Blödsinn heraushört, der ärgert, ohne zum Lachen zu reizen."[60] Mit dieser Unterscheidung stellt Trebitsch, um noch einmal die Analyse von Jefferson Chase zu bemühen, den „sekundären Geist" des „Judenwitzes" dem „primären" des deutschen Humors gegenüber. Aber wenn Nichtjuden ohnehin nicht in der Lage sind, die Komik des jüdischen Witzes zu verstehen, beginnt man sich zu fragen, an wen sich Trebitsch mit seiner Analyse des jüdischen Witzes eigentlich wendet. Gewiss ist, dass es nicht viele jüdische Leser gab (die überdies den Witz verstünden), die seinen antisemitischen Tiraden zuhören wollten. Das mag auch erklären, warum sich Trebitsch in einem fort über seine geringe Leserschaft auf beiden Seiten der Kluft beklagt hat.[61] Man kann Trebitschs Witzseparatismus aber auch als Reaktion auf die damals sehr lebendigen deutsch-jüdischen Sozialkontakte und ihre durch eine große Anzahl ethnischer Witze belegte Vertrautheit lesen, die in einem offenbar doch porösen und durchlässigen interkulturellen Raum kursierten.

In Trebitschs Schwarz-Weiß-Szenario, in dem die Deutschen, die „das Ding über das Wort" stellen, auf die Juden treffen, die „das Wort über das Ding" stellen, sind Missverständnisse die logische Folge. Verursacht wird der antisemitische Antagonismus, so Trebitsch, dadurch, dass die Juden zu sehr dem Kalauer als der niedrigsten Form von Humor frönten und zu viele schlechte und dumme Witze erzählt hätten. Dieser Zusammenbruch der Kommunikation hatte beim deutschen Publikum ein hohes Maß an „Unzufriedenheit und provokanter Langeweile" zur Folge. Sieht man sich die blühende Kabarettszene in Trebitschs Wien der Zwischenkriegszeit an und die Popularität vieler jüdischer Komödianten, sind seine folgenden Spekulationen allerdings sehr weit hergeholt:[62] „So erklärt sich denn die Vorliebe für den Wortwitz gerade in sekundärer Geistesluft, aber auch das Unbehagen und die aufreizende Langeweile, die er dem primären Geiste bereitet! So liegt denn jüdische Denkweise – ein lustiges Bild im Bilde! – gerne auf der Ka-lauer, ein Jagdgelüst, das dem Lebendig-Denkenden völlig abhanden geht."[63]

Trebitschs Wortwahl in dieser Passage wird nun vollends eigenartig. Denn noch während er argumentiert, warum der sekundäre Geist wegen seines frivolen Kalauerns und seiner Vorliebe für das Wort zu verurteilen ist, tappt er, die weltweit anerkannte Autorität in Sachen des „primären Geistes",[64] selbst in eine „sekundäre" Kalauer-Falle. Diese selbstreflexive witzige Bemerkung, die „Ka-lauer", die auf einer Metaebene der Erfahrung operiert, spielt ein doppeltes Spiel, weil sie buchstäblich über einen Kalauer kalauert. In ihrer abgrundtiefen Logik ist sie – wie Trebitsch selbst zugeben muss – „ein lustiges Bild im Bilde" und dazu eines, dem er nicht widerstehen kann. Bemerkenswert ist auch, dass in einem Kapitel, das sich vornimmt, den Kalauer als eines der zentralen Merkmale des jüdischen Witzes darzustellen, sein eigenes Wortspiel als einziges Beispiel für einen Kalauer figuriert. Trebitsch gibt zwar keine Quelle an, aber er dürfte ihn direkt von Freud übernommen haben. In *Der Witz* erzählt Freud die ungewöhnliche Anekdote über einen befreundeten Wissenschaftler, der sich in seiner Freizeit gerne durch ein schamloses und unsinniges Verhalten exponiert. Man könnte ihn, wenn man der Versuchung zum Kalauer nicht widerstünde, einen *Witzenschaftler* nennen. So heißt es bei Freud:

> Es gibt Personen, welche die Gabe besitzen, wenn sie in aufgeräumter Stimmung sind, durch längere Zeit jede an sie gerichtete Rede mit einem Kalauer zu beantworten. Einer meiner Freunde, sonst das Muster der Bescheidenheit, wenn seine ernsthaften Leistungen in der Wissenschaft in Rede stehen, pflegt dergleichen auch von sich zu rühmen. Als die Gesellschaft, die er einst so in Atem erhielt, der Verwunderung über seine Ausdauer Ausdruck gab, sagte er: „Ja, ich liege hier auf der *Ka-Lauer*", und als man ihn bat endlich aufzuhören, stellte er die Bedingung, daß man ihn zum *Poeta Ka-laureatus* ernenne. Beides sind aber vortreffliche Verdichtungswitze mit Mischwortbildung. (Ich liege hier auf der *Lauer,* um *Kalauer* zu machen.) [65]

Freud hatte mit Sicherheit einen anderen Wiener Kollegen im Sinn, dennoch ist man versucht, einen referentiellen Austausch vorzunehmen und Trebitsch in der Hauptrolle zu besetzen. Denn allen seriösen wissenschaftlichen Absichten zum Trotz hat sich die Trebitsch'sche Feder in diesem Fall eindeutig aus dem Bereich des „Lebendig-Denkenden" verabschiedet und sich unter die Wortspielmacher begeben, wenn der jüdische Selbstleugner diese abgrundtiefe Erfahrung eines „lustigen Bildes im Bilde" mit einem Ausrufezeichen versieht. Trotzdem sollte man Trebitschs „sekundäre Bewegung" nicht unbedingt nur an seinen eigenen Maßstäben messen und diese Episode lediglich als Rückfall in den sekundären Geist ansehen. Ebenso gut könnte man sagen, dass sich eine Sprachspielerei an ihm schadlos gehalten hat. Trotz seiner Wachsamkeit und bei allem Auf-der-Lauer-Liegen ist Trebitsch von der Sprache überrumpelt worden – von dem, was man nicht immer im Griff hat und über das man lachen möchte. Mit anderen Worten: Der „Ka-Lauer-Kalauer" steht bei Trebitsch für die Wiederkehr des Verdrängten auf der sprachlichen Ebene und die Rache der Materialität des Signifikanten.

Der Beinahe-Ghostwriter Freuds

Trotz seiner erklärten Antipathie für die neue Wissenschaft der Psychoanalyse, die für Trebitsch „entschieden jüdischer Provenienz ist",[66] wird in den beiden Witzkapiteln, aber auch an anderer Stelle in *Geist und Judentum* deutlich, dass er Freuds *Witz*-Buch nicht nur genau gelesen, sondern auch von ihm abgeschrieben hat. Ein Beispiel ist die bereits erwähnte sekundäre Aneignung des Ka-Lauer-Witzes. Freuds Buch galt damals als das bedeutendste Werk in der „Wissenschaft vom Witz", und wenn Trebitsch seinem Wiener Zeitgenossen in einer Fußnote dann doch namentlich Anerkennung zollt, so nicht, um Freuds besonderen Beitrag zur jüdischen Witzforschung anzuerkennen, sondern um den psychoanalytischen Beitrag zur Witzforschung zu verallgemeinern: „Namentlich Freuds gehaltvolle Arbeit wäre hier zu erwähnen, da er das Lustmoment der Ersparnis als Wesentlichstes beim Witze erkennen will."[67] Davon abgesehen, taucht die Fußnote inmitten einer selbstgefälligen Proklamation auf, dass kein Forscher vor Trebitsch je etwas über das eigentliche Wesen des jüdischen Witzes zu sagen gehabt hat, da keiner von ihnen imstande war, ihn mit den tieferliegenden Grundsätzen des jüdischen „sekundär-beweglichen" Geistes zu verknüpfen.[68] So verlagert Trebitsch den Fokus von einer dynamischen psychischen Ökonomie hin zu einer permanenten psychologischen Struktur. Dennoch soll im Folgenden anhand zweier Beispiele gezeigt werden, wo sich Trebitschs Witze mit Freuds *Witz*-Buch überschneiden. Denn unabhängig davon, ob Trebitsch die Ideen Freuds direkt übernommen hat oder ob es sich um zufällige, dem gemeinsamen Studienobjekt geschuldete Annäherungen handelt, fördert ein Vergleich ihres jeweiligen Umgangs mit

Witzen interessante Ergebnisse zutage – und offenkundige ideologische Differenzen.

Zur ersten Übereinstimmung kommt es bei einem *Schadchen-* bzw. Heiratsvermittlerwitz. Als traditionelle komische Figur im jüdischen Witzrepertoire operiert der *Schadchen* in einem rhetorischen Graubereich, der es mit der Wahrheit nicht immer so genau nimmt, solange es dem gewollten Zweck dient und eine gute Partie zustande kommt. Das Metier des *Schadchens* als „Vermittler" (Freud), der sein Gewerbe in ständiger Pendeldiplomatie betreibt, erinnert in der Tat an Trebitschs unbeständige Analyse des beweglichen jüdischen Charakters (mit seinen unmoralischen Untertönen) als „hin und her pendelndem Geist".[69] Indes ist durchaus möglich, dass sich Freud wegen der kritischen Position des Vermittlers in vielen dieser Witze und ihrer Intention, die traditionelle jüdische kulturelle Praxis zu entmystifizieren, mit der Position des *Schadchen* identifiziert hat.[70]

Bei Trebitsch wird der *Schadchen*-Witz als fünftes und letztes Beispiel angeführt. Die argumentative Schlag- und Überzeugungskraft dieser Groteske folgt einer Pseudologik und bedient sich übertriebener Überredungskünste einschließlich einer hochgradig hypochondrischen Hypothese. Am Ende der sich verbiegenden und beinbrechenden Rede ist man fast schon versucht, dem *Schadchen* zu glauben. Anders als Freud, der den Witz als Dialog zwischen dem *Schadchen* und dem hypothetischen Bräutigam erzählt, erzählt Trebitsch den Witz aus der Distanz der indirekten Rede.[71]

Ein Heiratsvermittler trägt einem Heiratslustigen ein Mädchen an, das dieser jedoch, nachdem er es gesehen, abweist, weil es hinkt. Hierauf beginnt der Vermittler mit leidenschaftlicher Suada und Überredungskunst, ihn von den Vorzügen des Mädchens mit den ausführlich geführten Argumenten zu überzeugen, daß eine gesunde Frau eines Tages im Wagen fahren könne, der umstürzen könne und ein Beinbruch die Folge wäre; langes Krankenlager, die Kosten und am Ende der hinkende Gang; nachdem ähnliche Möglichkeiten

aufs eindringlichste dargestellt werden, beschließt er seine Ausführungen mit den Worten: ‚Das alles kann Ihnen mit einer Gesunden passieren, hier aber haben Sie eine fertige Sach'!"⁷²
Auf die Nuancen ihrer jeweiligen Lesart muss nicht näher eingegangen werden, aber es lohnt sich zu prüfen, wo sie sich im kritischen Ausdruck beinahe berühren und was es bedeutet, wenn in Trebitschs Interpretation ein Wort ausgelassen wird. Freud erzählt den *Schadchen*-Witz zusammen mit dem klassischen Witz vom rabbinischen *Kück* (Blick), jener Anekdote über den Wunderrabbi, der zwar nicht sah, was in einem weit entfernten Dorf geschah, dessen telepathischer Blick aber einem Wunder gleichkam. In beiden Fällen lokalisiert Freud die Bedeutung des Witzes im logischen Irrtum, der das Wirkliche mit dem Möglichen *fast* gleichstellt: „Hier wird der beiden letzten Beispielen gemeinsame Denkfehler unverhüllt eingestanden. Der Wert der Phantasievorstellung wird gegen die Realität ungebührlich erhoben, die Möglichkeit fast der Wirklichkeit gleichgestellt."⁷³ Bei Trebitsch ist das Wort *fast* hingegen nicht einmal angedeutet. Sein *Schadchen*-Witz soll für bare Münze genommen werden, er ist eine Fallstudie, wie Juden denken und agieren – aber gewiss nicht, wie sie spielen. Dazu Trebitsch: „[In diesem Witz ist] der Triumph des Wortes über die Wirklichkeit zu der Vollendung gediehen, daß die Möglichkeit – oder genauer (Beschwätzbarkeit) – eines Ergebnisses verglichen wird mit der Wirklichkeit eines Gegebenen, und die Vorteile der fiktiven ‚fertigen Sache' vor den mithin nicht mehr notwendigen unangenehmen Übergängen ernstlich in Erwägung gezogen werden! Diese Gleichsetzung von Möglichkeit und Wirklichkeit ist nur dem Sekundären überhaupt verständlich."⁷⁴ Die behauptete Äquivalenz des Wirklichen und des Möglichen als Kennzeichen des jüdischen sekundären Geistes wird Trebitschs eigene ‚*fertige Sach*' bzw. zu dem, womit ihn der *Schadchen*-Witz aufs Glatteis führt.

Die Gründe für diesen himmelweiten Unterschied und das Fehlen dieses einen Wortes sind offenkundig. Freud ordnet den *Schadchen*-Witz der Welt der Sophisterei zu: „Ein anderes Sophisma begegnet uns in der folgenden Heiratsvermittlergeschichte."[75] Die Kunstfertigkeit und Sophisterei des *Schadchen*-Witzes finden in einem Universum des „als ob" statt, und es ist sein konjunktivisches Posieren und Behaupten, das der Spielerei Tür und Tor öffnet.[76] Trebitsch aber nimmt den Witz beim Wort und versteht ihn als den eigentlichen Ausdruck des sekundären Geistes und seiner Funktionsweise. Durch die Gleichstellung von Möglichkeit und Wirklichkeit offenbart sich jedoch Trebitschs eigene Verwirrung. Der Analyst der Äquivalenz vergisst vollkommen die den Witz kennzeichnende Beweglichkeit – nämlich dass der Witz in seiner Schwankhaftigkeit in der Lücke des „als ob" funktioniert, die bewusst Möglichkeit und Wirklichkeit gegeneinander ausspielt und so zur komischen Wirkung gelangt.

Dass Trebitsch den jüdischen Witz *ernst* nehmen will, um an ihm als Indikator den jüdischen sekundären Geist festzumachen, ist ein wiederkehrendes Muster, das noch weiter entwirrt werden muss. Da er den jüdischen Witz als Ausdruck einer besonderen Geisteshaltung auffasst, schließt er systematisch die Möglichkeit aus, dass dieser Witz-Diskurs zweiten Grades in einem parodistischen Raum stattfindet. Er ignoriert die Möglichkeit, dass der Witz sich als gefährliche Ergänzung an eine normative Ordnung hängt, um deren Grenzen und die aller primären Grades aufzudecken.[77] In seiner Besessenheit, das Wesen des jüdischen „sekundären Geistes" festzunageln, kann Trebitsch nicht anders, als zu behaupten, die Moral des Witzes über den bellenden Hund bestehe darin, dass „das Sekundäre des Wortergebnisses zum Primären des Denkbesitzes geworden ist."[78] Dabei wird gerade an diesem Witz und seinem epistemologischen Zweifel deutlich, wie sehr der jüdische Witz mit der konjunktivischen Möglichkeit radikaler und kontraintuitiver Umkehrungen spielt. Die komische Inversion unterstellt, wie die Welt sein könnte, wenn Worte und Dinge miteinander die Plätze tauschen, und erschließt auf diese Weise einen verspielten, fantasiereichen und kontrafaktischen Raum, in dem gelacht wird.

Der Beinahe-Ghostwriter Freuds

Der andere Witz, der bei Freud wie auch bei Trebitsch vorkommt, spielt in der Eisenbahn. Das Setting entspricht einer anderen Standardkategorie in der Situationskomik jüdischer Witzüberlieferung. Die Witze dieser Kategorie erzählen von den Missgeschicken mobiler Diasporajuden und ihrem Dasein im Transit. Diesen Witzen ist eine selbstreflexive Qualität eigen, die daher rührt, dass sich die fahrenden jüdischen Händler auf ihren langen Bahnreisen gerne die Zeit mit Witzen vertrieben.[79] Bei Trebitsch kommt der Witz allerdings nicht in den beiden zentralen, der Analyse des jüdischen Witzes gewidmeten Kapiteln vor, sondern erst im zweiten Teil, wo er als negatives Beispiel für den sogenannten „sekundär-beweglichen Charakter" herhält. Er macht sich aus der Perspektive des zivilisierten Menschen aus dem Westen (ob Deutscher oder deutscher Jude) über das indiskrete Benehmen der Ostjuden lustig[80] und ist nur einer von vielen Witzen, die die Feindseligkeit entschärfen sollten, die den nicht assimilierten ostjüdischen Einwanderern im Westen entgegenschlug.

Anläßlich der Darlegung des „jüdischen Witzes" haben wir noch die Kategorie des dem Verhalten zur (neuen!) Umwelt entspringenden Charakter-Witzes erwähnt, der hier in einem bedeutsamen Beispiel wiedergegeben wird: Ein Jude in der Tracht des Ostens sitzt in der Eisenbahn einem vornehm gekleideten Herrn in ängstlich tadelloser Haltung lange gegenüber. Da aber dieser ihn plötzlich fragt „Wann haben wir den Versöhnungstag?", da ruft er, bevor er die gewünschte Auskunft erteilt, vorerst „Esoi!" (Ah, so!) und legt „entspannt" aufatmend die – Beine auf den freien Platz gegenüber![81]

Bei Trebitsch folgt sogleich eine Charakterstudie. Nach seiner Logik geht es hier indirekt um Erniedrigung und einen jüdischen Minderwertigkeitskomplex. Er deutet die schlechten Manieren und das unhöfliche Verhalten des Ostjuden als Symptom der „eigenen Minderbewertung des Juden".

Nun, hier finden wir in dem so Selbstverständlich-Unbewußten aller Charakter-Anekdoten vielleicht am überzeugendsten zum Ausdruck gebracht, was seelisch sich im Juden in Bezug auf Wirtsvolk und Stammesgenossen abspielt. Und wenn etwas in der Welt die untrüglichste Bestätigung ergäbe für die Minderwertigkeit, weil eigene Minderbewertung des Juden, kurz, für das offenkundigste Entsklavungsverhalten, so dieser „Witz"![82]

Die Tatsache, dass Trebitsch zu diesem Schluss gelangt, ist jedoch aus zweierlei Gründen bemerkenswert. Bedenkt man erstens, dass Trebitsch den Witz zunächst in den Kontext der Einbürgerungsumstände nach der Emanzipation stellt und erklärt, er ergebe sich aus dem Verhältnis des Juden zu seiner neuen Umgebung, findet hier eine merkwürdige Umkehr statt. Denn aufgrund dieser scheinbar kulturrelativistischen Annahme würde man eigentlich erwarten, dass die anschließende Witzanalyse im Verhalten des Ostjuden eine Rückkehr in Verhaltensweisen erkennt, die er in seiner gewohnten Schtetl-Umgebung an den Tag legen würde – als Inszenierung der Intimität der Schtetl-Kultur, in der das Leben als das „Leben-ist-mit-Menschen" stattfindet und zwischen öffentlichem und privatem Raum nicht unterschieden wird.[83] Zweitens übergeht Trebitsch in seiner Deutung das Verhalten des assimilierten jüdischen Reisenden, der als zivilisierter höflicher Mensch auftritt und nicht die Spur eines Minderwertigkeitskomplexes aufweist.

Trebitschs Schlussfolgerung wird umso extremer, als sie in völligem Widerspruch zu Freud und seiner Analyse desselben Witzes steht. Freuds Kommentar setzt dort ein, wo er die jüdische Witzstrategie maßgeblich in der Selbstironie begründet sieht. Diese Fähigkeit, über sich selbst zu lachen, ist aber nicht als ein Symptom der Selbstabwertung zu verstehen, die zwangsläufig zu einem Minderwertigkeitskomplex führt. Vielmehr argumentiert der liberal gesinnte Freud zugunsten des jüdischen Witzes als dem großen Ausgleichenden, der zwischen Herrn und Knecht nicht unterscheidet. Für Freud steht nicht so sehr die Kontroverse und mangelnde Disziplin solchen Denkens im Vordergrund, sondern die Absage an jede Art von Überheblichkeit und der dem jüdischen Witz innewohnende demokratische Geist.

Ich weiß übrigens nicht, ob es sonst noch häufig vorkommt, daß sich ein Volk in solchem Ausmaß über sein eigenes Wesen lustig macht. Als Beispiel hierfür kann ich auf die S. 78 erwähnte Geschichte hinweisen, wie ein Jude in der Eisenbahn sofort alle Dezenz des Betragens aufgibt, nachdem er den Ankömmling im Coupé als Glaubensgenossen erkannt hat. Wir haben diesen Witz als Beleg für die Veranschaulichung durch ein Detail, Darstellung durch ein Kleinstes, kennengelernt; er soll die demokratische Denkungsart der Juden schildern, die keinen Unterschied von Herren und Knechten anerkennt, aber leider auch Disziplin und Zusammenwirken stört.[84]

Nachdem gezeigt wurde, wie gegensätzlich die Deutungen dieses besonderen Witzes ausfallen, der mit der Beweglichkeit über mehrere Ebenen spielt, habe ich nicht vor, auf die ideologische Debatte näher einzugehen und an dieser Stelle den *Schadchen* zu spielen, der in steter Pendeldiplomatie zwischen Freuds demokratischem Denken und Trebitschs Minderwertigkeitskomplex eine Kompromisslösung finden möchte. Ich wollte lediglich zeigen, dass Beweglichkeit nicht als Attribut des jüdischen Geistes zu betrachten ist, sondern als Sinnbild dafür, wie jüdische Witze gelesen und interpretiert werden. Das zwischen Freud und Trebitsch schwingende Pendel als Beispiel, wie sehr sich der jüdische Witz für Schwankungen dieser Art eignet, ist zwar ziemlich extrem, es ist aber tatsächlich so, dass man nur dann, wenn man diese Instabilität als festen Bestandteil des Witzes zu würdigen weiß, von jüdischen Witzen bewegt werden kann.[85]

Otto Weininger als Trebitschs Witzeschreiber

In den letzten Jahrzehnten ist ausreichend dokumentiert worden, wie viel Trebitsch Otto Weininger und seinem vor dem Suizid verfassten Band *Geschlecht und*

Charakter (1903) verdankt.[86] Weininger und Trebitsch gingen zusammen zur Schule und waren als Kinder miteinander befreundet; beide gehörten dem intellektuellen Kreis um Houston Stewart Chamberlain an. In einem anonymen Essay wird Trebitsch unterstellt, dass er zu keinem originellen Gedanken fähig war und seine Raserei gegen Juden und Frauen ausnahmslos auf Weininger und dessen Tiraden zurückzuführen seien. Der Aufsatz weist tatsächlich auf viele Übereinstimmungen zwischen Trebitschs Repertoire und Weiningers Jargon und Wortwahl hin. Auf eine mögliche Herleitung des Begriffs Beweglichkeit von Weininger geht er aber nicht ein; dabei wäre die Referenz im berüchtigten Kapitel „Das Judentum" ohne Weiteres zu finden, in dem Weininger unter Verweis auf das „Wesen" des jüdischen Geistes einen Katalog an jüdischen Klischees und Stereotypen aufbietet, darunter „das große Talent der Juden für den Journalismus, die ‚Beweglichkeit' des jüdischen Geistes, der Mangel an einer wurzelhaften und ursprünglichen Gesinnung."[87] Auch zur Frage des Humors äußert sich Weininger und pflichtet der stereotypen Dichotomie zwischen destruktivem *Judenwitz* und konstruktivem nationalem (englischem oder deutschem) Humor bei. Ferner war der Antisemit und Frauenhasser Weininger von der Humorlosigkeit von Frauen und Juden überzeugt, die lediglich ein Talent für Satire und Spott aufwiesen: „Juden und Weiber sind humorlos, aber spottlustig."[88] In Trebitschs *Geist und Judentum* sind diese binäre Gegenüberstellung und der Vernichtungsfeldzug gegen den jüdischen Charakter ebenso Programm wie in *Rasse und Humor* (1936) des Nazi-Propagandisten Siegfried Kadner. Bei Weininger findet sich schließlich noch der jüdische Hang zur Selbstironie und zur Zote, „indes dem Juden der Humor fehlt, indem dieser vielmehr selbst, nach der Sexualität, das ergiebigste Objekt alles Witzes ist."[89] Elliott Oring fasst Weiningers Position so zusammen: „Weil die Juden über keine transzendentale Neigungen und keine schöpferische Willensfreiheit verfügen, fehlt ihnen auch der echte Humor; süchtig sind sie hingegen nach Spott, Satire und Ironie."[90]

Otto Weininger als Trebitschs Witzeschreiber

Auf der Suche nach dem Wesenskern des zwischen Trebitsch und Weininger herrschenden Abhängigkeitsverhältnisses greift der anonyme Autor von *Der jüdische Selbsthass und Weiberverachtung* auf den Witz zurück. Der Aufsatz beginnt mit einem Zitat aus Hermann Swobodas posthumer Studie *Otto Weiningers Tod* (Wien, 1911), ehe er zu einer unmissverständlichen und vernichtenden Kritik an Trebitschs Schriften anhebt: „Es gibt Witze', glaubt Hermann Swoboda, ,bis in die höchsten Regionen des menschlichen Denkens. Dickleibige philosophische Werke sind manchmal auf einem einzigen Witz aufgebaut.' Trebitschs ganzes Schaffen scheint uns tatsächlich auf einem einzigen Witz aufgebaut zu sein, auf der Weiningerschen Definition der ‚inneren Vieldeutigkeit', die wir in *Geschlecht und Charakter* finden."[91] Für unsere anonyme Quelle ist die Beziehung zwischen den beiden Schriftstellern eindeutig; sie suggeriert, dass Weininger als Trebitschs ursprünglicher Witzeschreiber verstanden werden kann. Weiningers Texte liefern das primäre Quellenmaterial, das der sekundäre Trebitsch in den eigenen Schriften näher ausführt und bearbeitet. Zweifellos hätte Trebitsch dieser Analyse und ihrem Fazit niemals zugestimmt. Der Mann, der überzeugt war, den jüdischen Witz besser verstanden zu haben als irgendjemand sonst, hätte niemals zugegeben, dass seine für ein Verständnis jüdischer Witze entwickelten Analyseinstrumente entweder selbst ein Witz oder der primären Quelle Weiningers entnommen waren und somit einer Aneignung entsprachen. Die Gefahr, angesichts Trebitschs Witzanalyse und seiner Verurteilung des jüdischen Geistes in Gelächter auszubrechen, wie es in dem anonymen Aufsatz angedeutet wird, darf jedenfalls nicht außer Acht gelassen werden.

Trebitsch führt den Begriff der „inneren Vieldeutigkeit" an einer Stelle in *Geist und Judentum* ein, an der er zwischen fixiertem (primärem) und flüchtigem (sekundärem) Blick unterscheidet. Anschließend benennt er seine Quelle (und seine Wurzeln) folgendermaßen: „Hier können wir jene Wurzel des jüdischen Geistes vorausahnen, nach deren Ergebnis und ‚Blüte' bereits Otto Weininger gegriffen hat, so er die ‚Innere Vieldeutigkeit' des jüdischen Geistes erwies."[92] Sieht man sich an, wie Weininger den Begriff einführt, stößt man auf eine Variante des Kontrasts zwischen festem und flüchtigem Blick. Weiningers binäre Gegenüberstellung von (jüdischer) innerer Vieldeutigkeit und (nichtjüdischer) Einfalt enthält im Keim tatsächlich Trebitschs Unterscheidung zwischen sekundärer Beweglichkeit und primärer Fixation. So lautet Weiningers Differenzierung in einigen kurzen Auszügen folgendermaßen: „[Der Jude] hat immer noch eine Möglichkeit, noch viele Möglichkeiten, wo der Arier, ohne ärmer im Blicke zu sein, unbedingt sich entscheidet und wählt … Diese innere Vieldeutigkeit, diesen Mangel an unmittelbarer innerer Realität irgend eines psychischen Geschehens … Innerliche Vieldeutigkeit, ich möchte es wiederholen, ist das absolut Jüdische, Einfalt das absolut Unjüdische."[93] Trebitschs Aneignung der inneren Vieldeutigkeit geht gleichwohl so weit, dass er Weiningers Bemerkungen über die Neigung zur Nichtfestlegung für seinen Diskurs über jüdische Gesichtsphysiognomie übernimmt. Die berüchtigte Stereotypisierung der jüdischen Nase verlängert sich bei ihm bis zu den Mundwinkeln und wird zum „jüdischen Lächeln", das keinen Takt und keine Rücksicht kennt. Vom jüdischen Witz zum jüdischen Lächeln entsteht eine skeptische Theorie von einem Mienenspiel, das auf halbem Weg zum Lachen hängen geblieben scheint. Trebitsch wirft, indem er die Flüchtigkeit eines Lächelns für die Ewigkeit festhält, einen Blick zurück auf seinen Meister: „Diese Art der Skepsis wird derjenige zutiefst begreifen, der sich das jüdische Lächeln vor Augen führt, wie es Weininger so herrlich beschrieben hat: ‚kein seliges, kein schmerzvolles, kein stolzes, kein verzerrtes Lächeln, sondern jener unbestimmte Gesichtsausdruck (das physiognomische Korrelat innerer Vieldeutigkeit), welcher Bereitschaft erklärt, auf alles einzugehen und alle Ehrfurcht des Menschen vor sich selbst vermissen läßt'."[94]

Das Konstrukt von der „inneren Vieldeutigkeit" lässt sich in vielerlei Hinsicht problematisieren. Die offenkundigste wäre natürlich, aufzuzeigen, wie Trebitsch und Weininger damit ihre eigene innere Zwiespältigkeit ihren jüdischen Wurzeln gegenüber auf den jüdischen Witz (und den jüdischen Geist) projizieren. Insofern erzählt die „innere Vieldeutigkeit" dem Leser viel mehr über den Diskurs der sogenannten „jüdischen Antisemiten" im Wien jener Zeit als sonst etwas.[95] Außerdem ließe sich das Konzept im Rahmen einer soziokulturellen Analyse nach außen verlagern und erklären. Zum Beispiel kann innere Vieldeutigkeit so verstanden werden, dass sie eine Folge der gespaltenen Situation assimilierter Juden in den Jahren nach der Emanzipation war – als ein Gefangen-Sein zwischen zwei gesellschaftlichen und kulturellen Welten. Es ließe sich hinterfragen, ob „innere Vieldeutigkeit" ein spezifisch jüdisches Problem ist, und auf ihre multiethnischen Dimensionen verweisen, sobald man die Funktion von Humor kulturübergreifend zu untersuchen beginnt. Vom Standpunkt dieser soziologischen und multikulturellen Perspektiven lassen sich alle Witze als der Versuch einer bestimmten Gruppe interpretieren, die eigenen inneren Konflikte und Vieldeutigkeiten zu inszenieren und zu verarbeiten.[96] Tatsächlich lässt sich aufgrund dessen, dass Witze ein bewegliches Feld der Mehrdeutigkeiten zu bewältigen – und über das Lachen die von ihnen verursachte Anspannung zu entspannen – versuchen, der Ursprung ihrer komischen Wirkung und Wirksamkeit ermessen.

Trebitsch übernimmt auch Weiningers Ansichten über ein spezifisch jüdisches Verhältnis (oder Nichtverhältnis) zum Skeptizismus. So lautet eine von Weininger aufgeworfene Paradoxie, die jüdische Skepsis sei so ausgeprägt, dass ihr sogar die Überzeugung fehlt, an den Skeptizismus zu glauben: „Der Jude aber glaubt auch an das Wissen nicht; und doch ist er darum keineswegs Skeptiker, denn ebensowenig ist er vom Skeptizismus überzeugt."[97] Trebitsch adaptiert diese Ansicht zu einer weiteren Dichotomie zwischen authentischem und primärem und nicht authentischem und sekundärem Skeptizismus. Während der erstgenannte Zweifel einer tief empfundenen Hingabe und Frömmigkeit entspringt, ist sein böser Zwilling von frivoler und unproduktiver Gesinnung. Und wenngleich Ersterer durch die Suche nach einer Lösung aufgehoben werden kann, ist das beim Zweiten nicht möglich, weil der sekundäre bewegliche Geist keinen Ort kennt, von dem aus er eine Position beziehen und diese abstecken kann.[98] Wieder integriert Trebitsch die Rhetorik vom verstreuten Subjekt und wandernden Juden in seine Definition eines sekundären, über dem Abgrund schwebenden Skeptizismus. Das veranlasst ihn zu einer bildhaften Setzung dieser Begriffe, um den essentiellen Unterschied zwischen den zweierlei Zweifeln auszudrücken. Die Zweiteilung in „zwei Zweifel" unterscheidet das hinterfragende Subjekt, das zweigeteilt ist („Zwei-fel"), vom fragwürdigen Subjekt, das durch und als eine unbestimmte und unbekannte Variable („X-fel") markiert ist. Während er zu dieser raffinierten mathematisch-linguistischen Geste gelangt, kann sich Trebitsch das Wortspiel – diesmal auf der Buchstabenebene – nicht verkneifen und steht neuerlich am Abgrund des gefürchteten (und fürchterlichen) Kalauers.

> Wer so lächelt, so denkt, so bezweifelt noch vor allem Bedenken der Welt, dessen Skepsis ist kein Gegenstoß gegen den Glauben, also niemals, wie die wahre Skepsis, auf vorhergehend tiefer Gläubigkeit zu begreifen, und wäre – um den Unterschied zu wahrem 2-fel auch mathematisierend auszudrücken – am ehesten als ein ‚X-feln' zu bezeichnen; und erzielt somit auch nur ein x, ein ewig Unbestimmt-Fragliches, und führt niemals zu Lösung und Klärung, wie es die produktive Skepsis denn doch gar häufig vermag.[99]

Vor diesem skeptischen Hintergrund wenden wir uns nun Trebitschs drittem Beispiel zu. Mit einem Zweifler in der Hauptrolle stellt der Witz die Frage nach dem Skeptizismus. Was bei Trebitsch unerwähnt bleibt, ist, dass dieser Witz zur Kategorie des *Apikoires* (des jüdischen Freidenkers) gehört.[100] Als Produkt der Emanzipation und unter dem Einfluss der Säkularisierung stehend, übernimmt der *Apikoires* die Rolle des Skeptikers, der die traditionelle Glaubenslehre in allen ihren Ausprägungen in Frage stellt. Es folgt die etwas längere Version einer *Apikoires*-Anekdote aus einer jüdischen Witzesammlung von 1921 mit dem passenden Titel „Der Freidenker". Die Geschichte handelt von dem von Zweifel besessenen Schuster namens Effje Zentnerschwer. Er ist der Träger des schwergewichtigen jiddischen Wortes „efscher" (vielleicht). Mit seiner bodenständigen sarkastischen Kritik nimmt Effje die vom Rabbi verfochtenen übernatürlichen Kräfte aufs Korn und verlangt von ihm den Beweis für eine göttliche Intervention, die dem natürlichen Verlauf der Jahreszeiten trotzt.

„Der Freidenker"
Effje Zentnerschwer in Brody, Schustermeister seines Zeichens, einst wegen seiner Zweifelsucht eine Geißel des Talmudlehrers, ist ein gewaltiger Freigeist. Gott und seine Schöpfung bilden den Gegenstand seiner kritischen Betrachtungen.
Eines Wintertages geht er mit dem Rabbi, der sich gerne mit ihm unterhält, spazieren. Wie stets spricht der Geistliche, um den Zweifler auf den rechten Weg zurückzuführen, von des Weltenlenkers Wundertaten.
Als sie über einen gefrorenen Teich schreiten, sagt der Rabbi:
„Klär einmal nach, Effje, warum wir jetzt über das Wasser gehen können?"
„Spaß!", lacht Zentnerschwer. „Er ist doch gefroren! Da liegt ein Deck von Eis über dem Wasser."
„Und wer hat diese Decke gemacht, Effje? Denk nach! Wer hat die Decke über dem Wasser gemacht?"
„Wer soll sie gemacht haben? ... Der Frost hat sie gemacht."
„Und wer hat den Frost gemacht, Effje?"
„Weiß ich?", meint Zentnerschwer unsicher.
„Gott hat ihn gemacht, du Närrischer!" ruft der Rabbi. „Gott ist es, der das Wasser gefrieren läßt!"
„Nu", sagt Effje ruhig, „wenn Gott kann gefrieren lassen das Wasser, soll er's mal gefrieren lassen im Sommer ..." [101]

Trebitschs Version jedoch weigert sich, den freidenkerischen Kontext dieser Anekdote zu würdigen. Sein Witz ist kein lebendiger und ausführlicher Dialog mehr, in dem sich ein geistreicher und witziger Wortwechsel zwischen dem Rabbi und dem Freidenker entspinnt. Stattdessen wandelt Trebitsch Effje in einen anderen Charaktertypus jüdischer Witzüberlieferung um – den ungebildeten, die Rolle des Einfaltspinsels spielenden *Am Ha-Aretz*.[102] In dem Moment, in dem der Religionslehrer seinen namenlosen Schüler vom übernatürlichen Ursprung der Wunder der Natur überzeugen möchte, winkt dieser ab und setzt sich mit einer bodenständigen Äußerung darüber hinweg:

> Ein Lehrer geht mit seinem Zögling spazieren; am vorüberrauschenden Strome stehenbleibend, bemüht er sich, dem Knaben die Allmacht Gottes zu erweisen, indem er ihm die Macht des Schöpfers an dem Flusse zu demonstrieren versucht, der mit einem zu Eis gefriere, so der Herr es befehle, worauf das Bürschlein mit überlegenem Lächeln und abweisender Handbewegung zu sagen weiß: ‚Kunststück, im Winter!'[103]

Die von Trebitsch in seiner Version vorgenommenen Änderungen sind insofern wichtig, als sie veranschaulichen, wie sie in sein übergeordnetes Schema passen. Die Hauptfigur ist kein zweifelnder alter Schuster mehr, sondern ein hochnäsiger Schüler. Die Geschichte endet nicht mit einer provokanten rhetorischen Erwiderung über die andere Jahreszeit, sondern mit einer zynischen Bemerkung über die gleiche Jahreszeit. Die spielerische Pose des Freidenkers wird durch den abwinkenden *Am Ha-Aretz* ersetzt, der die Dinge als gegeben oder als das nimmt, was Trebitsch als das Selbstverständlich-Gegebene bezeichnet. Erst über diese Abwertungen gelingt es Trebitsch, und das auch nur teilweise, sein zweifelhaftes Argument vorzubringen, die Figur in der Geschichte habe an der, wie er es nennt, schlechten Form des Zweifels teil. Wie schon zuvor verknüpft Trebitsch den Witz mit einer Metaphysik der Sprache, die dem wandernden jüdischen Geist eigen ist und in dem das Wort zu seinem primären Erlebnis und Besitz geworden ist: „Und so ist denn dieser Witz auch deshalb von so tiefer Kraft des Aufschlusses, weil wir ahnen, wo diese ganze spezifische Ungläubigkeit ihren Ursprung hat: Nicht im ‚Zweifel' über die Bedeutung und Bedeutsamkeit, sondern ganz einfach in dem ‚Selbstverständlich-Gegebenen', das alles hier auf Erden haben mag für denjenigen, dem das Wort Erlebnis und Besitz war, lange vor der (flüchtig-nachprüfenden) Fixation."[104] Die Zuordnung des abgrundtiefen Zweifels *(X-fel)* an den Schüler resultiert in dessen zynischen und nihilistischen Äußerungen in Widerspruch zu seinem Rabbi – oder auch im Gegensatz zu den verborgenen Quellen der Aristotelischen Philosophie, die stets im Staunen beginnt. So wird ein *Apikoires*-Witz mit seinem radikalen Zweifel an einem jüdischen Schöpfer um seine Blasphemie und seine kluge existentielle Bejahung des „in einer Welt ohne Gott Seins" gebracht. In Trebitschs Händen wird der Witz vom „Freidenker" zum Symbol für ein jüdisches im Wort (und nicht in der Welt) Heimisch-Sein und ist bar jeder Beziehung zur gegebenen Wirklichkeit oder gelebten Erfahrung.

Vom Geschäftlichen: Fragwürdige
Praktiken

Zwei der insgesamt fünf Witze, die Trebitsch als archetypisch jüdisch analysiert, handeln von fragwürdigen Geschäftspraktiken. In Anbetracht der vielen antisemitischen Witze und Karikaturen, die damals in den Humorblättern und Witzbüchern kursierten und das negative Klischee vom unredlichen Verhältnis der Juden zum Geld propagierten, überrascht das nicht weiter.[105] Trebitsch versteht den Zusammenhang zwischen „jüdischen Geschäftspraktiken" und dem, was (im Sinne unmoralischen Verhaltens) zu hinterfragen und fragwürdig ist, zwangsläufig als Wesensmerkmal des jüdischen Geistes. In seiner Argumentation erklärt die ‚Beweglichkeit' die notwendige Verbindung zwischen jüdischem Geschäft und einer interrogativen Daseinsweise, d.h. das Fragliche wie das Fragwürdige und Fragende gehen mit dem jüdischen Geschäftsgebaren einher, in dem den Schwankungen und Variablen der Warenpreise größerer Stellenwert eingeräumt wird als dem tatsächlichen und feststehenden Wert des Dings an sich. Die Ironie will es, dass Trebitschs Überlegungen zum jüdischen Finanzmodell, in dem sich der sekundär-bewegliche Geist spiegelt, ihren Widerhall in der marxistischen Unterscheidung zwischen Gebrauchs- und Tauschwert finden.

Denn der Handeltreibende, d.h. also der vergleichende und hin und her pendelnde Geist, wird ganz eigentlich an alles und jedes hauptsächlich aus dem Gesichtswinkel von Kauf und Bewertung mit zweifelnder, fragender Gebärde und dem entsprechenden Tonfall herantreten. Wem alles erst durch das Variable des „Preises" Wert erlangt und nicht durch das Feststehende und Festigende des zum Werte des Dinges hinführenden Erlebnisses (mit dem Dinge!), dem wird eben alles „fraglich". Und aus dem „fraglichen" und fragwürdigen Wert der Welt wird der „fragende" Ton und typisch jüdische Betonung und Aussprache.[106]

Im Zuge dieser Verallgemeinerung geht Trebitsch so weit, dass er eine direkte Beziehung zwischen dem fragwürdigen Wert der Dinge in der Welt des Handels und dem fragenden Ton in jüdischen Sprechmustern herstellt. Im Bestreben, die ‚Beweglichkeit' im tiefsten Kern und Wesen des jüdischen sekundären Geistes zu verankern, verlagert sich die Diskussion vom Anerzogenen (also schlechten Gewohnheiten oder anerzogenen Verhaltensweisen) hin zum Angeborenen. Sich selbst ausnehmend, unterstreicht Trebitsch die „Singsang"-Variable folgendermaßen: „Gleich hier heißt es zu betonen, dass der Singsang in der Sprache keineswegs als bloße üble Gewohnheit aufzufassen ist, sondern ganz eigentlich dem tiefsten Kerne dieser Menschenart, also eben dem sekundären Geiste der Beweglichkeit, verdankt wird!"[107]

Die auf das schwankhafte und fragwürdige Wesen jüdischer Handels- und Geschäftspraktiken angewandten Analysebegriffe sind dieselben wie beim jüdischen Witz. Der für den Handel charakteristische „fragende

Ton und die typisch jüdische Betonung und Aussprache" entsprechen der Art und Weise, wie jüdische Witze erzählt und mitunter übertrieben werden, wenn sie im „gejüdelten Witz"[108] parodiert werden. So bemächtigt sich der „hin und her pendelnde Geist" auch all jener, die Handel treiben, und eignet sich als Parallele zu den mobilisierenden Machenschaften, die in Trebitschs authentischem jüdischem Witz stillschweigend inbegriffen sind. Ähnlich verhält es sich mit dem Finanzbereich: Preisschwankungen, die dem Wert des Dings an sich übergeordnet sind, sind nur eine andere Variante der Witztechnik, die das Primat des Wortes und seine Assoziationen über das Ding an sich stellt. Daher stellen jüdische Witze und jüdische Handelspraktiken Paralleluniversen dar, deren strukturelle Ähnlichkeiten es Trebitsch ermöglichen, das Thema vom jüdischen „sekundär-beweglichen" Geist zu variieren.

Ein Witz aus dem Geschäftsleben, mit dem Trebitsch seine These veranschaulicht, betont die fragwürdigen rhetorischen Praktiken eines Agenten, der einem ahnungslosen Kunden etwas verkaufen möchte, was dieser eigentlich nicht braucht. Für Trebitsch ist dieser Witz beispielhaft für „die von uns bereits geschilderte Handelstätigkeit in ihrer zum Sekundären führenden Beflissenheit des Anbietens, Aufschwatzens und Anpreisens der Ware."[109] Der Witz dient zugleich als Bestätigung und Kommentar über den Juden als raffinierten Geschäftsmann, dessen Gebaren anmaßend und aufdringlich ist. Genau genommen ist der Agent in der Geschichte (auch „Vermittler" genannt) nichts anderes als das Pendant zu Trebitsch und seinen eigenen Überredungskünsten, die den Leser für seine jüdischen Witztheorien gewinnen sollen.

Dieser klassische Witz trägt sich in der Nähe eines Gewässers zu, dessen (relativer) Wert mit den Strömungen zu schwanken scheint.[110] Im Moment der Pointe tauschen die Nähe von „so nah" und die Entfernung von „so weit" die Plätze.

Ein eifriger Agent preist die Vorzüge einer Villa an, die am Strande des Dnjepr liegt; ihre Vorzüge im Sommer, wo man baden, im Herbst, wo man fischen und Kahn fahren könne, im Winter, wo man sich des Schlittschuhlaufens und der Fahrten über den gefrorenen Fluß erfreue, werden aufs farbenreichste beschrieben, mit der stets wiederkehrenden Phrase: „Da ist die Villa, da ist der Dnjepr." Auf die besorgte Frage des Interessenten aber, wie denn die Sache im Frühling sei, wo die Überschwemmungen etwa das Haus mit dem Garten gefährden könnten, findet der Agent im Übereifer der Anpreisung die abwehrenden Worte: „Wo ist die Villa und wo ist der Dnjepr?"[111]

In seiner Analyse spricht Trebitsch die Widersprüche an, die auftreten, wenn die Geschäftsverhandlung und der durch die rhetorische Vermittlung ausgeübte Druck auf die „Geduld der Worte" gegenüber dem fixierten oder singulären Wert des – sprachlos gewordenen – Dings Vorrang erhalten. Trebitsch untersucht die Umkehr, mittels derer das Sekundäre die Oberhand gewinnt, ohne den geringsten Protest seitens dessen, was das Primäre sein sollte: „So wird sich seine Fixationskraft dem Werben, Suggerieren und Bereden der (vortrefflichen) Ware zuwenden, und kann, bei der ‚Geduld der Worte', die ja nicht wie die Dinge durch ihre Eindeutigkeit ‚protestieren', zu solch heiterer Gegensätzlichkeit führen."[112] Aber während Trebitsch die „heitere Gegensätzlichkeit" an dem Punkt verortet, wo sich die Beredsamkeit des Wortes von der Fixiertheit des Objekts löst, wird das Ergebnis seiner Witzanalyse – die der rhetorischen Wirkung der im Witz inhärenten Beweglichkeit unterworfen ist – insofern lächerlich, als die relative Entfernung zwischen Primärem und Sekundärem veränderlich ist und der selbsterklärte primäre Denker unwillkürlich selbst dem Sekundären anheimfällt.

Die zweite komische Inversion in dieser Kategorie handelt nicht von einem Verkäufer, sondern einem Käufer, wobei aber die gleichen fragwürdigen Geschäftspraktiken am Werk zu sein scheinen:

> Ein Graf beauftragt seinen Hausjuden, ihm ein paar Dackel zu kaufen, und will ihm zu diesem Zwecke hundert Gulden einhändigen. Der Beauf-

tragte wehrt leidenschaftlich ab, beteuernd, daß er unter dreihundert Gulden unmöglich Dackel, soferne sie tadellos sein sollten, beschaffen könne, worauf sich die zwei nach längerem Hin- und Herhandeln auf den Preis von zweihundert Gulden einigen. Der Jude empfiehlt sich, in der Türe aber kehrt er, wie im plötzlichen Besinnen, nochmals um und fragt: „A propos, Herr Grafleben, was sennen das eigentlich – Dackeln?"[113]

Dieser Witz gehörte zu Trebitschs Lebzeiten zu den in den jüdischen Witzsammlungen oft erzählten Anekdoten. Richard Raskin spricht von acht verschiedenen Varianten, die zwischen 1907 und 1928 in deutscher Sprache erschienen sind.[114] Analysiert man die Versionen auf ihren Inhalt und vergleicht sie mit der von Trebitsch, sticht ein markantes Detail heraus: Während in allen anderen beschrieben wird, wie die Summe, die der Käufer dem Grafen entlockt, immer höher wird, wird dieser Aspekt nur bei Trebitsch als ein Feilschen zwischen den beiden dargestellt. Dass er die vergleichsweise lange Verhandlung in seine Erzählung aufnimmt, ist ein cleverer Schachzug, denn so kann Trebitsch den Witz mit seiner Theorie vom im Wesentlichen schwankhaften jüdischen Geist als dem „hin und her pendelnden Geist"[115] verknüpfen.

Alles in allem lässt sich sagen, dass Trebitschs Mission, der Witzfrage auf den Grund zu gehen, die intellektuellen und spirituellen Merkmale einer in besondere historische Verhältnisse eingebetteten Situation durcheinanderbringt. Anstatt uns weiter mit dem jüdischen Witz als Ausdruck des fragwürdigen Wesens des jüdischen Geistes zu befassen, müssen wir uns wieder dem jüdischen Witz zuwenden, der an einem für damals generell bezeichnenden In-Frage-Stellungsprozess teilnahm und infolge der mit der Aufklärung einsetzenden Säkularisierung die traditionellen jüdischen Überzeugungen und „überlieferten Werte" hinterfragte. Diese historische Erklärung – und ihr „Infragestellen" – rückt die „jüdische Frage" in ein völlig anderes Licht. Denn so gesehen, stellte der jüdische Witz ein beliebtes Mittel bereit, um einer *Problematisierung* Ausdruck zu verleihen, die fester Bestandteil der Modernisierung war. Es ist daher auch kein Zufall, dass das literarische Genre des jüdischen Witzbuches in deutscher Sprache mit der Säkularisierung einhergeht. Was Stéphane Moses über den Galgenhumor bei Kafka gesagt hat, lässt sich auch auf das jüdische Witzbuch anwenden: „Diese Krise der jüdischen Tradition muss aber zugleich als ein Teilaspekt des allgemeinen Infragestellens der überlieferten Werte verstanden werden, das den durchgehenden Säkularisierungsprozeß der europäischen Kultur seit der Aufklärung kennzeichnet. Allerdings hat diese Krise im Judentum eine besonders akute Form angenommen."[116] Versteht man die Witzarbeit als Teil dieses generellen Infragestellens überlieferter Ideen, zumal in Zeiten der Krise und im Sinne eines bestimmten historischen Moments, dann können die beiden oben angeführten „Witze aus der Geschäftswelt" als symptomatisch für die jüdische und europäische Moderne und ihre Relativierung der Werte verstanden werden, die zwar auf der Ebene der jüdischen Folklore zum Ausdruck gelangen, aber eben nichts mit einer Zurschaustellung wesentlicher negativer Charakterzüge des jüdischen Geistes zu tun haben, wie das bei Trebitsch und seiner antisemitischen Polemik dargestellt ist.[117]

Postskriptum:
In den Wiener Strudel gefallen

Der folgende Witz, der sich inmitten von Apfelstrudel und Gefrorenem und von rassistischem und religiösem Antisemitismus zuträgt, verursacht in seiner Schwankhaftigkeit fast schon Schwindelgefühle:

> Der Antisemitismus, der zwischen religiösem und Rassenhass hin- und herpendelt, ohne sich endgültig für eine der beiden Methoden zu entscheiden, droht nachgerade, ein – jüdischer Witz zu werden! Denn wahrlich tut solche Gesinnung es nicht dem Juden gleich, der in der Konditorei ein Gefrorenes bestellt, das er im plötzlichen Besinnen für ein Stück Apfelstrudel eintauscht, um dann, da es zum Zahlen kommt, diese lästige Pro-

zedur zu verweigern, vormerkend, daß er für den Apfelstrudel das Gefrorene hingegeben, dieses aber doch – nicht gegessen habe![118]

Zum einen verblüfft, dass Trebitsch den Antisemitismus derart auf die leichte Schulter nehmen konnte, dass er ihn auf einen Kaffeehauswitz reduziert, ja nachgerade als jüdischen Witz auffasst. Andererseits ist aber auch erstaunlich, dass ein Witz – noch dazu einer, den Jacques Lacan einst „die idiotischste Geschichte" nannte[119] – so ernst genommen werden konnte, dass er mobilisiert wird, um über das essentielle Problem des Antisemitismus nachzudenken. Die Art und Weise, wie er den Witz inszeniert, hat nichts mehr mit der schweren Last des pseudowissenschaftlichen Rahmens zu tun, in den er seine Analyse des jüdischen Witzes gestellt hat. Eingebettet in die Atmosphäre eines vermutlich zivilisierten Wiener Kaffeehauses, bedient er sich eines jüdischen Witzes, um eine haarsträubende Analogie zum damals geläufigen Antisemitismus und seinen beiden Angriffsmodi herzustellen. Die Intention des Witzes ist klar antisemitisch, denn er entlarvt die Hinterlist des Juden, wenn es darum geht, eine Rechnung zu begleichen (bzw. wie in diesem Fall, sich ihrer Begleichung zu entziehen).[120] Trebitschs verkürzte Aneignung und seine Interpretation deuten jedoch darauf hin, dass es ihm nicht so sehr um seine Dynamik geht, sondern um seinen metaphorischen Sachverhalt. Während der Witz über eine inhärent ungleiche Abfolge von Übertragungen funktioniert, die auf die fehlende Tauscheinheit des Geldes angewiesen sind, besteht Trebitsch auf der Unveränderlichkeit, wenn er im nächsten Absatz den ökonomischen Faktor vollkommen verdrängt und zu seiner skurrilen Analogie von Apfelstrudel oder Gefrorenem und religiösem oder rassistischem Antisemitismus gelangt.[121] Dass der Witz nur funktioniert, wenn auf den Tausch des Gefrorenen gegen ein Stück Apfelstrudel die Weigerung des Gastes folgt, die Rechnung zu begleichen, fällt in Trebitschs Version gleichwohl unter den Tisch.

Bei Trebitschs Erzählung fällt (auf der grammatikalischen Ebene) der Gedankenstrich auf; er soll ein

Zögern, eine dramatische Pause ausdrücken, auf die die Ankündigung der Möglichkeit, ein jüdischer Witz zu werden, samt Ausrufezeichen folgt – als wollte Trebitsch den Leser auf den Schock der Analogie bzw. auf die Enthüllung vorbereiten, dass der zeitgenössische Antisemitismus wie ein jüdischer Witz strukturiert sei. Nun ist es nicht nur so, dass Häme und Spott (jüdischer und anderer) Antisemiten sich komischer Formen bedienen, um sich über alles Jüdische lustig zu machen, vielmehr scheint die Struktur des Antisemitismus jener Zeit selbst etwas von der schwankhaften Struktur des jüdischen Witzes und jüdischen Geistes anzunehmen, wenn er zwischen einer religiösen und einer rassistischen Hassvariante hin und her pendelt.[122] (Vermutlich ließe sich das Pendel zwischen religiös und rassistisch auch auf Trebitschs eigenen jüdischen Selbsthass anwenden.) In diesem Verwirrspiel entsteht eine Argumentation, die mit dem eigenen Inhalt hadert. Trebitschs antisemitisches Argument verurteilt den sekundären jüdischen Geist – gleichzeitig wird es aber in Analogie zum jüdischen Witz vorgebracht, einem der Kennzeichen des sekundären jüdischen Geistes. Nach Trebitschs binärer Opposition ist nur der bewegliche sekundäre Geist schwankend – doch hier gerät auch der feste primäre Geist des Antisemitismus ins Schwanken. Zum Abschluss bietet der Fall vom Wiener Apfelstrudel daher noch einmal Gelegenheit, die inneren Widersprüche und „sekundären Bewegungen" zu bescheinigen, die Trebitschs Mobilisierung des jüdischen Witzes einen Dreh versetzen.

Es ist eine bittere und perverse Ironie, dass gerade ein österreichischer Jude einer der ersten und führenden Unterstützer der Nazis war. Das bleibt in Wirklichkeit Trebitschs makaberster antisemitischer Witz. Er selbst sollte das Ende der oben skizzierten Schwankungen und den Triumph des rassistischen Hasses über den religiösen (und somit des Gefrorenen über den Apfelstrudel) nicht mehr erleben, denn er starb 1927 an Tuberkulose. Dieselbe Nazi-Partei, die Trebitsch in ihren Anfängen unterstützt hatte, sollte in Deutschland und Österreich zu einer politischen Macht heranwachsen, die den Antisemitismus zum Gesetz erhob und den jüdischen Witz per Verordnung zum Kulturgut einer entarteten Rasse erklärte.

1   Joseph Roth, *Das Spinnennetz* (Amsterdam: Verlag Allert de Lange, 1923).

2   Arthur Trebitsch, *Geist und Judentum: Eine grundlegende Untersuchung* (Wien, Leipzig: Edition Strache, 1919), S. 174.

3   Michael Brenner, *Jüdische Kultur in der Weimarer Republik* (München: Verlag C.H. Beck, übersetzt von Holger Fließbach, 2000), S. 149. Brenner zufolge war Trebitsch ein „österreichischer Jude, der sich als Nachfolger Otto Weiningers verstand".

4   Brigitte Hamann, *Hitlers Wien: Lehrjahre eines Diktators* (München, Berlin: Piper Verlag, 1998), S. 332.

5   Theodor Lessing sagt dazu: „keine Gruppe nimmt ihn ganz ernst." *Jüdischer Selbsthaß* (Berlin: Zionistischer Bücher-Bund, 1930), S. 120. Diese Unfähigkeit, Trebitsch besonders ernst zu nehmen, konstituiert den (jüdischen) humoristischen Subtext seiner pro-arischen Lesereise.

6   Sander L. Gilman, *Jüdischer Selbsthass: Antisemitismus und die verborgene Sprache der Juden* (Frankfurt am Main: Jüdischer Verlag, übersetzt von Isabella König, 1993), S. 160.

7   *Geist und Judentum* erschien beim Verlag Edition Strache in Wien und Leipzig. Das Cover nennt zwar 1919 als Erscheinungsjahr und im Innenteil das Jahr 1918, doch Trebitsch informiert den Leser unter dem Epigraph, dass er das Buch am 9. Juli 1917 begonnen und am 30. November 1917 abgeschlossen hat.

8   Lessing, *Jüdischer Selbsthaß*, S. 121.

9   Beweglichkeit schließt hier neben Mobilität geistige Gewitztheit, Behändigkeit, Regsamkeit, Geschäftigkeit, Rastlosigkeit usw. mit ein, die allesamt in der von Trebitsch definierten Idealtypologie des „jüdischen Geistes" negativ konnotiert sind.

10   Trebitsch, *Geist und Judentum*, S. 36–37. Später erklärt Trebitsch, wie sekundäre Geister über einen beweglichen Fixationsmodus verfügen, die sogenannte „Fixationsbeweglichkeit" (S. 43).

11   Siehe Gilman, *Jüdischer Selbsthass*, Kapitel 1, zur generellen Dynamik des Selbsthasses. An späterer Stelle skizziert Gilman Trebitschs Sprachpsychologie im Rahmen seiner Analyse der aufkommenden antisemitischen Rassenkunde (S. 189).

12   Jacques Lacan, *Das Ich in der Theorie Freuds und in der Technik der Psychoanalyse: Das Seminar, Buch II* (1954–1955), übersetzt von Hans-Joachim Metzger nach dem von Jacques-Alain Miller hergestellten französischen Text (Wien: Turia und Kant, 2015), S. 297. Lacan hielt seine Vorlesung („Das Begehren, das Leben und der Tod") am 18. Mai 1955. Zu dieser aufschlussreichen Aussage gelangt er, kurz bevor er denselben schwankhaften Witz analysiert, der Trebitsch erheiterte (und mit dem dieses Kapitel endet).

13   Lessing, *Jüdischer Selbsthaß*, S. 103.

14   Ebd., S. 103.

15   Ebd., S. 130. Zwei Jahre nach Lessing bezeichnete der emigrierte Soziologe Isacque Graeber Trebitsch in der amerikanischen jüdischen Presse ebenfalls als selbsthassenden Juden.

Graeber nennt Trebitsch einen paranoiden und selbstmordgefährdeten „jüdischen Abtrünnigen" und zitiert aus seinen schuldbeladenen und selbstgeißelnden Bekenntnissen: „So schrieb Trebitsch in sein Tagebuch: ,Der Jude muss vernichtet werden, zusammen mit dem Judentum meiner eigenen Seele.' Und in einem kurzen Eintrag im April 1920 fuhr er fort: ,Das bloße Wissen um meine jüdische Herkunft lässt mich denken, ich trage eine ansteckende Krankheit unter meinen Kleidern, die die verdächtigen Blicke der Passanten auf sich zieht. Und daher trage ich die Scham, die metaphysische Schuld meines Jüdischseins. Ah, was bin ich doch für ein Verfluchter ... manchmal denke ich sogar daran, Selbstmord zu begehen und meiner ewigen Schande ein Ende zu setzen!'" Dr. Isacque Graeber, „Hitler's Jewish Teacher", in: *Jewish Criterion 80*, Nr. 21 (30. September 1932), S. 51.

16   Für eine entgegengesetzte Interpretation der Lesart Weiningers durch Lessing siehe Allan Janik, „Viennese Culture and Jewish Self-Hatred Hypothesis: A Critique", in: *Jews, Antisemitism and Culture in Vienna,* hg. von Ivar Oxaal, Michael Pollak und Gerhard Botz (London, New York: Routledge and Kegan Paul, 1987), S. 75–88.

17   Dieses sensationslüsterne Detail findet sich auch im kurzen Eintrag über Trebitschs Leben in *Das Jüdische Lexikon*, 4.2:1042. Dem Lessing-Text wird hier maßgeblicher Wert eingeräumt. Abgesehen von den bibliographischen Angaben liest sich der Eintrag so: „Trebitsch, 1. Arthur, Schriftsteller, geb. 1880 in Wien, gest. 1928 daselbst, veröffentlichte eine Reihe von dichterischen und philosophischen Werken. Früh getauft, wurde T. ein leidenschaftlicher Bekämpfer des J.-tums und Anhänger der deutsch-völkischen Bewegung. Er glaubte sich deshalb von einer geheimen j. Weltverschwörung verfolgt, die ihn durch elektro-magnetische Ströme beseitigen wollte. T.'s Geist war eine seltsame Mischung beinahe genialer und pathologischer Züge, wie Theodor Lessing in seiner Biographie T.'s gezeigt hat." Übrigens ist es eine bittere Ironie der Geschichte, dass der im Exil lebende Lessing, und nicht Trebitsch, im Sommer 1932 in Marienbad von sudetendeutschen Nazi-Sympathisanten ermordet wurde.

18   Lessing verweist zum Beispiel darauf, dass ihn „seine monomanische Angst, als Jude angesprochen zu werden, in alberne Streitigkeiten drängte." (*Jüdischer Selbsthaß*, S. 118)

19   Arthur Trebitsch, *Die Geschichte meines „Verfolgungswahns"* (Wien: Antaios-Verlag, 1923). Das Buch wurde von Trebitschs eigenem Selbstkostenverlag veröffentlicht.

20   Vgl. Daniel Paul Schreber, *Denkwürdigkeiten eines Nervenkranken* (Leipzig: Oswald Mutze, 1903). Während Schreber die Strahlen mit Emanationen des Göttlichen assoziiert, gehen die „elektrische Beeinflussung und Beeinflussbarkeit" bei Trebitsch von einer Bande jüdischer Wissenschaftler und Verschwörer aus, die es auf ihn abgesehen haben (*Die Geschichte*, S. 125).

21   Lessing, *Jüdischer Selbsthaß*, S. 120–121.

22   Sven Brömsel befasst sich auch mit Trebitschs Beziehung zu Chamberlain. „Arthur Trebitsch, der neue Shlemil", in: *Weimarer Beiträge* 57, Nr. 3 (2011), S. 345–369.

23   Trebitsch, *Die Geschichte*, S. 155.

24   Das erinnert an die phrenologische Anekdote über Trebitschs Kopf, in der er verzweifelt versucht, seinen Status als Arier zu beweisen. Jacques Le Rider erzählt sie so: „[Trebitsch] fühlte sich von einer ‚Jüdischen Allianz' verfolgt und rief nach Ärzten, damit sie Messungen an seinem Schädel vornahmen und bestätigten, dass er tatsächlich alle anatomischen Merkmale des Ariers aufwies." *Modernité viennoise et crises de l'identité* (Paris: P.U.F., 1990), S. 236.

25   Trebitsch, *Die Geschichte*, S. 154.

26   Die Tradition, den Spiegel als literarisches Mittel einzusetzen, um ihn der jüdischen Frage vorzuhalten, geht in der europäischen Kulturgeschichte weit zurück. Die erste antisemitische Abhandlung des getauften Juden Johannes Pfefferkorn (den Lessing mit Trebitsch vergleicht), trug den Titel *Der Spiegel der Juden* (1507). Sie hält den Fehlern der Juden den Spiegel vor, damit die ganze Welt sie sieht.

27   Trebitsch, *Geist und Judentum*, S. 13–14.

28   Der fragende Austausch zwischen dem geistreichen Mann und dem jüdischen Gelehrten ist das Spiegelbild eines der berühmtesten jüdischen Witze, in dem ein Nichtjude einen Juden fragt, warum die Juden eine Frage stets mit einer weiteren Frage beantworten, und der Jude antwortet, indem er die Frage wiederholt.

29   Gilman schreibt, dass eine Figur wie Weininger oder Trebitsch „die Wissenschaft benutzte, um sein Selbstbild von dem abzurücken, was man sich allgemein unter einem Juden vorstellte". *Jüdischer Selbsthass*, S. 159. In diesem besonderen Fall setzt Trebitsch einen intellektuellen- und wissenschaftsfeindlichen Diskurs ein, um sich von seiner Identifikation mit dem jüdischen Wissenschaftler zu distanzieren.

30   Eine faszinierende Darstellung der sozialen Bedeutung illustrierter, judenfeindlicher Humorblätter in der zweiten Hälfte des 19. Jahrhunderts findet sich bei Henry Wassermann, „The Fliegende Blätter as a Source for the Social History of German Jewry", in: Leo Baeck Institute Yearbook 28 (London: Secker and Warburg, 1983), S. 93–138.

31   Für eine Reproduktion dieser Karikatur siehe Eduard Fuchs, *Die Juden in der Karikatur: Ein Beitrag zur Kulturgeschichte* (München: Albert Langen, 1921), S. 195.

32   Für eine Diskussion dieser Figuren siehe Alex Bein, *Die Judenfrage: Biographie eines Weltproblems* (Deutsche Verlagsanstalt, 1980). Das Juden-Gespenst wird in Band I, S. 107–108 und im Zusammenhang mit Heine in Band II, S. 77 diskutiert; der Parasitismus in Band II, S. 325. Trebitsch war diese zweite Trope durchaus bekannt. Die einleitenden Worte in *Die Geschichte meines „Verfolgungswahns"* und ihre Suche nach dem *Antidioxin* bestätigen das.

33   Alexander Moszkowski, *Die jüdische Kiste: 399 Juwelen echt gefaßt. Der Unsterblichen Kiste zweiter Teil* (Berlin: Bernard, 1911), S. 51.

34   Dieser messianische Punkt der Überidentifizierung wird im Vorwort von R. Guttenbrunns hagiographischer Studie *Der brennende Mensch: Das geistige Vermächtnis von Arthur Trebitsch* hervorgehoben (Leipzig:

Antaios-Verlag, 1930), S. 3. Guttenbrunn schreibt, „dass mit ihm dem schwerbedrängten, geistig verseuchten deutschen Volke ein neuer Messias erstanden sei, denn auch der Heiland sei Jude von Geburt gewesen und doch stelle seine Lehre den ersten weltgeschichtlichen Prozess gegen das Judentum dar!"

35   Weininger verstand diese Paradoxie als den schmalen und schwankenden Grat zwischen Liebe und Hass: „Man haßt nicht etwas, womit man keine Ähnlichkeit hat. Nur macht uns erst der andere Mensch darauf aufmerksam, was für unschöne und gemeine Züge wir in uns haben. So erklärt es sich, daß die allerschärfsten Antisemiten unter den Juden zu finden sind." *Geschlecht und Charakter: eine prinzipielle Untersuchung* (Wien, Leipzig: Wilhelm Braumüller, 1920), S. 403.

36   Walter Laqueur, *Gesichter des Antisemitismus: Von den Anfängen bis heute* (Berlin: Propyläen Verlag, übersetzt von Klaus-Dieter Schmidt, 2008), S. 187–188. Freuds Begriff von „schlecht getauft" bezieht sich auf diejenigen, die zum Christentum übergetreten sind, aber weiterhin „unter einer dünnen Tünche einem barbarischen Polytheismus huldigten". Sigmund Freud, *Der Mann Moses und die monotheistische Religion*, Studienausgabe, Band IX, Fragen der Gesellschaft: Ursprünge der Religion (Frankfurt am Main: S. Fischer Verlag, 1974), S. 539. Freud schließt seine Analyse mit einem Blick auf die Nazis und ihre hasserfüllte Verschmelzung von Juden und Christen: „Ihr Judenhaß ist im Grunde Christenhaß, und man braucht sich nicht zu wundern, daß in der deutschen nationalsozialistischen Revolution diese innige Beziehung der zwei monotheistischen Religionen in der feindseligen Behandlung beider so deutlichen Ausdruck findet." (S. 539)

37   Trebitsch, *Geist und Judentum*, S. 81–82.

38   Ebd., S. 76.

39   Ebd., S. 81.

40   Chajim Bloch, *Das Jüdische Volk in der Anekdote* (Berlin: Verlag für Kulturpolitik, 1930), S. 17.

41   Siegfried Schmitz. „Nachwort vom jüdischen Witz", in: Präger und Schmitz, *Jüdische Schwänke* (Wien: Löwit Verlag, 1928), S. 253. Dieses Buch besteht in weiten Teilen aus einer deutschen Transkription des latinisierten Jiddisch im folkloristischen Klassiker von Immanuel Olsvanger, *Rosinkes mit Mandln* (Basel: Schweizerische Gesellschaft für Volkskunde, 1920).

42   Ebd., S. 257.

43   Im Unterschied zu den Dichotomien von „wir" und „sie" ist es wichtiger, die Schwankungen des Witzes von Fall zu Fall zu betrachten. Hier muss die spezifische performative und sprachliche Situation analysiert und überlegt werden, wer den Witz erzählt und warum (Erzähler), wer den Witz hört und wie (Publikum) usw. So kann derselbe Witz einmal als „jüdische Selbstkritik" und beim nächsten Mal als „jüdischer Antisemitismus" verstanden werden bzw. je nach den Umständen sogar als ambivalente Kombination der beiden.

44   Schmitz, Nachwort, S. 257. Für eine Diskussion der Beziehung zwischen „Witz und Schwank" und den historischen Austausch der zweiten Gattung durch die erste siehe Lutz

Röhrich, *Der Witz: Figuren, Formen, Funktionen* (Stuttgart: Metzler, 1977), S. 8–10.

45 So heißt das Buch des Komponisten und Holocaust-Überlebenden Jan Meyerowitz, der die Tradition und den Jargon von Echtheit befolgt. Jan Meyerowitz, *Der echt jüdische Witz* (Berlin: Colloquium Verlag, 1971).

46 George Steiner: „Our Homeland, our Text", in: *Salmagundi*, No. 66 (Winter/Frühjahr 1985), S. 5. Mein Dank gebührt Sidra DeKoven Ezrahi, die mich auf Steiners diasporischen Aufruf bezüglich des Primats des Textes aufmerksam gemacht hat.

47 Trebitsch, *Geist und Judentum*, S. 76.

48 Für andere zeitgenössische Beispiele vgl. Manuel Schnitzer, *Rabbi Lach: Ein Kulturdokument in Anekdoten* (Hamburg: Verlag W. Gente, 1921), S. 82; Moszkowski, *Die jüdische Kiste*, S. 16; und M. Nuél [Manuel Schnitzer], *Das Buch der jüdischen Witze* (Berlin: Gustav Riecke, 1907), S. 31.

49 Trebitsch, *Geist und Judentum*, S. 76.

50 Ebd., S. 78.

51 Dieses Phänomen wird in Samuel Fullers *White Dog* (1982) abgebildet.

52 William Novak und Moshe Waldoks, *Antisemitismus: Das große Buch des jüdischen Humors* (Königstein: Athenäum, 1982), S. 121. In Osteuropa war es für Juden auf dem Land unüblich, einen Hund zu haben, während die Landbesitzer sie hielten, um Juden und andere fernzuhalten. So kam die Idee auf, Juden hätten Angst vor Hunden. Wie meine Kollegin Anna Shternshis schreibt: „Angst vor Hunden galt unter Nichtjuden oft als jüdische Eigenschaft. Aus den Memoiren von polnischen Schtetl-Bewohnern zur Mitte des 18. Jahrhunderts geht hervor, dass manche Landbesitzer den Juden mit ihren Hunden drohten." Siehe den Eintrag „Dogs" in *YIVO Encyclopedia*, http://www.yivoencyclopedia.org/printarticle.aspx?id=2164.

53 Diese Deutung reflektiert zwar eine Post-Shoah-Lesart des Witzes, doch der Angriff des antisemitischen Hundes kann in Deutschland bis in frühe ländliche Schwänke zurückverfolgt werden, wie etwa zu jenem über den jüdischen Hausierer namens Wertheimer, auf den die Dorfkinder spaßeshalber ihre Hunde hetzen. Vgl. Wassermann, „Fliegende Blätter", S. 102.

54 Was die Signifikanz des Kalauers im jüdischen Witzrepertoire betrifft, waren manche Kommentatoren anderer Meinung. Vgl. Edmund Edel, *Der Witz der Juden* (Berlin: Louis Lamm, 1909), S. 31–32. Edel erwähnt zwar den Gebrauch des Kalauers durch einzelne Satiriker wie Moritz Saphir und Siegmund Haber, spricht ihm aber eine prominente Rolle im jüdischen Witzrepertoire ab: „Der Wortwitz, der sogenannte Kalauer, ist natürlich ebenfalls verwendet worden. Der eigentliche Vertreter dieser Scherzart, die immer etwas Banales hat, ist Saphir gewesen, dessen geistiges Erbe später Siegmund Haber angetreten hat. Aber der jüdische Wortwitz ist niemals prominent in Erscheinung getreten." Der jiddische Folklorist und jüdische Witzgelehrte Alter Drujanow war auch dieser Ansicht. Und Itzik Nakhmen Gottesman schreibt: „Anders als der Humor anderer Völker baute jüdischer Humor nicht auf dem

Wortspiel auf, sondern ging mehr in die Tiefe und beruhte auf einem begrifflichen Dreh, den Drujanow in seiner Arbeit ‚Jüdischer Witz und Anekdoten' behandelt." Gottesman, *Defining the Jewish Nation: The Jewish Folklorists of Poland* (Detroit, MI: Wayne State University Press, 2003), S. 70.

55 Zum Kalauer und dem Versuch, ihn in den Bereich des Witzlosen zu verstoßen, siehe Lutz Röhrich, *Der Witz*, S. 60–61. Wie Röhrich erklärt: „Aber nicht jedes Wortspiel ist wirklich witzig. Wirkt es zu mühsam oder zu konstruiert, so spricht man gern von einem Kalauer." (60)

56 Gilman, *Jüdischer Selbsthass*, S. 161.

57 Oder wie Trebitsch an früherer Stelle kommentiert: „Gerade der Witz, der sich so gerne der *Wörter* und ihrer Zufälligkeiten bedient, mußte zum eigentlichen Tummelplatze dieses sekundären Geistes werden." (*Geist und Judentum*, S. 74)

58 Trebitsch, *Geist und Judentum*, S. 75.

59 Der jüdische Exilhistoriker Erich Kahler gelangt über einen anderen binären Gegensatz von „jüdischem Intellektualismus" und „deutscher Körperlichkeit" zu einer ähnlichen Theorie, die den interkulturellen Zusammenbruch im Unvermögen beider Seiten, den Witz des jeweils anderen zu verstehen, verortet. Was den jüdischen Antisemiten und den jüdischen Historiker hier verbindet, ist, dass sie beide einen Zusammenhang zwischen dem Erzählen von Witzen und der Unmöglichkeit des interkulturellen Dialogs herstellen. Um den hier nur kursorischen Blick auf dieses Thema (das in Kapitel 4 im Detail behandelt wird) verständlicher zu machen, in den Worten Kahlers: „Dem physischen Deutschen mit seiner gewichtigen Besinnung ist der flüchtige Witz gar nicht gelegen ... Vor dem jüdischen Witz selbst der besten, tiefsten Art ... vor diesem Witz ist der Deutsche ratlos." Kahler, *Israel unter den Völkern* (Zürich: Humanitas Verlag, 1936), S. 151. NB: Kahler assoziiert den jüdischen Witz ebenfalls mit dem Flüchtigen.

60 Trebitsch, *Geist und Judentum*, S. 79.

61 Arthur Trebitsch, *Deutscher Geist – oder Judentum!: Der Weg der Befreiung* (Berlin: Antaios Verlag, 1921), S. 313. Trebitsch liefert anhand einer haarsträubenden Tabelle einen Einblick in den dürftigen Verkauf seiner Bücher im Steuerjahr 1920–1921. Die Verkaufszahlen von *Geist und Judentum* sind nicht enthalten. Ein doppeltes politisches Spiel betreibend, gibt Trebitsch der zionistischen Verschwörung („Zions allmächtigen Vernichtungswillen") und der stumpfsinnigen deutschen Öffentlichkeit („Oberflächlichkeit und die nachlassende Erkenntnisfreude und Erkenntniskraft im deutschen Volke") die Schuld.

62 Für eine Beschreibung dieser komischen Wechselwirkungen siehe Paul Landaus Artikel „Der jüdische Witz und Humor" in *Juden im deutschen Kulturbereich*, hg. von Siegmund Kaznelson (Berlin: Jüdischer Verlag, 1959), S. 895–901. Zur Geschichte des Wiener Kabaretts der Zwischenkriegszeit siehe Marcus G. Patka und Alfred Stalzer, *„Lachen in der Krise: Kabarett im Wien der Zwischenkriegszeit",* in: *Alle Meshugge? Jüdischer Witz und Humor* (Wien: Amalthea,

2013), S. 67–72. Siehe auch Patkas Studie *Wege zum Lachen: Jüdischer Witz und Humor aus Wien* (Wien: Enzyklopädie des Wiener Wissens, 2010).

63   Trebitsch, *Geist und Judentum*, S. 75–76.

64   Passend in diesem Kontext sind Trebitschs Aussagen zur primären Quelle im Essay „*Primäres Denken im Licht sekundären Geistes: Eine Entgegnung*": „Daß ich mit meinem Denken mir alle ‚sekundären' Köpfe zu Feinden mache und machen muß, ist mir längst verständlich geworden!" Trebitsch, *Drei Vorträge mit Zwischenstücken* (Berlin: Borngräber Verlag, 1917), S. 110.

65   Freud, *Der Witz und seine Beziehung zum Unbewußten* (Frankfurt am Main: Fischer Verlag, 1970), S. 26.

66   Trebitsch bezweifelt die Heilkraft der Psychoanalyse folgendermaßen: „In dieser Sphäre des erkrankten Stadtmenschen setzt nun namentlich jene psycho-analytische neue Wissenschaft entschieden jüdischer Provenienz ein, die da vermeint, wenn sie dem ‚Trauma' der Erotik in die geheimsten Schlupfwinkel nachspüre, mit der gleichen Operation auch den erkrankten Geist einer Gesundung entgegenzuführen" *(Geist und Judentum*, S. 151). Trebitsch erinnert hier an den Wiener Satiriker Karl Kraus (dem ebenfalls vorgeworfen wurde, ein jüdischer Antisemit zu sein), der die Psychoanalyse gnadenlos verspottete: „Die Psychoanalyse – dieses neueste Judenleid, die älteren haben noch Zucker". Karl Kraus, in: *Die Fackel*, Heft 387–388 (17. November 1930), S. 18–19.

67   Trebitsch, *Geist und Judentum*, S. 73.

68   Ebd., S. 73–74. Er schreibt: „Die mannigfaltigsten Untersuchungen über den Witz haben eine wesentliche Ergründung des spezifisch jüdischen Witzes noch niemals zu Tage gefördert. Das aber erscheint keineswegs verwunderlich, wenn man bedenkt, daß eben alle Ausstrahlungen und Ergebnisse einer geistigen Grundanalage selbst eben noch nicht erfaßt worden!"

69   Ebd., S. 70.

70   Vgl. Jeffrey Mehlman, „How to Read Freud on Jokes: The Critic as Schadchen", in: *New Literary History* 6, No. 2 (1975), S. 439–461.

71   Freud, *Der Witz*, S. 37. Während die Pointen und der Schluss identisch sind, sind die schalkhaften Details in Freuds kürzerer Version etwas anders: „Der Bewerber hat auszusetzen, daß die Braut ein kürzeres Bein hat und hinkt. Der Schadchen widerspricht ihm. ‚Sie haben unrecht. Nehmen Sie an, Sie heiraten eine Frau mit gesunden, geraden Gliedern. Was haben Sie davon? Sie sind keinen Tag sicher, daß sie nicht hinfällt, ein Bein bricht und dann lahm ist fürs ganze Leben. Und dann die Schmerzen, die Aufregung, die Doktorrechnung! Wenn Sie aber *die* nehmen, so kann Ihnen das nicht passieren; da haben Sie eine *fertige Sach*'."

72   Trebitsch, *Geist und Judentum*, S. 77–78.

73   Freud, *Der Witz*, S. 37.

74   Trebitsch, *Geist und Judentum*, S. 81.

75   Freud, *Der Witz*, S. 37.

76 Dieses Universum des „als ob" zieht sich wie ein roter Faden durch die Weltkomödie in *Gimpel der Narr* von Isaac Bashevis Singer. Siehe Ruth Wisse, *The Schlemiel as Modern Hero* (Chicago: University of Chicago, 1971), S. 60–65.

77 Für eine literarisch-kritische Abhandlung über den „richtigen" Ort des komischen Diskurses zweiten Grades siehe Gérard Genette, *Palimpsestes: La Littérature au Second Degré* (Paris: Editions du Seuil, 1982).

78 Trebitsch, *Geist und Judentum*, S. 78.

79 J. G. Burg bietet für dieses internationalisierende Phänomen des jüdischen Witzes im „Beginnwort" zu seiner *Jüdischen Anektodiade* (München: Ederer, 1977), S. 16, eine Erklärung an. Er schreibt: „Er existiert tatsächlich als die besondere Spezies des jüdischen Handelsreisenden, der nun nicht nur seine Ware, sondern auch das geistige Erbe seines Volkes von Ort zu Ort, von Land zu Land und von Kontinent zu Kontinent trägt, wodurch schließlich der jüdische Witz wie der Witz keines anderen Volkes international wurde – in allen Ländern gleicherweise verstanden und von gleicher Gültigkeit, soweit sich in der überall erzwungenen Isolierung des Judentums Brauchtum und Religion der Heimat fast unverfälscht erhalten kann. Auf ermüdenden Eisenbahnfahrten und an den langen Abenden in kleinen Herbergen, wo sich die Reisenden trafen, verkürzte man sich die Zeit mit Witzen, wobei sich schon aus der Situation heraus fast zwangsläufig der berühmte Anfang ergab: ‚Zwei Juden treffen sich'..."

80 So wird er auch in der frühen Berliner Version erzählt, die unter dem ironischen Titel „Der feine Pole" in der anonymen Sammlung *Für Schnorrer und Kitzinim: Sammlung gediegener jüdischer Witze und Anekdoten* erschien (Berlin: Verlag von Cassirer und Danziger, 1887), S. 57–58. Für eine Diskussion, welchen Platz die Ostjuden im westlichen Denken einnahmen, siehe Steven E. Aschheim, *Brothers and Strangers: The East European Jew in German und German Jewish Consciousness*, 1880–1923 (Madison: University of Wisconsin Press, 1982). Aschheim diskutiert Trebitschs „rassistische Ideen" und seine Darstellung osteuropäischer Juden als „giftige Kreaturen", die den deutschen Geist infizieren (S. 226).

81 Trebitsch, *Geist und Judentum*, S. 103.

82 Ebd., S. 103.

83 Vgl. die Interpretation des Witzes durch den Psychoanalytiker Theodor Reik in *Jewish Wit* (New York: Gamut Press, 1962), S. 58–59, 188–190. Reik: „Die osteuropäische Intimität, die sich aus der hochmoralischen Dichte des Zusammenlebens im Schtetl ergibt, schließt ‚Respekt' aus." Für eine soziologische Analyse siehe Mark Zborowski und Elizabeth Herzog, *Life is with People: The Jewish Shtetl of Eastern Europe* (New York: International University Press, 1952).

84 Freud, *Der Witz*, S. 70

85 Vgl. auch die ausgezeichnete Analyse von John Murray Cuddihy, *The Ordeal of Civility: Freud, Marx, Levi-Strauss and the Jewish Struggle with Modernity* (New York: Dell Publishing, 1974). Cuddihy versteht den Witz als soziologische Parabel über den problematischen Prozess der jüdischen Assimilation und den Übergang

aus dem Ghettoleben in die europäische Zivilgesellschaft. Seine Funktion sieht Cuddihy darin, sowohl ein Modell für den Assimilationsprozess zu sein (also den Versuch des Juden, in Anwesenheit des feinen Herrn respektabel zu wirken) wie auch für seine Auflösung und den Triumph der alten intimen Verhaltensmuster aus dem Schtetl (der Seufzer der Erleichterung und die Möglichkeit, dank der gemeinsamen Identifizierung die Maske der Höflichkeit fallen lassen zu können). Cuddihy liefert die folgende stark symbolische Lesart: „Alle Elemente sind vorhanden: die Öffentlichkeit, der soziale Ort (ein Zug); die Identifizierung des Juden als (galizischer) Ostjude; das entspannte ‚regressive' Verhalten (Fehlverhalten) an einem öffentlichen Ort; die Ankunft des ‚feinen Herrn' als der modernisierende Westen (‚im modernen Gewand'); die ‚Pose' eines guten Benehmens, und schließlich das höfliche ‚Verzeihung ...' Mit der Enthüllung der gemeinsamen ethnischen Herkunft wird die vormoderne ‚Gemeinschaft' wieder hergestellt, die keine ‚öffentlichen Orte' mit ihren „situationsspezifischen Anstandsregeln kannte, in der man keinem Fremden begegnete, in der sich keine öffentlich-private Kluft auftat." (S. 22)

86 Anonym, *„Der jüdische Selbsthass und Weiberverachtung: Otto Weininger und Arthur Trebitsch,* in: *Otto Weininger: Werk und Wirkung,* hg. von Jacques Le Rider und Norbert Leser (Wien: Bundesverlag, 1984), S. 123–134. Für eine andere Arbeit zu Weiningers Einfluss auf Trebitsch und Lanz von Liebenfels siehe András Gerö, *Neither Woman Nor Jew: The Confluence of Prejudices in the Austro-Hungarian Monarchy at the Turn of the Century* (Bolder, CO: East European Monographs, 2010); Kapitel 5 in Hamanns *Hitlers Wien* verweist ebenfalls auf Trebitschs *Geist und Judentum,* in dem „Weiningers Thesen weitschweifig variiert [werden], aber kaum Neues geboten [wird]." (S. 330)

87 Weininger, *Geschlecht und Charakter,* S. 425.

88 Ebd., S. 424.

89 Ebd., S. 423.

90 Elliott Oring, „Sigmund Freud's Jewish Joke Book", in: *Engaging Humor* (Urbana: University of Illinois Press, 2003). Oring legt dar, dass auch Freud (ob bewusst oder unbewusst) Weiningers Diskurs teilweise übernahm: „Weiningers antisemitische Behauptungen über die Juden finden teilweise ihren Widerhall in *Der Witz und seine Beziehung zum Unbewußten*" (121) und „Freuds Präsentation jüdischer Witze in *Der Witz und seine Beziehung zum Unbewußten* rekapituliert die judenfeindlichen Attacken durch Weininger und andere." (126)

91 Anonym, *„Der jüdische Selbsthass",* S. 125.

92 Trebitsch, *Geist und Judentum,* S. 43.

93 Weininger, *Geschlecht und Charakter,* S. 413–432.

94 Trebitsch, *Geist und Judentum,* S. 120–121.

95 So lautet denn auch die Einschätzung eines von Trebitschs Fürsprechern: „‚*Morbus judaicus',* die jüdische Krankheit: Trebitsch zeigt sie an seinem Rassegenossen O. Weininger, aber es scheint, er selbst ist von ihr befallen – denn sein Buch ist ein einziger Schmerzensschrei, ist das erschüt-

ternde Flehen eines primären Geists, der sich vergeblich und unter Qualen den Zangen sekundären Ererbtseins zu entwinden sucht." Bernhard Funck, *Morbus judaicus: Primärer und sekundärer Geist nach Arthur Trebitschs „Geist und Judentum"* (München: Birckingen Verlag, 1921), S. 16–17.

96 Vgl. dazu R. M. Stephenson, „Conflict and Control Function of Humor", in: *American Journal of Sociology* 56, Nr. 6 (1951), S. 569–574.

97 Weininger, *Geschlecht und Charakter*, S. 428.

98 An einer anderen Stelle im Text wiederholt Trebitsch diese Dichotomie und zeigt, wie der Geist des jüdischen Witzes mit dem bösen Geist des Skeptizismus einhergeht: „Dies Bezweifeln, Bespötteln und Bewitzeln aller ‚Fragen' aber führt niemals zu wahrer Verzweiflung (wozu er ja viel zu – ‚gescheit' ist), läßt aber freilich auch niemals das tiefe Glücksgefühl des Glaubens an Ein Bestimmtes aufkommen, dieweil ja dem sekundärbeweglichen Menschen die vor und bei allem Belichten der Welt gegebene Standpunktlosigkeit – eignet." (*Geist und Judentum*, S. 120)

99 Trebitsch, *Geist und Judentum*, S. 121.

100 Für eine Auswahl an ausgezeichneten *Apikoires*-Witzen siehe einen der Abgesänge auf den jüdischen Witz in Mitteleuropa: Jonas Kreppel, *Wie der Jude lacht: Anthologie jüdischer Witze, Satiren, Anekdoten, Humoresken, Aphorismen. Ein Beitrag zur Psychologie des jüdischen Witzes und zur jüdischen Volkskunde* (Wien: Verlag Das Buch, 1933), S. 4, 40 und 62–63.

101 Manuel Schnitzer, *Rabbi Lach*, S. 151–152.

102 Eine umfangreiche Darstellung dieser Witzgattung enthält das Kapitel über den Witz des „Am Ha-Aretz" bei Pinchas Jacob Kohn, *Rabbinischer Humor aus alter und neuer Zeit: eine Sammlung von Anekdoten und „guten Wörtchen"* (Frankfurt am Main: J. Kaufmann, 1930).

103 Trebitsch, *Geist und Judentum*, S. 77.

104 Ebd., S. 80.

105 Henry Wasserman weiß in seinem Essay über den illustrierten Humor einiges dazu zu sagen: „Die *Fliegenden* interpretierten die allgemeine Meinung von Mammon als der von den Juden verehrten Gottheit, indem sie ihnen praktisch ein Monopol an humoristischen Einträgen zum Bank- und Börsenwesen, zu allen möglichen Formen des Kaufens und Verkaufens einräumten … In nicht allen Karikaturen, bei denen es ums Geldverdienen ging, waren die Protagonisten Juden, sehr wohl aber in der überwiegenden Mehrheit jener, die Geldverdienen mit Unehrlichkeit gleichstellten." („Fliegende Blätter", S. 125)

106 Trebitsch, *Geist und Judentum*, S. 69–70.

107 Ebd., S. 69.

108 Ebd., S. 76.

109 Ebd., S. 78–79.

110 Dieser Witz taucht im praktisch gleichen Format in Moszkowskis *Die jüdische Kiste* im Kapitel „Schlagfertig und spitzfindig" auf, S. 82–83. „Agent: ‚Ich rate Ihnen dringend: kaufen Sie

das Haus; ein preiswertes, schönes Haus, ganz dicht am Dniestr.' – ,Nu, was hab ich schon vom Dniestr?' Agent: ,Das ist doch ein gewaltiger Fluß. Wollen Sie eine schöne Aussicht haben – dicht vor dem Balkon fließt der Dniestr. Wollen Sie Ihr Leinenzeug waschen lassen, – haben Sie dabei den Dniestr. Wollen Sie baden oder im Winter Schlittschuh laufen, – haben Sie gleich den Dniestr.' – ,Und wenn Eisgang kommt und Überschwemmung? Dann reißt mir der Dniestr das ganze Haus weg!' Agent (im Eifer): Haben Sie eine Ahnung von der Entfernung – wo ist das Haus, und wo ist der Dniestr?'"

111   Trebitsch, *Geist und Judentum*, S. 76–77.

112   Ebd., S. 79.

113   Ebd., S. 77.

114   Vgl. Richard Raskin, *Life is Like a Glass of Tea: Studies of Classic Jewish Jokes* (Philadelphia: Jewish Publication Society, 1992), S. 190–193.

115   Trebitsch, *Geist und Judentum*, S. 70.

116   Stéphane Moses, *„Zur Frage des Gesetzes: Gershom Scholems Kafka-Bild"*, in: *Kafka und das Judentum*, hg. von Karl Erich Grözinger und H. D. Zimmermann (Frankfurt am Main: Athenäum Jüdischer Verlag, 1987), S. 14–15.

117   Für eine Diskussion der Verknüpfungen zwischen jüdischem Witz und der Relativität des Wertes vgl. Alexander Moszkowski, „Die Philosophie des jüdischen Witzes" in *Der Jüdische Witz und seine Philosophie* (Berlin: Dr. Eysler, 1922), S. 14–17. Ebenfalls bemerkenswert ist Moszkowskis persönliche Beziehung zu Albert Einstein und der Umstand, dass er seine Gespräche mit dem jüdischen Genie und Erfinder der Relativitätstheorie veröffentlichte. Siehe *Einstein: Relativitätstheorie und ein neues Weltsystem* (Hamburg: Hoffmann und Campe, 1921).

118   Trebitsch, *Geist und Judentum*, S. 211.

119   Lacan, *Das Ich in der Theorie Freuds*, S. 297. Auch Freud untersuchte diesen Witz und stellte ihm einen „Denkfehler" aus; anstelle von Apfelstrudel und Gefrorenem wählte er aber ein Stück Torte und ein Gläschen Likör. Im Gegensatz zu Trebitschs antisemitisch-ideologischer Absicht bezeichnet Freud diesen Witz vom Charakter her als nicht jüdisch. Freud, *Der Witz,* S. 35.

120   Die Intention hinter diesem Witz ist jedoch nicht immer automatisch antisemitisch. So wird er zum Beispiel bei Moszkowski im Kapitel „Koppchen" (Grips) in fast identischer Version erzählt, allerdings erfährt der Schlaumeier Simon Zitron durchaus Anerkennung: „Simon Citron läßt sich in der Konditorei einen Apfelkuchen geben, schickt ihn aber zurück und wählt dafür einen Likör. Nachdem er ihn genossen, erhebt er sich, um sich ohne Abschiedsgruß zu empfehlen. Der Konditor ruft ihm nach:,Sie, Herr, Sie haben den Likör noch nicht bezahlt!' ,Ich hab Ihnen doch dafür den Apfelkuchen zurückgegeben.' ,Den hatten Sie doch auch nicht bezahlt!' ,Nu, hab ich'n denn gegessen?'" Moszkowski, *Der Jüdische Witz und seine Philosophie,* S. 136.

121 Trebitsch formuliert die Analogie so: *„Religion oder Rasse, Gefrorenes oder Apfelstrudel!"*. (*Geist und Judentum*, S. 211).

122 Religion und Rasse bilden in Trebitschs eigenem Leben einen zwiespältigen Dualismus und konstituieren eine Zwickmühle. Auf der einen Seite ist der Wissenschaftler überzeugt, dass die eigene Psyche notwendiger Ausdruck des rassischen Charakters ist. Zugleich ist es ihm aber – in einer Art wundersamer unbefleckter Empfängnis – gelungen, sich durch den Übertritt von einer Religion in die andere dieser rassischen Bürde zu entledigen. Diese Zwickmühle (und sein persönliches Schlupfloch) tragen zur Veranschaulichung von Trebitschs widersprüchlichen Ansichten über die Formbarkeit bzw. Permanenz rassischer Merkmale bei. Eine Untersuchung der Verschiebungen und Schwankungen, die Trebitschs eigene hin und her pendelnde Ansichten zu Rasse und Rassenbiologie prägen, würde daher Einblick in eine Reihe von Parallelen mit der vorliegenden Abhandlung gewähren.

2 Von Karikaturen, Witzen und Antisemitismus

Eduard Fuchs

In einer Zeit, in der Graphic Novels, Zeichentrickfilme und politische Karikaturen nicht nur allgegenwärtig sind, sondern längst Eingang in die populärwissenschaftliche und akademische Forschung gefunden haben, ist kaum noch vorstellbar, wie marginalisiert und verpönt visuelle Medien einst waren. Der Neomarxist, Kulturwissenschaftler und Kunstsammler Eduard Fuchs (1870–1940) war einer der Ersten, die den künstlerischen und medialen Wert der Karikatur erkannt hatten und verstanden, welche Rolle sie in der modernen europäischen Gesellschaft spielte. Indem er die Karikatur als „eine Form von illustrierter Sozialgeschichte"[1] auffasste, gehörte er einer Bewegung in den Geisteswissenschaften an, die sich ernsthaft mit als banal und unseriös verschrienen Wissensbereichen zu beschäftigen begann. Nach Walter Benjamins historisch-materialistischer Interpretation (in dem Aufsatz „Eduard Fuchs, der Sammler und Historiker", 1937) wagte sich Fuchs in Tabuzonen vor und beschäftigte sich mit dem nach damaliger Kunstauffassung Trivialen: „Es war der Sammler, der auf Grenzgebiete geriet – das Zerrbild, die pornographische Darstellung –, an denen eine Reihe Schablonen aus der überkommenen Kunstgeschichte früher oder später zuschanden werden."[2] Den Anfang seiner ungewöhnlichen Laufbahn machte das zweibändige Monumentalwerk *Die Karikatur der europäischen Völker* (1902),[3] dem, wie Benjamin ausführt, andere Themenschwerpunkte folgten: „Fuchs hat ausserdem der Frau, den Juden und dem Weltkrieg als Sujets der Karikatur Sonderwerke gewidmet."[4] Zu erwähnen sind auch die beim Publikum ungemein erfolgreiche dreibändige *Geschichte der Erotischen Kunst* (1908 begonnen) und ihr Vorläufer, die Studie *Das erotische Element in der Karikatur* (1904), sowie mehrere Studien, die er seinem großen Vorbild Honoré Daumier widmete, dem im 19. Jahrhundert führenden französischen Karikaturisten und scharfen Kritiker der französischen Bourgeoisie.

Benjamin schrieb seinen Essay in den 1930er-Jahren, als er und Fuchs bereits im Pariser Exil lebten. Der angesehene deutsch-jüdische Literat und Kulturkritiker bescheinigt Fuchs und seinem im Laufe von fast fünfzig Jahren entstandenen Gesamtwerk große Relevanz für das deutsche gesellschaftliche, politische und kulturelle Leben. Und wenngleich Benjamin in einigen Punkten die intellektuellen Defizite von Fuchs herausstreicht, darunter eine kulturhistorische Praxis, der es im dialektischen Denken mitunter an Differenziertheit mangelt (was in diesem Kapitel noch zu diskutieren sein wird), bewundert er seine Herangehensweise an die materialistische Kultur und seinen Beitrag zur marxistischen Kunsttheorie: „Fuchs ist als Sammler vor allem ein Pionier: der Begründer eines einzig dastehenden Archivs zur Geschichte der Karikatur, der erotischen Kunst und des Sittenbildes. Wichtiger ist aber ein anderer und zwar komplementärer Umstand: als Pionier wurde Fuchs zum Sammler. Nämlich als Pionier der materialistischen Kunstbetrachtung."[5] Für Benjamin war Fuchs „in der Deutung des Ikonographischen, in der Betrachtung der Massenkunst, in dem Studium der Reproduktionstechnik" bahnbrechend und stellte die „hergebrachte Kunstauffassung"[6] in Frage. Insofern ist die Vorreiterrolle, die Fuchs für die heutigen visuellen Kulturwissenschaften spielte, unbestritten.

Benjamin wirft in seinem Essay auch einen Blick zurück und beschreibt, wie der junge Sozialdemokrat zu seinem Interesse für die Karikatur fand und in den späten 1880er-Jahren beim *Süddeutschen Postillon* seinen Durchbruch feierte. Fuchs, der eigentlich als Buchhalter beschäftigt war, sollte eines Tages bei der Gestaltung einer Ausgabe des „politischen Witzblattes der Sozialisten" aushelfen und selbst ein paar Beiträge liefern. Sie wurde zu einem großen Erfolg, es folgten weitere eigene Artikel und schließlich die Beförderung zum Chefredakteur „einer Zeitschrift, die der politischen Satire gewidmet war".[7] Seine Leitartikel und der erfolgreiche Einsatz der politischen Karikatur brachten ihm zwei Mal, 1888 und 1889, eine Gefängnisstrafe von jeweils fünf Monaten wegen Majestätsbeleidigung ein. Als Redakteur eignete sich der Autodidakt Fuchs alles an Wissen an, was es über die Geschichte der Karikatur zu finden gab, und er begann, das Bildmaterial systematisch zu sammeln. Benjamin geht auch auf Fuchs' paradoxen Lebenslauf ein und beschreibt, wie der zeit seines Lebens überzeugte Sozialist und spätere Gründer der Berliner Kommunistischen Partei zu einem ungemein erfolgreichen Autor, sagenhaft reichen Kunstsammler und stolzen Besitzer einer Villa im exklusiven Berlin-Zehlendorf wurde, an deren Entwurf der Bauhaus-Architekt Mies van der Rohe beteiligt war: „[Sein] Stolz, dessen Expansivität ihn dahin führt, dass er, um nur vor aller Augen mit seinen Sammlungen zu erscheinen, diese in Reproduktionswerken auf den Markt bringt und – eine nicht minder balzacische Wendung – auf diese Weise ein reicher Mann wird."[8] Doch so innovativ Fuchs war, wenn es darum ging, die Sprengkraft der politischen Satire und das Potential der Karikatur für revolutionäre Zwecke zu erkennen, so wenig schlägt sich sein Pioniergeist in seinen Texten über die jüdische Karikatur und den jüdischen Witz nieder. Als überzeugter Marxist war er von stereotypen antisemitischen Klischees belastet und in einem Käfig aus historischen und theoretischen Prämissen verfangen, aus dem er sich nicht befreien konnte – auch nicht über ein befreiendes Lachen.

Heute kennt man Fuchs vor allem als Autor von *Die Juden in der Karikatur: Ein Beitrag zur Kulturgeschichte* (1921),[9] einer historischen Abhandlung über den satirischen visuellen Humor primär nichtjüdischer und somit vorwiegend antisemitischer Provenienz. Was in der kritischen Literatur indes kaum erwähnt wird, ist, dass er das letzte Kapitel seines Buches dem Phänomen der jüdischen Selbstironie und insbesondere der literarischen Satire und dem Wortwitz gewidmet hat. Gleich zu Beginn des Kapitels vom über sich selbst lachenden Juden zollt Fuchs der Selbstironie, diesem „Mitarbeiter" des jüdischen Witzes, große Anerkennung: „Die Satire auf die Juden hat einen Hauptmitarbeiter, der in einem Buche, wie dem vorliegenden, nicht ungenannt bleiben darf – die Juden selbst. Dieser Mitarbeiter zeichnet sich dadurch aus, daß aus seinem Geiste unbedingt ein überaus großer Teil dessen, und ein Teil des allerbesten, hervorging, wodurch das Judentum im Lauf der Zeiten und in den verschiedensten Ländern satirisch glossiert wurde. In einem kurzen Satz zusammengefaßt: die besten Witze auf die Juden stammen zumeist von Juden."[10]

Die Juden in der Karikatur wird in den deutschjüdischen Studien zwar wieder kritisch gelesen, allerdings finden die Überlegungen, die Fuchs zum jüdischen Witz und zur jüdischen Selbstironie anstellte, dabei kaum bis gar keine Beachtung.[11] Hier soll es daher vor allem um das Kapitel „Die jüdische Selbstironie" und Fuchs' Gedanken zum Wesen des jüdischen Selbstspotts gehen. Besonders interessiert mich seine Ansicht, jüdische Selbstironie erwachse aus einer Position der Stärke und Selbstsicherheit, wobei ich behaupte, dass ihn diese Position bis zu einem gewissen Grad daran hinderte, das negative Potential zu erkennen, das diesen Witzen in Verbindung – bzw. in „Mitarbeit" – mit antisemitischen Absichten eigen ist. Zudem entlarven die von ihm ausgewählten Witze und die Quellen, mit denen er seine Ansichten untermauert, den latenten Antisemitismus, der dieser Position zu Beginn der Weimarer Republik generell anhaftete.

Fuchs lehnte einen Antisemitismus deutschnationaler Prägung (z.B. des Historikers Heinrich von Treitschke) zwar ab, er selbst stand jedoch unter dem Einfluss der negativen und stereotypen Vorurteile über Juden, Geld und Kapitalismus, wie sie Karl Marx in „Zur Judenfrage" (1844) und Werner Sombart in „Die Juden und das Wirtschaftsleben" (1911) herleiteten.[12] Liliane Weissberg zufolge wird „die Begründung eines wissenschaftlichen Anspruchs seiner *Die Juden in der Karikatur*" durch seinen Sombart-Bezug überhaupt erst möglich.[13] Im Disput mit Max Weber, der Aufstieg und Erfolg des Kapitalismus auf das protestantische Arbeitsethos zurückführte, argumentierte Sombart unter Berufung auf den jüdischen Beitrag zum modernen Wirtschaftsleben, dass die Juden maßgeblich für den Kapitalismus verantwortlich gewesen seien. Ironischerweise stellt er diesen Zusammenhang über eine rhetorische Frage und einen frappierenden Bezug zum (jüdischen) Witz her: „Was bedeutet diese auffallende Parallelität in den Grundideen zwischen jüdischer Religion und Kapitalismus? Ist es ein Zufall, ein schlechter Witz des Schicksals?"[14] Weissberg geht noch weiter, wenn sie andeutet: „Aus Sombarts *Die Juden und das Wirtschaftsleben* wird bei Fuchs ein Buch über Geld und Judentum in der Karikatur."[15] Mir geht es darum zu untersuchen, inwieweit sich Fuchs' antisemitische klischeehafte Zuordnung in seiner Analyse eines Rothschild-Witzes und mehrerer anderer Karikaturen niederschlägt, die die Rothschild-Familie zum tendenziösen Gegenstand ihrer visuellen Satire machten. Ich möchte dem latent vorhandenen „Antisemitismus in der Linken" auf den Grund gehen, der sich in der ideologischen Position von Fuchs indirekt manifestiert, sobald man zwischen den Zeilen seiner Analyse jüdischer Witze und Karikaturen zu lesen anfängt und er im Kontext der jüdischen Frage die Widersprüche von Marx und Sombart reproduziert.[16] Darauf hat sich Micha Brumlik bezogen, als er von der „Tragödie des guten Willens" im Werk von Fuchs sprach.[17]

Der für seine deutsch-jüdischen Studien bekannte Germanist und Historiker Sander Gilman hat sich ebenfalls mit Eduard Fuchs beschäftigt und den passionierten Karikaturensammler mit dem Psychoanalytiker und Sammler jüdischer Witze Sigmund Freud verglichen: „Fuchs war wie Freud ein geradezu zwanghafter Sammler komischen Materials."[18] Und so wie Freud den jüdischen Witz ernst nahm, als er ein Buch darüber schrieb, war der Kulturhistoriker und Sammler Fuchs von der wissenschaftlichen Bedeutung und künstlerisch-ästhetischen Relevanz der Karikatur überzeugt. Zur besseren Gegenüberstellung mit Freud differenziert Gilman bezüglich Fuchs' bevorzugtem Medium und erklärt „Karikaturen und nicht so sehr Witze zu seiner primären Quelle". Fuchs hatte jedoch auch einiges zu jüdischen Witzen und jüdischer Selbstironie zu sagen und pflichtet im wenig beachteten letzten Kapitel seines Buches über die Juden in der Karikatur Freud und dessen Einschätzung bei, dass ihm kein anderes Volk bekannt sei, das sich in diesem Ausmaß über sich selbst lustig macht. Fuchs folgt Freud beinahe buchstabengetreu, wenn er die jüdische Selbstironie als „diese bedeutsame geistige Wesenheit der Juden" bezeichnet, „die sich in ähnlicher Weise sonst bei keinem anderen Volke findet".[19] In ihrer Wertschätzung des jüdischen Witzes als selbstkritisch und selbstironisch finden der marxistische Kulturhistoriker aus Berlin und der jüdische Psychoanalytiker aus Wien also durchaus einen gemeinsamen Nenner.

Die antisemitischen Wurzeln der Karikaturen und Witze über Juden

In *Die Juden in der Karikatur* geht Fuchs zunächst auf die Spannungen ein, die für das Entstehen von Karikaturen ausschlaggebend sind. In Anlehnung an eine Wetteranalogie bringt er diesen Punkt sozialdeterministisch zum Ausdruck: „Wie für das Entstehen eines Gewitters ganz bestimmte Spannungen und Widerstände in der Luft vorhanden sein müssen, so sind für das Entstehen jeder Karikatur ganz bestimmte gesellschaftliche Spannungen die Voraussetzung."[20] Die Karikatur bietet sich als Reflexionsfläche und Spiegel für gesellschaftliche Spannungen und Konflikte an, wobei Fuchs' Vorstellung von gesellschaftlicher Spannung stark vom marxistischen Begriff des historischen Materialismus der Zweiten Internationale beeinflusst ist, der die Spannungen und Widersprüche im Klassenkampf zwischen Arbeit und Kapital ansiedelt. Erweitert um die historischen Zusammenhänge, kann man sich, so Fuchs, anhand der Karikatur als sozialem Barometer ein Bild vom politischen Klima vergangener Zeiten machen: „Aus der größeren oder geringeren Gehässigkeit der in einer bestimmten Zeit erschienenen antijüdischen Karikaturen kann man außerdem den Grad ablesen, in dem die Existenz der breiten Masse von der betreffenden Umwälzung gefährdet war und ist. Man kann weiter aus diesen Karikaturen ablesen, welche Kreise der Bevölkerung besonders betroffen wurden."[21]

Fuchs war überzeugt, die jüdische Frage ließe sich durch das Studium von Karikaturen und Witzen über Juden besser verstehen. Demnach spiegelte sich das damals heftig diskutierte Thema, wie mit den in Europa verstreuten Juden umzugehen sei, in den bildhaften Mitteln der Karikatur als visuelle bzw. in den literarischen des Witzes als verbale Ausdrucksform. Wenn man wie Fuchs die theoretischen Annahmen der traditionellen marxistischen Analyse anwendet, treten künstlerische und kulturelle Produkte (wie Karikaturen und Witze) als Teil eines ideologischen Überbaus auf, der die grundlegenden sozialen und ökonomischen Spannungen reflektiert. Fuchs verdeutlicht das Verhältnis von Basis und Überbau so: „Diese Aufdeckung der gesellschaftlichen Spannungen und Widersprüche, die seit Jahrhunderten in fast allen europäischen Ländern antijüdische Karikaturen gezeugt haben und täglich von neuem zeugen, muß darum die Basis aller meiner Darlegungen sein."[22] Diese Logik würde folglich auch für jüdische Witze gelten, die als Antwort auf bzw. als Ventil für soziale Spannungen und Widersprüche erzählt werden. Das sind die Rahmenbedingungen, innerhalb derer Fuchs die Schlüsselrolle der Juden in der Entstehungs- und Entwicklungsgeschichte des Kapitalismus und die ökonomischen Vorbehalte und Ressentiments der Massen untersuchte, die sich auf der kulturellen Ebene über judenfeindliche Karikaturen und Witze Luft verschafften.

Unter diesen ideologischen Voraussetzungen (nach Marx und Sombart) übersieht Fuchs jedoch das eigentliche Wesen von Witzen und Karikaturen und die ihnen innewohnende Struktur, die auf Spannungen, Widersprüche und Paradoxien geradezu angewiesen ist, damit sich die komische Wirkung entfalten kann. Dieser alternative, eher dem dekonstruktiven Potential jüdischer Witze zugewandte Zugang behauptet, dass das Studienobjekt an sich – die Exzesse und Instabilitäten der Karikatur (die einen Raum besetzen, der die Wahrheit destabilisiert) und das veränderliche Wesen der Witze – in hohem Maße für die schwankenden Grenzen und inneren Widersprüche verantwortlich ist, auf die man bei Fuchs und seinem Versuch stößt, die „Juden in der Karikatur" zu verstehen. Die in Witzen und Karikaturen ausgespielten Spannungen und Schwankungen sind so gesehen nichts anderes als die übertriebene Rache des Witzes an diesem Denker, der die Karikatur und ihre Geschichte zusammenfassen und für den Massenkonsum aufbereiten wollte. Karikaturen und Witze funktionieren (und spielen) an der Basis und über die Entspannung, also an der Basis und über die Enttarnung des Widerspruchs. Deshalb lachen wir. Dieser Ausbruch an rückwirkendem Gelächter verhöhnt den Historiker der Karikatur und ihrer Systematik bzw. attestiert seiner unerschütterlichen Mühe ein Zuviel des Guten (denn so und nur so funktioniert Karikatur). Er stellt Fuchs' Versuch in Frage, ein Medium, das übertreibt, verzerrt und offen unehrlich ist, einem Wahrheitsdiskurs zu unterwerfen und die Differenz (der Karikatur zur Wahrheit) anhand eines Konzepts aufzuheben, demzufolge „die Wahrheit im Extrem liegt". Karikaturen und Witze, ob sie sich nun unbeschwert oder diffamierend äußern, sagen aber womöglich gar nicht die Wahrheit. Und wenn das der Fall ist, dann liegt die Wahrheit woanders.

Unbestritten ist, dass Fuchs im Antisemitismus die eigentliche Ursache für die bei weitem meisten Judenkarikaturen und Judenwitze ausmacht und verurteilt. Wie Fuchs im Kapitel mit dem am Rande eines jüdischen Verfolgungswahns formulierten Titel – „Warum werden die Juden von aller Welt gehaßt?" – schreibt: „Die grauenhaftesten Formen des Judenhasses gehören leider nicht nur der Vergangenheit an, sondern im Gegenteil der Gegenwart. [...] Diesen durch die Jahrhunderte währenden Judenhaß, der selbstverständlich der üppige Nährboden für die Mehrzahl aller jemals erschienenen Judenkarikaturen ist, in seinen Wurzeln und in seinen Zusammenhängen zu erklären, ist die Aufgabe, die mir für dieses Kapitel gestellt ist."[23] Wieder zeigt sich, dass für Fuchs die gesellschaftlichen Spannungen, die im Antisemitismus instinktiv, also aus dem Bauch heraus, geäußert werden, der ursprüngliche Auslöser für die satirischen Erzeugnisse sind – sei es in Form von Judenkarikaturen oder Judenwitzen. Im folgenden Ausschnitt stellt Fuchs zwischen Antisemitismus und judenfeindlichen verbalen Witzen einen ähnlichen Zusammenhang her und diskutiert das Witzformat als ein spezifisch modernes Phänomen, das die Maxime und das Epigramm der Renaissance ersetzt hat:

> Um ein einziges Beispiel zu nennen, sei nur an die geradezu unzählbaren Judenwitze erinnert, die jahraus, jahrein in den verschiedenen Ländern auf die Juden gemacht und veröffentlicht wurden und ununterbrochen immer noch tagaus tagein gemacht werden. [...] Gewiß ist der Judenwitz das satirische Gebiet, auf dem sich sowohl der private als auch der politisch organisierte Antisemitismus seit langem am unbändigsten manifestiert, und zwar deshalb, weil diese satirische Ausdrucksform ebensosehr der modernen Psyche entspricht, wie z.B. das Sprichwort der [sic] des 15. bis 17. Jahrhunderts.[24]

Er geht dann auch auf die im frühen 19. Jahrhundert erschienenen Satiren ein, „in denen die starke antisemitische Strömung der dreißiger Jahre [des 19. Jahrhunderts] ihren literarischen Spiegel fand".[25]

Die Zielscheibe und den Auslöser für diese Form von Antisemitismus erkennt Fuchs in der Figur des „Juden als Kapitalist". Wie auch an anderer Stelle im Buch bestreitet Fuchs, dass der Ursprung des Judenhasses im Rassenunterschied liegt: „In diesem Zusammenhang muß mit aller Deutlichkeit darauf hingewiesen werden, daß es absolut nicht der Rassenunterschied zwischen Orientale und Europäer ist, der den Haß gegen die Juden in seinem Kern begründet, sondern daß es einzig der Jude als Kapitalist ist, der den Haß auslöst. Jede geschichtliche Nachprüfung dieser Materie (des Rassenhasses) erweist, daß die andere Rasse immer nur dann und erst dann gehaßt wird, wenn sie als gefährlicher wirtschaftlicher Konkurrent auftritt."[26] Damit übernimmt Fuchs Werner Sombarts Ansichten zur zentralen Bedeutung der Finanzinstrumente und des Geldverleihs, die den Kapitalismus und die entscheidende Rolle der Juden darin überhaupt erst möglich gemacht haben (vgl. dazu „Der Rothschild-Witz" in diesem Kapitel).

Und doch hinterlässt eine der Definitionen, die Fuchs auf die Karikatur anwendet, erheblichen Zweifel, ob er wirklich davon überzeugt ist, dass judenfeindliche

Karikaturen und Witze lediglich das Produkt der Lügen der Antisemiten sind, die ihrem Judenhass mit visuellen Mitteln Luft machen. Er drängt sich angesichts der von Fuchs vertretenen Maxime auf, dass die Karikatur die Kunst ist, die aufzeigt, dass „die Wahrheit im Extrem liegt".[27] Nach dieser paradoxen Logik wird die Übertreibung der Karikatur zum Mittel, um zur Wahrheit zu gelangen. Anstatt sich auf die Entfernung von der Wahrheit zu konzentrieren, die diesem verzerrenden Medium eigen ist, ordnet Fuchs die Karikatur einem Wahrheitsdiskurs zu. Dabei scheint er die Lügen und Verwerfungen bzw. das aus den Augen zu verlieren, was seinen theoretischen Ansatz in dieser Frage entkräften würde. Fuchs: „Ist so die Karikatur durch diese verschiedenen Umstände eine zwar einseitige, aber gerade kraft ihrer Einseitigkeit wertvolle Wahrheitsquelle für die Vergangenheit – weil in der Übertreibung des Wesentlichen einer Erscheinung das Element der Karikatur besteht, tritt in der Karikatur dieses Wesentliche am sinnfälligsten in Erscheinung."[28]

Die Karikatur als „Wahrheitsquelle", die Vorstellung, dass sie ein „Körnchen Wahrheit" enthält, und selbst die unglaublich naive Sichtweise in *Die Karikatur der europäischen Völker*, dass die Karikatur immer auf Seiten des Fortschritts, „auf der Seite des Schönen und des Guten"[29] steht, wird spätestens dann problematisch, wenn wir von der antisemitischen Darstellung der Juden in der visuellen und verbalen Satire sprechen. Aus neutraler Sicht ließe sich sein Begriff von der Karikatur als „Wahrheitsquelle" so interpretieren, dass die von ihr aufgedeckte Wahrheit der Tatbestand des Antisemitismus ist. Ebenso gut kann es aber auch bedeuten, dass die von der Karikatur enttarnte Wahrheit die „Wahrheit" ist, die sich im Kern der antisemitischen Darstellung der Juden verbirgt. Micha Brumlik zufolge trifft auf Fuchs Letzteres zu: „Fuchs' weitere Analyse zeigt, wie sehr er aus heutiger Perspektive in den antisemitischen Annahmen seiner Zeit verfangen ist; in Annahmen, die er nicht grundsätzlich kritisiert, sondern in der Substanz akzeptiert und nur aus moralischen Gründen neu interpretiert."[30] Aber wie erklärt man sich den Ursprung und die Funktion des selbstironischen Impulses, der ja auch ein wesentliches Merkmal jüdischer Witze und Karikaturen ist? Ist er trotz seines jüdischen Ursprungs gewissermaßen auch eine Antwort auf dieselben antisemitischen Strömungen?

Jüdische Selbstironie verstehen

Interessanterweise beginnt Fuchs seine Analyse, indem er das vorausgesetzte Verständnis jüdischer Selbstironie durch die Brille des zeitgenössischen Antisemitismus untersucht und ihm widerspricht. So entsteht natürlich eine binäre Gegenüberstellung, die „uns" von „ihnen" trennt und unterstreichen soll, dass Fuchs sich selbst durch keinerlei antisemitische Rhetorik belastet sieht. Aus seiner Sicht konzentriert sich das von rechten Deutschnationalen und Rassisten verbreitete antisemitische Argument auf die holzschnittartige Stereotypisierung einer Reihe von negativen, dem jüdischen Charakter auf oberflächliche Weise zugeschriebenen Merkmalen. Zum Beispiel ist den ikonoklastischen und „charakterlosen" Juden nichts heilig – nicht einmal sie selbst –, und erst aus dieser Haltung heraus wird der gegen sich selbst gerichtete Witz möglich. Die antisemitische Position, so Fuchs, deutet und diffamiert den jüdischen Selbstspötter, indem sie ihn auf verächtliche Weise mit einer schamlosen Prostituierten vergleicht, woraus folgt, dass beiden Zynismus vorgeworfen wird. Fuchs distanziert sich unter Hinweis auf den klassischen jüdischen Witzbold von dieser vereinfachenden Interpretation und der aus seiner Sicht vulgären Beschimpfung und reaktionären Hetze:

> Der Antisemitismus hat für diese altbekannte Erscheinung eine sehr einfache Erklärung. Er leitet sie aus der angeblich inneren Haltlosigkeit der Juden her, ihrer Oberflächlichkeit im Fühlen, und vor allem aus ihrer besonderen Charakterlosigkeit, der rein gar nichts heilig sei, – aus diesen Gründen schreckten sie nicht davor zurück, sich auf das zynischste vor aller Welt über sich selbst lustig zu machen, ähnlich wie eine Straßendirne,

die sich ebenfalls vor aller Welt entblöße. So einfach liegen die Dinge nun freilich nicht. Die Selbstironie der Juden, die sich in Tausenden von erstaunlichen Beweisen spiegelt, und die in Heinrich Heine ihren klassischsten Vertreter gefunden hat, hat wesentlich tiefere Ursachen.[31]

Durch die Ablehnung des reaktionären Antisemitismus positioniert sich Fuchs gegen den deutschnationalen Historiker und Politiker Heinrich von Treitschke und dessen abfällige Behauptungen über „die sonderbare jüdische Unart der Selbstverhöhnung".[32] Treitschke, der 1879 mit dem berüchtigten Spruch „Die Juden sind unser Unglück!" den Berliner Antisemitismusstreit vom Zaun brach, wetterte offensiv gegen die Zersetzung der deutschen Kultur durch jüdische und radikale Einflüsse. Aus Treitschkes rassistischer Perspektive waren die Juden „nichts als Deutsch redende Orientalen", deren Gebrauch der westlichen Sprache „nur die orientalische Verschlagenheit maskiert".[33] Im folgenden Ausschnitt aus seinem Werk *Deutsche Geschichte im neunzehnten Jahrhundert* (1885) wendet Treitschke das jüdisch-orientalistische Argument auf seine Interpretation „behender jüdischer Witze" an und stellt eine tragisch-komische Situation fest, die „die Lächerlichkeit des Kontrastes morgenländischer Natur und abendländischer Form" aufzeigt. Treitschke streicht ferner die mangelnde politische Souveränität der Juden heraus und spielt auf die Figur des „Ewigen Juden" an, um den Graben zwischen dessen „parasitärer" Sprache und Sitten und jenen seines Wirtslandes Deutschland zu betonen:

> Dies Volk ohne Staat, das weithin durch die Welt zerstreut, Sprache und Sitten anderer Völker annahm, ohne doch sich selber aufzugeben, lebte in einem ewigen Widerspruche, der, je nachdem man sich stellte, bald tragisch, bald komisch erschien. Dem behenden jüdischen Witze konnte die Lächerlichkeit des Kontrastes morgenländischer Natur und abendländischer Form nicht entgehen. Seit langem waren die europäischen Juden gewohnt, sich selber mit der äußersten Rücksichtslosigkeit zu verspotten;[34]

Man ist versucht, die „Lächerlichkeit des Kontrasts" und den „ewigen Widerspruch" im Kern des jüdischen (und noch mehr des selbstironischen) Witzes mit einem Lachen abzutun. Der deutschnationale Historiker weigert sich jedoch, den komischen Kunstgriffen des jüdischen Witzbolds anheimzufallen. Stattdessen erkennt er auch in dieser Situation etwas Tragisches, das dringend reparaturbedürftig ist. Treitschke fordert daher die sofortige und vollkommene Assimilation der Juden in den deutschsprachigen Ländern, denn nur so lässt sich die Lücke schließen und der Widerspruch beseitigen, dem diese verderbliche Form jüdischen Witzes entspringt.

Für Fuchs bleibt Treitschkes Analyse jedoch „durchaus an der Oberfläche" und sagt nichts über die eigentliche Ursache „jüdischer Selbstironie" aus. Die Abneigung, die der Linke dem rechten Historiker und Politiker und seinem Einfluss entgegenbringt, ist spürbar. Anstatt eine niveauvollere Analyse zu liefern, die den Quellen jüdischer Selbstironie nachspürt und sich die Frage stellt, wie sie durch die gesellschaftlichen Verhältnisse gefördert wird, konstatiert Treitschkes essentialistische Analyse lediglich die „vorhandene Tatsache", dass es jüdische Selbstironie gibt und dass sie Teil des jüdischen Wesens ist. Man mag Fuchs in manchen Aspekten antisemitische und sogar rassistische Ansichten vorwerfen, auf seine historisch-materialistische Position, dass jüdische Selbstironie (wie sie sich in Karikaturen und Witzen äußert) soziale Spannungen reflektiert, trifft das aber ganz gewiss nicht zu. Fuchs: „Dieses so häufig nachgeplapperte Zitat bleibt, wie es bei Treitschke, dem die tieferen Zusammenhänge der Dinge niemals aufgingen, auch nicht zu verwundern ist, durchaus an der Oberfläche. Es ist vielmehr eine Konstatierung der vorhandenen Tatsache als eine Erschließung der Urquellen, aus denen die jüdische Selbstironie zwangsläufig fließt."[35] Bemerkenswert ist, dass Fuchs in seinem Treitschke-Zitat auf die anschließenden Schmähsätze und ihre nicht minder verächtliche Verurteilung der jüdischen Selbstverhöhnung verzichtet. Der letzte Satz des oben angeführten Zitats endet mit einem Semikolon; Treitschke hält also kurz inne, um seine antisemitische Tirade dann mit Nachdruck fortzusetzen: „Seit langem waren die europäischen Juden gewohnt, sich selber mit der äußersten Rücksichtslosigkeit zu verspotten; das Grausamste, was jemals über die Juden gesagt wurde, stammt aus jüdischem Munde. Der Rassenstolz des auserwählten Volkes gegenüber den Gojim war freilich so tief eingewurzelt, daß er selbst durch die frechste Selbstverspottung nicht erschüttert werden konnte."[36] Kann es sein, dass Fuchs den Antisemiten Treitschke nicht in voller Länge zitierte, weil er sich in seinen Überlegungen von dessen offen rassistischer Deutung jüdischer Selbstironie als Ausdruck von Selbstbewusstsein nicht kontaminieren lassen wollte? Denn Treitschkes Argument beharrt auf dem „Rassenstolz des auserwählten Volkes", wohingegen die historisch-materialistische Sichtweise jüdische Selbstironie als „Ausfluß von begründetem Selbstgefühl und geistiger Überlegenheit" und als direkte Antwort auf „viele Jahrhunderte ihres ständigen Erniedrigtseins" versteht.[37]

Fuchs wendet sich daraufhin einem anderen Versuch zu, den jüdischen Witz zu analysieren, der ihm tiefer zu gehen scheint, in gewisser Weise aber immer noch zu wünschen übrig lässt. Diesmal ist seine Quelle der deutsch-jüdische Sprachphilosoph Eduard Engel und insbesondere das Kapitel 17 seines beliebten Buches *Deutsche Stilkunst,* das sich mit Humor, Witz und Ironie beschäftigt.[38] Fuchs greift Engels Sichtweise vom Witz als Waffe der Schwachen und Unterdrückten auf und sein „Überwuchern" unter den weit verzweigten Juden in der Diaspora. Wie Treitschke versteht auch Engel den jüdischen Witz als Folge des Verlustes der nationalen Souveränität und Staatsmacht. „Fritz Engel dringt in seinem Buch über die deutsche Stilkunst schon wesentlich tiefer ein, indem er sagt: ‚Der Witz ist eine gute Waffe, aber doch mehr eine des Schwachen als des Starken, mehr des Gedrückten als des Herrschenden. Daher jenes Überwuchern des Witzes bei den Juden [...] die Juden schliffen sich die feine Waffe des Witzes erst, nachdem ihnen die gröbere der staatlichen Macht entwunden war'"[39] Man bemerke die Auslassung in diesem Ausschnitt. Ein Blick in den Originaltext von Engel zeigt, dass Fuchs die pointierte Kritik des Sprachphilosophen an dem Berliner Satiriker Alexander Moszkowski und dessen übertriebener Behauptung übergeht, der jüdische Witz nehme einen Platz auf der Weltbühne ein. Im Original stuft Engel Moszkowskis Zuordnung, die dem jüdischen Witz welthistorische Bedeutung verleiht, folgendermaßen herab: „[jenes Überwuchern des Witzes bei den Juden], das einen unserer besten Kenner und Meister des Witzes, Alexander Moszkowski, zu dem gewagten Ausspruch verleitete: ‚Der jüdische Witz ist das Fundament und die Krone allen Witzes.' Die Krone vielleicht, das Fundament schwerlich: die Juden schliffen sich die feine Waffe des Witzes erst, nachdem ihnen die gröbere der staatlichen Macht entwunden war. Die Griechen von Homer bis auf Aristophanes waren witziger als die Juden der Bibel."[40] Gemessen am Humor der alten griechischen Epen und Dramen findet Engel in den jüdischen Bibelgeschichten nichts Gleichwertiges. Das Jahr, in dem Fuchs' Buch erschien, war auch das Jahr, in dem Moszkowski seinen Vortrag über den jüdischen Witz und seine Philosophie hielt und den jüdischen Humor in assimilierter und universalistischer Form an die humanistische Tradition der westlichen Philosophie anbinden wollte.[41]

Allerdings lässt Fuchs die nicht unwesentliche Tatsache unerwähnt, dass Engel, unter anderem Autor von *Sprich Deutsch!*, einer der stärksten Verfechter der „Reinigung" der deutschen Sprache von Fremdwörtern war.[42] Mit seiner Polemik gegen Fremdwörter und ihre Invasion in die deutsche Sprache schoss sich Engel ebenso auf das Jiddische (als jüdisch-deutschen Dialekt) ein wie auf das „Mauscheln" (als jüdische Akzentuierung des Deutschen) und bezeichnete sie als für die deutsche Sprache und ihre Reinheit verderblich.[43] Damit wollte Engel offenbar wichtige Aspekte jüdischer Witze (auf Gedeih und Verderb) auslöschen, da diese Witze, wenn sie in deutscher Sprache erzählt wurden, ihre komische Wirkung auch über eine Fülle an jiddischen Ausdrücken *(Judendeutsch)* und das „Mauscheln" entfalteten. Insofern teilte der „Sprachreiniger" viele der von den Antisemiten verbreiteten Vorurteile über die Minderwertigkeit des Juden aufgrund einer „degenerierten" Sprache.[44] Im Lichte dessen mag es ironisch anmuten, dass Fuchs Engel als Autorität in Sachen jüdischer Witz auftreten lässt. In gewisser Weise wiederholt er aber auch Engels linguistische Befürchtungen, wenn er schreibt, dass „die satirische Anwendung des jüdischen Jargons, in dem man ein verdorbenes Deutsch vor sich hat, ein Haupthilfsmittel zum Zwecke einer möglichst erfolgreichen satirischen Verhöhnung der Juden" ist."[45] Diese Tendenz, so fährt er fort, nahm ihren Anfang mit den satirischen Bänden des Itzig Veitel Stern, einer von Heinrich Holzschuher, einem christlichen Antisemiten, verfassten Reihe in den 1830er-Jahren, die sich durch die Wahl des Pseudonyms als jüdische Selbstironie ausgab.[46] Fuchs weiter: „Dieses Mittels bediente sich die literarische Satire hinfort mit ganz besonderer Vorliebe. Die zahlreichen Pamphlete des antisemitischen Verlages von Goedsche in Meißen, in denen die starke antisemitische Strömung der dreißiger Jahre ihren literarischen Spiegel fand, sind durchwegs im jüdischen Jargon abgefaßt."[47] Aber auch wenn Fuchs darauf hinweist, dass die antisemitischen Bände von „jüdischem Jargon" durchdrungen sind, lässt er offen, wer in diesem Konflikt der wahre Schuldige ist: der im Jargon sprechende Jude, der kein verdorbenes Deutsch mehr sprechen soll, oder der „renitente" Antisemit, der damit aufhören soll, die Juden zum Sündenbock für die Spannungen und Widersprüche des Kapitalismus zu machen?

Jüdische Selbstironie als Verteidigung

Fuchs übernimmt zwar Engels Analyse vom jüdischen Witz als die bevorzugte Waffe der Schwachen und Unterdrückten, ganz zufrieden ist er damit aber nicht; denn dort, wo Engel in der Selbstironie ein Mittel sieht, mit dem man – der staatlichen Macht beraubt – seine Feinde bekämpft, geht Fuchs einen Schritt weiter und erachtet sie als noch weit subtiler und gewitzter. Paradoxerweise ist jüdische Selbstironie demnach als Ablenkungsmanöver anzusehen, das dazu dient, Feindseligkeiten zu entschärfen bzw. Konflikte abzuwenden. Insofern skizziert das folgende Szenario eine radikale Umkehr, wenn die Juden der antisemitischen Aggression mit Witz begegnen und sie übertrumpfen. Diese Strategie leugnet den antisemitischen Diskurs nicht, sie will ihm aber auch nichts entgegensetzen, sondern ihn durch Übertreibung und Gelächter entschärfen („Ja, ja, du hast schon recht."). Im Sinne von Freud hieße das: Der Jude bringt die Lacher auf seine Seite, indem er sich mit noch mehr komischen Schmähungen überhäuft. Auf diese ambivalente Weise inszeniert der verächtliche jüdische Witzbold einen Akt der Resignation, der zugleich als Akt der Selbstbefreiung fungiert. Fuchs beschreibt diese komplexe Strategie des Selbstspotts folgendermaßen:

> Aber auch damit ist das Entscheidende noch nicht gänzlich gesagt, weil die jüdische Selbstironie, die sich in der Form des Witzes betätigt, fast gar nicht dem Kampfe gegen die Judengegner dient, sondern viel häufiger den Verzicht auf den Kampf darstellt. Nach meiner Meinung offenbart sich in der jüdischen Selbstironie die Resignation dessen, der nicht kämpfen will. Die jüdische Selbstironie ist als jene Form der Selbstbefreiung anzusehen, durch die sich der Jude von dem lastenden Druck des gesellschaftlichen Erniedrigtseins immer von neuem erlöst. Der Jude geht auf diese Weise dem Kampfe aus dem Wege, er entwaffnet den Gegner, indem er diesen in geistreicher Weise übertrumpft, und viel schlagender, als dieser es vermag, beweist: „Ja, ja, du hast schon recht."[48]

Fuchs' nuancierte Interpretation jüdischer Selbstironie weist bei genauerem Hinsehen ein soziologisches (und sozio-psychologisches) Verständnis ihrer Ursachen und ihrer Funktion in der modernen deutschen Kultur auf. Als Marxist argumentiert er, dass die berühmte, dem jüdischen Humor zugrunde liegende Selbstironie kein rassisches Merkmal ist, sondern soziale und historische Ursachen hat, die auf die Außenseiterrolle der Juden in der Gesellschaft zurückzuführen sind. Fuchs erkennt in der jüdischen Selbstironie den Abwehrmechanismus einer unterdrückten und verfolgten Minderheit. Deshalb betont er, dass sich die Juden immer wieder vom „lastenden Druck des gesellschaftlichen Erniedrigtseins" befreien müssen.[49] Außerdem bietet sich Selbstironie als eine Form von Selbstschutz all jenen an, die sich nicht mit dem Knüppel zur Wehr setzen können. Wirft der Antisemit dem Juden vor, ein Geld verleihender Profiteur und gieriger Kapitalist zu sein, dann treibt die jüdische Selbstironie das negative Stereotyp auf die Spitze und macht sich über sich selbst (und das Stereotyp) lustig; die Strategie dahinter lautet, die Wut des Antisemiten und seinen Hass in ein Lachen umzukehren. Und wieder kommt der Dreh ins Spiel, der allen Formen komischer Inversion eigen ist.[50]

Fuchs lässt aber auch einen Intellektualismus und eine Beweglichkeit des Verstands anklingen, die an die essentialistische Analyse und die Kategorien des jüdischen Antisemiten Arthur Trebitsch erinnern. Denn indem er sich auf das glatte Terrain von Begriffen wie „Natur" und „Prädestinierung" begibt, nähert er sich in der folgenden (aber auch in anderen Passagen) einer Analyse jüdischer charakteristischer Merkmale als etwas erblich Erworbenem oder als in einer Rassentypologie Verwurzeltem.[51] Hier orientiert sich Fuchs stark an Sombarts *Die Juden und das Wirtschaftsleben,* das im Kapitel „Jüdische Eigenart" das Stereotyp vom jüdischen Intellektualismus und insbesondere von der Beweglichkeit des jüdischen Geistes ebenfalls betont.[52] Dazu Fuchs:

> Es gibt bekanntlich keine feinere und keine bessere Form des Eigenschutzes, sofern man über keine Keule verfügt, mit der man dem Gegner zur gegebenen Zeit den Schädel einschlagen kann, und insofern diese letztere Methode dem Wesen des betreffenden Unterdrückten widerspricht. Und beides ist bei den Juden der Fall. Sie haben seit Jahrtausenden nirgends eine staatliche Gewalt in den Händen, und ihrem ihnen ebenfalls bereits vor Jahrtausenden angezüchteten Intellektualis-

mus entspricht auch nicht die massive Beweisführung mit dem Dreschflegel. Dazu gesellte sich die Beweglichkeit ihres Geistes, die sie zu virtuosen Wort- und Gedankenspielern förmlich prädestinierte.[53]

In weiterer Folge bringt Fuchs für seine Begründung der jüdischen Selbstironie als eine Form von „Eigenschutz" die Mimikry als spezifisch jüdischen Anpassungsmodus ins Spiel: „Unter diesen Voraussetzungen mußte sich bei den Juden in den vielen Jahrhunderten ihres ständigen Erniedrigtseins die Fähigkeit und Lust zur Selbstironisierung – wie das Mimikri eines von besonders viel Feinden umgebenen schwachen Tiers – förmlich zu einer spezifisch jüdischen Geisteseigenschaft entwickeln."[54] Fuchs beruft sich hier auf die Evolutionsbiologie und wird zum Populärbiologen, der jüdische Selbstironie als Selbstverteidigungsmechanismus bzw. als abwehrende Mimikry beschreibt, wie sie Organismen eigen ist, die gefährliche Begegnungen abwenden, indem sie ihre Feinde durch Tricks oder Täuschung dazu bringen, sie als etwas anderes zu betrachten, als sie sind. Wendet man diese komplexe evolutionsbiologische Strategie auf den jüdischen Humor an, dann folgt daraus, dass die Juden Situationen, die ihnen unangenehm sind oder möglicherweise gefährlich werden, aus dem Weg gehen können, indem sie ihre Feinde unter Einsatz von Selbstironie und Imitation der antisemitischen Rhetorik davon überzeugen, sie als harmlos, lächerlich und lachhaft zu betrachten. Nun ist es aber so, dass sich die antisemitische Rhetorik vom Juden als Schwindler und Betrüger ebenfalls auf diese Strategie beruft. In diesem Zusammenhang erinnert uns Jay Geller daran, dass die Antisemiten Mimikry und Anpassung als Metapher einsetzten, um assimilierte Juden zu verunglimpfen, und diese Redefigur zu Beginn der Weimarer Republik allgegenwärtig war: „In den 1920er-Jahren wurde der Begriff Mimikry zum Kennzeichen der jüdischen Gefahr für die deutsche Identität."[55] Mimikry soll auch die jüdische Vorliebe für das Schauspielen (und Überspielen) erklären helfen, von dem Fuchs an anderer Stelle spricht. Indem er die Figur des Juden als Mimiker und Schauspieler ins Spiel bringt, schließt sich Fuchs dem populären Weimarer Diskurs über das Vorspielen von Identität an.[56] Fuchs diskutiert jüdische „Selbstironie" als eine Art von jüdischem Übergangsritus im „Theater des gesellschaftlichen Benehmens" (in den Worten von Steven Aschheim), bei dem die Mimikry allerdings nicht so sehr „das sich selbst schützende Bedürfnis nach Anpassung" in den Mittelpunkt stellt, sondern die Darstellung der Differenz als etwas Unterhaltsames und Harmloses.[57] Fuchs' Aneignung von Mimikry und Anpassung im Kontext jüdischer Selbstironie ist jedoch nicht ganz so unschuldig: Sie erinnert an die Formulierungen Werner Sombarts im Kapitel „Jüdische Eigenart", die bezüglich jüdischer Maskerade und Täuschung vor stereotypen antisemitischen Andeutungen nur so strotzen – den Klischees also, die von den „sich tot stellenden" Juden im Altertum bis zum menschlichen Chamäleon einer Figur wie Woody Allens *Zelig* in der Gegenwart reichen. Sombart: „Es ist ja erstaunlich, wie beweglich der Jude sein kann, wenn er einen bestimmten Zweck im Auge hat. Es gelingt ihm selbst, seiner ausgesprochenen Körperlichkeit in weitem Umfange das Aussehen zu geben, das er ihr geben mochte. Wie er sich früher durch ‚Sichtotstellen' zu schützen wußte, so jetzt durch ‚Farbenanpassung' oder andere Arten von Mimicry."[58]

Nach dieser ambivalenten Analyse der Mimikry vollzieht Fuchs eine weitere Volte und kehrt – der Struktur eines jüdischen Witzes folgend – jüdische Selbstironie vom „Beweis von Schwäche" in ein Zeichen von Stärke um. So weit wie Treitschke, der sich auf das mitschwingende Klischee vom „auserwählten Volk" beruft, geht er nicht, er spricht aber sehr wohl von einem „begründeten" Selbstwertgefühl: „Aber noch ein weiterer Gesichtspunkt muß hier erwähnt werden. Wenn sich in der Selbstironie sehr häufig auch die Resignation gegenüber dem aktiven Kampf ausdrückt, so ist sie darum doch nicht ohne weiteres ein Beweis der Schwäche, sondern sehr oft einer des Gegenteils. Die Fähigkeit und die Lust, über sich selbst Witze zu machen, mit eigenem Munde seine Schwächen vor der

Welt zu enthüllen, ist ebensosehr Ausfluß von begründetem Selbstgefühl." [59]

Für Fuchs stellt sich diese Charakteristik nie als potentielles Problem dar. Wie beim jüdischen Witz mit seiner Subversion der Hierarchien wird die scherzhafte Offenbarung der eigenen Schwäche zur Demonstration von Selbstwert und für Fuchs zum Zeichen jüdischer Stärke. Dass sich ein gegen sich selbst gerichteter Humor potentiell für weitere Angriffe antisemitischer Kritik öffnet, ist ebenso wenig von Belang wie die Tatsache, dass er sich antisemitische Klischees zu eigen macht. Und auch wenn die Mimikry antisemitische Hetze aufgreift, dann eher im Sinne eines Eigenschutzes als einer potentiellen Selbstschädigung. Der in allen diesen Punkten von Fuchs herbeigeführte naiv-positive Spin geht so weit, dass „alle geistig regsamen" Juden Gefallen an den über sie gemachten antisemitischen Witzen finden, solange diese „gut" sind (was auch immer das heißen soll). [60] Im Folgenden spricht Fuchs das Gespenst des Antisemitismus zwar an, schließt dann aber mit einem Lob für die transformative Macht der jüdischen Selbstironie, die Schwäche in eine Demonstration von Selbstbewusstsein umwandelt: „Auch der allgemeine Beifall, den selbst direkt antisemitische Witze, sofern sie gut sind, bei allen geistig regsamen Juden finden, und der damit nicht erklärt ist, daß man sagt: ‚die Juden sind naturgemäß die besten Sachkenner, sie kennen besser als alle anderen ihre Fehler,' ist ebenfalls kein Zeichen von Schwäche, sondern auch viel eher das eines nicht ins Wanken zu bringenden Selbstbewußtseins". [61]

Doch selbst wenn Fuchs mit seiner Einschätzung des „nicht ins Wanken zu bringenden Selbstbewußtseins" hier richtig lag (denn Beweise für das Gegenteil gibt es genug, angefangen beim berühmt-berüchtigten Fall der Gebrüder Herrnfeld 1908), [62] sollte sich die Situation nur wenige Jahre später drastisch ändern: 1925 riefen Alfred Wiener, Ludwig Holländer und der Centralverein ihre Kampagne ins Leben und erhoben ernste Einwände gegen die Fülle an antisemitischen Witzen (egal welchen Ursprungs) in den Berliner Kabaretts und

Witzbüchern (siehe dazu Kapitel 3). Diese „geistig regsamen" Juden teilten Fuchs' positive Meinung vom „allgemeinen Beifall", den „direkt antisemitische Witze" ernteten, keineswegs.

Der Rothschild-Witz: Vom jüdischen Wortspiel zur Kapitalismuskritik

Im Kontext einer Passage, die das Wortspiel als zentrales Merkmal des jüdischen Witzes nennt und daraus ableitet, dass die Juden „virtuose Wort- und Gedankenspieler" sind, übernimmt Fuchs ein Zitat – merkwürdigerweise ohne seinen Autor zu nennen – und schreibt: „Daher kommt es auch, daß der jüdische Witz vornehmlich in Wortspielen sich bewegt; ‚er spielt buchstäblich mit den Worten, wie ein geschickter Akrobat mit Messern und Schwertern, damit man staune, bewundere und ihm zujauchze'."[63] Das Zitat stammt von dem österreichischen Rabbiner und Gelehrten Adolf Jellinek, der Ende des 19. Jahrhunderts in *Der jüdische Stamm in nichtjüdischen Sprichwörtern* zu dieser Einschätzung gelangte.[64] Warum das Wortspiel Jellinek zufolge als wichtigste Modalität des jüdischen Witzes zu verstehen ist, wird aber erst klar, wenn man sich den Kontext genauer ansieht: „Der Jude will vor Allem seine geistige Überlegenheit zeigen, Beifall, Anerkennung, Bewunderung erlangen und geht gar nicht darauf aus, Jemanden durch die Waffe des Witzes tief zu verwunden. Wie die Zuhörer über ihn und über seinen Esprit urteilen werden, das ist ihm der Hauptzweck, nicht aber die Wunde, die er dem Gegenstande seines Witzes beibringt. Daher kommt es, daß der jüdische Witz zumeist in Wortspielen sich bewegt."[65] Jellinek unterstreicht die Strategie, Konflikten durch witzige Bemerkungen auszuweichen, und dass diese Tendenz zur Konfliktvermeidung lieber zum Wortspiel greift als zu aggressiven und tendenziösen Witzen.

Auf dieses rätselhafte Zitat lässt Fuchs einen beispielhaften jüdischen Witz folgen, dessen Komik sich im Wortspiel entfaltet. Es handelt sich um einen Rothschild-Witz, von denen es in der jüdischen Witzüberlieferung Hunderte gibt. Er enthält einen herrlichen Schüttelreim, dessen Komik sich über das Wortspiel und einen morphologischen Tausch entfaltet: „Um nur einen einzigen derartigen Wortwitz zu zitieren, nenne ich diesen: ‚Was ist für ein Unterschied zwischen Napoleon I. und Amsel Rothschild? Napoleon hatte ein tatenreiches Leben hinter sich, Rothschild ein reiches Tatteleben.'"[66] Fuchs weiter: „Dieser Witz ist in seiner Ironie gewiß harmlos, aber in seiner Lösung geradezu überwältigend. Daß man den Urheber bewundere, das will in einem gewissen Maße auch die Selbstironie erreichen."[67]

Fuchs behauptete, er hätte diesen Witz nur deshalb ausgewählt, weil er demonstrieren wollte, wie verbreitet das Wortspiel im jüdischen Witz ist. Um dieses Merkmal herauszustreichen, hätte er aber auch aus einer Vielzahl anderer Witze wählen können. Allein bei Jellinek wären Witze dieser Art in Hülle und Fülle zu finden gewesen – der Rothschild-Witz freilich nicht.[68] Der Umstand, dass der erst vor kurzem der Kommunistischen Partei beigetretene und unter dem Einfluss von Marx und Sombart stehende Fuchs diesen einen Witz auswählt, ist angesichts des Inhalts (unabhängig von formalen Überlegungen) kein Zufall, denn dieses klassenbewusste Bonmot macht die Rothschilds zum tendenziösen Gegenstand seines Spotts und darüber hinaus zum Gesicht und Symbol des jüdischen Finanzkapitalismus. Versteht man den Witz im Kontext ihrer angeblichen Herrschaft über die europäischen Finanzmärkte, verkörpert die Familie Rothschild den Juden als kapitalistischen Insider.

Wie kommt es, dass Fuchs' Argument von der Rhetorik des Wirtschafts-Antisemiten Karl Marx und dessen Gedanken zur Judenfrage infiltriert ist und er sich trotz aktuell zeitgenössischer Quellen (u.a. Werner Sombart, August Bebel und Franz Mehring[69]), die in diesem Punkt bereits vermittelnd auftraten, am Aufsatz „Zur Judenfrage" von Karl Marx (1844) orientiert? In dem wenig schmeichelhaften, von den antisemitischen Sprachbildern seiner Zeit geprägten Essay setzt Marx das moderne Judentum mit der Anbetung der säkularisierten Gottheit des Geldes gleich. Marx: „Welches ist der weltliche Kultus des Juden? Der *Schacher*. Welches ist sein weltlicher Gott? Das *Geld*."[70] Marx deutet den Kapitalismus als eine weltliche Form des Judentums und tritt für einen sozialistischen Staat ein, der nicht „die gesellschaftliche Emanzipation der Juden, sondern die Emanzipation der Gesellschaft vom Judentum"[71] anstrebt und folglich ihre Emanzipation vom Kapitalismus. Wenn sich später die marxistischen und antisemitischen Sichtweisen gelegentlich überschneiden sollten – hier ist ihr Bezugspunkt zu finden.

Wesentlich ist aber auch die Bedeutung, die Fuchs Werner Sombart und seiner Version eines ökonomischen Antisemitismus beimaß. Als einem ihrer Eckpfeiler über den jüdischen Beitrag zum Kapitalismus stützen sich Sombarts Überlegungen auf die Innovation des Geldverleihs samt Zinsverrechnung, die den Christen bekanntlich verboten war. Sombart: „So haben wir denn in der Ausübung des Geldleihegeschäfts abermals einen Umstand aufgedeckt, der die Juden objektiv befähigte, kapitalistisches Wesen zu schaffen, zu fordern, zu verbreiten."[72] Dieses Klischee übernimmt Fuchs auch in seine Analyse: „Dieser Sinn hat die Juden frühzeitig die lohnendste Seite der Geldwirtschaft finden lassen: die Geldleihe. [...] Der Kapitalismus ist aus der Geldleihe geboren."[73]

Für Fuchs wohnt den Rothschild-Karikaturen ein Kern von Wahrheit inne, der einen merkwürdigen antisemitischen Beigeschmack hat: „Zu den wichtigsten und teilweise auch zu den besten Karikaturen dieser Zeit gehören jene auf den damals die Finanzkassen ganz Europas beherrschenden Amsel Rothschild [...] [Sie] treffen in anschaulichster Weise den Kern des Problems und offenbaren einen wirklich großen Stil."[74] Der Kern des Problems, der hier gemeint ist, ist einerseits die marxistische Gleichstellung des Juden mit unmoralischen kapitalistischen Ausbeutungsmethoden und andererseits das revolutionäre Ideal, die kapitalistischen Produktionsmethoden wie auch die Gesellschaft und die Religion, die solche Ungleichheiten befürworten, zu überwinden. Fuchs präzisiert seine Kritik: „Für die

Charakteristik der Allmacht des Geldes, seiner unbeschränkten Weltherrschaft, seiner skrupellosen Gier [...] bleibt Rothschild freilich nach wie vor der Typ."[75] Die Kapitalismuskritik von Marx bis Fuchs ist von unterschwellig antisemitischen Rhetorik gefärbt, so dass der visuelle Antisemitismus in *Die Juden in der Karikatur* auch in Fuchs' Kommentaren durchklingt.

Vor diesem begrifflichen Hintergrund lässt sich der „Wortspiel"-Witz im Kontext der antisemitischen Rothschild-Karikaturen in *Die Juden in der Karikatur* zuordnen. Zum Beispiel fühlte sich Fuchs von der berüchtigten Karikatur „Die Generalpumpe" aus dem Jahr 1845 in den Bann gezogen, die Amschel Mayer Rothschild als eine die Welt regierende, mechanische Geldpumpe darstellt.[76] Dreht man an den Armkurbeln, zirkuliert das Geld durch das Bankennetzwerk der Familie Rothschild (Abb. 6). Wenn Fuchs diese Abbildung im 2. Band von *Karikatur der europäischen Völker* bespricht, hat er mit den Umständen, die der Familie Rothschild zu ihrer finanziellen Macht verholfen haben, an sich kein Problem. Doch indem er die Geschichte des Patriarchen Amschel Rothschild vom Tellerwäscher zum Millionär erzählt, findet eine Inversion der Geschichte vom Juden als unterprivilegiertem Außenseiter statt. Die Rothschild-Familie stieg aus der „schmutzigsten Judengasse" (eine Formulierung, in der die rassistische Verunglimpfung vom „dreckigen Juden" mitschwingt) zur finanziellen Kontrolle dessen auf, was oft als „schmutzige" Gewinnsucht verunglimpft wird: „An erster Stelle wollen wir hier das Blatt ‚die Generalpumpe' nennen. Es ist dies das Blatt, mit dem [dem] Mächtigsten der Mächtigen der Erde, dem absoluten Fürsten im Reiche des Geldes, Rothschild, sein bestes Denkmal in der Karikatur gesetzt worden ist. Eine Generalpumpe ist er, dem alle unterthan sind – das Oberhaupt der großen Finanzdynastie, die aus der schmutzigsten Judengasse der Welt hervorgegangen war – ihre Goldströme aber gehen auf Gerechte und Ungerechte nieder – sofern es nur profitablen Gewinn einträgt."[77]

Fünfzig Jahre nach der „Generalpumpe" kehrt der Globus als visuelle Verkörperung der Rothschild-Macht in *Le Roi Rothschild,* einer Farbkarikatur von Charles Lucien Léandre, auf dem Titelblatt des Humorblatts *Le Rire* zurück (Abb. 7). Inzwischen hält der alte Baron die Welt mit beiden Händen umklammert, die Finger wie Vampirkrallen um den Globus gespannt. Mit einer goldenen Krone auf dem Kopf, die ein lachendes Schwein ziert, wird der krummnasige Rothschild zum jüdischen Papst, der dem weltlichen Gott des Geldes huldigt. Der ironische lateinische Schriftzug lässt sich mit „Israels schützender Gott" übersetzen. Diese Motive werden in der antisemitischen Karikatur nun zur wiederkehrenden Trope.[78] Folgt man diesem antisemitischen Pfad, stellt sich die Frage, wie weit es von der Akzeptanz hetzerischer Karikaturen zu den Protokollen der Weisen von Zion ist, deren französische Ausgabe *Le Peril Juif* mit einer Karikatur gleichen Stils auf dem Cover erschien, als Fuchs sich bereits im Pariser Exil befand.[79]

Eine andere Rothschild-Karikatur aus dem 19. Jahrhundert (als Marx noch ein junger Mann war) trägt den Titel „Wie Amschel Rothschild durch die Welt kutschiert – die Pleitegeier vorgespannt" (Abb. 8). Für Fuchs verdeutlicht diese Karikatur das Problem der kapitalistischen Ausbeutung als sowohl moralisches Versagen wie auch als Ausdruck von Gefühlskälte: „Die Mitleidlosigkeit, mit der das Kapital, verkörpert in Rothschild, seine Forderungen auf der ganzen Welt eintreibt, ist bei der ersten [Karikatur] dem alten Rothschild so deutlich ins Gesicht geschrieben, daß es der stumpfeste Blick erkennen muß."[80] Von seinem moralischen hohen Ross herab übersieht Fuchs offenbar den impliziten Rassismus und die Entmenschlichung Rothschilds zum Affen – die auf einer Linie steht mit der im 19. Jahrhundert in Deutschland gängigen populärwissenschaftlichen Assoziation von Juden und Schwarzen als minderwertige Ethnien.[81] Infolge der durch die Übertreibung erzeugten Inversion und Subversion von Hierarchien wird aus dem Insider-Kapitalist nun ein entmenschlichter Außenseiter. Der Umstand, dass Fuchs die rassische Dimension dieser Karikatur nicht erkennt, ist kein Einzelfall und hängt mit der ideologischen Schlagseite seiner neomarxistischen Klassenanalyse zusammen. Auf diesen eklatanten blinden Fleck werde ich in diesem Kapitel noch zu sprechen kommen.

Der Metawitz: Wie Juden lachen

Fuchs erzählt in der Folge die verkürzte Version eines der bekanntesten jüdischen Witze aus dem osteuropäischen Kanon. Der Witz „Wie sie lachen" schwelgt in jüdischer Selbstironie und macht sich zugleich über Nichtjuden lustig. Der jüdische Volkskundler Immanuel Olsvanger leitete seine jiddische Sammlung *Rosinkess mit Mandlen* mit der vollständigen Version ein; sie erschien 1920 (ein Jahr vor Fuchs' Buch) und wurde ein paar Jahre später in deutscher Übersetzung als *Jüdische Schwänke* veröffentlicht.[82] In diesem Witz treten drei Gruppen von Nichtjuden auf – der Bauer, der Gutsbesitzer und der Polizist, wobei der Grad der ihnen zuteilwerdenden Lächerlichkeit der Rangordnung ihrer Beziehung zum jüdischen Witz folgt. Am Ende geht es in dem Witz aber auch um die Juden selbst. Zunächst Olsvangers Version (in deutscher Übersetzung):

Ein Bauer lacht drei Mal, wenn man ihm einen Witz erzählt: das erste Mal, wenn man ihm den Witz erzählt, das zweite Mal, wenn man ihn ihm erklärt, und das dritte Mal, wenn er den Witz versteht.

Ein Herr lacht – zwei Mal: Das erste Mal, wenn man ihm den Witz erzählt, das zweite Mal, wenn man ihn ihm erklärt; denn verstehen wird er ihn ohnedies nie.

Ein Offizier lacht nur einmal: wenn man ihm den Witz erzählt; denn erklären läßt er ihn sich nicht und verstehen wird er ihn auf keinen Fall.

Erzählst du aber einem Juden einen Witz, so unterbricht er dich: „Ach, was, ein alter Witz!" und er kann ihn dir besser erzählen.[83]

Die Paradoxie der selbstironischen Pointe von „Wie sie lachen!" besteht darin, dass sie sich gegen den Juden (den Besserwisser) richtet, der nicht lacht, sondern vom

Abb. 6 Julius Bohmer und H. Delius, „Die Generalpumpe — Rothschild als internationaler Geldgeber" (ca. 1845), Lithographie und Wasserfarbe, Darstellung des deutschen Bankiers Amschel Mayer Rothschild als Wasserpumpe, die aus einem großen Sack voll Gold zu seinen Füßen Geld an diverse deutsche Herrscher verteilt, aus: Fuchs, *Die Juden in der Karikatur,* S. 120

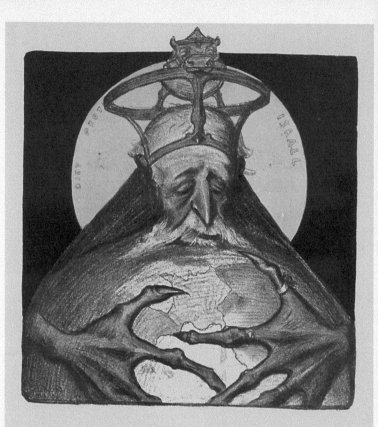

Abb. 7 Charles Lucien Léandre, „Le Roi Rothschild" auf dem Titelblatt des französischen Humorblatts Le Rire (16. April 1898), aus: Fuchs, *Die Juden in der Karikatur*, S. 208

Abb. 8 Anonym: „Wie Amschel Rothschild durch die Welt kutschiert — die Pleitegeier vorgespannt" (Frankfurt ca. 1845), aus: Fuchs, *Die Juden in der Karikatur*, S. 112

gleichen Witz eine bessere Version zu erzählen weiß. Der Umstand, dass er den Erzähler unterbricht, anstatt höflich das Ende des Witzes abzuwarten, streicht das schlechte Benehmen heraus und macht sich über ein weiteres jüdisches Klischee lustig. Ruth Wisse legt in *No Joke* das Augenmerk ebenfalls auf die Pointe und den Juden, der nicht lacht: „Wenn der Jude nicht lacht, dann nicht, Gott behüte, weil er den Witz nicht versteht, sondern weil er seine Lacher verausgabt hat."[84]

Fuchs erzählt diesen „sehr geistreichen" Witz mehr in der Form eines Sprichworts, dem die in der Olsvanger-Langversion enthaltenen Nuancen teilweise abhandengekommen sind, und bespricht den Witz an einer Stelle, die sich mit der Fähigkeit der Juden beschäftigt, einen Witz nicht nur zu verstehen, sondern auch den selbstkritischen jüdischen Humor zu würdigen. Das führt ihn zu der Frage, was einen guten jüdischen Witz ausmacht. Die Antwort darauf liefert er mit der Verkürzung des „Wie sie lachen"-Witzes zu einem weisen Spruch:

> Es ist eine unausschaltbare Folgerichtigkeit, daß die jüdische Selbstironie durch ein allgemeines Verständnis für jüdische Witze auf jüdischer Seite ergänzt wird. Ein guter Witz auf Kosten der Juden hat nicht nur besonders oft einen Juden zum Urheber, sondern er hat tatsächlich kein dankbareres Publikum als die Juden selbst. Ein feines Wort über das, was ein guter jüdischer Witz sei, drückt dies sehr geistreich aus: „Das Kennzeichen eines guten jüdischen Witzes ist, daß ihn jeder Jude bereits kennt und ein Goj nicht versteht."[85]

Fuchs dürfte seine Version in Anlehnung an Alexander Moszkowski verändert haben, der zur Veranschaulichung der Reaktionen auf den jüdischen Witz das folgende Bonmot erfand: „E jüdischer Witz mit e jüddische Akzent: Was e Goi nicht versteht und e Jüd immer schon kennt."[86] Bei Moszkowski wird die feine Unterscheidung dreier nichtjüdischer Adressaten auf den pauschalen und generischen Goi reduziert, der den Witz nicht versteht – im Unterschied zu Olsvangers Version, in der zumindest dem nichtjüdischen Bauern die Fähigkeit zugeschrieben wird, den jüdischen Witz zu begreifen.[87] Fuchs' verkürzte Version dieses Klassikers legt die Betonung auf einen jüdischen Sinn von geistiger Überlegenheit, sobald es um den Witz (und die Welt im Allgemeinen) geht, da er den generischen Gojim (bzw. Olsvangers drei individuellen Typen) erst erklärt werden muss. In diesem Fall koexistiert die jüdische Selbstzufriedenheit (mit dem jüdischen Witz und der eigenen Gewitztheit) mit der Selbstironie des Witzes, und diese Koexistenz dient der Analyse von Fuchs als Rückendeckung für das weiter oben diskutierte „begründete Selbstwertgefühl". Da er das Bonmot in Anführungszeichen setzt, verweist Fuchs auf einen jüdischen Erzähler (vermutlich Moszkowski), der den Nichtjuden mit dem jiddischen Wort *Goj* bezeichnet. Es mag aus heutiger Sicht bemerkenswert erscheinen, dass Fuchs zur Unterscheidung von Juden und Nichtjuden das jiddische Wort beibehält, allerdings war es im deutschen Sprachgebrauch und zu Fuchs' Zeiten nicht nur negativ besetzt.[88] In Fuchs' Aneignung wird es zur Beleidigung des Nichtjuden, der einfach nicht klug genug ist, um den jüdischen Witz zu begreifen.

Komische Demaskierung in einem „ehrenwerten" jüdischen Witz

Bevor er das Kapitel „Jüdische Selbstironie" abschließt, hebt Fuchs die Gattung des jüdischen Witzbuchs lobend hervor und verweist insbesondere auf zwei Berliner Herausgeber und deren Sammlungen – Alexander Moszkowski und M. Nuél: „Das feinste und reichste an jüdischer Selbstironie findet sich jedoch in den zahllosen Judenwitzen, von denen eine Reihe der allerbesten Alexander Moszkowski zusammengestellt hat; noch viel mehr enthält ‚Das Buch der jüdischen Witze', von M. Nuél herausgegeben."[89] Dann konzentriert er sich auf einen anderen jüdischen Witzklassiker und präsentiert ihn als Fallstudie. Er stammt aus der erwähnten beliebten Sammlung des deutsch-jüdischen Journalisten Manuel Schnitzer, der 1907 unter dem Pseudonym M. Nuél *Das Buch der jüdischen Witze* herausgab.[90] Der

Witz gehört zur Gattung der Witze über getaufte Juden, deren Pointe sich über den komischen Lapsus entfaltet, wenn die frisch bekehrten Christen in ihren früheren Jargon (Jiddisch) oder Glauben (die jüdische rituelle Praxis) zurückfallen. Diese komische Demaskierung ist das, was Fuchs (Nuél zitierend) die „jähe und drollige Enthüllung der jüdischen Menschenseele" nennt, die sich unter den Insignien des Christentums verbirgt und deren Rückkehr in Form des (jiddisch) komischen Verdrängten mit schallendem Gelächter quittiert wird. In der Anekdote geht es um zwei ehemals jüdische Familien, die in den gehobenen Stand der christlichen Gesellschaft aufgestiegen und im Begriff sind, ihre Kinder zu verheiraten. Psychoanalytisch betrachtet, mochte der Reiz dieses speziellen Witzes für Fuchs darin gelegen haben, dass der Deutsche „mit dem jüdisch klingenden Namen" 1920 im Alter von fünfzig Jahren eine Jüdin geheiratet hatte.[91] Das Thema Glaubensübertritt dürfte ihn mit Sicherheit beschäftigt haben. Fuchs erzählt den Witz so:

> Aus dieser Sammlung zitiere ich einen einzigen, der deutlich erhellt, daß der sich selbst ironisierende Judenwitz nicht nur im Wortwitz, in Wortspielen besteht, sondern daß dessen starke Wirkungen vornehmlich auf der jähen und drolligen Enthüllung der jüdischen Menschenseele beruhen, wie Nuél in seinem Vorwort sehr richtig sagt: „Der Sohn eines berühmten deutschen Juristen, der – ein getaufter Jude – eine der höchsten richterlichen Stellen bekleidet hatte und in den Adelsstand erhoben worden war, verlobte sich mit der Tochter eines Bankiers, der ebenfalls einer – wenn auch auf anderem Gebiete – berühmten jüdischen Familie entstammte. Auch er, der Papa der jungen Braut, war christlich geboren, denn schon sein Vater hatte sich taufen lassen. Die Brautmutter ist besonders beglückt über das Ereignis, und sie sagt zu dem Bräutigam: ‚Weißt du, so einen Schwiegersohn, wie du bist, gerade so einen habe ich mir immer gewünscht.' ... ‚Und wie sollte der sein?' fragt er lächelnd. ‚Weißt du ... so einen netten christ-

lichen jungen Mann aus einer bekoweten [ehrenwerten] jüdischen Familie.'" [92]

Offenbar entdeckte Fuchs in Schnitzer einen Verbündeten, der seine Ansichten über die selbstironische Funktion des jüdischen Witzes teilte; außerdem dürfte Fuchs an ihm geschätzt haben, dass er seine Witze auf Deutsch und ohne Jargon erzählte (im Gegensatz zu den antisemitischen, die Juden parodierenden Büchern der 1830er-Jahre). Im Vorwort stellt Schnitzer den jüdischen Witz in Beziehung zu jüdischer Selbstironie und der Verspottung der eigenen Schwächen: „[Der] jüdische Witz offenbart den jüdischen Charakter, dessen Schwäche er zum Gegenstand seines Spottes macht. Aber man vergesse nicht, daß es immer die Juden selbst sind, die hier ihre Eitelkeiten züchtigen." [93]

Sander Gilman, der über die „volkstümliche Sammlung" von Schnitzer geschrieben hat, analysiert diesen besonderen Witz ebenfalls. Gilman versteht Schnitzers Erzählweise als typisch für seinen Stil, der danach trachtet, den Diskurs über den jüdischen Witz zu universalisieren und ihn in einem Deutsch zu präsentieren, das vorbehaltlos akzeptiert wird:

> Dieser Witz ist typisch für die ganze Sammlung. Er setzt beim Leser nicht die geringsten Jiddischkenntnisse voraus, geht vielmehr davon aus, daß dem Publikum jüdische Ausdrücke, selbst solche wie zum Beispiel *goj* (Nichtjude) oder *gannef* (Dieb), die schon lange vor der Jahrhundertwende zum Wortschatz der deutschen Umgangssprache gehörten, vollkommen unverständlich seien. Schnitzer unterstreicht auf diese Weise, daß es keine besondere jüdische Sprache und Sprechweise (mehr) gebe. [...] Schnitzers idealer Leser ist der ausschließlich deutsch sprechende Jude, der keinesfalls mauschelt und keine jiddischen Ausdrücke benutzt." [94]

Der Witz wird aber gerade durch den Lapsus und das Eindringen jiddischer Eigentümlichkeit (durch den Gebrauch des Wortes *bekowet*) so lustig, da es das deutsche und das christliche Getue zunichtemacht und diese Idealvorstellung subversiv unterwandert. Die stolze „jüdische" Mutter ist in dem Moment demaskiert, in dem sie ihre *naches* (Freude) nicht unterdrücken kann, die ihr die standesgemäße Partie ihrer Tochter bereitet.

Sigmund Freud fand ebenfalls großen Gefallen an jüdischen Witzen, die die Technik der „komischen Entlarvung" einsetzen und in denen der assimilierte Jude im entscheidenden Moment, nämlich dann, wenn er gerade nicht aufpasst, mit einem jiddischen Wort herausplatzt. In *Der Witz* erzählt er den Witz über die kurz vor der Entbindung stehende Frau Baronin, die erst dann wirklich so weit ist, wenn sie ins Jiddische verfällt: „Der Arzt, der gebeten worden ist, der Frau Baronin bei ihrer Entbindung beizustehen, erklärt den Moment für noch nicht gekommen und schlägt dem Baron unterdes eine Kartenpartie im Nebenzimmer vor. Nach einer Weile dringt der Wehruf der Frau Baronin an das Ohr der beiden Männer. ‚*Ah mon Dieu, que je souffre!*' Der Gemahl springt auf, aber der Arzt wehrt ab: ‚Es ist nichts, spielen wir weiter.' Eine Weile später hört man die Kreißende wieder: ‚*Mein Gott, mein Gott, was für Schmerzen!*' – ‚Wollen Sie nicht hineingehen, Herr Professor?' fragt der Baron. – ‚Nein, nein, es ist noch nicht Zeit.' – Endlich hört man aus dem Nebenzimmer ein unverkennbares: ‚*Ai, waih, waih*' geschrien; da wirft der Arzt die Karten weg und sagt: ‚Es ist Zeit.'"⁹⁵ Freud kommentiert den Inhalt des Witzes damit, dass „der Schmerz durch alle Schichtungen der Erziehung die ursprüngliche Natur durchbrechen läßt."⁹⁶ Auch hier lohnt es, sich Form und Inhalt genauer anzusehen. Mit anderen Worten: Die „beste Medizin" des jüdischen Witzes ist die, die dafür sorgt, dass ein ursprünglich jiddisches Wort oder ein jiddischer Ausdruck den Prozess der kulturellen Anpassung durchbricht und Schmerz und Leid der Juden in Lachen umwandelt. Oft ist gerade das die Moral der Selbstironie der jüdischen Witze. Fuchs war diese Fähigkeit, Leid in Lachen umzuwandeln, durchaus bewusst. So schrieb er in seiner Einleitung zu *Die Juden in der Karikatur* die empathischen und scharfsinnigen Zeilen, die den Ursprung des jüdischen Witzes im jüdischen Leid identifizieren und sich mit ihm identifizieren. Hier äußert sich Fuchs entschieden philosemitisch: „Man soll das Läuten der Schellenkappe immer hören, aber der ernst sonore Grundton, die Qual der anderen, der Angegriffenen [...] dieser Ton muß stets mitgehört werden."[97]

Das Gespenst Adolf Hitlers und des Nationalsozialismus

Ein Gespenst geht um im Kapitel „Jüdische Selbstironie", und sein Name ist Nationalsozialismus. Die Abwandlung des geflügelten Wortes aus dem *Kommunistischen Manifest* spielt auf ein Unbehagen an, das sich wie ein roter Faden durch viele der Fallstudien in dieser Abhandlung zieht. Bei Fuchs findet die Heimsuchung der jüdischen Selbstironie durch das Gespenst des Antisemitismus sowohl bildlich wie auch buchstäblich statt, und es ist von einer tragischen und bitteren Ironie, dass für das letzte Kapitel in *Die Juden in der Karikatur* ausgerechnet das 1920 kursierende „Antisemitische Wahlplakat zur Reichstagswahl" als visueller Rahmen gewählt wurde (Abb. 9). Die Kategorie Antisemitismus ist keine altmodisch-religiöse mehr, sondern rassistische Propaganda, betrieben von keinem anderen als Adolf Hitler im Gründungsjahr der nationalsozialistischen Partei. Der gescheiterte Maler, der sich zum aufstrebenden Politiker gewandelt hatte, kombinierte in diesem mit seinen Initialen signierten Wahlplakat zeichnerischen Ehrgeiz mit politischem Rassismus. In der historischen Rückschau hat der nichts ahnende Fuchs mit seiner Entscheidung, die Abbildung der Überschrift „XI. Die jüdische Selbstironie" voranzustellen, den Bereich des Galgenhumors schon verlassen.[98]

Die Heimsuchung geht aber noch weiter, wie die Substanz der antisemitischen Karikatur verdeutlicht: Das Profil einer jungen ‚arischen' Maid wird vom grotesken Profil eines hakennasigen Juden mit wulstigen Lippen und dunkler Hautfarbe überschattet. Rot umrandet blicken beide nach links, die Initialen A.H. stehen rechts unten. Den oberen Bildrand schließen zwei Hakenkreuze ab, während der zwischen der Karikatur und dem Slogan *Deutschland* platzierte Sarg in seiner

Andeutung, wohin die Juden in der Vision der Nationalsozialisten gehören, wie ein ominöser und symbolischer Platzhalter wirkt. Die Furcht, auf die Hitler mit diesem Bild anspielt, ist das erotische Hirngespinst, der lüsterne alte Jude werde die junge deutsche Frau in einem Akt der Rassenschande „entehren".

Es ist faszinierend zu beobachten, wie unser Kulturhistoriker den Exkurs des „Führers" in die Kunst der Karikatur als politischen Aktivismus mit anderen Mitteln einordnet. Der ahnungslose Fuchs sieht in Hitler den begabten politischen Satiriker, der das visuelle Medium einzusetzen weiß, um sich über die Juden lustig zu machen. Mit anderen Worten: Hitler versteht es, die jüdische Selbstironie als Waffe gegen sie selbst einzusetzen. Zu diesem Schluss gelangt Fuchs an einer Stelle im Abschnitt „Das antisemitische Plakat",[99] die von der Abbildung des Plakats von 1920 noch ziemlich weit entfernt ist. Trotz des offen rassistischen Antisemitismus weicht Fuchs einer ausdrücklichen Verurteilung des Nazi-Rassismus aus.[100] Er kommentiert zwar das zentrale satirische Element antisemitischer Plakate und erkennt ihre extreme Wirksamkeit an, geht aber in seiner fehlgeleiteten Analyse davon aus, dass sich die „anspruchsvollen Gemüter" von dieser Art von Karikatur nicht beeindrucken lassen würden:

> Bei den Wahlen zur deutschen Nationalversammlung im Jahre 1919, und bei den Wahlen in Österreich im Jahre 1920 waren in allen Städten Deutschlands und Österreichs die Mauern mit zum Teil überaus wirkungsvollen antisemitischen Wahlplakaten übersät, bei denen der satirische Charakter durchaus im Vordergrund stand. Ich gebe hier einige charakteristische Beispiele und verweise besonders auf das Hakenkreuzplakat, das als Text nur das Wort „Deutschland" trägt. Die ziemlich albern in die Welt schauende Maid, durch die auf diesem Plakat das germanische Deutschland verkörpert sein soll, dürfte anspruchsvollen Gemütern freilich ebensowenig imponieren, wie die danebenstehende häßliche Judenfratze.[101]

Abb. 9 Adolf Hitler, antisemitisches Plakat für die Reichstagswahl (1920), aus Fuchs, *Die Juden in der Karikatur,* S. 303

Fuchs traut der kultivierten Öffentlichkeit, ihrer Vernunft und ihrem Urteilsvermögen zu viel zu, wenn er meint, sie werde die Karikatur des künftigen Führers schon richtig zuordnen. Insofern war es tatsächlich unerheblich, dass die deutsche Maid „ziemlich albern" aussah. Viel entscheidender war, was die Gegenüberstellung von „deutscher Maid und alter Jude" in der deutschen Psyche symbolisierte (und mobilisierte). Mit anderen Worten: Fuchs unterschätzte die affektive Macht und die Massenwirkung der satirisch aufgeladenen Nazi-Propaganda und ihrer Sündenbocktaktik, die mit den emotionalen Ängsten (und Alpträumen) der Deutschen vor dem grotesken Juden als sexuelle Bedrohung und gespenstische Präsenz spielte.

In diesem Zusammenhang ist es nicht uninteressant, einen Blick auf die Rezeption von *Die Juden in der Karikatur* in der Nazi-Ära zu werfen. Ein Beispiel wäre Siegfried Kadner, der Autor von *Rasse und Humor,* der bei Fuchs keine Spur von Antisemitismus oder Ambivalenz zu erkennen glaubte. Seiner Ansicht nach erzählten die Bilder eine ganz andere Geschichte. In grob vereinfachender Lesart verortete Kadner zwischen Fuchs' verbalem Philosemitismus und dem abgebildeten visuellen Antisemitismus eine große Kluft. So meinte Kadner denn auch, dass die grotesken antisemitischen Illustrationen den Nazis und ihrer Propagandamaschinerie einen unbeabsichtigten Dienst erwiesen, da sie nur bestätigten, was diese immer schon behauptet hatten. Das antisemitische Wahlplakat mit den beiden Hakenkreuzen würde demnach eindeutig in diese Kerbe schlagen. Er schreibt: „In dem Buch ,Die Juden in der Karikatur' von Eduard Fuchs […] ist der Text – bei diesem Verfasser kein Wunder – judenfreundlich gehalten. Die Bilder wirken aber unwillkürlich als Werbung gegen das Judentum, selbst wenn am Schluss verkündet wird: ,Die Sonne geht im Osten auf. Und nicht nur für die Juden.'"[102] Damit spielt Kadner auf das optimistische Ende und Fuchs' universelle marxistisch-leninistische Utopie an (siehe dazu den nächsten Abschnitt).

Liest man Fuchs' Analyse des Hitler-Plakats aus einer Post-Holocaust-Perspektive und mit dem anschließenden rassischen Genozid vor Augen, fällt es schwer, sich mit seiner neomarxistischen Rhetorik abzufinden. Um diesen blinden Fleck in seiner Analyse zu verstehen, müssen noch einmal sein marxistisches ideologisches Bezugssystem und seine Überzeugung herangezogen werden, dass die eigentlichen Auslöser gesellschaftlicher und politischer Phänomene stets ökonomischer Natur waren. Wie bereits erwähnt, bestand Fuchs darauf, dass primär Klasse und nicht Rasse für die Entstehung der Judenkarikaturen ausschlaggebend war. Mit dieser Position übernahm Fuchs das Erklärungsmodell des Vorsitzenden der Sozialdemokratischen Partei August Bebel, der den Antisemitismus zur Jahrhundertwende in den ökonomischen Verhältnissen verankert sah.[103] Bebel war überzeugt, Antisemitismus wäre die Folge der sozialen Unruhen jener Unterschichten, die sich durch den Kapitalismus an den Rand gedrängt sahen und den Juden als Klasse bzw. als sozialer Gruppe die Schuld für die instabilen Verhältnisse gaben.[104] In der künftigen idealen Gesellschaft wären diese Konflikte überwunden, doch in Zeiten der Wirtschaftskrise würden die Juden zu identifizierbaren Sündenböcken für die Umwälzungen des anonymen Kapitals erklärt. Dieser Logik folgend argumentierte Fuchs, dass die Zahl der Judenkarikaturen in Zeiten ökonomischer und sozialer Veränderungen steigt und in Zeiten der Stabilität zurückgeht. Die folgende Überlegung hilft uns, den Tenor seiner Interpretation früher antisemitischer Nazi-Karikaturen und des Hitler'schen Wahlplakats zu verstehen: „Wäre die Judenfrage nur eine Rassenfrage, so müßte man ständig auf Judenkarikaturen stoßen; denn der Rassenunterschied ist ein konstanter Unterschied. Weil sie aber vornehmlich eine Klassenfrage ist, darum begegnet man ihnen nur temporär, nämlich dann, wenn die Klassenfrage in den zu Konflikten sich steigernden Klassenkämpfen aktiv wird."[105] Hier werden die Grenzen deutlich, an die seine Analyse der Judenwitze und Judenkarikaturen mit ihrem Beharren auf der Klassenfrage stoßen, sobald sie sich, wie zum

Zeitpunkt der Veröffentlichung des Buches 1921 der Fall, mit dem ominösen Anstieg eines unverhohlenen Antisemitismus der politischen Rechten in Deutschland konfrontiert sehen, der sich auf eine hetzerische rassistische Ideologie stützt.[106]

Die neomarxistische Haltung, die nach dem Ersten Weltkrieg nicht wahrhaben will, dass Rasse zum Paradigma dieser neuen Dimension des Antisemitismus geworden ist, schlägt sich auch in einer anderen Anekdote nieder, die Fuchs erzählt, um die Klassenunterschiede zu unterstreichen, die seiner Meinung nach im politischen Klima der Weimarer Republik eine größere Rolle spielten als religiöse (oder rassische) Trennungen. Fuchs zufolge war die Geschlossenheit unter den Juden ebenso verloren gegangen wie unter den Christen. In der folgenden, in marxistisch-doktrinärer Rhetorik gehaltenen Passage teilt er Juden und Christen, gemessen an ihren Interessen, Gefühlen und Lebenswelten, in Reiche und Arme auf. Auch diese Anekdote kommt in der Struktur eines jüdischen Witzes daher:

> Darum aber deckt sich der arme Jude mit seinen Gefühlen gar nicht mit dem reichen Juden, sondern mit dem armen Christen. Genau so ist es beim reichen Juden, dessen Hauptgefühle sich mit denen des reichen Christen decken. Mit anderen Worten: der arme und der reiche Jude haben beide ihre eigenen, also ihre getrennten Gefühlswelten. Dazu kommt, daß die auf die Juden ausgedehnte Deklassierung zwar den armen Juden noch vielfach fast zum Paria stempelt, während sie den reichen Juden gänzlich unberührt läßt. Ein Beispiel: Der sozialdemokratische Polizeipräsident von Berlin schickt den ihm lästigen armen Juden aus der Grenadierstraße im Polizeiwagen nach Zossen ins Konzentrationslager; der sozialdemokratische Reichspräsident schickt den ihm genehmen reichen Juden Rathenau aus dem Berliner Westen im Salonwagen nach Wiesbaden zur Schachermachei mit dem christlichen Juden Loucheur.[107]

Die Anekdote, die die Rolle der Klassenunterschiede veranschaulichen soll, spottet über den deutschen Wiederaufbauminister (und kurz darauf Reichsaußenminister) Walther Rathenau und die diplomatischen Gespräche, die dieser im Juni 1921 in Wiesbaden mit Louis Loucheur, dem französischen, zum Christentum übergetretenen Minister für Elsaß-Lothringen (den „régions libérées"), führte.[108] Der Begriff *Schachermachei*, mit dem Fuchs die diplomatischen Gespräche beschreibt und der das Feilschen, Hausieren oder eben Schachern meint, spielt auf satirische Weise auf den in den beiden politischen Anführern unterdrückten jüdischen Hausierer an. Außerdem ist es der Begriff, mit dem Marx in seinem Aufsatz „Zur Judenfrage" den weltlichen Kult der Juden denunziert. Die bittere Ironie und traurige Wahrheit dieser Klassenanalyse liegt jedoch darin, dass Rathenau am 24. Juni 1922 – ein Jahr nach dem Erscheinen von Fuchs' Buch – von Mitgliedern der ultra-nationalistischen Organisation Consul und des brutal antisemitischen und rassistischen Deutschvölkischen Schutz- und Trutzbunds, einer politischen Vorfeldorganisation der Nazis, in Berlin auf offener Straße ermordet wurde. Wieder zeigt sich der blinde Fleck in der Analyse von Fuchs, wenn er infolge eines marxistischen (Miss-)Verständnisses des Aspekts Rasse aus ideologischen Gründen nicht erkennt, was für alle deutschen Juden, ob reich oder arm, auf dem Spiel stand, sobald sie mit einem Antisemitismus konfrontiert waren, der sich aus rassistisch motiviertem Hass speiste.

Die untergehende Sonne

In seinem Buch über chinesische Grabkeramiken der Tang-Dynastie befasst sich Fuchs mit dem Grotesken: „Auch dekadente Zeiten und kranke Gehirne neigen zu grotesken Gestaltungen. In solchen Fällen ist das Groteske das erschütternde Widerspiel der Tatsache, dass den betreffenden Zeiten und Individuen die Daseinsprobleme unlösbar erscheinen."[109] In Anbetracht der jüdischen Frage und des Antisemitismus in all seinen religiösen, rassischen und nationalistischen Facetten boten Witze und Karikaturen über Juden (die hier für groteske Abbildungen stehen) sowohl tiefe Einsichten in die existenziellen Probleme, die für Fuchs und seine deutschen und jüdischen Leser nach dem Ersten Weltkrieg bereits den Anschein von Unlösbarkeit angenommen hatten, wie auch befreiende Komik. Trotzdem stellt sich die Frage, warum Fuchs in *Die Juden in der Karikatur* nicht imstande war, die negativen Zusammenhänge zwischen jüdischer Selbstironie und Antisemitismus herzustellen. Handelte es sich dabei um ein Versehen? Immerhin hielt er sich mit seiner Kritik an Johannes Pfefferkorn, einem Getauften und jüdischen Abtrünnigen aus dem 16. Jahrhundert, und seinen satirischen antisemitischen Tiraden nicht zurück.[110] War es eine Unempfindlichkeit, die ihn das nicht als potentielles Problem für seine eigene Zeit erkennen ließ? Oder sollten wir im Zweifelsfall zu seinen Gunsten entscheiden und davon ausgehen, dass es um 1920 nicht üblich war, diesen Konnex zwischen jüdischer Selbstironie und Antisemitismus herzustellen? Immerhin hatte der jüdische Centralverein zu Beginn der Weimarer Republik noch keine Beschwerden dieser Art verzeichnet. Oder war diese Lücke symptomatisch für seinen eigenen latenten Antisemitismus als Marxist der zweiten Generation und Anhänger von Sombarts Ideen, die Fuchs, wie Micha Brumlik meint, zum Gefangenen der negativen Annahmen seiner Zeit machten?[111] Andererseits besteht kein Zweifel, dass Fuchs davon überzeugt war, strikt philosemitisch vorzugehen, wenn er den Juden Selbstbewusstsein (wie es sich in jüdischer Selbstironie äußerte) zuschrieb, das selbst durch die Schmähungen antisemitischer Witze nicht zu erschüttern war. All das sind Fragen, die sich in ihrer Komplexität als „unlösbar" erweisen könnten und schlichtweg keine eindeutige Interpretation zulassen, wie Fuchs zu Beginn der Weimarer Republik über Judenwitze und Judenkarikaturen und ihre Verbindung zum Antisemitismus wirklich dachte.

Dessen ungeachtet verbirgt sich in Benjamins Aufsatz über Fuchs eine Antwort, die zur Erklärung von dessen Versäumnis (bzw. der „Tragödie der guten Absichten") beiträgt und die mit Benjamins bemerkenswerter Kritik an der Kulturgeschichte und den ihr auferlegten Grenzen zusammenhängt. Im Aufsatz über Fuchs veröffentlichte Benjamin zum ersten Mal einen seiner bekanntesten Aphorismen: „Es ist niemals ein Dokument der Kultur, ohne zugleich ein solches der Barbarei zu sein. Dem Grundsätzlichen dieses Tatbestandes ist noch keine Kulturgeschichte gerecht geworden, und sie kann das auch schwerlich hoffen."[112] Da Fuchs sein Buch – wie der Untertitel besagt – als einen Beitrag zur Kulturgeschichte verstand, trifft diese Problematik auch auf *Die Juden in der Karikatur* zu: Der grundsätzlichen Barbarei der Kulturdokumente, die es seinem Publikum präsentiert, kann es nicht gerecht werden. Benjamins vernichtende dialektische Kritik gilt insofern auch für Fuchs und seine naiven historischen Annahmen. Indem er im Modus der kulturhistorischen Abhandlung schrieb, konnte Fuchs nicht erkennen, dass sein Buch über die Juden in der Karikatur – und insbesondere sein Kapitel über „jüdische Selbstironie" – von Anfang an janusköpfig war, und zwar in dem Sinne, dass jede Judenkarikatur und jeder Judenwitz zugleich ein Dokument der Kultur *und* ein Dokument der Barbarei ist. Die hemmungslosen und übertriebenen Darstellungen der Juden in der Karikatur sind zugleich Quelle der Wahrheit wie auch Quelle der Verunglimpfung und der Verzerrung. Im dunklen Licht der dialektischen Kritik Benjamins wäre die Umkehr von jüdischer Selbstironie in Antisemitismus nur eine weitere Fallstudie in dieser Dialektik von kulturell/barbarisch – nämlich die Umwandlung der jüdischen Karikatur bzw. des jüdischen Witzes als Kulturgut zum bösartigen Symptom im Dienst der antisemitischen Barbarei. In der kumulativen und progressiven Logik der Kulturgeschichte verfangen, war Fuchs außerstande, Benjamins profunde (und „destruktive") Erkenntnis zu begreifen, weder 1921, als er in seiner Villa in Berlin-Zehlendorf lebte, noch 1937 im Pariser Exil, wohin er vor den Nazis geflohen war.[113]

Fuchs beendet das Kapitel zum Thema jüdische Selbstironie und *Die Juden in der Karikatur* auf eine Weise, die abermals sein durch den Marxismus verzerrtes politisches Urteilsvermögen entlarvt, wenn er den

Blick in die Zukunft richtet und nach Osten schaut. Wenige Jahre nach der Oktoberrevolution schwebt Fuchs die Sowjetunion als der Ort vor, wo den Juden und der Welt im unmittelbar bevorstehenden Zeitalter des Kommunismus Gerechtigkeit widerfährt. Über den Marxismus als weltliche Version des jüdischen messianischen Impulses wurde viel geschrieben; Fuchs scheint dem beizupflichten. Indem er das Versprechen einer idealen, nach marxistischen Grundsätzen regierten Gesellschaft in den Raum stellt, schließt Fuchs die Rückkehr in eine zionistische Heimstätte und den amerikanischen Traum als das gelobte Land für die Juden aus. Die Vereinigten Staaten und Palästina gehören der Vergangenheit an; es ist vielmehr die Oktoberrevolution, die auf Seiten der „geschichtlichen Entwicklung" steht und in die Zukunft weist. Nachdem Fuchs der Kommunistischen Partei Deutschlands (KPD) kurz nach ihrer Gründung 1919 beigetreten war, überrascht diese politische Überzeugung und ihre Orientierung an der Oktoberrevolution nicht sonderlich.

In diesem Kontext verweist Fuchs auf eine jüdische selbstironische Karikatur der in Polen geborenen Graphikerin Rachel Szalit-Marcus, die zu den Illustrationen eines Erzählbands von Scholem Alejchem gehörte (Abb. 10). Zu sehen sind Motl und seine Familie auf dem Weg nach Amerika:[114] „Die Sonne der Juden geht im Westen auf' steht unter dem Blatt ‚Die Amerikafahrer'. In Amerika hoffen sie eine Heimat und die Erlösung aus der sie niederdrückenden Lebensqual zu finden – so war es gestern. Die geschichtliche Entwicklung hat die Dinge richtiggestellt: die Sonne der Juden geht nicht in Amerika auf, sie geht auch nicht in Palästina auf. Die Sonne geht im Osten auf. Und nicht nur für die Juden."[115] Wenn jüdische Selbstironie der Schutzmechanismus einer verfolgten Minderheit ist und einen möglichen Umgang mit der „niederdrückenden Lebensqual" bedeutet, dann stellt sich die Frage, welche Überlebenschancen sie in der künftigen utopischen Gesellschaft hätte. Gäbe es in dieser idealen Welt ohne Antisemitismus überhaupt noch einen Bedarf für jüdische Witze und Karikaturen? Und warum sollte es in einer

Welt ohne Juden – denn der säkulare, marxistische Messias wird ein anderes Konversionsverfahren durchgeführt haben, um sie überflüssig zu machen – noch einen Bedarf für das Fortbestehen (und den Schutz) jüdischer Selbstironie geben? Das wäre die Ironie, die jeder Selbstironie ein Ende bereitete. Man ahnt indes, dass der Sammler und Historiker der Karikatur Eduard Fuchs in dieser schönen neuen Welt sein Gewerbe aufgeben müsste. Mit dieser utopischen Vision und marxistisch-leninistischen Fantasie verabschieden wir uns von Eduard Fuchs' *Die Juden in der Karikatur* mit den Worten: Für die Juden – und die gesamte Menschheit – geht die Sonne im Osten auf, für die jüdische Selbstironie geht sie im Westen unter.

Abb. 10   Rachel Szalit-Marcus: „Die Fahrt nach Amerika, oder Die Amerikafahrer: Die Sonne geht im Westen auf" (ca. 1920), aus: Fuchs, *Die Juden in der Karikatur*, S. 267

2   Von Karikaturen, Witzen und Antisemitismus

1   Werner Hofmann, „Comic Art and Caricature", in: *Encyclopedia of World Art* (New York: McGraw-Hill, 1958), 3:763. Der ganze Satz lautet: „E. Fuchs untersuchte die kulturelle Rolle der Karikatur, die er als eine Form von illustrierter Sozialgeschichte verstand."

2   Walter Benjamin, „Eduard Fuchs, der Sammler und Historiker", in: *Zeitschrift für Sozialforschung*, Nr. 6 (1937), Hg. Max Horkheimer, S. 356. Benjamin schreibt Fuchs außerdem „die ersten durch dokumentarische Bilder illustrierten Geschichtswerke" zu (S. 350).

3   Eduard Fuchs, *Die Karikatur der europäischen Völker vom Altertum zur Neuzeit* (Berlin: A. Hofmann und Company, 1902). Auf diese Publikation folgte bereits ein Jahr später ein zweiter Band über die Karikaturen der europäischen Völker von 1848 bis in die Gegenwart.

4   Benjamin, „Sammler und Historiker", S. 351.

5   Ebd., S. 346.

6   Ebd., S. 358.

7   Ebd., S. 359.

8   Ebd., S. 368. Mit dem Verweis auf Balzac spielt Benjamin auf die Figur des Kunstsammlers in der Kurzgeschichte *Vetter Pons* (1847) an.

9   Eduard Fuchs, *Die Juden in der Karikatur: Ein Beitrag zur Kulturgeschichte* (München: Albert Langen Verlag, 1921). Die Erstausgabe belief sich auf 12.000 Exemplare und wurde 1928 mit noch einmal 3000 Exemplaren neu aufgelegt. Die Zusammenarbeit mit dem Verlag war kein Zufall; die Karikatur spielte im Wirken von Albert Langen, dem Gründer und – bis zu seinem unerwarteten Tod 1908 – Herausgeber der seinerzeit wichtigsten deutschen Satirezeitschrift Simplicissimus, eine zentrale Rolle.

10   Ebd., S. 303–304.

11   Liliane Weissberg, „Eduard Fuchs und die Ökonomie der Karikatur", in: *Babylon: Beiträge zur jüdischen Gegenwart 20* (2002), S. 113–128. Weissberg geht auf den Text nur einmal ein, wenn sie bezüglich der „jüdischen" Ursprünge der Karikatur die rhetorische Frage stellt: „Ist die Karikatur daher, schöpferisch und abstrakt, eine jüdische Kunst, das letzte Produkt einer ‚jüdischen Selbstironie'?" (S. 126) Siehe auch Micha Brumlik, *Innerlich beschnittene Juden: Zu Eduard Fuchs' Die Juden in der Karikatur* (Hamburg: KVV konkret, 2012). Der Titel leitet sich aus Karl Marx' negativ besetzter Beschreibung in *Das Kapital* ab. Sieht man sich Brumliks Fußnoten an, zitiert er das letzte Kapitel in Fuchs' Buch einmal, allerdings nicht im Kontext des Themas jüdische Selbstironie.

12   Karl Marx, „Zur Judenfrage". Marx schrieb den Text im Herbst 1843 und veröffentlichte ihn im Februar 1844 in Paris in den *Deutsch-Französischen Jahrbüchern*. Werner Sombart, *Die Juden und das Wirtschaftsleben* (Leipzig: Verlag von Duncker und Humblot, 1911).

13   Weissberg, „Eduard Fuchs", S. 122.

14   Sombart, *Die Juden und das Wirtschaftsleben*, S. 250.

15   Weissberg, „Eduard Fuchs", S. 124. Fuchs bezieht sich gleich zu Be-

ginn auf Sombart und betont seine zentrale Bedeutung: „Für die Lösung dieses Grundproblems gibt es meines Wissens bis jetzt nur einen einzigen größeren und bedeutsamen Beitrag, nämlich das Buch von Werner Sombart." (S. 7–8)

16 Diese Interpretation unterscheidet sich von Thomas Huonkers Fuchs-Biographie *Revolution, Moral und Kunst, Eduard Fuchs: Leben und Werk* (Zürich: Limmat Verlag Genossenschaft, 1985). Huonker wählt für den Abschnitt des Buches, in dem es um *Juden in der Karikatur* geht, den Titel „Gegen den Judenhass" (S. 491). Dieser Titel könnte den Leser zu der irrtümlichen Annahme verleiten, Fuchs habe stets auf der philosemitischen Seite des Zauns gestanden, wenn es um Juden in der Karikatur ging.

17 Brumlik, *Innerlich beschnittene Juden*, S. 65. Er führt weiter aus: „Eduard Fuchs' Werk ist von einem beinahe tragisch zu nennenden Widerspruch durchzogen, der in gewisser Weise typisch für eine ‚klassisch linke' Stellungnahme zum Antisemitismus ist: Von des jungen Karl Marx zeitgebundenen unrichtiger und historisch noch nicht weiter belehrter Reduktion von Juden und Judentum auf die Geldwirtschaft geprägt, will er sowohl gegen die reaktionäre und nationalistische antisemitische Agitation nicht nur in Deutschland angehen, als auch an den letztlich völkerpsychologischen, ja rassistischen Voraussetzungen seiner Gewährsleute Marx und Sombart festhalten."

18 Sander Gilman, „Jüdischer Humor und die Bedingungen, durch welche Juden Eintritt in die westliche Zivilisation fanden", übersetzt von Angelika Beck, in: *Der jüdische Witz*, Hg. Burckhard Meyer-Sickendieck und Gunnar Och (Paderborn: Wilhelm Fink, 2015), S. 167.

19 Fuchs, *Die Juden in der Karikatur*, S. 307. Freud schrieb: „Ich weiß übrigens nicht, ob es sonst noch häufig vorkommt, daß sich ein Volk in solchem Ausmaß über sein eigenes Wesen lustig macht." Vgl. Freud, *Der Witz und seine Beziehung zum Unbewußten* (Frankfurt am Main: S. Fischer Verlag, 1970), S. 70.

20 Fuchs, *Die Juden in der Karikatur*, S. 3.

21 Ebd., S. 109.

22 Ebd., S. 6.

23 Ebd., S. 76.

24 Ebd., S. 277.

25 Ebd., S. 280.

26 Ebd., S. 80.

27 In seinem Essay über Eduard Fuchs weist Benjamin auch darauf hin: „Fuchs wird nicht müde, den Quellenwert, die Autorität der Karikatur zu betonen. ‚Die Wahrheit liegt im Extrem', formuliert er gelegentlich." (S. 360)

28 Fuchs, *Die Juden in der Karikatur*, S. 6. Fuchs spricht bereits im Vorwort von der Karikatur als einer Wahrheitsquelle zur Erforschung der Vergangenheit, wobei er seine Untersuchung der Juden in der Karikatur auf eine Ebene mit jener der Frauen stellt und die beiden diskriminierten Minderheiten als Subjekte der visuellen Satire miteinander verbindet: „Dieses Buch lag auf meinem Weg, genau wie mein früheres Werk ‚Die

Frau in der Karikatur'. Die Judenfrage ist neben der Frauenfrage eines der auffälligsten Sondergebiete in der Karikatur aller Zeiten und Völker. Ich mußte dieses Buch also eines Tages schreiben, nachdem ich die Karikatur als eine wichtige Wahrheitsquelle für die geschichtliche Erforschung der Vergangenheit erkannt und proklamiert hatte." (S. iii)

29 Fuchs, *Karikatur der europäischen Völker* (1902), S. 484.

30 Brumlik, *Innerlich beschnittene Juden*, S. 27.

31 Fuchs, *Die Juden in der Karikatur*, S. 304. Die Berufung auf Heine am Ende dieser Passage erinnert an Benjamin und seine Anspielung, die Fuchs dem (jüdisch/französischen) Witz zuordnet und über und gegen den deutschen Humor stellt. Indirekt greift Benjamin auch die Rhetorik des *Judenwitzes* auf: „Er vergleicht den geflügelten Spott der Franzosen mit dem schwerfälligen Scherz der Deutschen; er vergleicht Heine mit den daheim Verbliebenen" (Benjamin, *„Sammler und Historiker"*, S. 366).

32 Heinrich von Treitschke, *Deutsche Geschichte im neunzehnten Jahrhundert: Bis zur Julirevolution* (Leipzig: Verlag von S. Hirzel, 1885), S. 704.

33 Gilman, *Jüdischer Selbsthass*, S. 115.

34 Von Treitschke, *Deutsche Geschichte*, S. 704.

35 Fuchs, *Die Juden in der Karikatur*, S. 304.

36 Von Treitschke, *Deutsche Geschichte*, S. 704.

37 Fuchs, *Die Juden in der Karikatur*, S. 306. Alexander Moszkowski war anderer Ansicht als Fuchs; im Vorwort („Zum Geleit") seiner Witzesammlung äußerte er sich respektvoll über den deutschnationalen Historiker: „Heinrich von Treitschke, der scharf gegen, aber niemals respektlos über Israel sprach, pflegte zu sagen: Es gibt keine dummen Juden! Schärfer präzisiert, würde dieses Wort lauten: es gibt keinen witzlosen." Alexander Moszkowski, *Die jüdische Kiste: 399 Juwelen echt gefaßt. Der Unsterblichen Kiste zweiter Teil* (Berlin: Bernard, 1911), S. 5.

38 Eduard Engel, *Deutsche Stilkunst* (Wien: F. Tempsky, 1911), S. 370–377.

39 Fuchs, *Die Juden in der Karikatur*, S. 304. Kurioserweise nennt er ihn in einem Freud'schen Versprecher „Fritz"; offenbar verwechselt er Engels' Vornamen mit jenem des anderen deutsch-jüdischen Sprachphilosophen Fritz Mauthner, der über dieselben komplexen Themen geschrieben hat.

40 Engel, *Deutsche Stilkunst*, S. 372.

41 Über Moszkowskis Vorlesung zur Philosophie des jüdischen Witzes beim Verein für jüdische Geschichte und Literatur in Berlin wurde in der *Jüdisch-liberalen Zeitung* in Breslau berichtet (14. Januar 1921). Der Journalist J. P. K. fasste die humanistische Strategie des Schriftstellers so zusammen: „Alexander Moszkowski kennzeichnet das Wesen des jüdischen Witzes, der für ihn der ‚Witz an sich' ist, aus dem Ursprung und der Ghettoqual, aus der scharf denkenden Logik und der raschen Assoziationsgabe der Juden." (S. 4) Die Vorlesung wurde später als Einleitung in *Der jüdische*

Witz und seine Philosophie (Berlin: Dr. Eysler, 1922) veröffentlicht.

42 Eduard Engel, *Sprich Deutsch! Ein Buch zur Entwelschung* (Leipzig: Hesse und Becker, 1917).

43 Gilman, *Jüdischer Selbsthass*, S. 129. Dazu Gilman: „In *Sprich Deutsch!* greift Engel auch andere Formen von schlechtem Deutsch, einschließlich des Jiddischen und der ‚Mauschelei' heftig an."

44 Ebd., S. 129.

45 Fuchs, *Die Juden in der Karikatur*, S. 280.

46 Fuchs bildet die Umschläge einiger dieser Bände ab, in denen die Juden gnadenlos verspottet werden. Der Fall des Itzig Veitel Stern zeigt jedoch die Instabilität der Grenzen zwischen Antisemitismus und jüdischer Selbstironie. An der Oberfläche schien es so, als entstammten diese Texte der Feder eines jüdischen Selbstspötters oder – im Extremfall – sogar eines jüdischen Selbsthassers. Fuchs kann die Authentizität von Stern nicht garantieren, aber er denkt auch, dass es jüdisch gewesen sein könnte: „Hinter diesem Pseudonym soll sich übrigens tatsächlich ein jüdischer Literat verborgen haben." (S. 220) Aus anderen Quellen erfahren wir, dass es sich um das Pseudonym eines deutschen Rechtsanwalts aus Nürnberg namens Friedrich Freiherr von Holzschuher handelte, der die Rolle des jüdischen Verfassers so gut vortäuschte, dass er seine perfekt getarnte antisemitische Propaganda erfolgreich verbreiten konnte. Vgl. beispielsweise Edmund Edel, *Der Witz der Juden* (Berlin: Louis Lamm, 1909), S. 14.

47 Fuchs, *Die Juden in der Karikatur*, S. 280.

48 Ebd., S. 304–306.

49 Im von Fuchs beschriebenen selbstironischen jüdischen Humor als Antwort einer kulturellen Minderheit auf ihre kontinuierliche Unterdrückung und soziale Erniedrigung zeichnen sich bereits die vorgefertigte Antwort des politischen Zionismus und die Forderung nach jüdischer nationaler Souveränität ab.

50 Der aus Berlin stammende Psychoanalytiker Martin Grotjahn beschrieb jüdischen Selbstspott als nach innen gewandte Waffe, die einen „Sieg durch Niederlage" darstellt (S. 29). „Wenn man einen jüdischen Witz hört, sieht man förmlich vor sich, wie ein witziger Jude seinem Gegner behutsam einen spitzen Dolch aus der Hand nimmt, ihn schärft, bis sich ein Haar damit spalten läßt, ihn putzt, bis er hell aufblinkt, ihn in die eigene Brust stößt und ihn alsbald galant dem Antisemiten zurückreicht mit dem stillen Vorwurf: Nun sieh zu, ob du es auch nur halb so gut kannst … ganz als wollte der Jude seinen Feinden sagen: Ihr braucht uns nicht anzugreifen. Das können wir selbst – und sogar besser als ihr." Martin Grotjahn, *Vom Sinn des Lachens: Psychoanalytische Betrachtungen über den Witz, den Humor und das Komische*, übersetzt von Gerhard Vorkamp (München: Kindler, 1974), S. 26–27.

51 Anknüpfend an Sombart beteiligt sich Fuchs an der Suche nach den Kernaussagen über jüdisches abstraktes Denken und jüdischen Intellektualismus: „[… dass] die Juden von Natur zu der abstrakten Tätigkeit der Geldwirtschaft prädestiniert sind und darum einem fast unwiderstehlichen in-

neren Zwange folgen. Das ist wirklich der einzige vernünftige Schluß, den man ziehen muß. Die Juden sind tatsächlich im Vergleich zu uns Nordländern rein abstrakte Naturen. Darin besteht die spezifische Wesenheit ihrer Psyche, sie sind ausgesprochene Intellektualisten. Die letzte Ursache dieser spezifischen Geistes- und Gemütsart liegt in ihrer Herkunft und in ihrer Abstammung, d.h. also: sie liegt den Juden im Blute." (S. 41–42) Selbst dort, wo Fuchs sich umgangssprachlicher ausdrückt, beweist diese Einführung essentialistischer Attribute, die bis hin zu Blutlinien reichen, eine Rhetorik, die im Widerspruch zur klassischen marxistischen Klassenanalyse und zum ökonomischen Antisemitismus steht. Dieser Abschnitt in *Die Juden in der Karikatur* verdeutlicht eine Rückkehr des rassisch Verdrängten. Aus diesem Grund erkennt Weissberg einen rassistischen antisemitischen Faden, der bei Fuchs so weit geht, dass sich das Buch als „die Juden *als* Karikatur" liest und sich unter dieser Voraussetzung die „Bestätigung des ‚nordischen Wesens'" als sein unbewusster Maßstab und sein unbewusstes Ideal erschließt (Weissberg, „Eduard Fuchs", S. 126).

52   Wenn Sombart die Eigenart der „jüdischen Intellektualität" diskutiert und sie der „brutalen Gewalt" der Nichtjuden gegenüberstellt, greift er auf polnisch-jüdische Sprichwörter zurück: „Die Juden haben diese ihre überwiegende Geistigheit auch immer empfunden und haben sich und ihre Eigenart immer in Gegensatz gestellt zu der brutalen Gewalt der Goim. Das drücken ein paar polnisch-jüdische Sprichwörter wiederum mit schlagendem Witz aus, wenn sie sagen: ‚Gott soll behüten var gojische Händ und var jüdisch Köpp', und: ‚Gott soll behüten var jüdischen Mojech (Gehirn) und var gojischen Kojech' (Gewalt). Mojech c/a Kojech: diese Worte enthalten im Grunde die ganze Judenfrage. Auch dieses Buch sollte die Überschrift tragen: Mojech c/a Kojech!" (Sombart, *Die Juden und das Wirtschaftsleben*, S. 315) Ähnliche Gegensätze finden sich bei Erich Kahler (siehe Kapitel 4).

53   Fuchs, *Die Juden in der Karikatur*, S. 306.

54   Ebd., S. 306.

55   Jay Geller, *The Other Jewish Question: Identifying the Jew and Making Sense of Modernity* (New York: Fordham University Press, 2011), S. 271. Geller liefert mit Hans Blühers *Secessio Judaica* (1922) ein gutes Beispiel für die antisemitische Verknüpfung von Juden und Mimikry: „Die Juden sind das einzige Volk, das Mimikry treibt. [...] Die jüdische Mimikry ist im Schicksal der Rasse verankert, das heißt in der Idee Juda." Steven E. Aschheim verweist ebenfalls auf die Ansichten dieses „radikalen Antisemiten" und seine „theatralische Ontologie": Aschheim, „Reflections on Theatricality, Identity and the Modern Jewish Experience", in: *Jews and the Making of the Modern German Theatre*, Hg. Jeanette R. Malkin und Freddie Rokem (Des Moines: University of Iowa Press, 2010), S. 27.

56   Woody Allens Komödie *Zelig* (1983) handelt von der jüdisch-amerikanischen Inszenierung von Identität und spielt in den Zwanzigerjahren. Der Film erzählt die Lebensgeschichte des „menschlichen Chamäleons" Leonard Zelig (gespielt von Allen), der die jüdische Kunst der Mimikry wie auch den selbstironischen Humor zu höchster Vollendung bringt. Ebenfalls relevant ist, dass Zelig vor dem Zweiten Weltkrieg für die Nazis arbeitet. Mein

Dank gebührt Steven Aschheim, dass er mich auf diese besondere Relevanz hingewiesen hat.

57   Aschheim, „Reflections", S. 22. An späterer Stelle schreibt er: „In der Rhetorik des „anti-jüdischen Widerstands" wurde der Jude in mehr oder minder heftiger Weise als Poseur, Mime, Heuchler par excellence" porträtiert." (S. 23)

58   Sombart, *Die Juden und das Wirtschaftsleben*, S. 327.

59   Fuchs, *Die Juden in der Karikatur*, S. 306.

60   Diese naive Denkweise wohnt auch Fuchs' Lesart eines Strips von Caran d'Ache mit dem Titel *Die Judenfrage* (1898) inne, in dem die negativen jüdischen Klischees von Raff- und Geldgier dargestellt sind. Fuchs: „Wenn der geistreiche Chauvinist Caran d'Ache in ruhigen Zeiten die Judenfrage derart geistreich glossierte, dass der empfindlichste Jude sogar darüber sich freuen kann." Fuchs, der den Strip in *Die Juden in der Karikatur* abbildet (S. 221), diskutiert ihn auch in *Die Karikatur der europäischen Völker vom Jahre 1848 bis zur Gegenwart* (Berlin: Hofmann, 1903), 2:373.

61   Fuchs, *Die Juden in der Karikatur*, S. 307). Aus Fuchs' Text ist Sigmund Freuds Einschätzung herauszuhören, dass die Juden ihre Tugenden ebenso kannten wie ihre Fehler: „Auch die Judenwitze, die von Juden herrühren [...] kennen ihre wirklichen Fehler wie deren Zusammenhang mit ihren Vorzügen." (Freud, *Der Witz*, S. 70)

62   Hier denkt man an den unter dem Pseudonym Flaneur schreibenden Autor, der die „antisemitischen Brüder Herrnfeld" in einem Artikel in *Die Standarte* 2, Nr. 44 (13. August 1908) und in der *Jüdischen Rundschau* vom 28. August heftig kritisierte und zu dem Schluss gelangte, dass der Vorstand der jüdischen Gemeinde „versichert sein sollte, dass kein Radauantisemitismus jemals der jüdischen Sache so geschadet hat, wie die Herren Armin und Donat Herrnfeld in ihrem duftenden Musentempel." Der Artikel findet sich auf der Filmportal-Website https://www.filmportal.de/material/die-juedische-rundschau-ueber-das-herrnfeld-theater, die sich auch dem Thema jüdischer Humor und Antisemitismus widmet: http://www.filmportal.de/thema/juedischer-humor-und-antisemitismus. Fuchs hebt das Herrnfeld-Theater ausdrücklich als ein Beispiel für jüdische Selbstironie hervor: „Die bekanntesten Beispiele der literarischen Selbstironie sind die jüdischen Possen, denen man jahrzehntelang auf den verschiedenen jüdischen Theatern von Neuyork, Wien, Budapest, Berlin (Herrnfeld-Theater) und anderen begegnete. Aber diese sind durchwegs sehr grobe Beispiele. Sie verfolgten zumeist nur den Zweck der Geldmacherei mit plumpen Mitteln" (S. 308–309). Wenngleich Fuchs nicht weiter darauf eingeht, warum diese Theaterstücke grob und vulgär waren, so hat zumindest eines von ihnen die Grenzen zwischen jüdischer Selbstironie und antisemitischer Rhetorik undeutlich werden lassen, wie aus dem Artikel hervorgeht. Im Kontext des Theaters der Brüder Herrnfeld merkt Steven E. Aschheim ebenfalls an: „Manche meinten, dass dieser deutsch-jüdische Selbstspott sowohl bei seinen Erfindern wie auch seinen Konsumenten eine pathologische Verinnerlichung der schlimmsten antisemitischen Vorurteile offenlegte." (Aschheim, „Reflections", S. 33)

63   Fuchs, *Die Juden in der Karikatur*, S. 306.

64   Adolf Jellinek, *Der jüdische Stamm in nichtjüdischen Sprichwörtern* (Wien: Bermann und Altmann, 1881). Kapitel 24 befasst sich mit dem Thema jüdische Witze (S. 87–90). Werner Sombart zitiert Jellinek in Kapitel 12 „Jüdische Eigenart".

65   Ebd., S. 87–88. Jellineks Kommentar liefert Fuchs noch andere Ideen, die er nicht angemessen zitiert. Wenn Fuchs den Juden als Schauspieler deutet, der nach Beifall und Anerkennung heischt, übernimmt er Rabbi Jellinek fast wortgetreu: „Der Jude will auf diese Weise seine geistige Überlegenheit an den Tag bringen. Der Jude ist nämlich auch der geborene Schauspieler. Der Schauspieler lechzt nach Beifall. Wie die Zuhörer über ihn und seinen Esprit urteilen, das ist ihm die Hauptsache. [...] So ist auch der Jude. Der Beifall ist vielen das unentbehrliche Lebenselixier." (S. 306)

66   Fuchs, *Die Juden in der Karikatur*, S. 306–307. Jidd. „tata/tatele" bedeutet „Vater".

67   Ebd., S. 307.

68   Ein Beispiel bei Jellinek wäre ein Frauenwitz, bei dem es um ästhetisches Urteilsvermögen geht. Er spielt mit der Nähe zweier deutscher Wörter, die nur durch einen Umlaut voneinander getrennt sind: „Dieses ist ein schönes Mädchen so lange schon, dass ihr ‚mies' davor ist." (S. 88)

69   Franz Mehring war Marx-Biograph, marxistischer Historiker und Literaturkritiker. Fuchs verwaltete seinen literarischen Nachlass, war Mitherausgeber seiner gesammelten Werke und schrieb die Einleitung zu Mehrings Marx-Biografie. Robert S. Wistrich beschreibt Mehring als beispielhaft für „die Ambivalenz der Sozialisten gegenüber den Juden." Laut Witstrich „leitete sich [die Ambivalenz] aus der langjährigen antiliberalen Haltung innerhalb der Partei ab und fand ihren Ausdruck in einer bizarren Kampagne in den 1890er-Jahren, die sich gegen den Philosemitismus richtete. Der führende Vertreter dieser Ablehnung war Franz Mehring, ein innerhalb des linken Flügels der Sozialdemokratischen Partei Deutschlands (SPD) hochangesehener Journalist und Historiker, dessen Ansichten zur ‚Judenfrage' stark von Marx beeinflusst waren. Mehring lehnte den liberalen Philosemitismus als eine Verteidigung kapitalistischer Privilegien ab, als heuchlerische Schönfärberei reicher Juden. Siehe „*Socialism and Judeophobia – Antisemitism in Europe before 1914*" in: *Leo Baeck Institute Yearbook* (1992) 37, Nr. 1, S. 139. Die generell ambivalente Haltung der Sozialdemokratischen Partei zum Antisemitismus untersucht Wistrich in seiner umfassenden Studie *Socialism and the Jews: The Dilemmas of Assimilation in Germany and Austria-Hungary* (Rutherford, NJ: Farleigh Dickinson University Press, 1982).

70   Karl Marx, *Zur Judenfrage*, hg. von Stefan Grossmann (Berlin: Ernst Rowohlt Verlag, 1919), S. 42.

71   Ebd., S. 49.

72   Sombart, „Die Befähigung der Juden zum Kapitalismus", in: Sombart, *Die Juden und das Wirtschaftsleben*, S. 223.

73   Fuchs, *Die Juden in der Karikatur*, S. 30.

74 Ebd., S. 227–228.

75 Ebd., S. 233.

76 Das Bild ist im Buch mit einer großen Farbbeilage zwischen den Seiten 120 und 121 prominent vertreten.

77 Fuchs, *Die Karikatur der europäischen Völker*, S. 398.

78 Die antisemitische Illustration des tschechischen Künstlers Karel Relink *Der Jude nach dem Talmud* (1926) wendet identische Motive an – ein mit einem grotesken Zylinderhut versehener Kapitalist, der die Welt mit seinen Krallen umklammert und dessen Finanzmacht ihr die Krone vom Kopf kippt.

79 Sergei Nilus, *Le Peril Juif: Les Protocols des Sages de Sion* (Paris: Société d'édition de propaganda français, 1937).

80 Fuchs, *Die Juden in der Karikatur*, S. 228.

81 Sander L. Gilman, *Difference and Pathology: Stereotypes of Sexuality, Race and Madness* (Ithaca, NY: Cornell University Press, 1985), S. 29–35.

82 Immanuel Olsvanger, *Rosinkess mit Mandeln: Aus der Volksliteratur der Ostjuden* (Basel: Verlag der Schweizerischen Gesellschaft für Volkskunde, 1920). Für die deutsche Übersetzung: Präger und Schmitz (Hg.), *Jüdische Schwänke* (Wien: R. Löwit, 1928).

83 Präger und Schmitz, (Hg.), *Jüdische Schwänke,* (Wien: R. Löwit, 1928) S. 3,

84 Ruth Wisse, *No Joke: Making Jewish Humor* (Princeton, NJ: Princeton University Press, 2013), S. 4.

85 Fuchs, *Die Juden in der Karikatur,* S. 307.

86 Die Zuschreibung an Moszkowski findet sich bei Salcia Landmann, *Der jüdische Witz* (Olten: Walter Verlag, 1962), S. 645. In Kapital 6 kehre ich zu ihrer Post-Holocaust-Erzählung sowohl in der verkürzten wie der Version in ganzer Länge zurück.

87 Fuchs erinnert mit diesem Satz über das Unvermögen der Deutschen, den jüdischen Witz zu verstehen, an eine ähnliche Aussage Treitschkes, die dieser über den jüdischen satirischen Stil (am Beispiel von Heine, Saphir und Börne) und den Diskurs über den *Judenwitz* in der deutschen Literatur im 19. Jahrhundert gemacht hat, der „für geistreich, über das Vaterland schamlos, ohne jede Ehrfurcht [galt]." Treitschke: „Die Deutschen verstanden sich aber wenig auf den Scherz, am wenigsten auf diese orientalische Witzelei, sie nahmen manche Schmähung, die gar nicht bös gemeint war, in vollem Ernst." Im Unterschied zur späteren Nazi-Rhetorik mildert dieser letzte Punkt die antisemitische Analyse Treitschkes etwas ab. Siehe Treitschke, *Deutsche Geschichte des 19. Jahrhunderts,* S. 704. Das mangelnde Verständnis der Deutschen für den jüdischen Witz spielt auch in Kahlers Interpretation des deutsch-jüdischen interkulturellen Zusammenbruchs eine wichtige Rolle, siehe dazu Kapitel 4.

88 Fuchs, *Die Juden in der Karikatur,* S. 309. Vgl. auch den berüchtigten Artikel des deutsch-jüdischen Journalisten Cheskel Zwi Klötzel, „Das große

Hassen: Ein Beitrag zur Judenfrage in Deutschland", *Janus* 2, Nr. 2 (1912/1913), S. 57–60. Sein Eingeständnis eines jüdischen Hasses auf alles Nichtjüdische benutzten die Antisemiten zu Mobilisierungszwecken. Klötzel: „Aber – trotz alledem: wie im innersten Herzen eines jeden Christen das Wort ‚Jude' kein völlig harmloses ist, so ist jedem Nichtjuden der ‚Goi', was beileibe keine Beleidigung ist, aber ein deutliches, nicht mißzuverstehendes Trennungszeichen."

89   Ebd., S. 309. Fuchs bezieht sich auf Alexander Moszkowski, *Die jüdische Kiste*.

90   M. Nuél [Manuel Schnitzer], *Das Buch der jüdischen Witze* (Berlin: Hesperus, 1907). Der von Fuchs erzählte und interpretierte Taufwitz findet sich auf S. 59 und 60.

91   Im Anhang zu Siegfried Katznelsons *Juden im deutschen Kulturbereich* (Berlin: Jüdischer Verlag, 1934/1959) wird Fuchs der Kategorie „Nichtjuden, die für Juden gehalten" werden, zugeordnet und im Text steht, dass er einen „jüdisch klingenden Namen" hatte. Vgl. Weissberg, „Eduard Fuchs und die Ökonomie der Karikatur", S. 123: „Fuchs, der 1920 – also ein Jahr vor der Publikation seines Buches – eine Jüdin aus einer etablierten Berliner Familie heiratete, also ein Jahr vor Veröffentlichung seines Buches, zieht eine vorsichtige Linie zwischen der Beschreibung eines bestimmten jüdischen Wesens und einem antisemitischen Vorurteil." Grete Alsberg stammte aus einer reichen jüdischen Familie, der das Kaufhaus Gebr. Alsberg AG in München gehörte. Nach der Machtübernahme durch die Nazis 1933 ging sie mit ihrem Mann ins Exil nach Paris. Die meisten ihrer Familienangehörigen wurden umgebracht. Diese Information verdanke ich der ausführlichen Biographie von Ulrich Weitz, *Der Mann im Schatten: Eduard Fuchs* (Berlin: Karl Dietz Verlag, 2014).

92   Fuchs, *Die Juden in der Karikatur*, S. 309.

93   Nuél, *Das Buch der jüdischen Witze*, S. 9. Schnitzers Buch wurde auch in der anonymen Kritik am Herrnfeld-Theater erwähnt und dem „hasserfüllten" Antisemitismus der Brüder als positives Beispiel für jüdische Selbstironie gegenübergestellt: „Auch eine Verulkung des Judentums kann immer noch harmlos sein, steckt doch die Selbstironie und Selbstpersiflage tief im jüdischen Charakter, und sind doch all die köstlichen Kalauer (die jetzt der treffliche Manuel Schnitzer in zwei prächtigen Bänden gesammelt hat) in ihrer Mehrzahl eine harmlose Verspottung der eigenen Art und des eigenen Fehlers. Was da in der Kommandantenstraße so unerfreulich ist, das ist die gehässige Einseitigkeit, mit der alle Juden als Wichte oder Cretins dargestellt werden." (Flaneur, „Die antisemitischen Gebrüder Herrnfeld")

94   Gilman, *Jüdischer Selbsthass*, S. 169.

95   Freud, *Der Witz*, S. 49. Für eine Diskussion dieses Witzes jüngeren Datums siehe Ken Frieden, „Freud, Women and Jews: Viennese Jokes and Judaic Dream Interpretation", *Solomon Goldman Lectures 8* (January 2003), http://works.bepress.com/ken_frieden/36.

96   Freud, *Der Witz*, S. 49.

97   Fuchs, *Die Juden in der Karikatur*, S. 3. Fuchs war sich der inzestuö-

sen Beziehungen zwischen Tragödie und Komödie und zwischen Leid und Lachen sehr wohl bewusst. So beginnt *Die Juden in der Karikatur* mit „Das Lachen und das Weinen ist gleicherweise untrennbar vom menschlichen Leben" (S. 1), während der zweite Band von *Die Karikatur der europäischen Völker* mit einer philosophischen Überlegung schließt, die im Einklang mit dem traditionellen Denken über den jüdischen Witz als die Umwandlung von Tränen in Lachen steht: „Die große Tragik des Lachenmachens wird damit freilich nicht aus der Welt schwinden. Verzweifelnder Pessimismus und herzbrechender Schmerz über eigene und fremde Leiden werden die Hauptquellen des satirischen Lachens bleiben: das ist die große Tragik des Lachenmachens. Witze machen ist eine sehr, sehr ernste Sache ... vielleicht die ernsteste ..." (S. 475)

98 In seiner Fuchs-Biographie *Revolution, Moral und Kunst* bestätigt Thomas Huonker Hitler als Urheber des Plakats (S. 18). Ulrich Weitz diskutiert das Plakat ebenfalls und bildet es in seiner jüngeren Fuchs-Biographie *Der Mann im Schatten* ab (S. 246).

99 Fuchs, *Die Juden in der Karikatur*, S. 273–276.

100 Im Nachhinein ist man immer klüger, aber dass Fuchs in seiner Analyse kein einziges Mal das Wort Rasse ausspricht bzw. dieses deutlich erkennbare Element übersieht, ist erstaunlich.

101 Fuchs, *Die Juden in der Karikatur*, S. 274.

102 Kadner, *Rasse und Humor*, S. 223

103 Bebel prägt den aufschlussreichen Spruch „Der Antisemitismus ist der Sozialismus der dummen Kerle". Merkwürdigerweise schreibt Fuchs diese Worte Wilhelm Liebknecht zu (*Die Juden in der Karikatur*, S. 80).

104 Bebel vertrat seine Ansichten zum Antisemitismus auf dem Parteitag der Sozialdemokraten von 1893: „Der Antisemitismus entspringt der Mißstimmung gewisser bürgerlicher Schichten, die sich durch die kapitalistische Entwicklung bedrückt finden und zum Theil durch diese Entwicklung dem wirthschaftlichen Untergang geweiht sind, aber in Verkennung der eigentlichen Ursache ihrer Lage den Kampf nicht gegen das kapitalistische Wirthschaftssystem, sondern gegen eine in demselben hervortretende Erscheinung richten, die ihnen im Konkurrenzkampfe unbequem wird: gegen das jüdische Ausbeutertum." *Protokoll der Verhandlungen des Parteitags der Sozialdemokratischen Partei Deutschlands, Köln, 22.–28. Oktober 1893*, S. 224.

105 Fuchs, *Die Juden in der Karikatur*, S. 111.

106 Wie an der Rothschild-Fallstudie und auch an anderer Stelle ersichtlich, hinderte die Leugnung von Rasse als primäre Erklärung für die Existenz der Karikatur Fuchs nicht daran, seine eigenen rassischen Vorurteile – unter Sombarts konzeptueller Anleitung – zu verfechten.

107 Fuchs, *Die Juden in der Karikatur*, S. 308.

108 Vgl. *New York Times*, 15. Juni 1921; dort finden sich zwei interessante Berichte über die Verhandlungen: Edwin L. James, „Germany Makes

Offer to France", und Cyril Brown, „Rathenau Lionized in Berlin".

109   Eduard Fuchs, *Tang-Plastik: Chinesische Grabkeramik des VII. bis X. Jahrhunderts* (München: Albert Lange, 1924), S. 44. Das Zitat findet sich auch bei Benjamin, „Sammler und Historiker", S. 361.

110   Fuchs: „Im 16. Jahrhundert hat bekanntlich kein Christ die Juden mehr geschmäht als der getaufte Jude Pfefferkorn." (*Die Juden in der Karikatur*, S. 220)

111   Micha Brumlik, *Innerlich beschnittene Juden: Zu Eduard Fuchs' Die Juden in der Karikatur* (Hamburg: KVV konkret, 2012).

112   Benjamin, „Sammler und Historiker", S. 355.

113   Benjamin führte die Mängel der Kulturgeschichte noch näher aus: „Kurz, nur scheinbar stellt die Kulturgeschichte einen Vorstoss der Einsicht dar, nicht einmal scheinbar einen der Dialektik. Denn es fehlt ihr das destruktive Moment, das das dialektische Denken wie die Erfahrung des Dialektikers als authentische sicherstellt. Sie vermehrt wohl die Last der Schätze, die sich auf dem Rücken der Menschheit häufen. Aber sie gibt ihr die Kraft nicht, diese abzuschütteln, um sie dergestalt in die Hand zu bekommen." („Sammler und Historiker", S. 356) Benjamins Bemerkung über die „Last der Schätze" lässt an die schwere Last des Sammlers Fuchs denken, dessen wertvolle und umfangreiche Kunst- und Drucksammlung jeden dialektisch „destruktiven" Impuls ausschließt.

114   Für eine jiddische Studie zu ihren Illustrationen für Scholem Alejchem siehe Sabine Koller, „Mentshelekh un stsenes: Rachel Szalit-Marcus illustriert Sholem Aleichem", in: *Leket: Jewish Studies Today*, hg. von Marion Aptroot, Efrat Gal-Ed, Roland Grushka und Simon Neuberg (Düsseldorf: Düsseldorf University Press, 2012), S. 207–231. Koller bildet die Graphik auf Seite 221 ab. Die gesammelten Motl-Zeichnungen finden sich in Rachel Szalit-Marcus, *Mentshelekh un stsenes: zekhtsn tseykhenungen tsu Sholem-Aleykhems verk Motl Peyse dem khazns yingl* (Berlin: Klal-farlag, 1922). Kerry Wallach bildet die Zeichnung in *Passing Illusions: Jewish Visibility in Weimar Germany* (Ann Arbor: University of Michigan Press, 2017) ebenfalls ab und bemerkt, dass Fuchs „einer der Ersten war, der ihr Werk als selbstironisch charakterisierte" (S. 49).

115   Fuchs, *Die Juden in der Karikatur*, S. 310.

3 Von Wächtern und Kabarettisten

Jüdische Witze und Meinungsfreiheit in der Weimarer Republik

Gehässige und transgressive Witze haben seit jeher die Zensur auf den Plan gerufen, besonders aber in politisch turbulenten Zeiten. So gab es auch in der Weimarer Republik, einer demokratischen Gesellschaft, in der die Meinungsfreiheit verfassungsrechtlich geschützt war, eigene Gesetze, die den Tatbestand der Volksverhetzung bzw. die Anstiftung zum Hass unter Strafe stellten. So standen die beiden Nazi-Propagandisten Joseph Goebbels und Julius Streicher wiederholt wegen antisemitischer Hetze vor Gericht – allein gegen Streicher und seine Hetzschrift *Der Stürmer* wurde zwischen 1923 und 1933 sechsunddreißig Mal Anklage erhoben, das Blatt wurde mehrmals beschlagnahmt und sein Herausgeber zu zwei Haftstrafen verurteilt. Fast immer ging es in diesen Verfahren um die Veröffentlichung beleidigender antisemitischer Bildgeschichten und bösartiger satirischer Karikaturen. Die Rechtsvorschriften, die eigene Einschränkungen zum Schutz der Glaubensgemeinschaften vorsahen, konnten aber auch jüdische Witze betreffen, die als herabwürdigend aufgefasst wurden. Im Folgenden geht es aber vor allem um eine Kontroverse, die die damals führende Organisation zum Schutz der Juden in Deutschland mit dem jüdischen Kabarett austrug, weil sie bestimmte, von jüdischen Komikern erzählte selbstironische Witze als gefährliche und unter die Zensur fallende Verhetzung einstufte.

Als Alfred Wiener und dem Central-Verein das Lachen verging

An Alfred Wiener (1885–1964) erinnert man sich heute als einen der herausragenden jüdischen Kulturfunktionäre Deutschlands, der als einer der Ersten die Bedrohung durch die Nationalsozialisten vor allem für die Juden, aber auch für die Weimarer Republik erkannt und als hochrangiger Funktionär des „Central-Vereins deutscher Staatsbürger jüdischen Glaubens" bereits 1925 eindringlich vor Hitler und den Nazis gewarnt hatte. Drei Jahre später richtete er in den Räumlichkeiten des Central-Vereins das Büro Wilhelmstraße ein, das ausschließlich mit der Dokumentation und Verurteilung antisemitischer Aktivitäten beschäftigt war und bis zu seiner Schließung 1933 regelmäßig gegen die Nazis veröffentlichte. 1893 in Berlin als Antwort auf den erstarkenden Antisemitismus und zum Schutz der Bürgerrechte der Juden als deutsche Staatsbürger gegründet, war der Central-Verein 1926 mit rund sechzigtausend Mitgliedern die größte und einflussreichste Schutzorganisation der assimilierten Juden in Deutschland. 1922 wurde die einmal wöchentlich erscheinende *Central-Vereins-Zeitung (C.V.-Zeitung)* ins Leben gerufen, die neben Berichten über das Tagesgeschehen die politische und kulturelle Agenda der Organisation propagierte und antisemitische Vorfälle anprangerte.

Vor diesem Hintergrund erschien am 13. November 1925 ein Artikel Wieners in der *C.V.-Zeitung*, der den Auftakt der vom Central-Verein ausgerufenen „Kabarett-Kampf-Kampagne" gegen die Exzesse an den Berliner Theatern bildete und sich gezielt gegen jüdische Kabarettisten richtete, deren selbstironische Witze nach Ansicht des Vereins die Grenze zur Selbsthassrede überschritten hatten.[1] Wiener verurteilte in seinem Artikel gleich mehrere judenfeindliche Witzphänomene und warf ihnen vor, das jüdische Leben auf gröblich verfälschende Weise darzustellen. Vier der damals üblichen Medien für die Verbreitung jüdischen Humors und jüdischer Komik wurden bereits in der Überschrift genannt: „Kabaretts, Witzbücher, heitere Wochenblätter, und die ‚jüdische Witwe'",[2] eine „biblische Komödie" von Georg Kaiser.[3] Mit dem Untertitel „Ein ernstes Wort von Dr. Alfred Wiener" sollte von Anfang an klar sein, dass ihm nicht nach Scherzen zumute war.

War es Zufall, dass Wiener 1925 vor den Nazis als der größten Bedrohung für die Juden warnte und im gleichen Jahr in der *C.V.-Zeitung* einen Artikel über das antisemitische Potential jüdischen Witzes und die Grenzen selbstironischer jüdischer Witze veröffentlichte? Im Kontext der Schutzfunktion des Central-Vereins und seiner Raison d'être, jeden ob von inner- oder außerhalb der Gemeinde gegen die deutsch-jüdischen Bürgerrechte gerichteten Angriff zu verurteilen, ergibt die Konvergenz zweifellos Sinn. Eine wichtige Funktion Wieners bestand in der Vermittlung zwischen jüdischem Geschmack und öffentlicher Meinung. Immerhin musste er beurteilen, ob kulturelle Repräsentationen von oder über Juden korrekt und angemessen waren und wann die Grenze zum Antisemitismus überschritten war. In dieser Kapazität stellte Wiener die uralte Frage, was für die Juden gut und was schlecht für sie war. Allein die Frage klingt, als wäre sie Teil eines jüdischen Witzes, aber hier signalisiert sie Wieners präskriptives moralisches Urteil, ob ein jüdischer Witz zensiert werden sollte oder nicht.[4] In seinem Artikel beanstandete Wiener vier Beispiele komischer kultureller Produktion, die sich seiner Ansicht nach negativ auf das jüdische Leben in der Weimarer Republik auswirkten.

Wiener beginnt den Artikel indes nicht mit einer pauschalen Verurteilung jüdischen Humors, noch wettert er gegen jüdische Witze, die sich über Juden lustig machen (unabhängig davon, wer diese Witze erzählt); stattdessen klingt eingangs eine auf den ersten Blick liberale Offenheit gegenüber jüdischen Witzen durch, auch solchen, die jüdische Schwächen kritisch hervorheben: „Niemand wird etwa beanspruchen dürfen, daß der Jude von den Witzen des Tages, von der Verspottung des Dichters in seinen Eigenarten und Schwächen ausgenommen ist." Anfangs noch tolerant, erachtet Wieners Analyse auch die Deutung des Juden als komischen „Typ unserer Zeit wie der Kommerzienrat, der Leutnant oder der Student der ‚Fliegenden Blätter'" als zulässig und vertritt den Standpunkt, dass die Juden so wie alle anderen auch einen guten Witz vertragen müssen. Insofern seien diejenigen, die sich beklagten, wenn „jüdische geschäftliche Fixigkeit, die Klugheit des kleinen Moritz oder das gelegentlich parvenühafte Auftreten des Herrn Neureich" zur Zielscheibe jüdischen Witzes werden, als Heuchler und „Duckmäuser" zu bezeichnen. Diese Einleitung erinnert an Sander Gilman und seine These, dass sich die Juden zu Beginn des 19. Jahrhunderts über ihre Fähigkeit, Witze über sich selbst zu machen und solche auch einstecken zu können, Zutritt in die deutsche bürgerliche Gesellschaft verschafft haben.

Die Position Wieners und der Redaktion des Central-Vereins sollte sich jedoch sehr bald ändern – und zwar nicht erst in den nächsten Jahren, sondern bereits binnen weniger Monate. In der Ausgabe vom 30. April 1926 erschien ein Leitartikel von Ludwig Holländer, dem Direktor und Generalsekretär des Central-Vereins, der jüdische Witze über die komische Figur des kleinen Moritz als unzulässige Verzerrung verurteilte: „Wenn aber der ‚kleine Moritz' in der Schule sich als betrügerischer, vorlauter, unkindlicher, von jeder Hemmung befreiter, moralisch niedrigstehender junger jüdischer Mensch entpuppt, wenn das Wesen dieses Witzes darin liegt, daß die gebotene moralische kindliche Zurückhaltung, Anständigkeit und Naivität in einen Gegensatz zum jüdischen Frechling gestellt und so die Witzwirkung erzielt wird, so handelt es sich hier nicht um Humor, Witz oder Komik, sondern um rohe Verzerrung jüdischer Typen, die es weder in Osteuropa noch bei uns gibt."[5] Hier wird anschaulich, wie sehr die Toleranzschwelle für eine bestimmte Art von jüdischer Selbstironie im Zeitraum von nur fünf Monaten strapaziert worden war.[6] Ähnlich wie bei Wiener beginnt auch dieser Artikel zunächst so, als stünde er der Komik liberal gegenüber, um dann aber scharfe Grenzen zu ziehen. Die Redaktion war also sichtlich bemüht, vom Vorwurf abzulenken, sie würde sich aufgrund ihres impliziten Aufrufs zur Kontrolle jüdischen Humors zum Zensor erheben. Holländers moralischer Tadel sollte die Leser allein gegen jene verderblichen und die Grenzen überschreitenden jüdischen Witzbolde aufbringen, die, wie er es nannte, „Pseudokomik" betrieben und das jüdische soziale und kulturelle Leben verzerrt und fälschlich darstellten: „Wer Humor und Komik bekämpft, wird mit Recht als Philister angesehen. [...] Aber allem sind Grenzen gesetzt. Es gibt einen Pseudohumor und eine Pseudokomik, die, indem sie vorhandene Tatsachen entstellen und verzerren, zur Volksverderbnis führen müssen."[7]

Aber wir greifen vor; vorläufig müssen wir uns noch einmal Dr. Wiener zuwenden und der Frage, was ihn im November 1925 so aufgebracht und beunruhigt hat, wenn er eingangs vom jüdischen Witz als angemessener Form von (Selbst-)Ironie spricht, dann aber in die Rolle des Sittenwächters schlüpft. Seine erste Beanstandung betrifft eine nicht näher benannte kabarettistische Satire und die komische Darstellung eines sittlich verdorbenen jüdischen Geschäftsmanns aus Wien, der zum Hausball geladen hat und dessen Tochter, die ihren Verehrern gegenüber ein besonders freizügiges Verhalten an den Tag legt, als Paradeschlampe parodiert wird. In seinem Artikel verteidigt Wiener die Ehre der jüdischen Frauen und wettert gegen ihre Herabwürdigung durch diese Gattung der anstößigen Zote.[8] Wiener zeigt sich erbost darüber, dass „jüdische Künstler und jüdische Kabarettbesitzer sich dazu erniedrigen, solche Schweinereien im jüdischen Gewande als Eigentümlichkeiten eines jüdischen Haushalts auszugeben."[9] Betroffen macht ihn auch das stürmische Gelächter, das das jüdische Publikum dieser Ausschweifung zollt: „Und das Traurigste und Empörendste dabei: Ein Publikum, das besonders in Berlin zum Teil jüdisch ist, wiehert solchen Schamlosigkeiten zu." Rechtschaffenheit und Ehrbarkeit einfordernd, verurteilt Wiener die animalische Reaktion mancher Zuschauer, ihr eselhaftes Benehmen und ihr schrilles Gelächter. Seine Analyse erinnert an die Beobachtung von Eduard Fuchs, dass der selbstironische jüdische Witz die Juden in den Augen ihrer antisemitischen Kritiker auf eine Ebene mit der Schamlosigkeit einer Straßendirne stellt.[10] Wiener schließt diesen Teil seiner Kritik mit scharfen Worten und dem Hinweis ab, es handle sich um nur einen Fall unter vielen, in denen das jüdische Kabarett die jüdische Gemeinde verleumdet und korrumpiert. Im Namen des Central-Vereins spricht er nun eine Unterlassungsaufforderung aus, die jedem jüdischen Kabarett in Deutschland zur Mahnung geraten soll: „Heute sei dieser eine Fall festgenagelt. Weitere können ihm angereiht werden. Wir sind keinesfalls gewillt, auf die Dauer solche ekelhaften Verunglimpfungen uns gefallen zu lassen, und es werden sich Mittel und Wege finden, um diesen Würdelosigkeiten in dem Ton und in der Stärke zu begegnen, wie sie es verdienen. Hilft diese Warnung nicht, so werden wir deutlicher."[11]

Die zweite Beanstandung betrifft ein Witzbuch, das Wiener aus mehreren Gründen beleidigend findet. In seiner Besprechung der Sammlung *Lacht Euch Laune! 1000 Witze* von Ernst Warlitz[12] löst sich Wieners anfängliche Offenheit gegenüber jüdischer „Witzüberlieferung" vollends auf. Er hat seine Antisemitismus-Antennen ausgefahren und spürt allem nach, was in diesem damals sehr beliebten Witzbuch an hasserfüllter Rede zu finden ist:

> *Lacht Euch Laune!* heißt ein von Ernst Warlitz herausgegebenes Buch von tausend Witzen, dessen Auflage bereits an das zwanzigste Tausend herangeht. Ob Herr Warlitz Jude oder Christ ist, ist unbekannt. Ob er aus niedrigen oder böswilligen Absichten sein sogenanntes Witzbuch auch mit einer Reihe jüdischer Witze spickt, die gar keine sind, bleibe dahingestellt. Aber: Welcher deutsche Jude oder welcher Jude aus dem Osten spricht Sätze wie: „Drück'n Se mers af mei Herz un sogn Se mer, was Se spüren!" Solche „Kulturmenschen" malen die Herrn Völkischen vom Kaliber eines Dinter und Kunze ... Weit schlimmer: Welche gemeine Handlungsweise und schändliche Gesinnungsart wird dem Juden in den meisten dieser Witze unterschoben. Er verrät sein Vaterland um ein paar Geldstücke. Er betrügt seine Freunde. Seine Frau ist Meisterin der Unsittlichkeit. Seine Religion ist ihm ein Schachergegenstand.[13]

Interessant ist, dass Wiener den Absichten des Autors indifferent gegenübersteht und es irrelevant ist, ob der Sammler ein christlicher Antisemit, ein jüdischer Selbsthasser oder keines von beidem ist. Wie sich herausstellt, war der aus Leipzig stammende Komödiant Ernst Warlitz homosexuell und mit der Sensibilität des Außenseiters einer anderen Art ausgestattet, die ihn nach dem Untergang der Weimarer Republik ebenfalls zum Verfolgten machen sollte.[14] Für Wiener ist außerdem unerheblich, ob diesen „sogenannten" jüdischen Witzen „niedrige oder böswillige Absichten" zugrunde liegen (und meint selbstverständlich nichts anderes als antisemitischen Hass). Anlass und Absicht sind somit zweitrangig – seine Aufgabe ist es, den Schaden durch dieses Buch abzuwehren. Für Wiener ist das Buch sowohl der Form nach problematisch (der stereotype Gebrauch des jiddisch akzentuierten Mauschelns) wie auch inhaltlich (die Zuschreibung unmoralischen und unanständigen Verhaltens als Wesenszug jüdischer Charaktere). Bemerkenswert ist auch, dass Wiener diese komischen jüdischen Typen mit den stereotypen Unterstellungen völkischer Anführer und glühender Antisemiten wie Artur Dinter und Richard Kunze gleichstellt. Ohne sich zu konkreten Beispielen herabzulassen, wettert Wiener gegen die Verzerrungen dieser Witze, die die Juden als abtrünnige und tückische Verräter verunglimpfen und so zum antisemitischen und völkischen Klischee der „Dolchstoßlegende" beitragen, die den Juden die Schuld an der Niederlage Deutschlands im Ersten Weltkrieg unterstellt.[15]

Ein Witz im von Warlitz herausgegebenen Band, der das Thema Antisemitismus aufgreift, trägt bei näherer Betrachtung zur Erklärung bei, warum Wiener das Buch ablehnt: „Cohn kauft einen Papagei. Der letzte Besitzer hat ihm das Wort ‚Jude' beigebracht. Als Cohn mit dem Papagei nach Hause kommt, schimpft derselbe immerfort: ‚Jude!' Da sagt der Cohn zu ihm: ‚Nu, mit der Nos' haste nötig e Antisemit zu sein.'"[16] Dieser Witz ist von einer in mehrfacher Hinsicht wirkenden Doppelbödigkeit. Zum einen ist er ein selbstironischer jüdischer Witz, der sich über die eigenen Leute lustig macht, indem er die antisemitische Karikatur und das verzerrte Bild vom Juden mit der großen Nase aufruft und verstärkt; zum anderen verspottet er aber auch das papageienhafte Nachplappern der Antisemiten und ihren unreflektierten Judenhass. Und schließlich kann der Papagei mit der großen Nase auch als getarnter selbsthassender Jude verstanden werden, fast schon so, als entstammte er einer äsopischen Fabel. Dieser witzigen Ambivalenz und Spitzfindigkeit etwas abgewinnen zu können, ging jedoch über den Operationsradius des Wächters und seine Aufgabe hinaus, die Juden vor antisemitischen Beschimpfungen welchen Ursprungs auch immer zu schützen – selbst dann, wenn das gekrächzte „Jude" dem Schnabel eines witzig gemeinten Papageis entschlüpft. Das Thema Antisemitismus durfte vom Central-Verein nicht auf die leichte Schulter genommen werden.

Wiener verstand das Witzbuch als Teil einer politisch gewollten Falschdarstellung der Juden. Seine kritische Einschätzung skandiert „Verzerrung und Schande", empört sich über die Unsittlichkeit und befürchtet, mit dem Buch würden die Vorurteile des „unbefangenen Lesers" geschürt. Ohne zwar gleich ein Verbot zu fordern, beharrt Wiener dennoch auf dem Standpunkt, dass kein anständiger Mensch und kein Mensch mit Selbstachtung (Jude oder nicht) dieses Buch kaufen sollte: „Wir verbitten uns, daß wir so von Leuten dargestellt werden, die gar nicht daran denken, sich auch nur im entferntesten ein wahres Bild vom Judentum zu verschaffen. Gewiß enthält das Buch diesen oder jenen Witz über uns, den man mit Lächeln quittieren kann, aber was dem unbefangenen Leser im allgemeinen vorgesetzt wird, ist eine Schande, und jeder Jude und jeder anständige Mensch sollte niemals ein solches Buch kaufen." In seiner Empörung verdrängt Wiener hier das Offenkundige, nämlich dass der jüdische Witz manchmal eine ikonoklastische Zone aus Überschreitungen und Indiskretionen herstellt, deren komische Wirkung bis zu einem gewissen Grad auf Unanständigkeit und Verlust der (Selbst-)Achtung angewiesen ist. Auch räumt er nirgends ein, dass viele der in dem Band enthaltenen Witze auch in von Juden herausgegebenen Witzsammlungen zu finden waren.[17] Stattdessen beharrt Wiener auf seiner Wächterfunktion und steckt die strikten Grenzen dessen ab, was geduldet werden darf und was nicht. Die „Hetze" der Antisemiten und Nazis ist ebenso wenig zu tolerieren wie die „Selbsthassrede" jüdischer Kabarettisten oder jüdischer Witzbücher. Die Tatsache, dass Wiener eine Zensur im November 1925, also in der Blütezeit der Weimarer Republik, und nicht nach 1931 in den Raum stellte, zeigt, wie sehr er sich der Fragilität der vermeintlich demokratischen Institutionen und der subversiven Macht eines bestimmten schädlichen und verzerrenden jüdischen Witzes bewusst war.

Wieners Warnruf dürfte jedoch auf taube Ohren gestoßen sein, denn bereits im darauf folgenden Frühjahr rief der Central-Verein in Berlin zu zwei Protestkundgebungen gegen die jüdischen Kabarettisten auf. Der *C.V.-Zeitung* zufolge versammelten sich am 22. April 1926 in der Aula der Fürstin-Bismarck-Schule in Charlottenburg siebenhundert „Freunde des Central-Vereins", um gegen „das mauschelnde Kabarett" zu protestieren, während weitere dreihundert aus Platzgründen keinen Einlass fanden. Die zweite Protestkundgebung in den Unionsfestsälen der Greifswalder Straße im Osten der Stadt zählte noch einmal fünfhundert Anhänger. Beide Versammlungen nahmen einstimmig die folgende Entschließung an, die am 30. April in Ludwig Holländers Artikel „Gegen die Verzerrung jüdischen Wesens" in der *Central-Verein-Zeitung* veröffentlicht wurde:

> Die am 22. April 1926 zu vielen hunderten versammelten Mitglieder und Freunde des Centralvereins deutscher Staatsbürger jüdischen Glaubens legen Verwahrung ein gegen die grobe Verhöhnung und geistlose Verzerrung jüdischen Wesens und jüdischer Einrichtungen in einer großen Reihe von Theatern und Kabaretts Groß-Berlins. Kein auf Ehre und Anstand haltender Jude sollte derartige Scheinkunst unterstützen. Die Versammlung ersucht den Centralverein, den Kampf gegen die Auswüchse im Kabarett und Theater mit allen ihm zu Gebote stehenden Mitteln durchzuführen. Die Mithilfe aller rechtlich Denkenden ohne Unterschied des Standes und der Religion ist dem Centralverein sicher.[18]

Holländer beharrt in diesem Artikel auf einer sittlichen Norm, die jüdische Selbstironie mit Anstands- und Ehrlosigkeit gleichsetzt und ihre komödiantische Praxis als Scheinkunst auffasst. Obwohl Wiener auf keiner der beiden Versammlungen das Wort ergriff, berichteten die *C.V.-Zeitung* und die *Vossische Zeitung,* dass sich unter den Sprechern mehrere Vereinsfunktionäre befanden, die den Zuhörern einschärften, „in welcher Art von einzelnen Komikern der Antisemitismus geradezu hervorgerufen werde".[19] Holländer vermeidet in seinem Leitartikel zwar das gefürchtete Wort ‚Antisemitismus' und greift zu einer insgesamt subtileren Sprache, gelangt aber zu dem gleichen Schluss. Wieder geht es um angemessene und zu tadelnde Formen jüdischen Witzes und die Befürchtung, dass das verzerrte Selbstbild, anstatt im Komischen zu bleiben und als karikaturistische Übertreibung verstanden zu werden, zur Norm wird. Und obwohl Holländer versucht, eine Unterscheidung zwischen angemessen und nicht mehr tolerierbar zu treffen, ist die Frage, wo die Grenze in der Praxis zu ziehen ist, keine einfache:

> Wer jüdische Typen kennzeichnet und sie zum Gegenstand einer humoristischen, komischen und satirischen Betrachtung macht, wird von niemandem getadelt werden. Denn so wie jede Menschengruppe, so hat auch die Judenheit ihre komischen Seiten. [Überspannungen und Übertreibungen aller Art lassen sich von ihr ebensowenig fortdenken, wie von irgendeiner Klasse unserer Mitbürger.] Alles das darf aber nicht dazu führen, von einem entstellten Bild ausgehend, die Entstellung gewissermaßen zur Regel zu machen und dadurch einem ganzen Volksteil ein Stigma aufzudrücken, das nun einmal vorhandene Vorurteile vergrößern und vertiefen muß, besonders wenn sie aus jüdischem Munde bestätigt werden.[20]

Hier artikuliert die *C.V.-Zeitung* einen wiederkehrenden Einwand gegen jüdische Selbstironie – dass diese selbststigmatisierenden Witze vorhandene antisemitische Vorurteile bekräftigen und vertiefen und sich dieses Stigma umso mehr verbreitet, wenn es von jüdischen Kabarettisten bestätigt wird und sie den Feinden der Juden damit zusätzliche Munition liefern. Dieser Punkt wurde in der *C.V.-Zeitung* mit dem Kommentar unterstrichen, den Emil Faktor im liberalen *Berliner Börsen-Courier* über die Kundgebungen verfasst hatte:

„Um so peinlicher, wenn die vortragenden Herrschaften der gehöhnten Stammesart selber angehören und bei der Gegenpartei den Eindruck erwecken: ‚So sind sie, und rühmen sich noch dessen!'"[21] Von größter Relevanz in diesem Kontext ist die vernichtende Kritik, die Siegmund Feldmann im Dezember 1926 in der *Weltbühne* am KadeKo und an anderen jüdischen Kabaretts übte. Der Theaterkritiker bezeichnete diese Art jüdischen Witz als nichts Geringeres denn Selbsthassrede und versah seinen Artikel mit dem provokanten und prägnanten Titel: „Jeder Jude sein eigener Antisemit!"[22]

Besonders empfindlich reagierte Holländer auf die antisemitische Diffamierung, die Juden würden ihr wahres Gesicht unter einer dünnen „Zivilisationsmaske" verbergen, die ihnen durch selbstkritische Witze heruntergerissen würde, um ihre barbarische Kehrseite zu entlarven.[23] In der rhetorischen Position des Wächters vertrat Holländer die Ansicht, dass sich die jüdische Öffentlichkeit der Gefahren ihres Gelächters nicht bewusst war, weshalb er die bürgerliche Ehrbarkeit und Sachlichkeit aufrechterhalten und die Juden Deutschlands vor Schaden bewahren wollte, indem er diese komödiantischen Gefahren beseitigte. Holländer: „Aber sie lachen harmlos, weil sie an die Harmlosigkeit der Darsteller und der Darstellung glauben. Sie sind sich nicht bewußt, daß die unkundigen jüdischen und alle nicht jüdischen Kreise in diesen Darstellungen Typen des Judentums sehen, und zwar Typen, die ihrer Ansicht nach bei einer großen Anzahl von jüdischen Deutschen lediglich durch eine Zivilisationsschminke, die beim ersten Hauch wegfällt, verdeckt sind." Unter dieser Voraussetzung befürchtete Holländer den Verlust von Kultur und Anstand sowohl bei West- als auch bei Ostjuden und verurteilte die komischen Attacken, denen die Ostjuden nicht nur durch deutsche Juden, sondern auch durch ihre Landsleute ausgesetzt waren. Einem deutsch-jüdischen Publikum mochte es zwar leichtfallen, sich überlegen zu fühlen und sich über minderwertige und schmutzige Ostjuden lustig zu machen, doch Holländer missbilligte diese Verunglimpfungen, da sie „den kulturellen Gegensatz zwischen

Ost- und Westjuden zum Gegenstand über Witze machen und dadurch an die Instinkte ihrer jüdischen Zuhörer appellieren."[24] Was ihn ebenfalls aufbrachte, waren die selbstkritischen Witze käuflicher Ostjuden: „Wir haben Böses in der letzten Zeit erlebt. Wir haben uns mit Erstaunen gefragt, wie jüdische Männer, die aus dem Osten Europas kommen, es fertig bringen [sic], ein entstelltes Bild ihrer Heimat und der jüdischen Menschen ihrer Heimat zu geben [...] um des bloßen Erwerbs willen machen sie sich über sich selbst und ihresgleichen lustig."[25] In dieser Situation forderte Holländer nüchterne Zurückhaltung ein – die Zivilisationsmaske sollte auf den Gesichtern der Ost- und der Westjuden gleichermaßen festsitzen, um sie gegen antisemitische Attacken zu wappnen, die mit Spott und Gelächter einhergingen.

Kurt Robitscheks Verteidigung des selbstironischen jüdischen Witzes

Um eine ausgewogene Debatte zu ermöglichen, lud die *C.V.-Zeitung* den bekannten Berliner Kabarettdirektor und jüdischen Kabarettisten Kurt Robitschek (1890– 1950) und den Revuesänger Kurt Gerron zu ihrer Protestkundgebung ein (Abb. 11). Eine Zusammenfassung der Rechtfertigung Robitscheks erschien als „Der Standpunkt des Künstlers" unterhalb von Holländers Leitartikel vom 30. April und gewährt einen Einblick in Robitscheks Gründe für den aggressiven jüdischen Witz an seinem Theater.[26] Das am 1. Dezember 1924 von Kurt Robitschek, dem Komiker Paul Morgan und dem Schauspieler und Sänger Max Hansen gegründete Kabarett der Komiker (KadeKo) war von Anfang an so erfolgreich, dass es bereits 1925 in ein größeres Theater am Kurfürstendamm umzog und im September 1928 in ein noch größeres Haus am Lehniner Platz, das von dem Berliner Architekten Erich Mendelsohn erbaut worden war und 950 Zuschauern Platz bot. Ihre satirischen Revuen waren eine Mischung aus Gesangs- und Tanzaufführungen sowie Conferencier-Monologen und Liedtexten.[27] 1924, zum Zeitpunkt seiner Gründung, eröffnete das KadeKo mit der komischen Operette *Quo Vadis?* von Morgan und Robitschek, einer beim Publikum sehr erfolgreichen Parodie des gleichnamigen historischen Stummfilms aus dem Jahr 1913, der im alten Rom spielt und von den Anfängen der Herrschaft Kaiser Neros handelt. Die KadeKo-Fassung mit Morgan in der Rolle des Tyrannen, einer Mischung aus Hitler und Nero, nahm die Nazis aufs Korn und verspottete ihre ersten gescheiterten Versuche, an die Macht zu kommen.[28] Heute gilt der Sketch als die erste jemals auf einer Bühne gebotene Hitler-Parodie, in der Curt Bois einen römischen Soldaten namens Gojus mimte, auf dessen Brust ein übergroßes Hakenkreuz prangte.[29] Eigentlich sollte man meinen, dass Robitschek allein wegen der über dreihundert Mal gespielten Satire und ihres nach außen gerichteten Spotts beim jüdischen Publikum besonders beliebt gewesen sein muss; der KadeKo-Humor war aber auch für seine Unverschämtheit bekannt, die in alle Richtungen ausschlug und niemanden verschonte. Insofern verkörperte Robitschek den Gesetzlosen unter den Komikern, dessen freches, unverfrorenes und respektloses Verhalten auf der Jagd nach einem Lacher auch vor der Diffamierung des jüdischen Charakters nicht Halt machte und der schon deshalb unter genauer Beobachtung durch den Central-Verein stand.

Das von Robitschek und Morgan 1924 (noch vor der Premiere von *Quo Vadis?*) gemeinsam herausgegebene Witzbuch *Die einsame Träne* enthält einen fast schon prophetischen jüdischen Witz, in dem eine Figur auftritt, die auf den ersten Blick wie der typische Arier und Nazi aussieht. Der Witz mit dem Titel „Im Bade" funktioniert auf mehreren Ebenen und ist ein zweischneidiger Witz par excellence, da er sowohl den „schmutzigen" Juden wie auch den „Nazi-Schläger" ins Visier nimmt (Abb. 12). In seiner Auflösung liefert der Witz schließlich ein Ventil für jüdische Ängste vor dem neuen Feind und der Gefahr eines diesmal nicht russischen oder polnischen, sondern deutschen Pogroms. Der *Schlemiel* der Geschichte trägt den verdrehten Namen Barches – ein Hinweis auf das westjüdische (deutsch-jiddische) Wort für das rituelle, bei den Ostjuden als *Challe* bekannte jüdische Brot.

Das Jahr war um, Barches besuchte wieder die Badeanstalt, um ein Wannenbad im gemeinschaftlichen Baderaume zu nehmen. In der Wanne nebenan saß ein blonder Hüne, die typische Erscheinung des nationalen Mannes, der ein unsichtbares Hakenkreuz auf der Stirn trägt.

Schüchtern und angstvoll saß Barches in seiner Wanne. Kein Wort wagte er zu sprechen, um ja nur keinen Pogrom hervorzurufen.

Da erhebt sich der Blonde in seiner ganzen stattlichen Größe. Barches' Blick streift an seiner Gestalt entlang, plötzlich erhellen sich seine Züge und freudig fragt er den anderen:

„Sagen Sie, wann haben wir heuer Versöhnungstag?"[30]

In der Sekunde, in der sich der wie ein Arier aussehende blonde Hüne mit „dem unsichtbaren Hakenkreuz auf der Stirn" als beschnittener Jude herausstellt, atmet der Jude Barches und mit ihm das ganze jüdische Volk auf. Das unsichtbare Hakenkreuz wird durch den angedeuteten beschnittenen Penis ersetzt und (im buchstäblichen und übertragenen Sinn) zum sichtbaren Zeichen jüdischer Differenz. Angesichts dieser fleischlichen Offenbarung löst sich die Angst vor dem anderen augenblicklich in Luft auf und Barches platzt erleichtert mit der Frage nach dem Versöhnungstag heraus. Die Pointe dieses genialen Beispiels für einen Witz, der die Inversion auf die Spitze treibt, erinnert an den Witz über den Ostjuden im Eisenbahncoupé, der, als er merkt, dass der ihm gegenübersitzende feine Herr ein assimilierter Glaubensgenosse ist, nicht mehr auf der Hut sein muss. Bei „Im Bade" funktioniert die Ambivalenz ganz genauso: der anfänglichen Überzeichnung des Klischees von jüdischer Körperhygiene[31] wird die Gefahr des Antisemitismus der Nazis gegenübergestellt.[32] Indirekt verspottet der Witz aber auch die rassische Doktrin der Nazis, wonach ein Jude physisch nicht wie ein Arier aussehen oder als solcher durchgehen kann. Aus der Perspektive von Wiener und Holländer ließe sich aber

Abb. 11 Kurt Robitschek, Conferencier (Deutschland 1930)

Abb. 12 Paul Simmel, „Im Bade.", aus: *Die Einsame Träne* von Robitschek und Morgan

auch argumentieren, dass der „glückliche Ausgang" vom aufkommenden Problem ablenkt und es verharmlost.

Sieht man sich die in der Zeitung zusammengefasste Ansprache Robitscheks näher an, fällt auf, dass sie mehrere Gesten enthielt, die als Friedensangebot an die Zensoren gedacht waren. Der Schauspieler Robitschek wusste natürlich, dass er sich bei diesem Auftritt keine Blödeleien wie auf der KadeKo-Bühne erlauben durfte. Er musste seriös wirken und die Pose des besorgten jüdischen Bürgers einnehmen, dem jüdische Bürger- und Religionsrechte ein Anliegen waren und der sie nicht durch sein Kabarett verunglimpft sehen wollte. Robitschek versicherte seinem wohl kaum lächelnden Publikum, dass ein „geschmackvoller Künstler und Kabarettleiter jede Entgleisung, die von der Bühne herab religiöses Gefühl eines Mitbürgers verletzt, auf das strengste verurteilen wird."[33] Mit diesem Kommentar zeigte sich Robitschek gegenüber dem Central-Verein und dessen Befürchtung versöhnlich, der jüdische Witz diffamiere religiöse Praktiken und jüdische Einrichtungen. Immerhin steht in Holländers Leitartikel: „Die Verhöhnung jüdisch-religiöser Einrichtungen in derartigen Vorstellungen kann nicht genug verdammt werden [...] Denn es ist Roheit, das, was irgendeiner Religion heilig ist, lächerlich zu machen und niedrige Instinkte einer unkundigen Menge auf Kosten dieser Glaubensinnigkeit zu wecken."[34] Auf diesen Vorwurf antwortet Robitschek, dass mit dem umstrittenen und provokanten Lied „Kaddish" keineswegs die Absicht verfolgt worden sei, das heilige jüdische Ritual des Totengebets lächerlich zu machen, und vollzieht dann seinen eigenen rhetorischen Dreh, wenn er fortfährt, dass es den Komödianten doch erlaubt sein müsse, die „ernsten" Themen des Tages, darunter auch die des Glaubens, aufzugreifen: „Lasset ruhig im Kabarett Lieder und Vorträge zu Worte kommen, die ernste – auch religiöse – Themen des Judentums behandeln. Das vielumstrittene Lied ‚Kaddish' gehört dazu."[35] Die besonnene Wortwahl unterscheidet sich jedenfalls deutlich von der heiteren und unbekümmerten Position, die er und Morgan nur ein paar Jahre vorher in ihrer Einleitung zu *Die ein-*

same Träne vertreten hatten, als sie von der Harmlosigkeit jüdischer Witze sprachen. Vor den Mitgliedern des Central-Vereins, die sich über einen in ihren Augen ikonoklastischen Gebrauch des heiligen Totengebets im profanen Kontext der kabarettistischen Zote schockiert gezeigt hatten, geht Robitschek auf die unverschämte Lesart des Liedes erst gar nicht ein, sondern lenkt das Gespräch geschickt in eine patriotische Richtung. So stand denn auch in einem Zeitungsbericht, dass es Robitschek gelungen war, die Mitglieder des Central-Vereins davon zu überzeugen, dass das Lied nicht als „Schande" und Schmähung jüdischer Frömmigkeit zu verstehen sei, sondern als Glorifizierung deutscher Juden, die im letzten Krieg gekämpft hatten – da es von der Trauer einer Witwe um ihren gefallenen Ehemann erzählte.[36] Anstatt in einer Grauzone zu verharren, in der das KadeKo-Lied „Kaddish" als Darbietung komischer Ambivalenz zu verstehen wäre, befriedet der jüdische Humorist seine Kritiker mit dieser ehrbaren und unstrittigen Interpretation.

In einer weiteren Beschwichtigungsgeste pochte Robitschek darauf, dass er auf Seiten der moralischen Verantwortung stehe bzw. dass sie zumindest als sein eigentliches Anliegen zu verstehen sei, wenn er als Kabarettdirektor auf die Anschuldigungen antworte: „Der Name ‚Kabarett' ist diskreditiert. Schaffende werden sich bemühen, die Schaubühne der kleinen Kunst auch zur moralischen Anstalt zu gestalten. Aber der Weg ist lang und mühsam." Bei seinem Versuch, dem jüdischen Kabarett zu kultureller Bedeutung zu verhelfen und die impliziten Vorwürfe zu widerlegen, dass er und seine Kollegen vom KadeKo frivole jüdische Selbsthassrede betrieben, fällt drei Mal das Wort „ernst". Robitschek insistiert dann noch einmal, dass sein Humor ernsten Themen verpflichtet sei, und mit der Forderung nach einem Kabarett als „ernste Kunst im Heiteren" paraphrasiert er seinen Humor als einen, der der sozialen und politischen Satire verpflichtet ist. Ginge es nach Robitschek, sollten Männer wie Wiener jedenfalls nicht den alleinigen Anspruch auf Ernsthaftigkeit haben. (Man erinnere sich an Wieners Artikel zu Beginn der

Kampagne des Central-Vereins und den Untertitel „Ein ernstes Wort".) Insofern vertraten sowohl der jüdische Archivar nationalsozialistischer Niedertracht wie auch der jüdische Komödiant, der sich über die Nazis (und die Juden) lustig machte, dass sie ihr jeweiliges Metier in aller Ernsthaftigkeit betrieben: „Und wenn er [der Weg des Kabaretts zur moralischen Anstalt] einst zurückgelegt ist, dann werden auch ernste jüdische Dichtungen ihr gut Teil zur Kultivierung beigetragen haben. Wenn ihr Kabarett eurer Proteste würdig findet, also ernst nehmt, dann lasset es auch ernste Kunst inmitten des Heiteren pflegen. Fesselt die Kleinkunst nicht – entfesselt sie nur aus den Banden der Geschmacklosigkeit."[37] Obwohl Robitschek seinen jüdischen Kritikern hier in mancher Hinsicht entgegenzukommen scheint, lässt er auch keinen Zweifel daran, dass sich sein Kabarett dem Diktat seiner Gegner nicht unterwerfen werde.

Folglich bezog Robitschek in seiner Ansprache vor dem Central-Verein klar Stellung zur Meinungs- und Redefreiheit im Komischen und zu seiner Ablehnung der „kleinlichen Zensur". Er bestätigte ferner, dass das besondere und werturteilsfreie Terrain der Komödie die Ambivalenz ist. So gesehen erhält auch das vorhergehende Zitat einen ambivalenten Beigeschmack, denn es bleibt offen, was Robitschek in diesem Kontext mit einem so subjektiven Begriff wie „Geschmacklosigkeit" meint und wer geeignet sein sollte, als Richter zwischen „zulässiger Satire" und unzulässiger „Geschmacklosigkeit" zu urteilen. Die Meinungsfreiheit, die der Kabarettdirektor meint, liest sich so: „Aber – um Gottes willen – keine kleinliche Zensur! Witz und Satire müssen erlaubt sein, wenn auch hie und da einzelner hart getroffen wird. Normen, wo erlaubte Satire aufhört und Geschmacklosigkeit beginnt, gibt es nicht und können im Einzelfalle nur durch Besprechung festgesetzt werden. Also: Erst verhandeln und dann handeln!"[38] Demnach wäre jeder Witz und jede Zote von Fall zu Fall prüfen, und zwar ohne Ausnahme. Die Anrufung des Schöpfers („um Gottes willen") mag nach Ironie klingen, sie soll die Zuhörer aber auch daran erinnern, dass vielleicht nur das göttliche Urteil zu unterscheiden vermag, was zulässig ist und was nicht. Insgesamt setzt sich Robitschek für den aggressiven und tendenziösen jüdischen Witz in einem Raum ein, in dem es zum Leben in einer Demokratie dazugehört, den Einzelnen der Lächerlichkeit preiszugeben, und mit dieser Ansicht – und den unweigerlich damit einhergehenden verletzten Gefühlen – widerruft er das, was er kurz vorher über die Notwendigkeit des Schutzes religiöser Gefühle gesagt hat.

Der hypothetischen Annahme, dass sich Robitschek vor der regulativen Versammlung des Central-Vereins von seiner besten Seite gezeigt und vor einem Publikum feindseliger Sittenrichter die Frage der gebotenen Sittlichkeit von Witzen und der künstlerischen Freiheit zurückhaltender behandelt haben dürfte, lohnt es, auf den Grund zu gehen und einen Blick in die Einleitung des von ihm und Morgan herausgegebenen Witzbuchs *Die Einsame Träne: Das Buch der guten Witze* (1924) zu werfen. Der Titel selbst kündigt zwar keine jüdischen Witze an, aber wie die Herausgeber in der Einleitung sogleich bestätigen, geht es doch vor allem darum: „Der dominierende Witz auch in dieser Sammlung ist der jüdische."[39] Dass Robitschek und Morgan auf einem Terrain spielen, auf dem sich der maßlose Komiker künstlerische Freiheiten herausnimmt und jeder institutionellen Forderung nach Zurückhaltung und Zensur eine Absage erteilt, wird schon an der Überschrift der Einleitung (dem Witz eines Tristam Shandy ebenbürtig) klar: „Einige unpassende Worte, die diesem Buch seitens der Herausgeber zum Geleite auf den Weg mitgegeben werden."[40] Maßhaltende und beschwichtigende Worte oder einen ernsthaften Ton sucht man hier vergeblich. Die beiden Komiker legen stattdessen eine fröhliche Heiterkeit an den Tag, die ihre Leser zum Lachen bringen soll. Dem Thema Zensur begegnen sie in ironischer und herrlich selbstreflexiver Manier, wenn sie erzählen, wie das Buch zustande kam. So standen ihnen 45.659.387 Witze zur Auswahl, die sie selbst kannten. Aber „auf das Weitererzählen von 38.767.124 Witzen war vom Reichsgericht bereits die Todesstrafe festgesetzt, so daß dieselben von vornherein eliminiert werden mußten."[41] Das klingt so, als schwebte die politische Zensur – ob durch die Gerichte oder die Glaubensgemeinschaft – immer schon über den Köpfen des KadeKo und als hätten sie die Anfechtungen durch den jüdischen Central-Verein einerseits und die Nazis und Nationalisten andererseits bereits kommen sehen.

Unter den Witzen, die Robitschek und Morgan für *Die einsame Träne* auswählten, finden sich auch etliche über fromme Juden, die durchaus Gefahr liefen, religiöse Gefühle zu verletzen und gegen die Linie des Central-Vereins zu verstoßen. Die KadeKo-Komödianten nahmen sie trotzdem in ihre Sammlung auf. Zum Teil dienen sie der religiösen Entmystifizierung und verspotten die vermeintlichen „Wunderrabbis", während wieder andere die Autorität der Rabbiner insgesamt in Frage stellen.[42] In einem Beispiel schlägt sich ein Mann am Versöhnungstag beim Sündenbekenntnis so hart auf die Brust, dass die Rippen knacken.[43] Bei einem anderen Witz hätte sich Wiener in seiner Warnung bestätigt gesehen, dass derart freizügige Witzbücher den Glauben verhöhnten und ihn zu einem „Schachergegenstand" machten. Er erzählt vom alten Schnorrer Meier, einem sehr frommen Mann, der mit dem Erzengel Gabriel um eine Wohltat Gottes schachert und zur Zielscheibe des Spotts wird, als die Antwort nach göttlichen Maßstäben ausfällt.[44] Ebenfalls in diese Kategorie fällt der zweideutig provokante Witz mit dem Titel „Nicht so heftig!", der die heilige Pflicht des Fastens zu Jom Kippur aufs Korn nimmt und seinen Spaß nicht nur an den religiösen Juden hat (da es um den Verstoß gegen die Fasten- und Speiseregeln geht), sondern auch an den Freidenkern (weil ihr gotteslästerlicher Wunsch durch einen offenbar übernatürlichen Akt Gottes durchkreuzt wird) (Abb. 13). Elias Bernstein wird durch den Geruch der Würste des Straßenverkäufers in Versuchung geführt und erkundigt sich nach dem Preis. Als es anstelle einer Antwort laut donnert, sagt er: „Na ... na ... na ... fragen wird man doch noch dürfen!"[45] Derselbe Witz findet sich auch im Sammelband von Warlitz, den Wiener so beleidigend fand.[46]

Abb. 13 Paul Simmel, „Nicht so heftig!", aus: *Die einsame Träne* von Robitschek und Morgan, S. 111

Der Band von Robitschek und Morgan enthält indes auch solche Witze, die von dubiosen Geschäftspraktiken erzählen und sich über unterschiedliche Typen habgieriger und hinterlistiger jüdischer Figuren lustig machen, die nur auf Gewinn aus sind, selbst wenn dabei ethische Werte missachtet und die Grenzen der Sittlichkeit überschritten werden.[47] Sie erinnern an Wieners Kritik an Warlitz: „Welche gemeine Handlungsweise und schändliche Gesinnungsart wird dem Juden in den meisten dieser Witze unterschoben." Jedenfalls ist kaum vorstellbar, dass der Central-Verein nach der „Kabarett-Kampagne" im Frühjahr 1926 die Witze der beiden noch für akzeptabel befunden hätte. Erzählt wird etwa von der Niedertracht eines Neffen, der den letzten Willen seines Onkels Nathan bewusst missinterpretiert und anstelle eines prächtigen Grabsteins für seinen großzügigen Gönner einen großen Brillanten für seine Krawattennadel anschafft.[48] Ein weiteres Beispiel handelt von einem Mann, der sich im bekannten Hotel Esplanade am Potsdamer Platz nach einem Zimmer erkundigt und erfährt, dass die Zimmer, je höher gelegen, umso erschwinglicher werden und daher eine Übernachtung im obersten Stockwerk für dreißig Mark zu haben wäre. Woraufhin der immer noch nicht zufriedene Jude sagt: „Danke! Ihr Hotel ist zu niedrig."[49] Die Pointe spielt mit der Doppelbedeutung von niedrig und billig und fällt auf die jüdische Witzfigur zurück. Es finden sich auch ein paar Rothschild-Witze, die das Klischee vom habgierigen jüdischen Geschäftsmann bedienen.[50] Erzählt werden aber auch Kleine-Moritz-Witze von der Art, die Holländer zensiert wissen wollte. Einer davon handelt vom kleinen Moritz, der im Unterricht bei der Lösung mathematischer Aufgaben ins Schachern verfällt: „‚Moritz, wie viel ist 6 × 6?', worauf er antwortet: ‚36 – freibleibend.'"[51] Alle genannten Beispiele sind selbstironische Witze, die den jüdischen Glauben ebenso wie auch den Charakter der Juden stereotypisieren und die Haltung, die in derlei Späßen unzulässige Grenzüberschreitungen sah, verhöhnen.

Unmittelbar auf die Ankündigung, dass die meisten Witze in ihrem Band jüdisch sind, folgt eine gewagte Erklärung der beiden Herausgeber, mit der sie ihren Kritikern vorgreifen wollen und die die Ernsthaftigkeit widerlegt, die Robitschek zwei Jahre später vor den Mitgliedern des Central-Vereins an den Tag legen sollte. Indem sie ihre Witze als harmlos bezeichnen, wenden Robitschek und Morgan die umgekehrte rhetorische Strategie an – dass man die jüdischen Witze in ihrer Sammlung keinesfalls ernst nehmen dürfe. Auf diese Weise oszilliert der instabile jüdische Witz zwischen gefährlicher Drohung („schädlich") und sorgloser Belustigung („harmlos"):

> Der dominierende Witz auch in dieser Sammlung ist der jüdische. Es werden immer wieder einige aufstehen, die eine Verhöhnung der Nation und Religion in diesen harmlosen Scherzen finden. Die Herausgeber wissen keine bessere Rechtfertigung, denn auf das Vorwort zu Alexander Moszkowskis „Unsterbliche Kiste" hinzuweisen. Wollte man diese Anschuldigung treffend zurückweisen, müßte man immer und jedenfalls zum Plagiator an jenem werden, der die wirklich gute und vor allem geistreich eingeleitete Witzsammlung gemacht hat. Die Herausgeber dieses Buches ehren ihn hiermit durch sanftes Erheben von den Sitzen.[52]

Hier haben wir es mit einem merkwürdigen intertextuellen Moment in der Geschichte jüdischer Witzbücher zu tun, wenn Robitschek und Morgan die damals beliebteste Sammlung jüdischer Witze und ihren Autor, den Berliner Juden und Satiriker Alexander Moszkowski, ins Spiel bringen. Die Anspielung auf den „Witzologen" Moszkowski und seine geistreiche Einleitung aus dem Jahr 1911 beschwört die Zeit unter Kaiser Wilhelm II. und vor dem Ersten Weltkrieg herauf. Anstatt ausführlicher darauf einzugehen, warum es legitim ist, selbstironische Witze in die Sammlung aufzunehmen (abgesehen davon, dass sie harmlos sind), und warum sie keine Hassrede darstellen, die die Juden und den jüdischen Glauben ins Lächerliche zieht (und somit in die Nähe antisemitischer Ressentiments gerät), verweisen die beiden auf Moszkowski und seine unter anderen

Voraussetzungen geschriebene Argumentation. Zwar erheben sie sich vor ihrem satirischen Vorbild, doch darüber hinaus lassen die beiden keine eigene Argumentation folgen. Es ist daher angebracht, einen Blick auf die Worte Moszkowskis und seine Ratschläge zu diesem besonderen Thema zu werfen, denn in der für ihn typischen blumigen Prosa geht Moszkowski sehr wohl darauf ein, wie zu antworten ist, wenn dem jüdischen Witz (und dem Witzbold) Selbsthass und Antisemitismus vorgeworfen werden:

> Es gibt nämlich – hört! hört! – eine große Anzahl glänzender jüdischer Witze, deren epische Träger nicht gerade als Idealgestalten vorzustellen sind. Und wenn so ein Witz auf Druckpapier erscheint, dann pflegt sich sehr schnell der Vorwurf der Judenfeindschaft mit allen Attributen der Entrüstung einzustellen. Wohlgemerkt: Man darf sie erzählen und dabei sicher sein, daß der Hörer sie mit deutlichem Ausdruck des Entzückens weitererzählen wird, und so lange man sie mündlich verbreitet, sind sie jüdisch; aber bei der Berührung mit Druckpapier werden sie antisemitisch. Wie kommt man da über den Berg? Soll man sie in einer Sammlung, die auf einige Vollständigkeit Anspruch macht, einfach unterschlagen? Das verlange man nicht von dem Herausgeber einer „Kiste", der sich eher die Zunge abbeißt, als daß er einen Witz verschluckt. Man begnüge sich mit seiner Versicherung, daß er im Felde des Witzes nur eine Tendenz anerkennt, nämlich die Witztendenz, und daß er die Verallgemeinerung einer zufälligen üblen Eigenschaft von der Einzelfigur eines Scherzes auf die Allgemeinheit ablehnt. Die jüdischen Juwelen sind in ihrer Gesamtheit so gute Schaustücke, daß sie vor aller Welt offen gezeigt werden können, ohne daß Veranlassung vorliegt, einzelne in ein Geheimfach zu sperren. Um aber auch dem Wehleidigsten jeden Vorwand zu einem schmerzlichen Zusammenzucken zu benehmen, habe ich den „Entarteten Sprossen" aufgegeben, sich von der übrigen Gemeinde offensichtlich abzusondern

und sich mit ihren Kainszeichen in einer besonderen Abteilung zusammenzufinden.[53]

So wie Robitschek, der dafür plädiert, den Witz von Fall zu Fall zu beurteilen, will auch Moszkowski den jüdischen Witz nicht als Bühne für die Darstellung „einer zufälligen üblen Eigenschaft von der Einzelfigur" verallgemeinert wissen. Interessant ist außerdem seine Differenzierung zwischen mündlichem und schriftlichem Erzählformat als Entscheidungsgrundlage, ob ein jüdischer Witz von seinem Wesen her potentiell antisemitisch ist oder nicht. Anders als im privaten mündlichen Austausch wird ein Witz in dem Moment öffentlich, in dem er aufgeschrieben wird. Von da an kursiert er im öffentlichen Raum und wird unkontrollierbar bzw. es lässt sich nicht mehr so genau zuordnen, wer ihn sich angeeignet hat und erzählt (Jude oder Nichtjude). Im gedruckten Format taucht der „Vorwurf der Judenfeindschaft" relativ rasch auf, da jüdische Witze dann schon allein durch ihre Benennung als solche in antisemitischen Spott umgewandelt werden. Moszkowskis geistreiche Logik verdeutlicht den schmalen Grat zwischen jüdischer Selbstironie und Antisemitismus und wie sie als zwei Seiten ein und derselben Medaille aufgefasst werden können. So, wie sich Robitschek später auf die Meinungsfreiheit berufen wird, weigert sich auch Moszkowski, dieser Art von jüdischem Witz abzuschwören oder Zensur walten zu lassen, und will sie in einem ersten Impuls zusammen mit allen anderen Witzen aus seiner Schatzkiste präsentieren. Da er es sich aber auch nicht mit den „überempfindlichen Typen" unter seinen Lesern verscherzen möchte, schlägt er einen Kompromiss vor, der sich sowohl hinsichtlich der Vornahme einer Trennung wie auch durch seine Bezeichnung als unfreiwillig prophetisch erweist. In dem Kapitel „Entartete Sprossen" schottet er diese flüchtigen und aufrührerischen jüdischen Scherze ab, und indem er sie mit dem „Kainsmal" versieht, ruft er eine biblische Figur auf, die das implizit antisemitische Wesen dieser Witze bestätigt. Natürlich wollte der jüdische Satiriker vor allem witzig sein, als er diese „Rückaneignung" der Attribute Entartung und Verfluchtheit der Juden vornahm und seine komische Darbietung jüdischer Selbstironie dem Vorwurf von Antisemitismus aussetzte. Hier wird deutlich, warum sich Robitschek und Morgan von ihren Sitzen erheben und Moszkowski zu diesem geschickten Manöver applaudieren. Man beginnt aber auch zu verstehen, warum jemand wie Alfred Wiener, hätte er diesen Abschnitt in Moszkoswkis Buch gelesen, alles andere als amüsiert gewesen wäre. Eher ist davon auszugehen, dass er in seiner Funktion als Wächter über die deutsch-jüdische Gemeinde darin die Zeichen eines alten religiösen Antisemitismus (am Kainsmal) und die Vorzeichen seiner neuen radikalisierten Version (in Form der Entartung) erkannt und als Teil einer fehlgeleiteten jüdischen Selbstabwertung gedeutet hätte, die nicht zum Lachen war.

Schlussbemerkung

Zu Beginn dieses Kapitels habe ich die Frage gestellt, ob es Zufall war, dass Wiener im selben Jahr (1925), in dem sein Artikel über die Grenzen selbstironischer jüdischer Witze und ihr antisemitisches Potential erschien, die Nazis als die größte Bedrohung für die Juden erkannte. Wenn man bedenkt, dass die Debatte über den jüdischen Witz und seine Grenzen eng mit der jüdischen Frage im Allgemeinen verbunden war und dass sie als Stimmungsbarometer für den Stand der interkulturellen Beziehungen und des Dialogs (bzw. seines Mangels) zwischen Deutschen und Juden diente, war diese Konvergenz gewiss nicht zufällig. Denn zur gleichen Zeit, als die jüdischen Funktionäre des Central-Vereins damit anfingen, ihre Stimme gegen die Nazis als Bedrohung von außen zu erheben, begannen sie, das jüdische Kabarett als Bedrohung von innen zu überwachen. Was sich hier zeigt, ist der Wettstreit zwischen einer jüdischen Selbstschutzorganisation, die die freie Äußerung über die Juden zensieren wollte, und einer Gruppe jüdischer Kabarettisten, die sich einer solchen Kontrolle entziehen wollte. Alfred Wiener, Ludwig Holländer und die anderen Funktionäre des Central-Vereins behaupteten, selbstkritische jüdische Witze und Antisemitismus stießen an der Kreuzung zum „jüdischen Selbsthass" aufeinander. Indes reagierten Kurt Robitschek und andere jüdische Kabarettisten auf diese Angriffe – sowohl im Ernst wie auch im Scherz – mit dem Vorwurf der „kleinlichen Zensur" und der Forderung nach der Redefreiheit des Komischen, unabhängig davon, ob nach außen oder nach innen gerichtet und ob auf der Kabarettbühne oder im Witzbuch.

Ungeachtet Robitscheks Forderung nach der Freiheit der Kunst standen er und das KadeKo in den nächsten Jahren weiterhin unter Beschuss durch den Central-Verein. Die Lage eskalierte im Dezember 1927, als Arthur Schweriner, der Rechtsbeistand des Central-Vereins, in einem Artikel zu einem Rundumschlag gegen gleich mehrere Kabaretts ausholte. Seine Kritik richtete sich insbesondere gegen den im KadeKo nach wie vor gebräuchlichen und herabwürdigenden mauschelnden Jargon und den Begriff „Musensynagoge", mit dem Robitschek sein Theater in der Hauszeitung *Die Frechheit* bezeichnete. Schweriner zitierte aus dem Brief eines „Freundes des Central-Vereins", der die jüdische Selbstironie in den Kabaretts mit organisiertem Antisemitismus verglich: „Kabarettisten, die, obwohl selbst Juden, kein Gefühl für den notwendigen Takt haben und durch ihre Vorträge das antisemitische Zerrbild vom Juden verbreiten helfen, unterstützen die antisemitische Bewegung, gegen die anzukämpfen ehrenhafte Juden sich seit Jahren bemühen. [...] Alle Abwehrbestrebungen werden immer wieder durchkreuzt durch diese Art von Komik, die sich nicht scheut, ein unwahres Bild jüdischen Wesens und Wertes in würdeloser Verspottung der Öffentlichkeit zu geben."[54] Der wütende Robitschek wurde nun selbst zum „Beleidigungskomiker" und schrieb dem Rechtsbeistand des Central-Vereins einen bösen Brief, den Schweriner mit einer Verleumdungsklage quittierte. In der *C.V.-Zeitung* wird der Zwischenfall so beschrieben: „Herr Robitschek allerdings hat unter dem 18. Dezember 1927 in einem Brief, der von Beleidigungen gegen unseren stellvertretenden Syndikus Artur Schweriner strotzt, erkennen lassen, daß er trotz allem nichts hinzugelernt hat. Vielleicht wird die durch Herrn Schweriner gegen Herrn Robitschek eingereichte Beleidigungsklage von heilsamer Wirkung sein."⁵⁵ Wie Peter Jelavich hervorhebt: „Da der Central-Verein dafür bekannt war, gegen antisemitische Agitatoren wegen Beleidigung und Diffamierung gerichtlich vorzugehen, erfolgte mit diesem Schritt möglicherweise eine symbolische Gleichstellung Robitscheks mit den größten Feinden der Juden."⁵⁶ Der Fall wurde im Januar 1928 außergerichtlich beigelegt, nachdem sich Robitschek schriftlich entschuldigt hatte: „Ich erkläre, den Brief vom 18. Dezember 1927 an den Central-Verein deutscher Staatsbürger jüdischen Glaubens in großer Erregung geschrieben zu haben. Eine Beleidigung des Herrn Syndikus Schweriner lag mir fern. Wenn Herr Schweriner in meiner Zuschrift eine persönliche Ehrenkränkung erblickt hat, so spreche ich hierüber mein Bedauern aus."⁵⁷

Das alles trug sich nur wenige Monate vor dem Umzug des KadeKo in das neue und größere Theater zu; Robitschek wollte sein jüdisches Mainstream-Publikum unter keinen Umständen vergraulen. Das goldene Zeitalter des KadeKo im großen Haus sollte jedoch nicht von langer Dauer sein, da im September 1931 die öffentlichen Provokationen durch die Nazis immer häufiger wurden und immer mehr Leute aus Angst vor den randalierenden Aufmärschen auf dem Kurfürstendamm dem Theater fernblieben. In einem Kommentar machte sich Robitschek über die Ästhetik des politischen Theaters der Nazis lustig: „Was Hitler macht, ausposaunt, inszeniert, ist politischer Charell. Alte politische Komödie wird auf neu gebügelt und mit Girls versehen, die in diesem Falle S.A.-Männer heißen".⁵⁸

Da die politische Satire auf der Bühne – ob gegen die Nazis oder auch in selbstironischer Weise gegen die Juden gerichtet – in einem solchen Klima zu gefährlich geworden war, riet Robitschek zu anspruchsloser Ablenkungsunterhaltung, die seinem Publikum ein „Nichtnachdenkenmüssen"⁵⁹ ermöglichte. In Anbetracht dieser drastischen Einschränkungen hatten weder die Nazis noch der Central-Verein Grund zur Klage und es musste nicht mehr darüber gestritten werden, was im

KadeKo als „zulässige Satire" und was als „Geschmacklosigkeit" galt.

In Summe ist die KadeKo-Debatte von 1926 ein Lehrbeispiel dafür, was für den jüdischen Witz auf dem Spiel stand, als er sich in ein Territorium vorwagte, das für den Antisemitismus, wie er in der Weimarer Republik zu dem Zeitpunkt bereits herrschte, ein gefundenes Fressen war. Der Central-Verein erachtete die Bedrohung als bereits zu groß und wollte der aus seiner Sicht selbsthassenden Komik deshalb Grenzen auferlegen. Tatsächlich argumentierte der Central-Verein, dass solche Witze überhaupt nicht mehr als komisch zu betrachten wären. Darüber hinaus verurteilte er vom Standpunkt der moralischen Überlegenheit die kommerziellen Beweggründe jüdischer Kabarettisten. Holländer war am Ende seiner Weisheit angelangt, als er die folgenden Zeilen schrieb: „Weit schlimmer ist es aber jetzt, wo Juden die schlechten Typen der Menschheit in jüdelnder Weise dem Publikum zum Vortrag bringen und, um des bloßen Erwerbes willen, sich über sich selbst und ihresgleichen lustig machen. Der ist kein Schalk mehr, der solches tut. Er hat keinen Humor, er ist zügellos und frech."[60] Doch Kurt Robitschek und die Kabarett-Komiker ließen sich diese Attacken nicht einfach gefallen. Auf den Vorwurf, dass es ihnen nur um den Erwerb ginge, antworteten sie mit einem Appell an das demokratische Ideal der Rede- und Meinungsfreiheit. Selbst in der Zurückhaltung, der sich Robitschek vor der Versammlung des Central-Vereins bemüßigte, war seine mutige Rechtfertigung des jüdischen Witzes zwangsläufig streitlustig und satirisch: „Witz und Satire müssen erlaubt sein, wenn auch hie und da einzelner hart getroffen wird." Wenn sich also bestimmte jüdische Witze der antisemitischen Aneignung aussetzten, dann war das ein Risiko, das einzugehen und darüber zu lachen es wert war. Für Robitschek war selbstironischer jüdischer Witz nicht verhandelbar, und wie aus dem von ihm und Morgan herausgegebenen Witzebuch hervorgeht, war er zum Zeitpunkt der Kontroverse für seine Darstellung der modernen jüdischen (Witz-)Erfahrung sogar von zentraler Bedeutung. Wie Moszkowski hätte sich Robitschek eher noch die Zunge abgebissen, als sich einen Witz zu verkneifen. Bekannt ist aber auch, dass Robitschek seine Haltung mit der Zeit ändern musste, um sich über Wasser zu halten. Im Sommer 1931 war die Glanzzeit seines Berliner Kabaretts, das aggressive Satire und jüdische, vor Selbstironie sprühende Witze bot, bereits vorbei.

Wiener und Robitschek leisteten Pionierarbeit, was die Verunglimpfung der Nazis betraf, auch wenn sie auf markant unterschiedliche Weise vorgingen – der jüdische Funktionär tat dies über die penible Dokumentation und Anprangerung ihrer Niedertracht und der jüdische Komiker über die provokante Satire und die Macht des Lachens. 1933 mussten beide aus Deutschland fliehen; Robitschek ging zunächst nach Wien und von dort nach London, ehe er nach New York emigrierte und seinen Namen in Ken Robey änderte. Er sollte seine Karriere als Komiker fortsetzen und arbeitete sogar an einer Wiederbelebung des KadeKo, bis er 1950 im Alter von sechzig Jahren starb. Unterdessen gelang Wiener mit seiner Sammlung die Flucht nach London, wo er 1939 ankam und am verhängnisvollen 1. September das *Jewish Central Information Office* (JCIO) gründete. Er sollte seine Sammlung bis zu seinem Tod 1964 laufend erweitern. Heute ist sein Archiv weltweit als die Wiener Library für Holocaust- und Genozidforschung bekannt (Abb. 14).[61] In der zur Mitte der zwanziger Jahre geführten Debatte über den jüdischen Witz in den Berliner Kabaretts und Witzbüchern mochten der Wächter und der Komiker konträrer Ansicht gewesen sein, letztlich gelang es aber beiden, die Nazis und den Holocaust durch Flucht zu überlisten und den Zweiten Weltkrieg zu überleben.

Abb. 14   Dr. Alfred Wiener an seinem Schreibtisch in der Bibliothek am Manchester Square (London, 1953)

1   Für eine ausführliche Auseinandersetzung mit der Kampagne des Central-Vereins siehe Heidelore Riss, „‚Unser Kampf gegen das mauschelnde Kabarett': Die Kabarett-Kampf-Kampagne des Central-Vereins", in: *Ansätze zu einer Geschichte des jüdischen Theaters in Berlin 1889–1936* (Frankfurt am Main: Peter Lang, 2000), S. 161–174. Riss fasst die Anschuldigungen zusammen: „[…] gegen jüdische Künstler, die sich nach Meinung des Central-Vereins antisemitischer Äußerungen auf der Bühne schuldig gemacht hatten und damit ungewollt antisemitische Ressentiments schürten." (S. 163)

2   Alfred Wiener, „Kabaretts, Witzbücher, heitere Wochenblätter, und die ‚jüdische Witwe': Ein ernstes Wort von Dr. Alfred Wiener", *C.V.-Zeitung*, 13. November 1925.

3   Georg Kaiser, *Die jüdische Witwe: Biblische Komödie* (Berlin: S. Fischer, 1911), eine komische Interpretation der Enthauptung des Holofernes durch Judith in 5 Akten, die in den frühen 1920ern aufgeführt wurde.

4   Somit war das Verhältnis zwischen dem Witz und dieser Frage für den Wächter ein regulatives, während es für die Kabarettisten ergebnisoffener war.

5   Ludwig Holländer, „Gegen die Verzerrung des jüdischen Wesens", *C.V.-Zeitung*, 30. April 1926. Mein Dank gebührt Peter Jelavich und seinen Arbeiten zur Debatte über die Grenzen des selbstironischen jüdischen Humors und die Gefahren des Antisemitismus in der Weimarer Republik. Jelavich deutet diese Debatte jedoch nicht im Sinne der kontrastierenden Rollen des Wächters und des Komödianten. Vgl. Peter Jelavich, „When are Jewish Jokes No Longer Funny? Ethnic Humour in Imperial and Republican Berlin", in: *The Politics of Humour: Laughter, Inclusion and Exclusion in the Twentieth Century*, Hg. Martina Kessel und Patrick Merziger (Toronto: University of Toronto Press, 2012).

6   Die Beschwerden über den von den Kleiner-Moritz-Witzen angerichteten Schaden fanden ihre Fortsetzung in einem Artikel von Arthur Schweriner, „Kabaretts und Film – Rückfall ins Unwürdige in Berliner Kabaretts", in: *C.V.-Zeitung*, 9. Dezember 1927.

7   Holländer, „Gegen die Verzerrung des jüdischen Wesens".

8   Freud spricht die Dreiecksmethode der Zote an: Sie tritt im klassischen Gewand zweier Männer auf, die sich tendenziöse erotische Witze erzählen (und daran erregen), deren Zielscheibe eine abwesende Frau ist. Vgl. Sigmund Freud, *Der Witz und seine Beziehung zum Unbewussten* (Frankfurt am Main: S. Fischer Verlag, 1969–75), S. 60ff.

9   Steven Aschheim hat mich auf die Ähnlichkeit von Wieners Kritik am jüdischen Kabarett und der Kritik des Historikers Walter Laqueur in seinem Aufsatz „The Tucholsky Complaint" am „fragwürdigen Geschmack" des jüdisch geborenen und zum Christentum übergetretenen Satirikers Kurt Tucholsky aufmerksam gemacht (S. 78). Für Laqueur stellte die „wahllose" und ausschließlich negative Kritik des Satirikers an sämtlichen sozialen und kulturellen (linken wie rechten) Einrichtungen der Weimarer Republik einen Mangel an gutem politischem Urteilsvermögen dar. Tucholskys erbarmungsloser Spott über den

jüdischen bürgerlichen Geschäftsmann und Parvenü findet sich in seiner Figur des Herrn Wendriner, der den Antisemitismus bis zu einem gewissen Grad ebenfalls bereits verinnerlicht hat. Sechzehn dieser Monologe verfasste Tucholsky in den Jahren 1923–1930. Walter Z. Laqueur, „The Tucholsky Complaint", in: *Encounter* (Oktober 1969), S. 76–80. Tucholskys Buch mit Fotomontagen von John Heartfield trägt den ironischen Titel *Deutschland, Deutschland über alles* (Berlin: Neuer Deutscher Verlag, 1929). Seine witzige Schlammschlacht nahm sich u.a. das deutsche Militär und den Patriotismus vor.

10   Eduard Fuchs, *Die Juden in der Karikatur* (München: Albert Langen Verlag, 1921), S. 304.

11   Wiener, „Kabaretts, Witzbücher…".

12   Ernst Warlitz, *Lacht Euch Laune! 1000 Witze* (Berlin: Hesse, 1925).

13   Wiener, „Kabaretts, Witzbücher…" Als Beispiel für einen falschen und feigen Freund in der Sammlung von Warlitz in: *Lacht Euch Laune!*: „Cohn trifft Levi auf der Straße weinend an. ‚Warum weinst du?' fragt Cohn. ‚Der Mann dort drübn hat mir e Ohrfeig' gegeben.' ‚Was', sagt Cohn entrüstet, ‚wie kommt der dazu, komm, ich werd' ihn zur Rede stellen! Sagen Sie mal', sagt er zu dem Mann, ‚warum haben Sie Levi gehauen?' ‚Weil er frech war', sagt dieser, ‚und wenn er nicht weggeht, kriegt er noch e Ohrfeig'!' ‚Das möchte ich aber mal sehen', sagt Cohn. Der Mann gibt Levi noch eine Ohrfeige. Da nimmt der Cohn Levi beim Arm und sagt: ‚Komm, gehn mer, was is das for a grober Mensch!'", Nr. 485, S. 133. Für eine untreue jüdische Ehefrau: „Kohn kommt nach Hause und findet seine Frau mit ihrem Liebhaber. Kohn ergreift in großer Aufregung seine Pistole und will den Liebhaber erschießen. Frau Kohn deckt aber diesen mit ihrem Leib und ruft: „Itzig, du wirst doch nicht erschießen wollen den Vater deiner Kinder!" (Nr. 923, S. 266) In einem anderen Witz, den Wiener wohl auch geschmacklos gefunden hätte, schachert ein Jude mit seinem Glauben und straft die Wohltat eines reichen Glaubensgenossen mit Undank: „Ein armer Jude, der kein Geld hat, sich Mazzes zu kaufen, schreibt einen Brief an den lieben Gott mit der Bitte, ihm Geld zukommen zu lassen, damit er sich Mazzes kaufen kann. Er wirft den Brief zum Fenster hinaus. Ein Bankier findet ihn, läßt den Juden zu sich rufen und sagt: ‚Hier sind fünf Mark, die ich Ihnen vom lieben Gott aus geben soll.' Der Jude nimmt das Geld und sagt: ‚Der Schlag soll ihn treffen. Wer weiß, was der bei dem Geschäft verdient hat!'" (Nr. 477, S. 130)

14   Vgl. Ernst Warlitz, *Purpurne Schmerzen* (Zürich: Rutli Verlag, 1924), einen Gedichtband des Autors, der eine Reihe explizit homoerotischer Gedichte enthält.

15   Warlitz erzählt einen klassischen Witz, der Ernst Simon zufolge zu den Betonungswitzen gehört, einer jüdischen Witzgattung, die sich aus der mangelnden Interpunktion im Hebräischen ableitet. Vgl. Ernst Simon, „Zum Problem des jüdischen Witzes", *Bayerische Israelitische Gemeindezeitung,* Nr. 20 (15. Oktober 1928), S. 314. Diese formalen und grammatikalischen Überlegungen weichen in Wieners negativer Analyse der von Warlitz erzählten Witze jedoch zurück, da der abtrünnige Jude für ihn im Fokus steht, der seine patriotische Pflicht und den Dienst am deutschen Vater-

land lieber nicht erfüllen möchte: „Einjähriger Cohn, warum soll der Soldat sein Leben für sein Vaterland opfern?" fragt der Feldwebel. „Sie haben recht, Herr Feldwebel, warum soll er's opfern." (Nr. 296, S. 70) In Simons Analyse findet sich ebenfalls ein Witz über einen ungehorsamen Soldaten, aber bei ihm handelt es sich um einen Soldaten, der Zigarre rauchend über den Kasernenhof geht.

16   Warlitz, *Lacht Euch Laune!*, S. 142.

17   Der Witz über den jüdischen Soldaten findet sich u.a. auch bei T. L. Hirsch, *Jüdisches Witzbuch: Amüsante Witze, Humoresken und Anekdoten* (Berlin: Reform-Verlagshaus, 1913), S. 48.

18   Holländer, „Gegen die Verzerrung des jüdischen Wesens".

19   „Gegen Auswüchse des Kabaretts", *Vossische Zeitung*, 23. April 1926.

20   Holländer, „Gegen die Verzerrung des jüdischen Wesens".

21   Emil Faktor, „Das Mauscheln", *Berliner Börsen-Courier*, 23. April 1926. In diesem Gedanken zeichnet sich bereits die Rhetorik ab, die Siegfried Kadner zur Untermauerung seiner rassistischen Abhandlung *Rasse und Humor* (1936) benutzte.

22   Siegmund Feldmann, „Jeder Jude sein eigener Antisemit!", *Die Weltbühne 22*, Nr. 50 (14. Dezember 1926), S. 936.

23   In ihrer Interpretation von Holländers Überreaktion verweist Riss auf die im Frühjahr 1926 bereits mit Nazi- und völkischer Propaganda infiltrierte Gegenwehr des Central-Vereins: „Die letzte Zeile des Zitats macht deutlich, in welchem Maße die völkische Propaganda bereits Einfluß auf die Argumentation des Central-Vereins genommen hatte. Denn die Behauptung, daß sich die Juden nur verstellten, um hinter der ‚Zivilisationsmaske' ganz andere Absichten zu hegen, stammte aus dem antisemitischen Repertoire völkischer und nationalsozialistischer Kreise." Riss, „Unser Kampf", S. 168.

24   Für eine Besprechung, wie die Ostjuden oft mit dem Schmutzigen und Primitiven assoziiert wurden, vgl. Steven E. Aschheim, *Brothers and Strangers: The East European Jew in German and German-Jewish Consciousness, 1800–1923* (Madison: University of Wisconsin Press, 1982). Im Kapitel „Ambivalent Heritage" geht Aschheim auf das Vorherrschen tendenziöser, gegen osteuropäische Juden gerichteter Witze im Buch *Der Witz* des Wiener Juden Sigmund Freud ein (S. 50–51). Er stellt aber auch fest, dass der „ostjüdische Sinn für Humor" bei deutschsprechenden Juden oft auf Bewunderung stieß: „Bewunderung für ihren Witz, ihre Frechheit (chuzpah) und ihren Mut in der Not war stets eine verborgene Antithese in der Beziehung der Westjuden zu ihren Brüdern aus dem Osten." (S. 50)

25   Holländer, „Gegen die Verzerrung des jüdischen Wesens".

26   Robitschek äußerte sich zu seinen Gründen auch in der KadeKo-Zeitschrift *Die Frechheit*. Interessant ist, dass er die jüdische Figur des Schnorrers in den Text einbringt: „Mein Traum wäre ja ein Kabarett voll Aggressivität, ein Kabarett der Satire des Tages gewesen. Aber wieviel Men-

schen gibt es, die diesem Idealkabarett Verständnis entgegenbringen? 20 Journalisten und 300 Freikartenschnorrer." *Die Frechheit* 5, Nr. 12 (Dezember 1929), zitiert in Marcus G. Patka und Albert Stalzer (Hg.), *Alles meschugge? Jüdischer Witz und Humor* (Wien: Amalthea Verlag, 2013), S. 80.

27   Alan Lareau fasst den typischen Abend im KadeKo so zusammen: „Das KadeKo-Programm bestand aus zwei Teilen; es kombinierte einen kabarettistischen Teil aus Liedern und Conferencier-Auftritten mit einem zweiten musikalischen Teil, in dem Musicals, Operetten, Parodien oder Theaterstücke als Einakter geboten wurden (von Robert Stolz bis Tschechow und Heinrich Mann und mit eigenen Texten von Paul Morgan und Kurt Robitschek). Vom Format her entsprach es daher eher einem Varieté als den intimeren Kleinkunst-Bühnen […] Der Schwerpunkt lag auf humorvoller Unterhaltung." Siehe „The German Cabaret Movement during the Weimar Republic", *Theatre Journal* 43, No. 4 (Dezember 1991), S. 482.

28   Diese politisch pointierte Aufführung und ihre Verspottung der Nazis steht im Widerspruch zu Lareaus Behauptung, dass „die [KadeKo] Programme politisch unverbindlich waren" (S. 482). Marie-Theres Arnbom bestätigt diesen politischen Aspekt ebenfalls: „Die politische Ausrichtung verdankte dieses Kabarett seinem Gründer Kurt Robitschek." Marie-Theres Arnbom, *War'n Sie schon mal in mich verliebt: Filmstars, Operettenlieblinge und Kabarettgrößen zwischen Wien und Berlin* (Wien, Köln, Weimar: Böhlau Verlag, 2006), S. 10.

29   Für eine Besprechung der Aufführung und mehr Information über die KadeKo-Künstler vgl. „Kurt Robitschek und das ‚Kabarett der Komiker'", in: Marie-Theres Arnbom, *War'n Sie schon mal in mich verliebt*, S. 76–78. Von Klaus Völker stammt das Standardwerk *Kabarett der Komiker Berlin 1924–1950* (München: Edition text + kritik, 2010).

30   Paul Morgan und Kurt Robitschek, *Die einsame Träne: Das Buch der guten Witze* (Berlin: Drei Masken Verlag, 1924), S. 99. Die Karikatur dazu stammt von Paul Simmel und kontrastiert den stereotyp dargestellten Barches mit dem als Arier durchgehenden blonden Juden.

31   Ein anderer selbstironischer Witz in der Sammlung, der nicht vom Badhause handelt (das üblicherweise mit dem Ostjuden assoziiert wird), heißt „Ehrlich" und geht so: „Sie bewerben sich um den Posten des Nachtwächters. Können Sie auch Beweise Ihrer Ehrlichkeit vorbringen?" „Und ob! Zwanzig Jahre war ich Bademeister und hab' nicht ein Bad genommen." (S. 73)

32   Im Buch sind noch andere Witze enthalten, die die Antisemiten zur Zielscheibe jüdischen Humors machen, dieser Aspekt der Witze Robitscheks wird von den Wächtern des Central-Vereins allerdings nicht gewürdigt. Der offensichtlichste von ihnen im Abschnitt „Philosophie des Humors" nimmt die Sündenbockrolle aufs Korn, mit der die Juden für den verlorenen Ersten Weltkrieg verantwortlich gemacht werden: „Politische Debatte im Eisenbahnkuppee. Ein martialisch aussehender Herr, Offizier a. D., und Ignaz Silberfaden führen das Gespräch. Endlich sagt der Martialische mit Bestimmtheit: ‚An dem bösen Ausgange des Weltkrieges sind nur die Juden schuld.' Da fällt Ignaz Silberfaden ein: ‚Und die Radfahrer!'

‚Wieso die Radfahrer?' fragt der Offizier a. D. erstaunt. Da meint Ignaz: ‚Wieso die Juden?!' (S. 133) Auf diesen bekannten Witz und seine Umwandlung nach dem Holocaust komme ich in Kapitel 6 noch einmal zu sprechen.

33 Robitschek, „Der Standpunkt des Künstlers", *C.V.-Zeitung*, 30. April 1926.

34 Holländer, „Gegen die Verzerrung des jüdischen Wesens".

35 Robitschek, „Der Standpunkt des Künstlers".

36 „Jargon im Kabarett. Sturmszenen in einer jüdischen Versammlung", *Neue Berliner Zeitung – Das 12 Uhr Blatt,* 23. April 1926.

37 Robitschek, „Der Standpunkt des Künstlers".

38 Ebd.

39 Morgan und Robitschek, *Die einsame Träne,* S. 7.

40 Ebd., S. 5–8.

41 Ebd., S. 6.

42 Ein Beispiel zum Thema Wunderrabbi ist der vom Rabbi aus Kishinew in einem absurden Witz, der auch auf die Angst vor dem antisemitischen Pogrom anspielt: „‚Unser Rabbi', sagt Modche Gitterstab aus Kishinew, ‚kann buchstäblich Wunder wirken. Unlängst kam eine Rotte vor sein Haus und wollte ein kleines Pogromchen veranstalten. Er aber hob bloß die Hände, da stieg ein Engel vom Himmel und flog mit ihm mitten aus der Menge, die ihn gerade umbringen wollte, gegen Himmel, und setzte ihn behutsam außerhalb der Stadt auf eine Wiese. ‚Das glaub' ich nicht', meinte skeptisch Doktor Friedländer aus Czernowitz. ‚Das glauben Sie nicht? Sie sehen doch, der Rabbi lebt heute noch …!'" (Morgan und Robitschek, *Die einsame Träne,* S. 124–125) Und hier ein Beispiel für die ambivalente Hinterfragung rabbinischer Autorität: „Da kam eines Tages zu dem talmudgelehrten Rabbi der Schüler und fragte: ‚Großer Rabbi, du weißt doch alles! Kannst du mir sagen, wenn der Mensch stirbt: geht die Seele von außen herein oder von innen heraus?' Sekundenlang sann der Rabbi, dann sprach er langsam: ‚Wenn du mich so fragst, muß ich dir sagen: Ja!'" (S. 38–39). Vgl. auch den „sophistischen" Witz als Denkfehler bei Freud, der sich über die religiöse Autorität lustig macht. In diesem Wunderrabbi-Witz verkündet der weitsichtige Rabbi N. aus Krakau fälschlicherweise das Ableben seines Kollegen in Lemberg. Dennoch heißt es, dass der telepathische Blick *(Kück)* von Krakau nach Lemberg mehr zählt als die Tatsache, dass sich Rabbi N. bei Rabbi L. geirrt hat. Siehe Freud, *Der Witz,* S. 37. Der jüdische Witzfolklorist Elliott Oring widmet „The Kück" ein faszinierendes Kapitel in *The Jokes of Sigmund Freud: A Study in Humor and Jewish Identity* (Northvale, NJ: Jason Aronson, 1997), S. 79–90. Oring analysiert diesen Witz in Bezug auf Freuds Glauben an die Telepathie.

43 Morgan und Robitschek: „Am Versöhnungstag hält Tichowitz in der Synagoge bei dem Sündenbekenntnis eine besonders laute Zwiesprache mit Gott. Und wehklagend schlägt er sich die Brust so heftig, dass man vermeint, die Rippen krachen zu hören. Da klopft ihm der Tempeldiener auf die Schultern und sagt begütigend: ‚Mit Gewalt werden Sie da nichts ausrichten!'" *(Die einsame Träne,* S. 93)

44 Morgan und Robitschek: „Der alte Meier, von Beruf Schnorrer, war sehr fromm. Und so erschien ihm denn einmal, als er in inbrünstigem Gebete lag, der Erzengel Gabriel. ‚Lieber Erzengel', sagte Meier, ‚was ist für den lieben Gott der Zeitraum von hunderttausend Jahren?' ‚Eine Minute!', sagte der Engel. ‚Und was sind für den HERRN hunderttausend Mark?' ‚Ein Pfennig!' ‚Verehrter Herr Erzengel, sag' doch dem lieben Gott, er soll mir einen Pfennig schicken!' ‚Gut!', sagte Gabriel, ‚warte eine Minute!'" *(Die einsame Träne*, S. 105)

45 Ebd., S. 113.

46 Bei Warlitz heißt der Freidenker, der nach dem Preis der Wurst fragt, Samuel Jammermeier; als es blitzt und donnert, blickt er himmelwärts und meint: „Nanana – fragen wird man doch noch können!" Warlitz, *Lacht Euch Laune!*, S. 12.

47 Für einen Witz über einen gemeinen (und misogynen) Juden vgl. Hrn. Politzer, der seine Frau Rifke lieber im Grab sieht, als ihr ihren letzten Wunsch nach einem Glas Wein zu erfüllen (Morgan und Robitschek, *Die einsame Träne*, S. 86). Für einen gierigen Juden vgl. den über Strassers Schwiegersohn, der aus der Bitte seines frommen Schwiegervaters, am Schabbat das Geschäft zu schließen, Kapital schlagen möchte und ihn um mehr Geld bittet, um das Geschäft ganz zu schließen (S. 159–160). Um einen hinterlistigen Juden geht es in der Geschichte über den Mann, der gefragt wird, wie denn die Dinge nach dem gestrigen Brand so stehen, und der seinem Freund antwortet, still zu sein, da der Brand erst in der nächsten Woche geplant ist (S. 141). Und schließlich noch der Witz über einen gerissenen, zum Christentum übergetretenen Juden, der nach wie vor das Klischee vom Geldjuden erfüllt, wenn er sich weigert, seine Tochter in eine jüdische Familie zu verheiraten, weil ihm die Mitgift nicht groß genug ist (S. 160).

48 Morgan und Robitschek: „Nach langem schweren Leiden ist Onkel Nathan selig im Herrn entschlafen. Testamentsvollstrecker ist sein Neffe Ignaz Meier. Und der wichtigste Passus in den letztwilligen Verfügungen Onkel Nathans lautet: ‚… und von den restlichen 5000 Mark soll ein schöner Stein angeschafft werden.' Seitdem trägt Meier einen riesigen Brillanten in der Krawatte …" (Die einsame Träne, S. 82) Eine ähnliche Version findet sich bei Moszkowski im „abgesonderten" Kapitel „Entartete Sprossen" in *Der jüdische Witz und seine Philosophie* (Berlin: Dr. Eysler, 1923), S. 130.

49 Morgan und Robitschek, *Die einsame Träne*, S. 143.

50 Ebd., S. 94, 95, 142 und 145. Wie bereits bei Eduard Fuchs diskutiert, bestand bei Witzen über die Rothschild-Familie und ihren sagenhaften Reichtum immer die Gefahr, antisemitische Klischees und antisemitisches Ressentiment zu schüren.

51 Ebd., S. 160.

52 Ebd., S. 7–8.

53 Alexander Moszkowski, *Die jüdische Kiste: 399 Juwelen echt gefaßt – Der Unsterblichen Kiste zweiter Teil* (Berlin: Verlag der lustigen Blätter, 1911), S. 6–7.

54 Arthur Schweriner, „Kabaretts und Film – Rückfall ins Unwürdige in Berliner Kabaretts", *C.V.-Zeitung*, 9. Dezember 1927.

55 „Das Echo unseres Kampfes gegen würdelose Kabaretts", *C.V.-Zeitung*, 6. Januar 1928.

56 Jelavich, „When are Jokes No Longer Funny?", S. 39.

57 „Die leidige Kabarettfrage: Vergleich Artur Schweriners mit Kurt Robitschek", *C.V.-Zeitung*, 27. Januar 1928.

58 Kurt Robitschek, „Sieg des Theaters über die Weltgeschichte", *Die Frechheit* 7, Nr. 7 (Juli 1931). Mit Erik Charell meint Robitschek den legendären jüdischen und schwulen Berliner Theaterregisseur, der die Tiller Girls aus Großbritannien nach Deutschland brachte. Ebenfalls erörtert wird diese Passage von Peter Jelavich in „Girls and Crisis: The Political Aesthetics of the Kickline in Weimar Berlin", in: *Rediscovering History: Culture, Politics and the Psyche*, Hg. Michael Roth (Stanford, CA: Stanford University Press, 1994), S. 236.

59 Kurt Robitschek, „Das siebente Jahr", in: *Die Frechheit* 7, Nr. 6 (Juni 1931), S. 1. Vgl. Peter Jelavich, *Berlin Cabaret* (Cambridge MA: Harvard University Press, 1993), S. 203.

60 Holländer, „Gegen die Verzerrung des jüdischen Wesens". Die Ironie will es, dass Holländer die Eskapaden der Gebrüder Herrnfeld in seinem Kommentar in fast schon nostalgischer Manier verharmlost. Er vergisst, dass sie einst von vielen jüdischen Kulturjournalisten heftig kritisiert wurden, darunter 1908 von dem hier bereits mehrmals erwähnten Flaneur in „Die antisemitischen Gebrüder Herrnfeld". In Holländers selektiver Erinnerung klingt das so: „Es war meist eine harmlose Darstellung beruflicher und menschlicher Schwächen, die nicht ohne eine innere Komik vorgetragen wurden." Heidelore Riss sagt zu dieser veränderten politischen Sachlage: „Der wirkliche Antisemitismus, der mit dem Aufkommen des Nationalsozialismus sich in immer neuen Gesichtern zeigte, rehabilitierte nun nachträglich die Herrnfelds." (Riss, „Unser Kampf", S. 166).

61 Siehe Ben Barkow, *Alfred Wiener and the Making of the Holocaust Library* (London: Vallentine Mitchell, 1997).

4 „Weit von wo?"

Erich Kahler und der jüdische Galuthwitz

„Das Judentum ist heute in Deutschland den wildesten Angriffen ausgesetzt. Die Bewegung, die jetzt in die Höhe gekommen ist, sieht geradezu im Schicksal des Judentums den Angelpunkt der deutschen, ja der menschlichen Zukunft."[1] Mit diesen Worten beginnt Erich Kahler sein Buch *Israel unter den Völkern*, das er von Juli bis November 1932 in Wolfratshausen (nahe München) schrieb und das im Februar 1933 – nur wenige Tag nach der Machtergreifung der Nationalsozialisten Ende Januar 1933 – im Münchner Delphin-Verlag erschien (Abb. 15). Über Kahlers kulturelle Mission schreiben die Historiker David Kettler und Volker Meja: „Für Kahler standen die Probleme der deutschen *Bildung* im Mittelpunkt seiner Beurteilung der kulturellen Krise und ihrer möglichen Lösung, aber als Jude nahm er kein Blatt vor den Mund. In seinem Buch *Israel unter den Völkern*, das die Nazis zum Zeitpunkt ihrer Machtergreifung in Rage versetzte und Kahler 1933 ins Exil zwang, erteilte er jüdischen Kulturmenschen den Auftrag, die deutsche Kultur zu retten."[2] Kahler war der Ansicht, die jüdische geistige und moralische Intention (in einem weltlichen Kontext) in Kombination mit deutscher Bildung (und ihren Werten von „Toleranz, Selbstverwirklichung durch Bildung und dem Primat der individuellen Autonomie"[3]) wäre immer noch imstande, die Lage zu retten und die Zukunft in eine andere Richtung zu lenken. Aus diesem Blickwinkel ist die Geschichte von Erich Kahler exemplarisch für den hochgebildeten und idealistischen Bildungsjuden der Jahrhundertwende, der, als sich seine Hoffnungen zerschlugen, gezwungen war, ein Leben im Exil zu führen.

1885 als Erich von Kahler in eine reiche und in den Adelsstand erhobene jüdische Industriellenfamilie in Prag geboren, gehörte er der kulturellen Elite in Prag und später in Wien an, wo er aufwuchs und das humanistische Gymnasium besuchte. Sein weiterer Bildungsweg führte ihn an die Universitäten von München, Berlin, Heidelberg und Wien, wo er neben zahlreichen anderen geisteswissenschaftlichen Disziplinen im Hauptfach Geschichte und Philosophie studierte und 1908 mit einer Arbeit über Recht und Moral zum Dr. phil.

promovierte. Mit seiner humanistischen Erziehung und als ein in den Geistes- und Kulturwissenschaften umfassend gebildeter Mensch entsprach Kahler nach den Kriterien des deutsch-jüdischen Kulturhistorikers George Mosse dem Bild des Bildungsjuden seiner Zeit. „Der deutsche Begriff Bildung", so Mosse, „kombiniert die Bedeutung des englischen Begriffs ‚education' mit den Konzepten von Charakterbildung und moralisch-sittlicher Erziehung."[4] Den Bildungsjuden zeichnete ferner ein elitärer Kulturbegriff aus und seine Wertschätzung für die gehobene Kunst und Literatur, die er in den kulturellen Errungenschaften Deutschlands verankert sah. In seiner Arbeit über den jungen Kahler schreibt Gerd Lauer: „Bildung war noch von einer Aura umgeben, die die Künste und die Literatur über das Alltägliche der bürgerlichen Welt hinaushob [...] Kahler wollte an dieser Aura nicht nur teilhaben, sondern auch selbst der neue Mensch und Dichter sein."[5] Der (deutschsprachige) Bildungsjude pflegte den Ostjuden gegenüber eine eher herablassende Haltung, hatte aber auch für das Gewinnstreben und den Materialismus jüdischer Geschäftsleute nichts übrig. Mit dem jüdischen Witz konfrontiert, war der den humanistischen Werten verpflichtete Gelehrte prädestiniert, ihm nur dann etwas abzugewinnen, wenn er sich durch Weisheit oder Wissen auszeichnete und Ausweis ebenjener Bildung war.[6]

Kahler, der in jungen Jahren unter dem Einfluss von Stefan George und dessen Kreis gestanden und ein Interesse für Intuition, das Irrationale und den Glauben entwickelt hatte, wandte sich mit der Zeit jedoch zusehends der Neuromantik zu und ließ die rationalen und liberalen Merkmale des Bildungsjuden hinter sich.[7] Interessant ist in diesem Zusammenhang ein Briefwechsel Kahlers mit Werner Cahnmann, einem hochrangigen Funktionär des Central-Vereins, auf den der deutsch-jüdische Historiker Michael Brenner hinweist; Cahnmann schätzte Kahlers Ansichten zum Thema Bildung und war von seiner Idee angetan, die Juden bildeten aufgrund eines einzigartigen religiösen Erbes, das dem „Dialog mit Gott"[8] geschuldet war, einen eigenen Stamm. Aus einem Brief Cahnmanns an Kahler geht hervor, wie die beiden über die Grenzen der Rationalität dachten: „Ich bin aber der Ansicht, dass unsere Freunde im Lager des Liberalismus und der Aufklärung [...] gefährliche Freunde für uns sind. Da der Rationalismus alle Sonderart im Begriffe eines allgemeinen Menschentums auflöst, löst er auch die jüdische Sonderart auf. Ihre Behauptung [einer jüdischen Sonderart] ist nur möglich im Bunde mit den romantischen Kräften der deutschen Bildung."⁹

Vor dem Hintergrund der brutalen Zensur der Nazis hatte Kahlers idealistische Botschaft, Bildungsjuden wie er hätten den Auftrag, Deutschland zu retten, jedoch nicht den Funken einer Chance. Als sein Buch nur wenige Wochen nach seinem Erscheinen beschlagnahmt und vernichtet wurde, fiel es einem der „wildesten Angriffe" zum Opfer, von denen er zu Beginn seines Buches spricht. Dass es heute noch zwei Exemplare dieser Erstausgabe gibt, ist dem Zufall zu verdanken – eines befindet sich in der Princeton University Library (Kahlers persönliches Exemplar) und das andere im Deutschen Literaturarchiv in Marbach. Zwar unternahm der Berliner Schocken Verlag Ende 1933 noch einen weiteren Versuch, das Buch herauszubringen, doch die Nazis stampften auch diese Ausgabe ein. Unterdessen befand sich Kahler bereits auf der Flucht – er ging zuerst nach Wien, von dort in die Tschechoslowakei und schließlich in die Schweiz, wo es ihm 1936 gelang, beim Humanitas Verlag in Zürich eine leicht veränderte Version zu veröffentlichen. In einem Brief vom 21. März 1935 an seinen Freund Thomas Mann schreibt Kahler, dass lediglich der letzte Abschnitt des Buches („Ausblick") überarbeitet wurde. Dieser redigierten Version sind die Hoffnungslosigkeit einer deutsch-jüdischen Verständigung und die Unausweichlichkeit jüdischen Exils bereits eingeschrieben. Kahler spricht in dem Brief die „unmessbare" Differenz an, die sich im Zeitraum dieser drei Jahre aufgetan hat: „Ich bin über seine heutige Wirkung ganz unsicher geworden, es ist ja – mit Ausnahme des kürzlich veränderten Schlußstücks – vor bald drei Jahren in Deutschland und

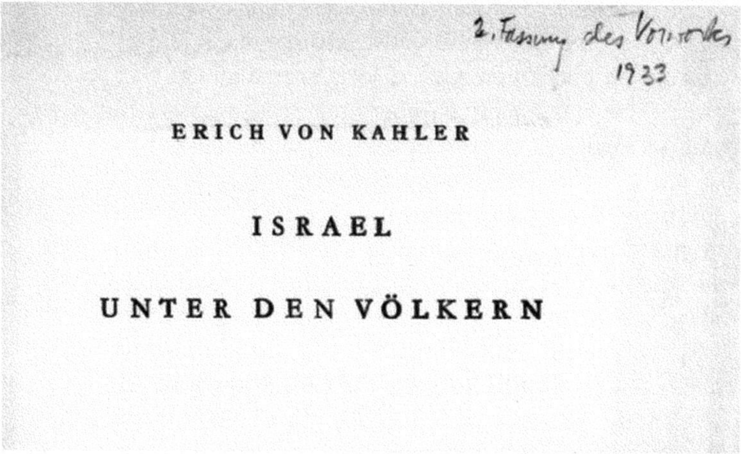

ERICH VON KAHLER

ISRAEL

UNTER DEN VÖLKERN

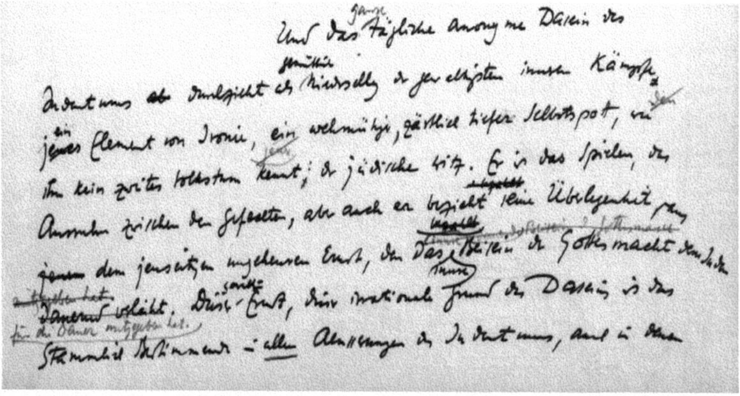

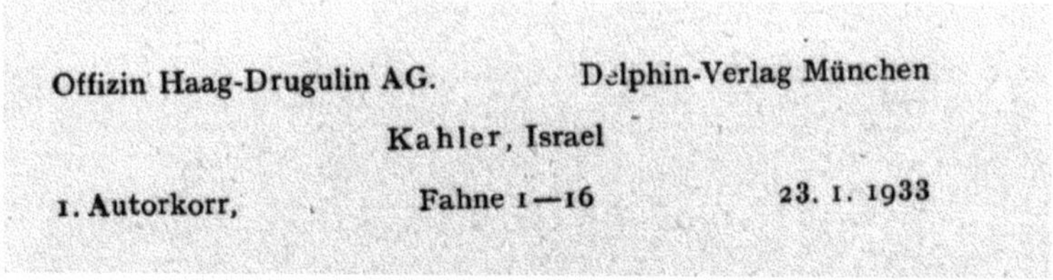

Offizin Haag-Drugulin AG.   Delphin-Verlag München
Kahler, Israel
1. Autorkorr.   Fahne 1—16   23. I. 1933

Abb. 15 Titelseite von Erich Kahlers *Israel unter den Völkern* (1933) mit handschriftlicher Anmerkung, Fahne, datiert mit 23. Januar 1933, Manuskriptseite des Buches und Ausschnitt aus dem Manuskript des Autors

Erich Kahler und der jüdische Galuthwitz   227

für Deutschland geschrieben und sollte damals auf beiden Seiten eine Besinnung zuwegebringen, für die es, wie uns heute scheinen muß, schon um eine unmeßbare Frist zu spät war. Ich bin darüber hinaus, das Geschehen ist darüber hinaus."[10] Während die Erstausgabe noch in der unmöglichen Hoffnung erschienen war, auf Verständigung drängen zu können, beschließt Kahler den redigierten Text mit einer Zeile aus Hölderlins *Hyperion*, die das (gebrochene) Herz der deutsch-jüdischen Entfremdung im Dritten Reich auf den Punkt bringt: „Und wehe dem Fremdling, der aus Liebe wandert und zu solchem Volke kommt."[11] Im Vorwort wird indes auch die bittere Ironie deutlich (die in ihrer Missachtung des Nichtwiderspruchsprinzips die Struktur eines jüdischen Witzes annimmt), wenn er zur dämonisierenden Unlogik antisemitischer Propaganda sagt: „Die Juden hätten Grund zu einer besonderen Genugtuung über die universale Urheberschaft, die ihnen im Weltprozeß zugemutet wird: sie sollen gleichermaßen den Kapitalismus wie den Sozialismus, den Krieg wie den Frieden, die Revolution wie die Restauration ins Werk gesetzt haben ..."[12]

Anlässlich der Publikation in der Schweiz veröffentlichte das Exil-Magazin *Jüdische Revue* 1936 in seiner Juni-Ausgabe einen Ausschnitt aus dem Buch. Das renommierte, von Manfred George von 1936 bis 1938 im tschechischen Mukačevo herausgegebene Journal war für die damals führenden jüdischen Exilautoren eine der letzten Möglichkeiten, ihre Essays und Überlegungen zur aussichtslosen kulturellen Lage zu publizieren (die konkrete Ausgabe enthielt Beiträge von Nahum Goldmann, Max Brod und Arnold Zweig). Die Passage, die Kahler dem dritten Kapitel „Judentum und Deutschtum"[13] entnahm, erhielt vor diesem Hintergrund die treffende Überschrift „Der Deutsche und der Galuthwitz" – Galuth ist das hebräische Wort für Exil, Verbannung, im Deutschen auch als Diaspora bezeichnet.[14] Auf diese Weise erlangte Kahlers sophistische Analyse des jüdischen Witzes eine unabhängige Existenz und ist zugleich exemplarisch dafür, wie der jüdische Witz in den zwischen Deutschen und Juden geführten kulturellen Debatten zur rhetorischen Figur wurde; er lieferte seinen Lesern damit aber auch einen möglichen Anhaltspunkt, das Wesen, die Bedeutung und das Ausmaß des interkulturellen Zusammenbruchs zu begreifen.[15]

Kahlers Argument im Detail

Wesentlich ist zunächst, dass das Kapitel, aus dem die Analyse des jüdischen Witzes stammt, mit „Judentum und Deutschtum" überschrieben ist. Kahler hat eine Anzahl von Schriften verfasst, die nach diesem Gegensatzpaar strukturiert sind und das Judentum und das Deutschtum in essentialistischer Weise charakterisieren.[16] Die Verlockung des Essentialismus war für Kahler nie ein Problem, ebenso wenig wich er je von seiner Überzeugung ab, dass nationale oder stammeszugehörige Charaktere von eigenem Wesen und eigener Disposition sind. Seine Herangehensweise an den deutsch-jüdischen interkulturellen Zusammenbruch zur Zeit des Untergangs der Weimarer Republik und des Aufstiegs des Nazismus setzte daher gleich mehrere binäre Gegenüberstellungen der charakteristischen Wesenszüge der beiden Völker voraus. Als Kulturhistoriker sah Kahler seine Aufgabe darin, das exakte Wesen des deutschen und des jüdischen Charakters zu analysieren und zu systematisieren und davon ausgehend ihre Affinitäten und Differenzen herauszustreichen. Sein Versuch der Definition von Judentum und Deutschtum hatte eine Charakteranalyse zur Grundlage, die – im Sinne der übergeordneten Dichotomie – eine Zweiteilung des jüdischen und des deutschen Humors vornahm. Eine Dekonstruktion dieses rigiden Ansatzes ist dennoch wichtig, zumal es sich um etwas so mobiles und flüchtiges wie Witz und Humor handelt. Mit seiner Arbeit *Mobile Modernity: Germans, Jews, Trains* bietet Todd Presner zeitgenössischen deutsch-jüdischen Studien eine nützliche Strategie, wie dem Problem des Essentialismus zu begegnen und die strikte Abgrenzung der beiden Begriffe gegeneinander zu hinterfragen ist. Der Umstand, dass sie mit Bindestrich – oder Schrägstrich – miteinander verbunden werden, verlangt die Anerkennung der deutsch-jüdischen „Kontamination" und der gegenseitigen Überlappung der beiden instabilen Begriffe. Presner: „Im Falle von deutsch/jüdisch stellen wir fest, dass die beiden Begriffe einander durchgehend ‚kontaminieren'. Sie greifen ineinander über; sie werden unscharf; sie tauschen die Plätze. Einer der Begriffe kann ohne den anderen nicht adäquat verwendet werden."[17] Dieses dekonstruktivistische Vorgehen orientiert sich am Denken Jacques Derridas und erinnert uns daran, dass der Zweck binärer Oppositionen (z.B. Deutschtum *und* Judentum) ist, Wahrheitsaussagen zu treffen: „Derrida ist die Inszenierung einer Teilung oder Trennung immer schon suspekt gewesen, weil über diese Zweiteilungen Wahrheitsansprüche begründet werden."[18] Dieses Kapitel befasst sich daher mit der Frage, wie im Fall von Kahler und seinem kategorischen Denken die „Inszenierung einer Trennung" funktioniert, wenn er bestimmte nationale oder tribalistische Stereotype akzeptiert und über eine strikte Trennung zwischen Deutschen und Juden den „Wahrheitsanspruch des Witzes" begründet.

Das primäre, sein Buch durchziehende Gegensatzpaar – das bewusst die unscharfen, in der deutsch-jüdischen „Separatrix"[19] ebenfalls virulenten Grenzen ausklammert – ist die unüberbrückbare Kluft zwischen deutscher „Körperlichkeit" und jüdischem „Intellektualismus". Indem er die Juden dem Intellektualismus zuordnet, definiert Kahler das moderne jüdische Subjekt anhand einer rhetorischen Figur, die in der antisemitischen Propaganda eines Hans Blüher, der 1922 vom „jüdisch-destruktiven Intellektualismus" sprach, bis hin zu Joseph Goebbels, der 1933 bei den Bücherverbrennungen in Berlin das Ende des jüdischen Intellektualismus ankündigte, einen bereits massiv negativ besetzten Dreh angenommen hatte.[20] Aus diesem Grund schreibt Thomas Sparr: „In Kahlers Stereotypen wird das antisemitisch verzerrte Fremdbild vom Juden zum Selbstbild eines Juden am Vorabend des Nationalsozialismus."[21] Im Gegensatz zum antisemitischen Gebrauch dieses Stereotyps erkannte der jüdische Exil-Historiker jedoch, dass die Ursache für das Misstrauen und die Aversion auf beiden Seiten in der Gegenüberstellung von jüdischem Intellektualismus und deutscher Körperlichkeit begründet war. Kahler zufolge erzeugte dieser krasse Gegensatz das „existentielle Widerstreben", das manche Deutsche gegen die „bekannten Charakteristiken jüdischer Eigenschaft" verspürten.[22] Kahler greift in seiner Analyse zunächst auf Assoziationen (Vorwitz, Gewitztheit) zurück, die auf den jüdischen Witz bereits anspielen, ihn aber noch nicht direkt adressieren. In der folgenden Passage taucht das negative Klischee vom Juden als Witzbold erst allmählich auf:

> Man schilt an den Juden den „Intellektualismus", den Vorwitz und die Gewitztheit, die Ironie und die Skepsis, das Nichternstnehmen und Nichtheilighalten, die zersetzende Kritik und das Untergraben der Ideale. Man verwirft im Juden den „Wurzellosen", den Unbodenständigen, Natur- und Heimatfremden, der die körperliche Arbeit – will sagen eigentliche Arbeit – scheut.[23]

Mit dem letzten Punkt verlagert er den Witz (und den Witzbold) richtigerweise in den Bereich des Spielerischen und der Muße, in eine von Müßiggang und fernab der Arbeit geprägte Sphäre. Auch lässt Kahlers Erwähnung der „zersetzenden" Kritik den dem jüdischen (Geistes-)Witz gerne gemachten Vorwurf durchklingen.[24] Nach der Auflistung antisemitischer Vorurteile hält Kahler jedoch inne, um die Oberflächlichkeit einer Charakterisierung zu markieren, die den Juden aus dem Zusammenhang gerissen betrachtet; er kann aber auch die Gründe der deutschen intellektuellenfeindlichen Perspektive nachvollziehen und ist selbst der Meinung, dass eine Überbetonung der geistigen Fähigkeiten unter Ausschluss alles sonstigen „hüben wie drüben Schaden stiften kann".[25]

Kahler kritisiert hier nicht zum ersten Mal den übertriebenen „jüdischen Intellektualismus" und die vereinfachende Ansicht, die jüdische „Gewitztheit" sei eine Folge der Aufklärung und ihrer „rational kritischen" Tendenzen. So argumentiert er bereits an früherer Stelle, dass es ein Fehler wäre, den jüdischen Witz als in der Vernunft und im übertriebenen Intellektualismus verwurzelt zu verstehen. Er möchte mit dieser „Plattitüde" aufräumen und verortet seinen Ursprung im Irrationalen, als unmittelbare Folge der dialogischen Begegnung des Einzelnen mit Gott bzw., wie Kahler es ausdrückt, als „das intime Ergebnis der mächtigsten inneren Kämpfe".[26] Jahre später sollte Kahler dieses Argument in der englischen Ausgabe *The Jews Among the Nations* an einer der wenigen Stellen wiederholen, an denen er den jüdischen Witz aufgreift: „Jüdische Dialektik und jüdischer Witz, die oft als extremer Intellektualismus missverstanden werden, entspringen tatsächlich eher irrationalen Quellen: Sie gehen auf eine generationenalte religiöse Grundhaltung zurück, auf den uralten Dialog mit Gott."[27] Hier stellt er einen wichtigen Kontext her, der zum Verständnis des osteuropäischen *Schtetl*-Humors in den Tewje-Geschichten von Scholem Alejchem beiträgt; er äußert sich in den Debatten des Milchmanns mit Gott und enthält Elemente von Ironie, profunder Selbstironie und Melancholie.[28] Aufgrund seiner deutsch-jüdischen Trennlinien zitiert Kahler dieses Beispiel aber nicht. Der versierte jüdische Volkskundler Immanuel Olsvanger war in seinem treffend überschriebenen Text *Contentions with God* übrigens ebenfalls dieser Ansicht.[29] Kahlers Einführung seines Konzepts von jüdischem Scharfsinn und jüdischem Witz findet zunächst eingebettet in mehrere Paradoxien statt, deren vordergründige der „jenseitige ungeheure Ernst" ist, aus dem sich sein Lachen herleitet. Hier (wie auch an anderer Stelle) konzentriert er sich auf den paradoxen Ernst der jüdischen Heiterkeit und bestätigt ihn – allerdings stets im Kontext der ernüchternden Ansicht, dass sich der jüdische Witz nicht in das „bloß Frivole" verirren darf. Kahlers Schlussfolgerung, dass der Vitalismus des französisch-jüdischen Philosophen Henri Bergson ein zeitgenössisches Beispiel für einen „modischen" jüdischen Irrationalismus darstellt, ist in diesem Zusammenhang und insbesondere im Lichte von Bergsons Beitrag zur modernen Humorwissenschaft ebenfalls wesentlich:[30]

Und das ganze tägliche anonyme Dasein des Judentums durchzieht als gemütlicher Niederschlag der gewaltigsten inneren Kämpfe ein Element von Ironie, ein wehmütiger, zärtlich tiefer Selbstspott, wie ihn kein zweites Volkstum kennt: der jüdische Witz. Er ist das Spielen, das Ausruhn zwischen den Gefechten, aber auch er bezieht seine Überlegenheit aus dem jenseitigen ungeheuren Ernst, den das innere Beisein der Gottesmacht den Juden für die Dauer mitgegeben hat. Dieser gewaltige Ernst, dieser irrationale Grund des Daseins ist das stammlich Bestimmende in *allen* Äußerungen des Judentums, auch in denen, die dem oberflächlichen Blick bloß frivol erscheinen mögen. Der „jüdische Intellektualismus", dem die Periode der Aufklärung allzusehr entgegenkam, hat freilich viel Schaden angerichtet, im Deutschtum ebenso wie im Judentum selbst. Aber man übersehe nicht, daß die andere Strömung ursprünglicher ist im Juden als die rational kritische, daß sie bis in ihr Widerspiel hinein die herrschende ist. Und daß die stärksten Gegenkräfte gegen den Rationalismus von den Juden selbst ausgegangen sind, längst vor der heutigen modischen Erneuerung: die Weltbewegung des Irrationalismus wurde von dem Juden Bergson angeführt. [31]

Im Anschluss geht Kahler auf die Gefahren ein, die der jüdische Witz in sich birgt, um zu diskutieren, wo die Grenzen zu ziehen sind, damit er weder zur zersetzenden Kraft wird noch seine eigentümliche (und tiefe) Begründung verliert: „Unleugbar gibt es auch manchmal bei den Juden eine schlimme Hypertrophie des Witzes, die ein richtiger Herd von Gefahren ist. Witz ist wohltätig, aber auch überhaupt erträglich nur aus großem Ernst, nur als Übermut von wahrer Freude oder von wahrem Gram. Abscheulich ist er als ein schaler Dauerzustand, der alles Wesen wegfrißt um sich her. Der jüdische Witz kommt aus einem tiefen Schicksalsraum und ist in seinem rechten Sinn geladen mit Trauer." [32] Mit der „Hypertrophie des Witzes" meint Kahler das exzessive und unverhältnismäßige Anwachsen eines Teils der jüdischen Subjektivität zum Schaden der Juden insgesamt. Mit „schlimm" soll ferner angedeutet werden, dass zu viel des Witzelns und zu viele geistreiche Bemerkungen eine jüdische Krankheit darstellen, die sich von ihrem Wesen her von Scholem Alejchems „bester Medizin" bereits stark unterscheidet. Durch die Hypertrophie des jüdischen Witzes tritt das Bild vom Juden nun als Karikatur in Erscheinung. Kahler, der für die unernsten Witzbolde seines Stammes nichts übrig hat, nimmt denn auch im nächsten Absatz die Hohlköpfe ins Visier, die nichts als Trivialitäten und Oberflächliches von sich geben und so den jüdischen Witz in Verruf bringen: „In manchen der nichtigen Kreaturen freilich, die aus ihrem Innern verstoßen und zum Treibgut äußern Geschehens geworden sind, ist nur die leere Verstandesfunktion des Witzes übriggeblieben und durchplätschert die ganze seichte Existenz."[33] Anschließend verurteilt er denn auch jene „müßigen Witzgaukler, die allen Wertgefühls verlustig sind."[34] Im Grunde wiederholt Kahler mit seiner Kritik das, was die „Hochkultur" den „entschieden respektlosen" Theateraufführungen des Berliner Kabaretts der Gebrüder Herrnfeld vorwirft: ihre „Frivolität" und ihren bewussten Widerstand gegen die Ideale und die Selbstverwirklichung des Bildungsjuden.[35] Dennoch ist Kahlers ernstgemeinter Versuch, den jüdischen Witz zu regulieren und im Sinne des kulturellen Bildungsideals als Weisheitsquelle zu kultivieren, zum Scheitern verurteilt, weil es schlicht unmöglich ist, jene jüdischen Witze zu verbannen, die der Subjektpositionierung und einer langen Tradition der Selbstironie und Selbstverunglimpfung entspringen. Diese sich jenseits jeder Selbstverwirklichung vollziehende Selbstdarstellung hat im Umgang mit den Nöten und Bedrängnissen der modernen jüdischen kulturellen Erfahrung immer schon eine Schlüsselrolle gespielt und diente oft als unmittelbare Antwort auf den Antisemitismus. Unter Druck ist der jüdische Witz nicht weise, sondern erzählt von der schwierigen und häufig absurden Erfahrung eines Lebens als verfolgte Minderheit und als unterdrücktes Volk. So hatte der deutsche Sozialist Eduard Fuchs im Unterschied zum kulturell konservativen und elitären Kahler kein Problem mit dem anspruchslosen Niveau der Selbstverhöhnung, als er über „jüdische Selbstironie" schrieb (1921).³⁶ Das dürfte allerdings auch daran gelegen haben, dass Kahler seine Abhandlung zu einer Zeit verfasste und überarbeitete, die im Vergleich zu den noch sorgloseren frühen Jahren der Weimarer Republik bereits eine vollkommen andere war.

Um sich vor Augen zu führen, dass die Deutschen ein Problem mit dem jüdischen Witz hatten, muss man aber gar keinen so extremen Fall wie die Gebrüder Herrnfeld heranziehen. Der „körperbestimmte" Deutsche hatte selbst mit dem ernsten und traurigen Witz (der durchdrungen ist „von bitterstem Wissen") ein Problem – mit jenem Witz also, den zu verfechten Kahler sich große Mühe gab. An dieser Stelle seiner Charakteranalyse von „Judentum und Deutschtum" geht Kahler auf seine binäre Opposition von jüdischem und deutschem Sinn für Humor an den Grenzen des gegenseitigen Verständnisses näher ein und unterscheidet zwischen dem schwankenden, flüchtigen jüdischen Witz und dessen Ausgelassenheit und der schwerfälligen, behäbigen deutschen Scherzhaftigkeit, die einen gemäßigteren Humor pflegt. Der Bindestrich im Herzen der deutsch-jüdischen Symbiose kommuniziert nicht mehr, er zerbricht über dem Hohlraum und dem Abgrund des Lachens. Wenn beiderseits der Trennlinie die Witze des Gegenübers nicht mehr verstanden werden, entsteht eine Situation, die „sofort gefährlich" ist. Die Unfähigkeit des „physischen Deutschen", den Witz „des witzigen Juden" zu verstehen, führt nicht nur zu Missverständnissen und Kälte zwischen den beiden Völkern; sie drängt den Deutschen außerdem zu einer Art von Rufmord an den Juden, von dem die negative antisemitische Stereotypisierung nicht mehr weit entfernt ist. Kurzum, in Kahlers beunruhigender Einschätzung steht der Deutsche dem jüdischen Witz eher „ratlos" gegenüber. Es ist diese essentialistische Problematisierung der Unterschiede zwischen deutschen und jüdischen Volkswitzen, mit der Kahler die seit dem 19. Jahrhundert geführte Debatte über *Humor* und *Witz* um eine weitere Variante ergänzt:

> Dem physischen Deutschen mit seiner gewichtigen Besinnung ist der flüchtige Witz gar nicht

Kahlers Argument im Detail   **235**

gelegen, ihm entspricht der behäbige Scherz und der temperierte Humor, der eine Heiterkeit der ganzen untergründigen Stimmung, nicht des spezifisch geprägten ausgelassenen Ausdrucks ist. Vor dem jüdischen Witz selbst der besten, tiefsten Art – einem Witz, der tausendfach durchschauert und durchschillert ist von bitterstem Wissen und süßester Menschenwärme – vor diesem Witz ist der Deutsche ratlos, er kann ihn nicht durchdringen, geschweige denn überdringen in den Schicksalsraum, aus dem er rührt. Und in dieser Ratlosigkeit werden alle Gefahren wach, die zwischen den beiden Wesen spielen: der physische Deutsche empfindet den witzigen Juden als ein verräterisches, unverlässiges, loses Geschöpf, von dem man peinliche Überraschungen zu gewärtigen hat.[37]

Die „verräterischen" Begriffe, die dem witzigen, schelmischen, „losen" jüdischen Wesen anhaften, gehen Hand in Hand mit Kahlers Analyse der Figur des „deutschen Michel" und dessen Gefühl, von seinen jüdischen Feinden verraten worden zu sein (darauf wird im folgenden Abschnitt eingegangen).

Ein weiteres Gegensatzpaar, ebenfalls die Wesenszüge betreffend, formuliert Kahler, wenn er jüdischen Skeptizismus mit deutschem Glauben kontrastiert und die aggressive Rolle untersucht, die der skeptische jüdische Witz gegenüber Glaubenssystemen einnimmt. Denn der jüdische Witz „wagt sich als Ironie oder selbst in sorgender Absicht als skeptische Kritik an Inhalte, denen das gläubige Bemühen des Deutschen eben gilt". Kahler fasst zusammen: „Und hier entfaltet sich ein Gegensatz von Skepsis zu Gläubigkeit, der das Mißverstehn und die Mißgefühle auf die Spitze treibt."[38] Die Ironie und Skepsis der Juden, so Kahler, entspringt dem „Zusammenstoß von Idee und Welt" – ihres Wunsches, einen transzendenten Gott zu idealisieren, und ihres Leidensweges im Exil auf Erden. Hier, im Kontext der leidgeprüften Geschichte der Juden, führt Kahler Witz und Weisheit zusammen und übernimmt die Hypothese vom „unter Tränen lachen". Dieser Zusammenstoß „hat mehr noch als ihren Witz ausgeschliffen, er hat sie bis tief hinein gewitzigt." Es ist, so Kahler weiter, die von den Juden in dieser leidvollen Lage erfahrene „Verbitterung, die Ungeduld", die „sie in den Hohn treibt".[39] Kahler bezeichnet die jüdische Skepsis als die „leidende Umkehrung ihrer Religio" und somit als Verlust ihres Glaubens und Idealismus. Jüdische Skepsis, wie sie sich zum Teil in jüdischen Witzen äußert, nimmt das Wertesystem der Deutschen und ihren Glauben an „teilhafte Sachen, autonome Ordnungen, abstrakte Prinzipien" ins Visier, denen die Juden kritisch gegenüberstehen und in denen sie einen „Abfall vom Menschtum wittern".[40] Dass die Deutschen die Kritik an ihrem Glauben, ihren Werten und Überzeugungen nicht leichtfertig hinnehmen würden, versteht sich von selbst. Wenn Kahler hier das Wort „Vorwitz" ins Spiel bringt, dann nicht nur, um damit jüdische Unverschämtheit, Frechheit und Direktheit zu kennzeichnen, sondern auch um das zersetzende Wesen des jüdischen Witzes zu implizieren: „Auf die Deutschen wirkt nun aber solche Kritik als kalt vernünftiger Vorwitz, als ehrfurchtlose Störung ihres Glaubens und als Zersetzung von Wesensgütern."[41]

Durch die Verankerung dieser grundlegenden Gegenüberstellung und ihrer „essentiellen Werte" auf beiden Seiten stellt sich aber eine mögliche Kontamination bzw. Verwischung der Grenzen ein, wenn Kahler zugunsten eines bestimmten Typus des witzigen Deutschen argumentiert (und ihn bestätigt) und zur Erklärung des Konzepts von der deutsch-jüdischen Symbiose beiträgt. Kahlers Argument wird damit freilich noch differenzierter und qualifizierter, denn er legt seinen Lesern nahe, seine ideale Typologie nicht allzu wörtlich aufzufassen, da andernfalls seine Darstellung deutscher und jüdischer Charaktere zur übertriebenen Karikatur ihrer selbst würde. Kurz bevor er sich dem „Galuthwitz" zuwendet, schlägt Kahler eine weitere Unterscheidung vor, die zwischen zwei Modalitäten deutschen Charakters differenziert – einem vorchristlichen (heidnischen), voreuropäischen und vorgeistigen *Germanismus* und einem zivilisierteren und menschlicheren *Deutschtum*. Entlang dieser neu aufgestellten Linien argumentiert er, dass die Tradition des Deutschtums dem jüdischen Intellekt und Geist (und im weiteren Sinne seinem Witz) näher steht und ihn auch zu schätzen weiß. Insofern räumt Kahler der Arbeit des „Geistigen" eine intellektuelle oder spirituelle Dimension ein, die diesen deutschen Subjekttypus humanisiert („Das Geistige humanisiert den Deutschen") und die viel gepriesene Symbiose von Deutschtum und Judentum möglich gemacht hat.[42] Im gemeinsamen Bekenntnis zu einer Bildung, die die humanistischen Werte von Toleranz und Selbstverwirklichung betont, sind dieser Typus Deutsche und die Juden perfekt aufeinander abgestimmt. Im Germanismus hingegen erkennt Kahler die Rückkehr der verdrängten körperbestimmten Tradition, die den Hass auf die Juden offen zur Schau stellt und von den Nazis als deren jüngste Anhänger vertreten wird. Für Kahler koinzidiert die wachsende „Judenfeindschaft" mit einem „Protest der Körperlichkeit" und dessen Ablehnung des Intellektuellen sowie mit dem Erstarken einer rassistischen Ideologie.[43] Was er nicht erwähnt – aber sehr wohl implizit andeutet –, ist, dass diese Antisemiten den frivolen selbstverunglimpfenden jüdischen Witz (den er selbst nicht tolerant) begierig aufgreifen, um ihn für die eigenen Zwecke und gegen die Juden einzusetzen. Für Kahler schlägt diese Unterscheidung jedoch auch in die andere Richtung aus, und zwar in dem Maße, als er – als natürliche Reaktion auf diesen germanischen Antisemitismus – einen legitimierbaren „jüdischen Antigermanismus" ausmacht:

> Dem Antisemitismus, den die Juden beklagen, wird von der andern Seite ein jüdischer Antigermanismus entgegengehalten, und dieses Wort hat sein Recht und seinen tiefen Sinn. Es spricht unwillkürlich die Tatsache aus, daß das Wesen, das dem Judentum widerstreitet, nicht das deutsche ist, sondern das germanische. Das ist natürlich nicht wörtlich zu nehmen, denn weder ist alles, was sich im Volk heute wesenhaft gegen das Jüdische wendet, germanischer Herkunft, noch sind alle Züge urgermanischen Wesens gegen das jüdische gekehrt. Germanisch steht vielmehr nur für

jenen tumben, teilhaften, unerlöst körperlichen Urstand in allem Deutschen, für die vorchristliche, voreuropäische, vorgeistige Wesensschicht, die zugleich die vordeutsche ist. Und nicht zufällig ist die Judenfeindschaft heute so mächtig geworden zusammen mit dem Rückdrang zu einem rassischen Ursprungstypus, mit der Revolte der Körperlichkeit. Es gibt streng genommen keinen Antagonismus zwischen Deutschtum und Judentum, wohl aber gibt es einen jüdischen Antigermanismus und eine in dem bezeichneten Sinne germanische Feindseligkeit gegen die Juden.[44]

Diese differenziertere Dichotomie und die Einführung eines feindseligen „Germanismus" als dritten Begriff lassen eine feiner abgestimmte Aufgliederung des deutschjüdischen interkulturellen Zusammenbruchs zu und stellen zudem eine Verbindung zum Konstrukt der Nazis vom arischen Mythos und vom rassischen Ideal her. Das ändert aber nichts daran, dass Kahler seinen Wahrheitsanspruch bezüglich des Wesens des jüdischen Witzes in einer anderen übergreifenden und stereotypen binären Opposition begründet (der witzige Jude und der tumbe Deutsche). Mehr noch, seine Behauptung, jüdischer Witz sei ausschließlich in den geistigen Fähigkeiten verortet, bleibt unverändert anfällig für den Einwand, dass der Witz immer auch im Zusammenhang mit dem Körper steht. Diese Kritik an Kahlers Position stützt sich auf den russischen Literaturwissenschaftler Michail Bachtin.[45] In seiner Analyse des Karnevals und des Karnevalesken postuliert Bachtin, dass das Lachen stets im unteren Bereich des Körpers freigesetzt wird. Bachtins Theorie des karnevalesken Lachens und seiner Geschichte geht zwar von einem christlichen Kontext aus, ihre komische Stoßrichtung ist aber auch auf einen jüdischen folkloristischen Kontext übertragbar, und es lässt sich daher argumentieren, dass der jüdische Witz die Subversion und Transgression herrschender jüdischer religiöser Gesetze, Normen und Einrichtungen darstellt und somit einen Raum für Blasphemie und die Verspottung des Heiligen erschließt. Selbst wenn jüdischer Witz mitunter von haarspalterischer Logik und geistiger Selbstverrenkung geprägt ist, so lösen die Witze ein Lachen aus, das (individuell und kollektiv) aus dem Körper hervorbricht. Aus dieser Perspektive und ihrer dekonstruktiven Wirkung wird Kahlers idealisierenden Versuch, das jüdische Lachen vom Körperlichen zu trennen, problematisch.

Der deutsche Michel

Kurz vor der Passage, die als Essay „Der Deutsche und der Galuthwitz" erschien, beschäftigt sich Kahler mit dem deutschen Michel – der allegorischen Figur des deutschen Nationalmythos. Ähnlich wie John Bull in Großbritannien und Uncle Sam in den USA personifiziert der Michel Deutschland und seinen Begriff von sich selbst und wird seit der frühen Neuzeit als visuelles Symbol eingesetzt: Im 17. Jahrhundert bewahrte er die Reinheit der Muttersprache vor der Korruption durch fremde Elemente, während der Revolution von 1848 stand er für die nationale Einheit und die Verteidigung der Rechte des Volkes, und ab der ersten Hälfte des 19. Jahrhunderts trat er immer häufiger als Karikatur auf, deren charakteristisches Merkmal die Zipfelmütze ist. Insofern wurde er allmählich auch zur komischen und clownesken Figur. So beschreibt die deutsche „Real-Encyklopädie für die gebildeten Stände" von 1846 den Michel als die satirische Personifizierung der „Thorheiten und Verkehrtheiten" der deutschen Nation.[46] Bei Tomasz Szarota, dem polnischen Historiker und modernen „Michel-Biograph", erfährt man hingegen, wie sehr sich der symbolische Gebrauch der Figur in der kurzen Zeitspanne zwischen dem Ersten Weltkrieg und der Machtergreifung der Nazis gewandelt hatte. Demnach repräsentierte der Michel in der sozialdemokratischen Presse vor dem Ersten Weltkrieg das von der Regierung versklavte Volk, das gegen den Militarismus und den deutschen Imperialismus aufsteht. 1919 stilisiert die Karikatur den Michel zum unschuldigen Opfer der Siegermächte und wird als solche von der politischen Propaganda der Nazis zunächst aufgegriffen, dann aber wieder verworfen.[47]

Die Michel-Karikatur von Werner Hahmann erschien am 6. Juli 1919 im deutschen Humorblatt *Kladderadatsch* (Abb. 16), also nicht ganz eine Woche nach Unterzeichnung der Versailler Verträge am 28. Juni. „Ihr Recht" bestätigt Szarotas Analyse vom deutschen Michel und seiner Darstellung „als unschuldiges Opfer der Siegermächte". Die charakteristische Zipfelmütze auf dem Kopf, von kleiner Statur und unbewaffnet, wird er mit vorgehaltener Riesenkanone zur Unterzeichnung des Friedensvertrags gezwungen. Der erzwungene Vertrag ist ein Pakt mit dem Teufel (er beobachtet die Szene aus seinem Versteck hinter dem Vorhang) und wird als Nötigung gedeutet, als ein Fall, bei dem angesichts der überdimensionierten Pistole und dem vergleichsweise harmlosen Federkiel in der Hand des Michel „Macht vor Recht geht".

Kahler charakterisiert den deutschen Michel zunächst ebenfalls im Kontext der deutschen Niederlage und präsentiert ihn, vergleichbar mit Szarota und der Karikatur von Hahmann, als denjenigen, der von seinen Feinden betrogen wurde. Die Analyse beginnt mit einer Auflistung nationaler und folkloristischer Stereotype, wie sie durch die deutsche Brille und aus der Warte der militärischen Niederlage wahrgenommen wurden. Es sind dies die „gefälligen Gegenbilder", denen das „treuherzige" Bild gegenübergestellt wird, das der Michel nach dem Ersten Weltkrieg von sich selbst hat.

Der Jude ist ebenso ein „Meister der Maske", wie der Italiener falsch, der Engländer ein kalter Heuchler und der Franzose ein glatter, hohler Äußerling ist. Sie alle sind nur die gefälligen Gegenbilder zu dem Selbstbild des treuherzig geraden deutschen Michel, der übertölpelt wird und voller Argwohn gegen jede Verständigung keinen andern Ausweg als das Niederschlagen hat. Die Deutschen sind freilich das betrogenste Volk – nicht nur von Menschen, auch von Ereignissen immer wieder getrogen – schon deshalb, weil sie das gläubigste sind, weil sie ganz und gar in Erwartung bestehen.[48]

Abb. 16 Werner Hahmann, „Ihr Recht!", aus: Kladderadatsch Nr. 27 (6. Juli 1919)

Hier zeigt sich, wie das von Kahler gezeichnete Michel-Bild zu den Gegensatzpaaren beiträgt, die ich in meiner Diskussion des jüdischen Witzes bereits skizziert habe, wenn der ehrliche und gutgläubige Deutsche vom ironischen und heuchlerischen Juden (dem „Meister der Maske") „übertölpelt" wird. Kahler beschreibt den deutschen Michel als witzlose Figur, als tranigen Schlafwandler mit Zipfelmütze, der zu träge zu sein scheint und zu begriffsstutzig, um den scharfsinnigen jüdischen Witz und Witzbold zu begreifen. Kahler geht sogar so weit, das von Deutschen empfundene „existenzielle Gefühl der Betrogenheit" durch die Juden darauf zurückzuführen, dass sie den Wert ablehnen, den die Deutschen der Körperlichkeit beimessen und damit dem bloßen Umstand ihrer Differenz: „So ist alles, was Deutsche gegen Juden empfinden, im letzten Grund ein Protest der Körperlichkeit, wie sehr es auch geistig ausgedeutet werden mag. Der Stamm aller Widergefühle der Deutschen gegen Juden – wie übrigens auch gegen Romanen und Südländer – ist ein existenzielles Gefühl der Betrogenheit, der Betrogenheit schlechthin und ein für allemal: durch die bloße Daseinsform des anderen fühlt der körperbefangene Deutsche sich schon betrogen."[49]

In zwei später auf Englisch publizierten Texten taucht der deutsche Michel noch einmal auf, wobei Kahler seine Lesart dieser volkstümlichen Figur und ihrer charakteristischen Züge konkretisiert und in beiden Fällen betont, dass der naive und treuherzige Michel „eins aufs Dach kriegt". Mit dieser Redensart signalisiert er den Betrug am Michel und seine strenge Bestrafung durch seine Feinde und stellt zugleich das Pendant zu dem anderen gewalttätigen Bild her, das nach der deutschen Niederlage im Ersten Weltkrieg als „Dolchstoß in den Rücken" kursierte, begangen vermeintlich von jenen Zivilisten (darunter vielen Juden), die den Kaiser gestürzt und die Kapitulation Deutschlands erklärt hatten. Zum ersten Mal gebraucht Kahler das Stereotyp 1944 in dem Essay „The German Problem: Origins and Development", in dem er den Michel vorstellt und in Verbindung mit einem deutschen Minderwertigkeitskomplex einführt, der aus der verzögerten Gründung des Nationalstaats herrührt und sich in dem Gefühl niederschlägt, sowohl auf individueller Ebene wie auch als Kollektiv „ständig hereingelegt" zu werden. Der Michel erscheint in diesem Kontext als der leichtgläubige Hinterwäldler, der den jüdischen Großstädtern zum Opfer fällt: „Aufgrund dieser sehr realen Minderwertigkeit im sozialen Umgang, die vielleicht noch verstärkt wird durch eine genetische Erinnerung an die historischen Defizite seines Landes, hat der Deutsche einen fast schon für sein Selbstverständnis konstitutiven Sinn dafür entwickelt, dass er ständig hereingelegt wird, als Einzelner ebenso wie als Kollektiv. Das typische Bild des Deutschen von sich selbst entspricht dem ‚deutschen Michel', einem schwerfälligen jungen Bauerntölpel mit Zipfelmütze auf dem Kopf, offenherzig, naiv, vertrauensselig – der ständig eins aufs Dach kriegt."[50] Als Kahler 1967 die englische Ausgabe von *The Jews Among the Nations* veröffentlichte, kehrte er noch einmal zur Figur des deutschen Michel zurück, diesmal allerdings mit schärferer Diktion, die jenen als feindselige Figur darstellt und zur legitimen Zielscheibe des bereits erwähnten jüdischen Antigermanismus macht. Dennoch beginnt er die Passage mit einer Anspielung auf die deutsch-jüdische Symbiose und auf jene „kultivierten" Deutschen, die „in einem konstitutionellen Näheverhältnis" zu den Juden standen, und greift erneut die Unterscheidung zwischen Deutschtum und Germanismus auf. Durch die Kennzeichnung der Anknüpfungspunkte zwischen den Juden und diesem Typus Deutscher will er ein gemeinsames Interesse an Selbstkritik und Selbstironie hervorheben. Und obwohl inzwischen drei Jahrzehnte vergangen sind, wendet sich Kahler erneut dem jüdischen Witz als der rhetorischen Figur zu, die die Fähigkeit für eine Verständigung der beiden Völker charakterisiert – das beiderseitige Erzählen und Verstehen von Witzen wird zum Kennzeichen der deutsch-jüdischen interkulturellen Erfolgsgeschichte, in der ein Teil der Bevölkerung „dem entgegengesetzten Typ Deutscher" gegenübersteht, dessen unseliger Repräsentant der Michel ist:

Die Juden standen in einem konstitutionellen Näheverhältnis zu den von ihrem Wesen her aufgeweckten, kultivierten, aufgeschlossenen und offenherzigen Deutschen, die so wie die Juden selbstkritisch und selbstironisch sind. Unbändig feindselig begegneten sie jedoch dem entgegengesetzten Typ Deutschen, in dem die deutsche Geschichte einen unauslöschlichen Minderwertigkeitskomplex, einen Verfolgungswahn hervorgebracht hat; der die Verbitterung nicht überwinden konnte, dass Deutschland seine hegemoniale Chance verpasst hatte, den Ruhm der Vorherrschaft, der allen westlichen Nationen zuteilwurde, und der dieses nationale Scheitern nach außen projizierte, auf Kosten anderer Völker. Die sagenumwobenen Vertreter dieses Selbstbilds sind der *reine Tor Siegfried,* der arglose Held, der hinterrücks erstochen wurde, und ganz besonders *der deutsche Michel,* der gute, ehrliche, naive Einfaltspinsel, der mit der Zipfelmütze auf dem Kopf seine Schläfrigkeit, seine Behäbigkeit durchblicken lässt. Er ist derjenige, der stets eins aufs Dach kriegt, der hereingelegt und übertölpelt wird, sei es von den perfiden Briten (dem perfiden Albion), den verräterischen Franzosen und Italienern und ganz besonders den verschlagenen Juden. Außerstande, mit dieser allgegenwärtigen Verschwörung fertig zu werden, bleibt ihm kein anderes Mittel als sein starker Arm, er krempelt die Ärmel hoch und schlägt zu, blindlings, begeistert, mit unmäßigem Vergnügen an der physischen Kraft. Es ist dieser Genuss an der Gewalt, von dem die Juden spürten, dass er jederzeit bereit war, aus der inneren Unsicherheit dieses Typus Deutschen hervorzubrechen, und auf den sie besonders empfindlich reagieren.[51]

Die sagenumwobenen Figuren, die die abscheulichen „Germanismus"-Tendenzen in dieser Passage personifizieren, sind Richard Wagners Siegfried als der unschuldige Tor, „der hinterrücks erstochen wurde", und der deutsche Michel, „der eins aufs Dach kriegt". Damit sind die beiden deutschen Klagen über den vermeintlichen Betrug durch die Versailler Verträge abgedeckt. Wie bereits in *Israel unter den Völkern* beschreibt Kahler den Michel als den, der von seinen Feinden und „ganz besonders von den verschlagenen Juden ständig hereingelegt und übertölpelt wird". Die Brutalität und die physische Gewalt, mit der der Michel auf seine Feinde losgeht, ist bei Kahler ebenfalls so indiziert, dass sie seine ursprüngliche These von deutscher Körperlichkeit im Gegensatz zu jüdischem Scharfsinn und den flüchtigen jüdischen Witzen ergänzt.

Kahlers Argument wird bei näherer Betrachtung einer aus den 1920er-Jahren stammenden anonymen Karikatur (Abb. 17) noch schlüssiger, da sie den Gebrauch illustriert, den die Nazis und andere Ultranationalisten (vgl. dazu Szarota) von der Figur des deutschen Michel für ihre antisemitischen Zwecke machten. Sie stellt den „verschlagenen Juden" als den habgierigen Kapitalisten dar und den „guten, ehrlichen, naiven Einfaltspinsel" Michel als den ausgebeuteten Arbeiter. Anknüpfend an den „Minderwertigkeitskomplex" und „Verfolgungswahn" der Deutschen, versklavt der jüdische Kapitalist mit Zylinder und großer Nase den Michel und zieht ihn mit seinem Gehstock wie ein an die Kette gelegtes Stück Vieh am Nasenring hinter sich her. Die Arbeiterschürze betont die von Kahler postulierte deutsche Körperlichkeit, auf deren rechter Schulter der schwere Vorschlaghammer liegt. Im für ihn typischen verschlafenen Zustand führt er die Befehle des Juden aus und tut, was dieser von ihm verlangt. Diese nach dem Ersten Weltkrieg erschienene antisemitische Karikatur porträtiert in jeder Hinsicht den „hintergangenen und übertölpelten" und vom „jüdischen Kapital" versklavten Michel.

Fast zeitgleich mit der Publikation von Kahlers Buch im Schweizer Exil und seiner Darstellung des deutschen Michel als Vertreter des „am meisten betrogenen Volkes" veröffentlichte der Kommunist und brillante Künstler John Heartfield in der noch im Prager Exil erscheinenden *Arbeiter-Illustrierte-Zeitung* die Fotomontage *Hitler erzählt Märchen II*. (Abb. 18). Marionettengleich, hat der Michel zwar die typische Zipfelmütze auf, als Zeichen seiner ideologischen Gesinnung trägt er aber neuerdings die Hakenkreuznadel am Revers, während die blank gewichsten Stiefel für den neuen Militarismus im Stil der SS stehen. Mit erhobenen Händen, als stünde er unter Arrest, ist er von Zinnsoldaten und Spielzeugwaffen umzingelt. Erst auf den zweiten Blick erkennt man, dass der Ring aus Artillerie und sogar einem Flugzeug nach außen gerichtet ist und sich auch die Truppen von ihm entfernen. Ihr Abzug hindert Hitler jedoch nicht daran, sich in Szene zu setzen und seine propagandistische Botschaft anzubringen, der deutsche Michel werde angegriffen. Im Untertitel stellt Heartfield die Verbindung zu einem anderen Märchen her und spielt auf *Peter und der Wolf* an: „… und dann schrie der arme deutsche Michel so lange, bis alle Welt ihm glaubte: ‚Hilfe, zu Hilfe, ich bin eingekreist!'"[52] Kahlers Bild vom deutschen Michel, der „voller Argwohn" ist – was er später als den „Verfolgungswahn" und die Überzeugung der Deutschen aufgreifen sollte, das Opfer einer „allgegenwärtigen Verschwörung" zu sein –, tritt in Heartfields visueller Satire jedenfalls deutlich hervor – die Ähnlichkeit ist fast schon unheimlich. Kahler verdrängt in seiner Deutung des deutschen Michel allerdings den Umstand, dass dieses „Autostereotyp" (um Szarotas Begriff zu benutzen) im Laufe seiner Geschichte immer wieder auch als komische und clowneske Figur auftrat. Frazer Stephen Clark zufolge ist der „verschlafene Träumer" als „Deutschlands berühmte satirische Personifizierung in Wort und Bild" zu verstehen.[53] So negativ besetzt und lachhaft er auch sein mag, erfreute er sich als Karikatursujet vor allem im Vormärz großer Beliebtheit, als Deutschland im Begriff war, sein nationales Selbstbild zu definieren. Kahler dürfte die satirischen Dimensionen, die in „der plumpen und trägen Figur des deutschen Michel" verkörpert sind, jedoch mit Absicht ignoriert haben,[54] denn so kann er ihn von jeder selbstkritischen oder selbstironischen Dimension im deutschen kulturellen Ausdruck getrennt halten. Tatsächlich dürfte Kahler nicht den geringsten Wunsch verspürt haben, nach ir-

Abb. 17   Anonym, „Der deutsche Michel wird vom Juden an der Nase herumgeführt"

Abb. 18 John Heartfield, *Hitler erzählt Märchen II*. (Fotomontage auf dem Titelblatt der AIZ, 5. März 1936)

gendwelchen Parallelen zu suchen, die zwischen der Charakterisierung des Michel als Hanswurst und der jüdischen satirischen Tradition und ihren Witzen und Geschichten bestehen, in denen der Narr als *Schlemihl* oder *Schlimazel* figuriert. Zu Kahlers Rechtfertigung könnte man geltend machen, dass er sich mit diesem nationalen Symbol nach dem Ersten Weltkrieg beschäftigt hat, also zu einer für Deutschland und den betrogenen Michel nicht gerade lustigen Zeit.

In seinem Wunsch, eine scharfe Dichotomie zwischen flüchtigem jüdischem Witz und schwerfälligem deutschem Humor herzustellen, übersieht bzw. übergeht Kahler ferner die Verknüpfung des sagenumwobenen deutschen Schalks Till Eulenspiegel mit dem gerissenen, der osteuropäischen jüdischen Folklore entstammenden Unruhestifter Hersch Ostropoler. Ein so schlauer Schwindler unterscheidet sich grundlegend vom korpulenten und oft faulen Michel. Mit seiner Rhetorik und selektiven Geschichtserzählung möchte Kahler verhindern, dass seine postulierte Dichotomie von einer möglichen deutsch-jüdischen interkulturellen Kontamination auf der Ebene der Volkshelden untergraben wird. Indem er die Figur des Till Eulenspiegel übergeht, kann er seine umgreifende Unterscheidung (und Abgrenzung) zwischen deutscher Körperlichkeit und jüdischer Intellektualität absichern und beibehalten. Geschrieben in der Nähe von München und damit im Schatten der dort an Einfluss gewinnenden Nazis, geht Kahlers Analyse einen anderen Weg als den vergleichenden Ansatz der jüdischen Volkskundler Chajim Bloch und Heinrich Loewe zu Beginn der Weimarer Republik. Während der Bildungsjude Kahler das Augenmerk in „Judentum und Deutschtum" ausschließlich auf den Witz der deutschen Juden legte, verglichen die beiden Volkskundler den Humor der Ostjuden mit dem der Deutschen. Bloch lässt den schlauen deutschen Schelm nicht nur vorkommen, er zieht den Vergleich bereits im Titel seiner Untersuchung *Hersch Ostropoler: Ein jüdischer Till Eulenspiegel des 18. Jahrhunderts* (1921). Im Vorwort ist Bloch überzeugt davon, dass Hersch „in seinem köstlichen und ergreifenden Spott

Till Eulenspiegel ebenbürtig" war.[55] Kahlers systematische Verdrängung jeglicher Verbindung zwischen jüdischem und deutschem Sinn für Humor steht zudem in krassem Gegensatz zu Heinrich Loewes Analyse, der die Vertrautheit des deutschen Schwanks mit dem jüdischen Witz hervorhob und die Ähnlichkeit zwischen Till Eulenspiegel und einer Reihe von witzigen jüdischen Charakteren in seiner ebenfalls 1920 erschienenen Sammlung *Schelme und Narren mit jüdischen Kappen* unterstrich.[56] Alles in allem hebt sich Kahlers Michel von diesen deutschen wie jüdischen Schelmen ab, die sich für eine ausführlichere Erzählung eigneten und erkennen ließen, wie sich deutscher und jüdischer Witz und Humor sehr wohl überschnitten.

Rabbi Browne und die Grenzen „weiser jüdischer Selbstironie"

Im Dezember 1945 veröffentlichte Erich Kahler in der Zeitschrift *Commentary* eine harsche und (wie er selbst eingestand) „grausame" Besprechung der Anthologie *The Wisdom of Israel* von Rabbi Lewis Browne.[57] In seiner Kritik beanstandete Kahler vor allem den falschen Umgang mit dem Thema jüdischer Witz und warf dem Autor insgesamt mangelndes Urteilsvermögen und Inkompetenz in Sachen Differenzierung vor. Für Brownes eigensinnige editorische Auswahl der meisten in seiner Sammlung erzählten jüdischen Witze gab es Kahler zufolge weder eine Entschuldigung noch eine plausible Erklärung. Von Weisheit könne beim Autor von *The Wisdom of Israel* jedenfalls keine Rede sein: „Und hier sind wir bei dem zweiten Grundfehler der Anthologie, ihrem Mangel an abwägender Unterscheidung, an Rang- und Zartgefühl. Wenn Aphorismen nur unnötig erscheinen, so ist die Aufnahme gewisser moderner jüdischer Witze in diese Sammlung unverzeihlich."[58]
In der Sammlung fand sich jedoch ein Witz, der Kahler unmittelbar ansprach und ihn erheiterte. Er berührte ihn deshalb so sehr, weil er lachenden Auges von der traurigen Wahrheit der Heimatlosigkeit und des Exils erzählte. Und obwohl der Protagonist in dem Witz ein

osteuropäischer Rabbiner war, identifizierte sich der deutsche jüdische Emigrant vollständig mit ihm. Als einem, der 1938 gezwungen war, in die USA auszuwandern, und der 1944 die amerikanische Staatsbürgerschaft annahm,[59] erzählte ihm der Witz die Geschichte seines eigenen Lebens – vom Exil und vom Leben im Exil. Richard Raskin zufolge, der den Varianten dieses Witzes einen Essay widmete, hat Browne den „Weit von wo?"-Witz in Russland angesiedelt und seine Erstveröffentlichung mit 1939 datiert, was Raskin als Vorwand für „hier handelt es sich um den klassischen Flüchtlingswitz" interpretiert.[60] Das macht Kahlers persönliche Betroffenheit noch schlüssiger, da es in dem Witz um den Verlust des Zugehörigkeits- und Orientierungssinns geht, wenn der Rabbiner auf der Flucht vor Pogromen (ob in Kischinew, Kiew oder Białystok) schließlich nach New York und von dort ins weit entfernte Argentinien gelangt. Bei Rabbi Browne liest sich der Witz so: „Die Pogrome zur Jahrhundertwende lösten eine Auswanderungswelle aus. Auf der Suche nach einer neuen Stelle wanderte ein Rabbi durch ganz Europa und gelangte schließlich nach New York, wo er nach monatelanger Korrespondenz von einer freien Stelle in Argentinien erfuhr. Als ein Freund ihn davon abhalten wollte und sagte, dass Argentinien zu weit weg sei, seufzte der Wanderer: ‚Zu weit weg? Von wo?'"[61]

Bezeichnenderweise bezog sich Kahler hier zum ersten Mal konkret auf einen jüdischen Witz, was vermutlich auch mit den veränderten Lebensbedingungen im amerikanischen Exil zu tun hatte. In der nicht ganz so förmlichen und spießigen Atmosphäre in Amerika und an einem Ort, wo man den jüdischen Charakter schon längst mit dem Komischen assoziierte, entspannte sich auch Kahler und erzählte einen „Galuthwitz", der ihn ganz konkret und persönlich anging. In seiner Erzählung des Witzes übertrug Kahler als deutscher jüdischer Flüchtling unbewusst die eigene Flucht vor den Nazis auf die Pogromstruktur dieser (ca. 1900) in Osteuropa angesiedelten Version des Witzes. Der Witz erfährt dabei geringfügige Änderungen, doch es sind gerade diese kleinen Eingriffe, die Bände über die Position Kahlers nach dem Holocaust sprechen, wenn er ein Wort in Klammern – „(Flüchtling)" – einfügt, das in der Browne-Version nicht enthalten ist und damit den Bezug zu seinem eigenen Exilstatus herstellt (und Raskins Vermutung bestätigt). Der andere minimale Eingriff betrifft den Freund, der dem Rabbiner von seiner Fahrt nach Argentinien abrät. Bei Kahler wird dieser zu einem „Mann", der „seinen (Flüchtlings-) Freund" überzeugen möchte. Mit dieser Änderung kann Kahler in die Rolle des wandernden Rabbi schlüpfen:

> Sicherlich dürfte aus einer Anthologie jüdischer Weisheit der jüdische Witz unserer Zeiten nicht ausgeschlossen werden. Unter diesen Produkten einer leidenden Selbstironie gibt es welche, die einen blitzenden Tiefsinn, eine präzise Selbsterkenntnis und ein wunderbares Wissen um menschliche Dinge zeigen, und die die Tragik der Juden in einem einzigen Wort erleuchten. Ein Beispiel dieser Art von „Witz" ist der auf S. 623: „Als ein Mann seinen Freund (einen Flüchtling) überreden wollte, nicht nach Argentinien zu gehen, weil es zu weit weg sei, seufzte der Wanderer: ‚Zu weit weg? Von wo?'" [62]

Bei diesem Witz gelangt Kahler schließlich zu einem positiven ästhetischen Urteil und bezeichnet ihn als „schön und ernst". Offenbar fühlt er sich unmittelbar nach dem Holocaust von der Anekdote auch deshalb angesprochen, weil sie ihre Wirkung im „Lachen unter Tränen" entfaltet oder, wie er es nennt, „die Tragik der Juden in einem einzigen Wort erleuchtet". Außerdem erinnert sie an Franz Kafkas „Galuthwitz", die verblüffende Parabel „Der Aufbruch", mit der Kahler gewiss vertraut war. [63] Raskin zufolge tauchte der „Weit von wo?"-Witz zum ersten Mal 1939 in der New Yorker Radiosendung des amerikanischen Kritikers und Radiosprechers Alexander Woollcott auf. Im selben Jahr, in dem in Europa der Zweite Weltkrieg ausbrach (und Kahlers zweitem Jahr im amerikanischen Exil), veröffentlichte Kahler einen Essay in englischer Sprache zum Thema „Forms and Features of Anti-Judaism", der in einer bedrückenden Passage zwei Ereignisse behandelt, die sich im echten jüdischen Leben zugetragen haben und in denen das Dilemma des jüdischen Flüchtlings nachklingt, wie es in „Weit von wo?" (aber auch in anderen Geschichten, etwa in dem Witz „Haben Sie keinen anderen Globus?") beschrieben wird. Sie entsprechen exakt der Situation, auf die die Protagonisten mit bitterer Ironie reagieren. Kahler greift in seinem Aufsatz den Begriff „Niemandsland" auf, um zu beschreiben, wie aussichtslos es für die aus Europa fliehenden Juden geworden war, einen Zufluchtsort und Schutz zu finden. Beide Zwischenfälle, auf die Kahler anspielt, hatten für Schlagzeilen gesorgt – im ersten geht es um jene polnischen Juden, die im Dezember 1939 vor der deutschen Armee nach Osten geflohen waren und dann, als ihnen die Einreise in die Sowjetunion verweigert wurde, „in einem knapp anderthalb Kilometer breiten Niemandsland am Westufer des Bug in der Falle saßen". [64] Der zweite betrifft die MS St. Louis, die 1939 in Hamburg ausgelaufen war, aber weder in Kuba noch in den USA oder Kanada anlegen durfte und gezwungen war, nach Europa zurückzukehren. Bestimmte Aspekte dieser Textpassage knüpfen an den Zustand des Scheintods an, von dem der jüdische Exil-Witz handelt, den er 1951 seinem Freund Thomas Mann erzählte (siehe dazu weiter unten). In beiden Fällen sehen sich die Juden den Aporien des „Niemandslands" ausgesetzt, das „die Tragödie der jüdischen Existenz in einem einzigen Wort illustriert: „Wurden früher die Juden aus irgendeinem Land vertrieben, so gab es immer ein Land, das sie aufnahm. Der heutigen Zeit war es vorbehalten, einen internationalen Zustand zu schaffen, in dem die Juden auf einer Flußinsel zwischen zwei Grenzen, einem ‚Niemandsland', im Winter ausgesetzt kampierten, ohne hinüber noch herüber zu können, oder wochenlang auf Schiffen umherirren, die sie nirgends an Land setzen dürfen außer zu unausweichlicher Folter und Tod. Das sind die irdischen Wegzeichen der jüdischen Geschichte – das Exil, die Wanderung, das Niemandsland." [65]

In seiner Besprechung von *The Wisdom of Israel* besteht Kahler darauf, dass der jüdische Witz nicht in einen Zustand der Verbannung versetzt werden dürfe, der ihn von jüdischer Weisheit trennt. Im Gegenteil, er möchte Witz und Weisheit wieder ihrer gemeinsamen etymologischen Grundlage zuführen. Allerdings sind einer Koexistenz, in der Witz und Weisheit zusammenlaufen und harmonisch nebeneinander bestehen, ernste Grenzen gesetzt. So tritt denn auch aus Kahlers Sicht viel zu oft der umgekehrte Fall ein, wenn die dem Witz zugrunde liegende Absicht, wie er es nennt, von „weiser jüdischer Selbstironie" abschweift. Und obwohl zwischen den beiden Analysen Aufstieg und Untergang des Dritten Reiches (1932 und 1945) liegen, hat sich an seiner in *Israel unter den Völkern* an bestimmten Witzen geübten Kritik und seiner Ablehnung der „schrecklichen Hypertrophie des Witzes" nichts geändert:

> Aber die „Witze" z.B., zwischen denen jener schöne und ernste steht, ja die meisten von ihnen, die in die Anthologie aufgenommen wurden, sind vulgär und beschämend; sie entspringen nicht der weisen jüdischen Selbstironie, sondern jener würdelosen Selbstverhöhnung und Selbstverachtung, die es leider auch unter den Juden gibt. Witze dieser Art sind nicht etwas, das man herzeigen sollte; sie bestätigen die Wahrheit von manchem, was man uns mit Recht vorwirft. Sie haben jedenfalls nichts mit Weisheit zu tun und gehören nicht in ein solches Buch.[66]

Kahlers Dichotomie stellt ernste neben leichtfertige Witze, gute neben schlechte und schöne neben vulgäre. Erwartungsgemäß unterlässt Kahler es, auf einen der „vulgären und beschämenden" Witze näher einzugehen. Dafür gibt er sich nicht her, noch lässt er sich von diesen unseligen Beispielen „würdeloser Selbstverhöhnung und Selbstverachtung" kontaminieren. Doch wie anderen Witz-Analytikern vor ihm bereitet ihm die potentielle Toxizität des jüdischen Witzes und seine schädliche und zersetzende Wirkung Sorge, und mehr noch die Möglichkeit, dass die selbstverhöhnenden Witze den Antisemiten in die Hände spielen und ihre Rhetorik und Hetzkampagnen befeuern könnten. Auch bei ihm wird der schmale Grat zwischen jüdischem Witz und Antisemitismus in dem Moment unscharf, wenn

„weise jüdische Selbstironie" in „würdelose Selbstverhöhnung und Selbstverachtung" übergeht. Allerdings wird Kahlers Einschätzung in dem Moment sonderbar, wenn er nicht einfach begründet, warum man diese Witze nicht erzählen sollte, weil damit negative jüdische Klischees vermittelt werden bzw. ein falscher Eindruck entsteht, was es bedeutet, jüdisch zu sein; hingegen scheint er sagen zu wollen, dass mit diesen schlechten Witzen bestätigt wird, was die Antisemiten den Juden aus berechtigten, verständlichen und legitimen Gründen vorwerfen. So, als hätten die Angriffe der Antisemiten eine Grundlage und als erfolgten sie teilweise zu Recht. Ist Kahler hier sein eigenes Urteilsvermögen abhandengekommen? Oder ist er so kurz nach der Ermordung von sechs Millionen Juden in Europa besonders vorsichtig? Immerhin hätte er auch von ihren „voreingenommenen" oder „fälschlichen" Angriffen sprechen können. Was auch immer dahintersteht, Kahlers negative Einschätzung ist ein weiterer Hinweis für seinen in Teilen elitären Kulturkonservatismus und die Überzeugung, dass der jüdische Witz in den Dienst der Bildung zu stellen ist. Ein Witz, der nicht der Weisheit dient und keine pädagogische Absicht verfolgt, läuft Gefahr, „die Wahrheit von manchem, was man uns mit Recht vorwirft", zu bestätigen. Fest steht aber auch, dass sich Kahlers Einschätzung der Gefahren des jüdischen Witzes in Siegfried Kadners Mobilisierung des jüdischen Witzes in *Rasse und Humor* von 1936 bewahrheitete.[67] Der Nazi-Propagandist argumentierte exakt so: Jüdische Witze bestätigten die Wahrheit all dessen, was die Nazis den Juden zum Vorwurf machten. So wird der „vulgäre und beschämende" jüdische Witz zum Sündenbock, wenn der in jüdischer Selbstironie zum Ausdruck gebrachte Humor hasserfüllte antisemitische Tiraden nach sich zieht.[68] Gleichwohl stellt sich die Frage, warum Kahler die „vulgären und beschämenden" jüdischen Witze als Hinweis für einen Wahrheitsgehalt auffassen sollte. Denn tatsächlich ist es so: Je absurder die Selbstverhöhnung und Selbstverachtung jüdischer Witze, desto weniger fühlen sie sich der Realität und der Wahrheit verpflichtet.

Aber was genau sind das für Witze, die Kahler mit Anführungszeichen versieht, um zu signalisieren, dass er sie überhaupt nicht witzig findet, und die er in Brownes Anthologie als geschmacklos bezeichnet? Wenn man sich die beiden Witze vor und nach dem lobenswerten, von „blitzendem Tiefsinn" zeugenden Galuthwitz genauer ansieht, erkennt man einen gewissen Grad an Toxizität: Im ersten, einer veränderten Version des „skeptischen Witzes", der auch bei Freud vorkommt und in dem ein Handelsreisender einen befreundeten Handelsreisenden beschuldigt, ihn über sein Reiseziel belogen zu haben, wird aus den Städten Lemberg und Krakau ein Reim aus Minsk und Pinsk. Freud bewunderte diesen Witz als absurde und „kostbare Geschichte", in der die Technik des „Widersinns" so weit zum Einsatz gelangt, dass „nach der unwidersprochenen Behauptung des Ersten der andere lügt, wenn er die Wahrheit sagt, und die Wahrheit mit einer Lüge sagt".[69] Kahler dürfte diesen Witz jedoch als Beispiel „würdeloser Selbstverhöhnung" aufgefasst haben, die die beiden Protagonisten in ein Netz aus Täuschung und Lügen verstrickt. So gesehen, wirft der Witz nicht nur auf den Charakter der beiden ein schlechtes Licht, sondern auf den jüdischen Charakter insgesamt. Indem der Witz einen jüdischen Hang zur Lüge in den Vordergrund rückt, bestätigt er auf ironische Weise „die Wahrheit von manchem, was man uns mit Recht vorwirft". Die Tatsache, dass Siegfried Kadner ausgerechnet diesen Witz als Beispiel für jüdische Verlogenheit anführte, zeigt, dass Kahlers Befürchtungen begründet waren (siehe Kapitel 5). Bei Browne liest sich der Witz so:

> Zwei Juden, die mit derselben Ware die Jahrmärkte auf dem Land abgeklappert haben, treffen sich zufällig im Eisenbahnwaggon.
> „Wohin fährst du?", fragt der eine.
> „Ich?", spielt der andere den Unschuldigen. „Ich fahr nach Pinsk."
> „Ha!", braust der andere auf. „Wenn du sagst, du fährst nach Pinsk, soll ich glauben, du fährst nach Minsk. Nun weiß ich aber, dass du wirklich nach Pinsk fährst. Also warum lügst du?"[70]

Im zweiten Witz geht es um zwei polnische Juden, die ihr *Schtetl* verlassen, um in den Metropolen von Berlin und Paris ihr Glück zu suchen. Diese aus Kahlers Sicht „vulgäre und beschämende" Anekdote lässt den jüdischen *Parvenü* in der Rolle des undankbaren und unredlichen Börsenhändlers auftreten, der ganz bewusst „vergisst", seine Schulden bei seinem Landsmann zu begleichen, und sein unmoralisches Verhalten mit einer fadenscheinigen Begründung zu rechtfertigen versucht, die sich als französischer Patriotismus ausgibt:

Zwei polnische Juden verließen ihr Heimatdorf, um ihr Glück im Westen zu suchen. In Berlin angekommen, sagte der eine, er sei weit genug gefahren, doch der andere wollte weiter nach Paris. Da ihm dazu die Mittel fehlten, flehte er seinen Freund an, ihm hundert Mark zu leihen, und versprach, er würde sie mit Zinseszins zurückzahlen, sobald er sein erstes Geld verdiente. Es erübrigt sich zu sagen, dass er das Geld nicht zurücksandte, auch nicht ohne Zinsen. Zehn Jahre später wurde der, der in Berlin geblieben war, von seinem Dienstherrn nach Paris geschickt und staunte nicht schlecht, als er hörte, dass sein alter Freund ein sehr erfolgreicher Börsenmakler geworden war. Er ging also zu ihm und sagte: „Hör mal, Itzik, ich bin immer noch ein armer Mann, und du sollst sehr reich sein. Warum hast du mir meine hundert Mark nie zurückbezahlt? *„Quoi?"*, entrüstete sich der andere plötzlich auf Französisch. „Dir zurückzahlen? Erst müsst ihr Deutschen uns Alsace-Lorraine zurückgeben!"[71]

Brownes Kapitel „Jüdischer Humor" enthält noch viele andere Witze über „begriffsstutzige" *Schlemiel*, „hinterlistige" Schnorrer und schließlich die „trottelhaften" Erzählungen über die Chelmer Narren.[72] Für Kahler haben die meisten dieser Witze „nichts mit Weisheit zu tun" und schon gar nichts mit „weiser jüdischer Selbstironie". Diese Witze mochten die Leute zwar zum Lachen bringen, doch für ihn sind sie Beispiele für ein beschämendes und geringschätziges Lachen. Der europäische Bildungsjude, der an seinem gehobenen Verständnis vom jüdischen Witz festhält und ihn im „tiefen", für das Streben nach Weisheit und den Dienst an einer ethischen und kulturellen Bildung exemplarischen „Ernst" begründet sieht, kann den vulgären und minderwertigen kulturellen Erzeugnissen dieser amerikanischen Anthologie nichts abgewinnen.

„Bist du wahnsinnig?" Kahler erzählt Thomas Mann einen Galuthwitz

Es gab aber noch einen anderen Galuthwitz, der Kahler faszinierte und den er in einem Brief vom Frühjahr 1951 seinem engen Freund und Gönner Thomas Mann erzählte. 1938 war Kahler auf Anraten des deutschen Romanciers nach Princeton gegangen. Dort sollte er auf andere renommierte Flüchtlinge wie Albert Einstein, Hermann Broch und Erwin Panofsky treffen und sein Haus (am Evelyn Place) für einen Kreis deutscher jüdischer Intellektueller öffnen, der als Kahler-Kreis bekannt wurde. Als Thomas Mann 1942 nach Kalifornien zog, nahmen die beiden ihre Korrespondenz wieder auf und setzten sie auch fort, als Mann nach Europa zurückgekehrt war und die letzten Jahre seines Lebens in der Schweiz verbrachte (1952–1955). Kahlers Brief vom 14. April 1951 ist im Kontext der bevorstehenden Rückkehr Thomas Manns und vor dem Hintergrund des Kalten Krieges und McCarthys antikommunistischer Hexenjagd zu lesen, die auch vor Mann nicht Halt machte. In Anbetracht der drohenden Gefahr eines Atomkriegs schlägt Kahler in seinem Brief einen apokalyptischen Ton an („denn diesmal gibt es nun einmal kein Entrinnen") und widmet sich vor allem der ewigen Frage des Einzelnen im Exil und der Heimatlosigkeit. Da eine Rückkehr nach (Ost- oder West-)Deutschland nicht in Frage kam, überlegten die beiden, wo die Manns ihren Lebensabend verbringen sollten. Kahler weiß über den Größenwahn der amerikanischen Supermacht so wenig Gutes zu sagen wie über die Illusionen eines sich allmählich mithilfe des Marshall-Plans erholenden Europa. Eine dritte Möglichkeit, nämlich Indien, verwirft er aus Gründen der Undurchführbarkeit.

Kahler drängt Mann, in den USA zu bleiben und zu „widerstreiten, wo man ist". An dieser Stelle fällt ihm ein passender jüdischer Witz ein. Wieder ist es ein Galuthwitz, der ihm wohl auch die Aussicht auf den Verlust seines Gefährten im Exil erträglicher machen sollte:

> Ich muß Ihnen in diesem Zusammenhang eine kleine Anekdote erzählen, die unsere Situation prägnant illustriert: Zwei Freunde fahren über den Atlantik, der eine von Europa nach Amerika, der andere von Amerika nach Europa. In der Mitte des Ozeans treffen sich die Schiffe und fahren aneinander vorbei. Die Freunde stehn an der Reling, erkennen einander und rufen beide unisono dasselbe hinüber: „Bist du wahnsinnig?"[73]

Der Witz, der die Passagiere und den Leser ohne Auflösung irgendwo inmitten des Atlantiks zwischen alter und neuer Welt zurücklässt, spielt mit der Vorstellung vom Leben im „Niemandsland" auf hoher See. Darin liegt seine Eleganz – und auch seine Aussagekraft. Er bringt eine ähnliche Empfindung zum Ausdruck wie ein Exil-Witz im Buch von Salcia Landmann: Er erzählt von einem deutsch-jüdischen Flüchtling namens Kohn, der ca. 1933 zwischen Europa und Israel hin und her wandert und nicht weiß, wo inmitten des Leidens der Welt er sich niederlassen soll: „Zu Beginn der Nazizeit pendelt Kohn dauernd zwischen Europa und Israel hin und her. Als er zum dritten Mal in Israel landet, fragt man ihn, was das für einen Sinn hat. ‚Da ist es nicht gut, und drüben ist es erst recht nicht gut, überall Zores [Sorgen]. Ruhe hat man nur auf dem Schiff.'"[74]

Doch weder Kahler noch Mann können bei der Pointe verweilen und schon gar nicht an der wahnsinnigen Kreuzung der beiden Schiffe, die mitten in der Nacht aneinander vorbei fahren. Kahler spricht sich aufgrund seiner eigenen Lage für den Reisenden aus, der nach Amerika fährt. In seiner Antwort will auch Thomas Mann nicht im „Niemandsland" der Dinge verharren, doch dann kommt er noch einmal auf die „blöde Niedertracht" und das apokalyptische Unheil von 1951 zurück, ehe er sich für die entgegengesetzte Richtung entscheidet und im Jahr darauf den Spuren des nach Osten Reisenden folgt, um dem „barbarischen Infantilismus" zu entkommen, der in seinen Augen für das Leben im Amerika der 1950er-Jahre bezeichnend geworden ist. Er antwortet auf Kahlers Beschwörungen und „schlagende" Anekdote kurioserweise so, als nehme er sie für bare Münze:

> Haben je Menschen in einer so vergifteten, so ganz von blöder Niedertracht übersättigten Atmosphäre atmen müssen? Man lebt in einer Welt des Unheils, aus der es kein Entrinnen mehr gibt. Ihre „Bist du wahnsinnig?"-Anekdote ist schlagend genug, nur glaube ich tatsächlich, daß der westlich Segelnde noch eine Spur wahnsinniger ist, denn, möge auch die Schweiz so amerikafromm sein, wie sogar einzelne Amerikaner es nicht sind, so ist mir doch, als käme allgemein die europäische Mentalität der hiesigen an barbarischem Infantilismus nicht gleich.[75]

Kahler und Thomas Mann verband eine Freundschaft, die auf die Zeit zurückging, als Kahler *Israel unter den Völkern* schrieb; aus der Korrespondenz der beiden geht hervor, dass er Thomas Mann das Manuskript ein Jahr vor seinem Erscheinen in der Schweiz zusandte und seinem Freund anvertraute, „daß in dem grenzenlosen Elend dieser heutigen Welt die geistige und menschliche Nähe zu Ihnen und die Freude, sie manchmal im Gespräch zu genießen, ein unsagbarer Trost ist."[76] In seinem Antwortschreiben geht Mann auch auf Kahlers Ansichten zum jüdischen Witz ein, wobei er Kahlers binäre Opposition nicht nur teilte, sondern auch umformulierte und der jüdischen „ironischen Urgewitztheit" die rohe und plumpe „Fleischesseele" der Deutschen gegenüberstellte:

> Am allernächsten kam ich Ihnen an Stellen Ihres Buches, die eine Art von tragischer Heiterkeit erregen wie die vom „vergeblichen Wissen" um die notwendige Enttäuschung eines „gewaltigen Glaubens". Die Peinlichkeit einer Symbiose alten Weltblutes, ironischer Urgewitztheit mit der Glaubenskraft einer plumpen Fleischesseele ist

mit wenigen Zeilen auf wirklich dichterische Weise dem Gefühle nahe gebracht.[77]
Mit seinem Lob für Kahlers schriftstellerisches Können und seine Analyse der „deutsch-jüdischen Frage", die eine „tragische Heiterkeit" auslöst, versetzt Thomas Mann seinen Freund in die nietzscheanische Tradition des fröhlichen Wissenschaftlers und in die heitere Gelassenheit, zu der der deutsche Philosoph in seiner Analyse der griechischen Tragödie gelangte.[78] Die Anspielung beschwört Nietzsches berühmten Satz in *Der Wille zur Macht* herauf, dass wir lachen müssen, um nicht zu weinen. „Vielleicht weiß ich am besten, warum der Mensch allein lacht: er allein leidet so tief, daß er das Lachen erfinden *mußte*. Das unglücklichste und melancholischste Tier ist, wie billig, das heiterste."[79] Doch in diesem Fall ist die Triebfeder von Kahlers „tragischer Heiterkeit" weder hellenistischen noch nietzscheanischen Ursprungs. Sie entspringt vielmehr einer Haltung, die sich aus dem jüdischen Witz und seiner unheimlichen Fähigkeit herleitet, im Leiden zu lachen.

Auserwählt für die Diaspora

Anlässlich Kahlers fünfundsechzigstem Geburtstag erschien eine Festschrift, in der Thomas Mann die Bedeutung des Exils für dessen Zerissenheit unterstrich: „Nicht allzu viele sind sich dessen bewusst; sein Leben wurde 1933 durch die deutsche Katastrophe entzweigerissen, sie machte ihn zum Vertriebenen in einer fremden Welt."[80] Erich Kahler als Vertriebener ist auch das Thema zweier bemerkenswerter Essays – Gerhard Lauers „The Empire's Watermark: Erich Kahler and Exile"[81] und David Kettlers „The Symbolic Uses of Exile: Erich Kahler at Ohio State"[82]. Beide gelangen zu interessanten Erkenntnissen, inwieweit Kahlers Leben im Exil sein Denken als Historiker geprägt hat. So argumentiert Lauer, dass „die Isolation des Exils" in den Vereinigten Staaten „Kahlers apokalyptische Geschichtsphilosophie" nährte.[83] Doch keiner der beiden Aufsätze geht auf die damalige Bedeutung der „jüdischen Frage" ein oder auf das hebräische Vermächtnis des *Galuth*, noch stellen sie die Frage, in welchem Zusammenhang diese Faktoren mit Kahlers Verständnis und Formulierung vom Dasein im Exil stehen. Am Ende dieses Kapitels soll daher versucht werden, unter Bezugnahme auf den Text „Der Deutsche und der Galuthwitz" diese Lücke zu schließen und Kahlers zum Zeitpunkt der Veröffentlichung von *Israel unter den Völkern* teils umstrittene Ansichten über das jüdische Exil genauer zu betrachten.

Aus dem Archivmaterial geht nicht hervor, warum für den Abdruck in der *Jüdischen Revue* die Überschrift „Der Deutsche und der Galuthwitz" gewählt wurde. Die Parallele zu anderen in Gegensatzpaaren formulierten Kahler-Titeln (z.B. Judentum und Deutschtum) ist dennoch nicht zu übersehen. Der Begriff *Galuthwitz* steht hier für die Juden bzw. dient als ihr Platzhalter. Im Text selbst taucht der die jüdische Diaspora kennzeichnende Begriff jedoch nicht mehr auf, noch werden *Galuth* oder *Galuthwitz* als spezifische Konzepte thematisiert. Es wird auch auf keinen „Exil-Witz" näher eingegangen, und sei es nur exemplarisch, um die Wahl der Überschrift zu verdeutlichen. In gewisser Weise wird Kahlers *Galuthwitz,* der für die Juden und die jüdische Frage insgesamt steht, zur Metapher, denn es drängt sich der Gedanke auf, dass die Lage der Juden in Europa 1936 (und weit über dieses Jahr hinaus) mit einem bitteren Witz über das jüdische Exil verglichen werden sollte. Als würden sie selbst zur Zielscheibe eines „Galuthwitzes", der sie zu Fragestellungen zwingt, wie es die Pointe in einem anderen berühmten jüdischen Flüchtlingswitz tut, die an Sarkasmus kaum zu übertreffen ist und „von bitterstem Wissen" zeugt: „Haben Sie keinen anderen Globus?"[84]

Aber auch wenn Kahler in der *Jüdischen Revue* auf den Begriff *Galuth* nicht näher eingeht, greift er ihn gegen Ende des Buches ausdrücklich auf und stellt ihn in einen Zusammenhang mit der – historischen wie gegenwärtigen – intellektuellen und geistigen Mission der Juden. Kahler räumt zwar ein, dass der Begriff durch die zionistische Bewegung diskreditiert wurde, die ihm, verglichen mit einem Leben im gelobten Land, eine ausschließlich negative und abschätzige Bedeutung beimisst. Das hält ihn aber nicht davon ab, ihn als Teil der transnationalen Bestimmung des Stammes Israel und seiner fortwährenden spirituellen, intellektuellen und ethischen Sendung in der Welt zu bekräftigen: „Die Galuth wird bleiben, solange unsere Sendung bleibt, solange Israel es selber bleibt. Sie ist heute in Verruf, nicht nur bei den Andern, auch bei der Judenheit selbst. Aber das verschlägt nichts."[85] Daran anknüpfend führt er aus, dass die Juden in der Diaspora ein exemplarisches Leben führen müssen – besonders in diesen schwierigen Zeiten –, und spielt damit indirekt auf die jüdische Verpflichtung zu *Tikkun Olam* (die Welt reparieren oder heilen) an: „Aber weiter wird die Diaspora die Pflicht der Übertragung auf sich haben, weiter alles Leiden und alle Mühsal."[86]

Diese das Exil oder die Diaspora befürwortende Rhetorik kam bei den zionistischen Nationalisten erwartungsgemäß nicht gut an, denn für sie konnte dieser Zustand nur mit negativen Assoziationen verbunden sein, mit dem Gefühl von Entwurzelung und Unterwerfung unter fremde Herrschaft. Der 1911 nach Palästina ausgewanderte tschechische Emigrant Viktor Kellner schrieb 1936 eine ausführliche Besprechung von *Israel unter den Völkern,* in der er auf Kahlers Standpunkt antwortete und ihn als „europagläubigen Juden" verspottete und meinte, „für Kahler ist das Zentrum in der Diaspora".[87] Kellner trifft den Kern der ideologischen Debatte, wenn er sagt: „Hier steht ein Prinzip gegen das andere – Galuthverneinung gegen Galuthbejahung."[88] Er ist überzeugt, dass jüdische Kreativität und Produktivität nur in dem Land möglich ist, das die Juden ihr Eigen nennen: „Das jüdische Volk als Gesamtheit ist niemals in der Diaspora, sondern immer nur auf dem Boden seines alten Heimatlandes schöpferisch geworden [...]. Der Aufbau Palästinas ist für uns die zentrale Aufgabe der nächsten jüdischen Generationen – im Gegensatz zu Kahler, für den das Schwergewicht jüdischen Seins und Wirkens in der Zerstreuung liegt und das jüdische Palästina wenngleich wünschens- und fördernswert, so doch eine periphere Sache bleibt."[89] Ob Kahler diesen Text je gelesen hat, ist nicht bekannt, aber in einem Briefwechsel mit Gershom Scholem vom Sommer 1967 findet sich ein Nachhall dieser Kontroverse über die Zuordnung von Diaspora (Bejahung des Exils) und Zion (Verneinung des Exils). [90]

Für jemanden, der galuthbejahend dachte, war der jüdische Witz eines der lange gehegten wertvollen Kulturgüter, und das umso mehr in dem Zeitraum, in dem Kahler *Israel unter den Völkern* schrieb und veröffentlichte (1932–1936). Denn nun waren die Juden Deutschlands mit einer anderen Tragweite von Exil *(Galuth)* konfrontiert – es war dies kein Exodus aus dem Land Israel, sondern das Exil innerhalb der Diaspora, die Vertreibung aus ihrer fast tausendjährigen Heimstätte (Aschkenas). Den vor den Nazis fliehenden Flüchtlingen spendete der jüdische Witz im Leid und in der Vertreibung neuerlich Trost und Zuversicht. Für Kahler muss die Vertreibung aus Deutschland daher einer weiteren „Erfahrung des Zusammenstoßes von Idee und Welt" entsprochen haben, die dem jüdischen Witz als Nährboden diente und den jüdischen Verstand generell schärfte. In dieser Lage konnte der jüdische Witz das Heimweh lindern, unter dem die deutschen Juden litten und auf das Kahler nach dem Ausschnitt „Der Deutsche und der Galuthwitz" eingeht: „[Deutsche Juden] sind ebenso wie die Juden der andern Länder ganz tief durchwoben und gezeichnet von der Seele ihrer Heimat […] das schwerste Heimweh quält noch manche von ihnen sogar nach diesem Land, aus dem sie eben erst durch die menschlich niedrigste Verfolgung aller Zeiten vertrieben worden sind. Und nicht wenige von ihnen haben gar lieber die Welt verlassen als Deutschland." [91]

In dieser verhängnisvollen Lage von Exil und Verfolgung war es einmal mehr der jüdische Witz, der die „Tragödie der jüdischen Existenz zu erhellen" vermochte. In *The Jews among the Nations* kehrte Kahler zum Thema Heimweh zurück, diesmal allerdings, um einen aussagekräftigen Flüchtlingswitz von „ironischer Wahrheit" zu erzählen, der unter den Nazis aufkam und vermutlich auf die Zeit rund um das Erscheinen von *Israel unter den Völkern* zurückging. Entgegen der früheren Ausgabe seines Buches erzählt Kahler eine deutsch-jüdische interkulturelle Anekdote, die den nichtjüdischen Pazifisten und Autor von *Im Westen nichts Neues* auftreten lässt und sich über das Heimweh der Juden lustig macht. Da sich die Pointe jedoch umkehrt, bindet sie den jüdischen Emigranten und Erzähler der Anekdote ein und ermöglicht ihm, sich damit zu identifizieren und daraus zu schließen, für das Exil auserwählt zu sein: „Die Antwort, die der deutsche Emigrant Erich Maria Remarque einem Nazi-Emissär erteilt haben soll, der ihn mit dem Versprechen höchster Würden zu einer Rückkehr nach Deutschland bewegen wollte, bringt eine ironische Wahrheit auf den Punkt. Als er sich weigerte, fragte ihn der Nazi: ‚Haben Sie denn gar kein Heimweh?' ‚Heimweh?', antwortete Remarque. „Nein. Ich bin ja nicht jüdisch."" [92]

Wie die anderen „ernsten" und tiefgehenden Flüchtlingswitze, die Kahler zu würdigen wusste, funktioniert die Remarque-Anekdote in einer raffinierten Kombination aus Witz und Weisheit. Das heißt aber nicht, dass Kahler dem jüdischen Witz je einen Freibrief ausstellte. Sein Ansatz war stets ein gemäßigter, eben weil er sich der potentiellen Toxizität und zersetzenden Kraft des Witzes („der alles Wesen wegfrißt") bewusst war. Deshalb warnte er vor der „schlimmen Hypertrophie des Witzes", und deshalb sprach er vom „abschätzigen Judenbild des Deutschen" als dem „befangenen Blick, der auf dem halben Weg zu einer Wahrheit steckenbleibt". [93]

Aber selbst wenn man mit Kahlers konservativer Herangehensweise an den Witz und mit seinem Wunsch, ihn zu regulieren und ihm annehmbare, die Werte von Weisheit und Bildung fördernde Grenzen aufzuerlegen, nicht immer einverstanden sein mag, so gebührt der scharfsinnigen und vorausschauenden Analyse, zu der der jüdische Historiker und Kulturkritiker am Vorabend der deutschen Katastrophe gelangte, zweifellos große Anerkennung. Indem er den jüdischen Witz als Studienobjekt ernst nahm, verstand Kahler den Status jüdischer Witze als ein kulturelles Symptom des generellen deutsch-jüdischen interkulturellen Verhältnisses. Und das bedeutete: Wenn die Deutschen die jüdischen Witze mehrheitlich nicht mehr verstanden oder zu schätzen wussten, wenn die witzigen Bemerkungen als „unverstanden und ungebilligt" aufgefasst wurden, dann signalisierte das nicht nur disharmonische und unerfreuliche Beziehungen, sondern auch, dass sich noch ernstere Schwierigkeiten und Gefahren abzeichneten. Stellten die Juden und die Deutschen erst fest, dass sie mit ihrer Weisheit am Ende waren und sich in einer Position ungleicher Machtverhältnisse befanden, dann konnte diese ausweglose Situation nur bedeuten, dass beide Völker an einem gefährlichen und hoffnungslosen Punkt des „Verlassen- und Verlorenseins" angelangt waren. Diese humorlose und unüberwindbare Kluft untersuchte Kahler am Ende der Weimarer Republik; sie war das vollkommene Gegenteil einer gemeinsamen Überlegenheit, die aus seiner Sicht für die Inszenierung und gegenseitige Wertschätzung jüdischer Witze nötig war:

> Witz ist eine Spitzenäußerung, die Äußerung eines Überschwangs, einer Überlegenheit. Er ist angewiesen auf eine gleichgestimmte, aufnahmebereite Runde, auf ein Einverständnis derselben Überlegenheit. Ein unverstandener, ungebilligter Witz aber ist nicht nur sinnlos, er wird sofort gefährlich. Er schafft eine Kälte, einen Hohlraum zwischen den Menschen, ein Absacken des einen gegen den andern und ein jähes Gefühl von Verlassen- und Verlorensein.[94]

1   Die Fahnen der beim Münchner Delphin-Verlag erschienenen Erstausgabe sind mit 21. Januar 1933 datiert; am 30. Januar 1933 wurde Hitler zum deutschen Reichskanzler ernannt. Siehe Erich Kahler Collection; AR 2141/ MF 755; Box 1, Folder 9, Leo Baeck Institute, Center for Jewish History, New York. Digitalisierte Fassung (Reel 1, S. 927–930) im Internet Archive (Archive.org) unter https:// archive.org/stream/erichkahler_01_reel01#page/n927/mode/1up. Aus dem handschriftlichen Manuskript geht hervor, dass Kahler in Erwägung zog, „das Schicksal des Judentums" im zweiten Satz durch „die jüdische Frage" zu ersetzen und so den „Angelpunkt der Geschichte" zu markieren. Siehe Reel 1, S. 940. Bis auf ein Wort („dort" anstelle von „jetzt") findet sich der erste Satz unverändert in der im Exil erschienenen Ausgabe. Erich Kahler, *Israel unter den Völkern* (Zürich: Humanitas Verlag, 1936), S. 11.

2   David Kettler, Volker Meja, „Karl Mannheim's Jewish Question", *Religions* 3 (2012), S. 244.

3   Steven E. Aschheim, „George L. Mosse at 80: A Critical Laudatio", in: *Journal of Contemporary History* 34, No. 2 (April 1999), S. 308. Für die von Aschheim zitierten Bildungswerte vgl. George L. Mosse, „Jewish Emancipation Between Bildung and Respectability", in: *The Jewish Response to German Culture*, Hg. Jehuda Reinharz und Walter Schatzberg (Hanover: University of New England Press, 1985), S. 1–16.

4   George L. Mosse, *German Jews Beyond Judaism* (Bloomington: Indiana University Press, 1985). Mosses zentrales Argument lautet, dass die Juden in der Zeit nach der Emanzipation lernten, achtbare und anerkannte Deutsche zu werden, indem sie das traditionelle Judentum durch das humanistische Bildungsideal ersetzten und es als neue, bürgerliche und aufstrebende deutsche Juden zu einer Ersatzreligion und einer neuen jüdischen Identität entwickelten. Mosse zufolge muss „die zentrale Bedeutung, die *Bildung* im deutsch-jüdischen Bewusstsein einnahm, von Anfang an [...] [als] Grundlage für die nach der Emanzipation einsetzende Suche nach einer neuen jüdischen Identität verstanden werden", (S. 3).

5   Gerhard Lauer, „The Empire's Watermark: Erich Kahler and Exile", in: *Exile, Science, and Bildung: The Contested Legacies of German Emigré Intellectuals*, Hg. David Kettler und Gerhard Lauer (New York: Palgrave Macmillan, 2005), S. 64.

6   Ich danke Steven Aschheim, der mich auf diese Aspekte des Bildungsjuden und ihre Anwendbarkeit auf Kahler hinwies.

7   Mosse definierte „die sogenannte ‚Sendung' des Judentums mit seinem Bildungsschwerpunkt als selbstverwirklichend, kosmopolitisch und von einer rationalen Lebenseinstellung". George L. Mosse, „The End is Not Yet: A Personal Memoir of the German-Jewish Legacy in America", in: *American Jewish Archives* 40, No. 2 (November 1988), S. 197. Gegen Ende von *Israel unter den Völkern* äußerte sich Kahler ebenfalls zur Sendung der Diasporajuden.

8   Kahler, *Israel unter den Völkern*, S. 33.

9   Michael Brenner, *Jüdische Kultur in der Weimarer Republik*, übersetzt von Holger Fliessbach (München: Beck, 2000), S. 52–53. Werner

Cahlmann an Erich von Kahler, 13. Dezember 1930, Erich Kahler Collection, Leo Baeck Institute, LBI-AR, 3890. In den Worten von Brenner: „Beeinflußt von den neuromantischen Ideen des George-Kreises, verwarf Kahler Webers liberalen Rationalismus ebenso wie den Rationalismus Hermann Cohens […] und den der Gründer des CV [Central-Verein]. Nach Kahlers Überzeugung sollten die Juden zugeben, daß sie ein eigener Stamm seien, der sich von den anderen deutschen Stämmen unterschied." (S. 52)

10   Kahler an Thomas Mann, Brief vom 21. März 1935, in: *Thomas Mann – Erich von Kahler, Briefwechsel 1931–1955,* herausgegeben und kommentiert von Michael Assmann (München: Luchterhand Literaturverlag, 1993), S. 11.

11   Thomas Sparr: „Die zweite, 1936 in der Schweiz erschienene Fassung ist im wesentlichen gleich geblieben, doch Kahlers Heilserwartung ist einem realistischen Blick auf die deutsch-jüdischen Verhältnisse gewichen. Kahler nennt ‚die Verfolgung, die Vernichtung der Juden in Deutschland' beim Namen und an die Stelle der pathetischen Schlußformel tritt ein Zitat aus Hölderlins Hyperion." Siehe Sparr, „Verkannte Brüder": Jüdische George-Rezeption", in: *The Jewish Self-Portrait in European and American Literature,* Hg. Hans-Jürgen Schrade, Elliott M. Simon und Charlotte Wardi (Berlin: Walter de Gruyter, 1996), S. 52. Das Buch, so Sparr, ist „ein letzter Versuch, das negative Verhältnis von Deutschen und Juden auf gegensätzliche Erscheinungen eines gemeinsamen Wesens zu reduzieren, auf eine innere Übereinstimmung, die für Kahler – darin Georges Schüler – Telos einer erlösten Welt wird". (S. 52)

12   Kahler, *Israel unter den Völkern,* S. 11.

13   Ebd., S. 149–154.

14   *Jüdische Revue* (Juni 1936, S. 41–45). Eine Kopie des Artikels findet sich im Nachlass des Autors; siehe Erich Kahler Collection, „Journal Contributions 1911–1955", AR 2141/MF 755, Box 1, Folder 24, Leo Baeck Institute, Center for Jewish History, New York, Reel 3, S. 97–102. Es ist unklar, ob die Überschrift von Kahler stammt oder von der Redaktion gewählt wurde. Der Artikel findet sich online auf Archive.org, http://www.archive.org/stream/erichkahler_03_reel=3#page/n97/mode/1up.

15   Obwohl die amerikanische Ausgabe *The Jews Among the Nations* (New York: Frederick Ungar, 1967) nur geringfügig verändert wurde, ist sie im Grunde ein anderes Buch. So wurde die Diskussion des jüdischen Witzes, die das zentrale Thema dieses Kapitels bildet, an den Beginn des Buches gestellt und auf wenige Zeilen gekürzt. Kahler betont zwar, dass der jüdische Witz das kulturelle Eigentum religiöser wie weltlicher Juden ist, übergeht aber, dass die assimilierten Juden ihn als Waffe einsetzten, um sich über die Frommen lustig zu machen: „Die deutliche jüdische Eigentümlichkeit zeigt sich in unzähligen Geschichten, traurig lustigen Geschichten, selbstverspottenden Geschichten, die sich – und zwar alle – mit den besonderen Bedingungen, Erfahrungen und Einstellung des jüdischen Volkes befassen und nicht nur mit jenen, die an das Judentum glauben." Kahler, *Israel Among the Nations,* S. 6. Der Hinweis auf „traurig lustige Geschichten, selbstverspottende Geschichten" verdeutlicht, dass für Kahler die Hypothese vom „durch Trä-

nen lachen" und die „selbstkritische" Dimension entscheidend sind, um die Ursprünge jüdischen Humors zu verstehen.

16   Ein frühes Beispiel ist Kahlers „Juden und Deutsche", in: *Europäische Revue* 6, Nr. 10 (1930), S. 744–756.

17   Todd Samuel Presner, *Mobile Modernity: Germans, Jews, Trains* (New York: Columbia University Press, 2007), S. 4.

18   Presner, *Mobile Modernity*, S. 4.

19   Unter „Separatrix" versteht Presner „den Bindestrich zwischen deutsch und jüdisch, den Schnitt, der sie voneinander trennt. Separatrix ist mehrdeutig; sie kann einen Gegensatz verorten, wie in deutsch versus jüdisch, sie kann Gleichzeitigkeit bedeuten, wie in sowohl deutsch wie auch jüdisch; und sie kann eine Entscheidung einfordern, wie in deutsch oder jüdisch". Presner, *Mobile Modernity*, S. 3.

20   Otto F. Best zitiert Blühers Formulierung „jüdisch-destruktiver Intellektualismus" in *Volk ohne Witz: Über ein deutsches Defizit* (Frankfurt am Main: S. Fischer Verlag, 1993), S. 153. Vgl. Hans Blüher, *Secessio Judaica: Philosophische Grundlegung der historischen Situation des Judentums und der antisemitischen Bewegung* (Berlin: Der Weisse Ritter Verlag, 1922). Goebbels verkündete das Ende der Ära eines „übertriebenen jüdischen Intellektualismus" im Rahmen einer berüchtigten Ansprache anlässlich der Berliner Bücherverbrennungen vom 10. Mai 1933.

21   Sparr, „Verkannte Brüder", S. 52.

22   Kahler, *Israel unter den Völkern*, S. 149.

23   Ebd., S. 150.

24   Die Geschichte dieses Gedankens, der entscheidend ist, um den jüdischen Witz als im Kontext moderner deutscher literarischer und politischer Kultur negierende Kraft zu verstehen, findet sich bei Best, „Vom ‚Geiste der Zersetzung': Jüdischer Witz," in: *Volk ohne Witz*, S. 151–156.

25   Kahler, *Israel unter den Völkern*, S. 150.

26   Anna Kiel untersucht diesen Punkt in *Erich Kahler: Ein ‚uomo universale' des zwanzigsten Jahrhunderts* (Bern: Peter Lang, 1989), S. 188. Kiel vergleicht Thomas Manns Interpretation des jüdischen Witzes mit Kahler und unterscheidet: „Kahler löst den jüdischen Witz nicht aus seiner metaphysischen Bezogenheit, der Hintergrund bleibt der für diesen Stamm charakteristische Dialog zwischen dem Einzelnen und Gott."

27   Kahler, *Jews Among the Nations*, S. 8.

28   Scholem Alejchem, „Das große Los", in: *Tewje, der Milchmann*, aus dem Jiddischen neu übersetzt von Armin Eidherr (Zürich: Manesse Verlag, 2016).

29   Siehe den einleitenden Brief in Immanuel Olsvanger, *Contentions with God: A Study in Folklore* (Cape Town: T. Maskew Miller, 1921). Olsvanger warnt: „Beim Lesen einer grotesken Anekdote werdet Ihr in Eurem tieferen Verständnis nicht den Vorwurf erheben: ‚Wie unfromm ist dies Volk, das selbst im Gespräch mit Gott es noch für angebracht hält zu scherzen.'"

30 Henri Bergson, *Das Lachen: Ein Essay über die Bedeutung des Komischen*, übersetzt von Roswitha Plancherel-Walter (Hamburg: Felix Meiner Verlag, 2011).

31 Kahler, *Israel unter den Völkern*, S. 37–38.

32 Ebd., S. 150.

33 Ebd., S. 150–151.

34 Kahler, *Israel unter den Völkern*, S. 153. Dieser eine Satz fehlt in dem Artikel „Der Deutsche und der Galuthwitz" in der *Jüdischen Revue*.

35 Steven E. Aschheim, *At the Edges of Liberalism: Junctions of European, German and Jewish History* (New York: Palgrave Macmillan, 2012), S. 183–184. Aschheims Diskussion der Gebrüder Herrnfeld beschreibt sie als „die wahrhafte Destillation, die symbolische Inkarnation der Schattenseite" (S. 184) des Bildungsstrebens ehrbarer deutscher Juden. Aschheim versteht ihre Popularität auch als Reaktion vieler Juden (die ihre Aufführungen eher besuchten als die Antisemiten) auf einen allzu raschen Assimilationsprozess und den „übermäßigen Sozialisierungsdruck" (S. 84).

36 Wenn ich Kahler in diesem Kontext als „konservativen" Denker bezeichne, folge ich seinem Biographen Gerhard Lauer, der ihn der „konservativen Revolution" zuordnet, die mit Hugo von Hofmannsthal und Stefan George ihren Anfang nahm. Vgl. Gerhard Lauer, *Die Verspätete Revolution: Erich von Kahler; Wissenschaftsgeschichte zwischen konservativer Revolution und Exil* (Berlin: Walter de Gruyter, 1995). Lauer zufolge vertrat Kahler mit seinem Ruf nach einem „neuen Menschen" eine Rückkehr zu Bildung als Mittel zur Erziehung und Charakterbildung, mit dem sich „die Anhäufung von Wissen zu einer Kraft verdichten und transformieren ließe, um das Leben insgesamt zu revolutionieren". Aus dieser Perspektive möchte Kahler den jüdischen Witz nicht nur an Weisheit binden, sondern auch an die „Anhäufung von Wissen". Siehe Gerhard Lauer, „The Empire's Watermark: Erich Kahler and Exile", in: Kettler und Lauer, *Exile, Science, and Bildung*, S. 66.

37 Kahler, *Israel unter den Völkern*, S. 151–152.

38 Ebd., S. 152.

39 Ebd., S. 153.

40 Ebd., S. 152.

41 Ebd., S. 153.

42 Ebd., S. 145.

43 In *Der Sinn der Geschichte* und im Zusammenhang mit der These von der Körperlichkeit bezeichnete Kahler die Nazis als Rückfall in die „menschliche Bestialität" (A.d.Ü.: Im deutschen Text, der bei Kohlhammer erschienen ist und „vom Autor nur geringfügig verändert" als „Vortrag unter dem Titel ‚Gibt es einen Sinn in der Geschichte?' am 23. Januar 1964 auf Einladung der Ludwig-Maximilian-Universität in München gehalten wurde", ist die hier zitierte Bezeichnung nicht enthalten).

44 Kahler, *Israel unter den Völkern*, S. 145.

45 Für seine Arbeit über den Karneval in der Renaissance siehe Michail Bachtin, *Rabelais und seine Welt:*

Volkskultur als Gegenkultur, übersetzt aus dem Russischen von Gabriele Leupold (Berlin: Suhrkamp Verlag, 1995).

46 Eintrag „Michel" in der *Allgemeinen deutschen Real-Enzyklopädie für die gebildeten Stände* (Leipzig: F. A. Brockhaus, 1846).

47 Vgl. Tomasz Szarota, *Der deutsche Michel: Die Geschichte eines nationalen Symbols und Autostereotyps* (Osnabrück: Edition Fibre, 1998).

48 Kahler, *Israel unter den Völkern*, S. 148–149.

49 Ebd., S. 147.

50 Erich Kahler, „The German Problem: Origins and Development", in: *Contemporary Jewish Record* 7, No. 5 (Oktober 1944), S. 464–465.

51 Kahler, *The Jews Among the Nations*, S. 117.

52 John Heartfield, *Hitler erzählt Märchen II*, Fotomontage für das Titelblatt der A.I.Z. vom 5. März 1936.

53 Frazer Stephen Clark, *Zeitgeist und Zerrbild: Word, Image and Idea in German Satire* (Bern: Peter Lang, 2006), S. 222. Das Kapitel trägt die Überschrift „Of Nightcaps and Nations" (Von Zipfelmützen und Nationen).

54 Clark, *Zeitgeist und Zerrbild*, S. 22.

55 Chajim Bloch, *Hersch Ostropoler* (Berlin: Benjamin Harz, 1921), S. 8. Blochs *Ostjüdischer Humor* (Berlin: Benjamin Harz, 1920) stellt in einer Fußnote auf S. 10 ebenfalls die Verbindung zwischen den beiden Charakteren her.

56 Heinrich Loewe, *Schelme und Narren mit jüdischen Kappen* (Berlin: Welt Verlag, 1920), S. 12. Loewe: „Der jüdische Humor hatte sogar eine ganz besondere Freude an der Wiedererzählung der deutschen Eulenspiegelgeschichten. Aber dem Frohsinn des osteuropäischen Juden genügte das nicht. Er hatte deshalb geradeso seine eigenen Spaßfiguren, die sich und andere belustigen, wie er den Till Eulenspiegel in sein Haus eingelassen hat." Eine Besprechung von Loewes Sammlung trug die Überschrift: „Till Eulenspiegels Streiche im jüdischen Leben" und zählte die jüdischen Schelme auf, die bei Loewe vorkommen: „Efraim Greidiker, Mordche Rackewer, Schailke Feifer und Herschel Ostropoler." Siehe *Jüdische Volksstimme* 21, Nr. 13 (25. März 1920), S. 6.

57 Lewis Browne, *The Wisdom of Israel: An Anthology* (New York: Random House, 1945).

58 Das deutsche Manuskript der Kritik im *Commentary* findet sich auf http://www.archive.org/stream/erichkahler_01_reel01#page/n921/mode/1up (S. 921–925). Für den Abschnitt über den jüdischen Witz siehe S. 924. Siehe „Book Review of *The Wisdom of Israel*", Dezember 1945; Erich Kahler Collection; AR 2141/MF 755; Box 1, Folder 8, Leo Baeck Institute, Center for Jewish History, New York. Für die englische Version vgl. Erich Kahler, „Browne, Lewis (Ed.). *The Wisdom of Israel* (Book Review)." *Commentary* 1 (1. Dezember 1945), S. 88–89.

59 Kahlers Einbürgerungsurkunde vom 24. Februar 1944, in: Erich Kahler Collection; AR 2141/MF 755; Box 2, Folder 22, Leo Back Institute, Center for Jewish History, New York. Im Rahmen der Einbürgerung verlor Kahler seinen Adelstitel. Auf der

Rückseite der Urkunde steht: „Name changed, by Decree of Court from Erich von Kahler, as a part of the Naturalization."

60 Richard Raskin, „'Far from where?': On the history and meanings of a classic Jewish refugee joke", in: *American Jewish History* 85, No. 2 (Juni 1997), S. 143–150. Laut Raskin wird der Witz zum ersten Mal in der Anthologie *A Treasury of Jewish Humor* von Nathan Ausubel (New York, 1948) veröffentlicht und spielt im fernen Südafrika. Die Anthologie von Browne ist jedoch drei Jahre früher erschienen, was Ausubel deshalb entgangen sein dürfte, weil das Buch nicht als humoristische Anthologie konzipiert war, sondern als „The Wisdom of Israel". Raskin beschäftigt sich mit zwei gegensätzlichen Interpretationen des Witzes – einer, die „vom Begriff des 'wandernden Juden' inspiriert" und von Pathos durchtränkt war, und der anderen, die den „ursprünglichen historischen Kontext" und „den Zeitpunkt der Nazi-Herrschaft" reflektiert, sodass die Pointe „Weit von wo?" zur „Anklage gegen ein Land wird, das den Juden wenig bis gar keinen Schutz vor den Nazis bot". Auch wenn Browne die Anekdote im zaristischen Russland ansiedelt, verschleiert die Veröffentlichung im Jahr 1945 die Flüchtlingssituation unter den Nazis nur kaum, weshalb Kahler den Witz auch so verstanden hat. Der Witz (mit Shanghai als „*Weit von wo?*") figuriert auch in Salcia Landmans Sammlung *Jüdische Witze* (Olten: Walter-Verlag, 1962), S. 235–236.

61 Browne, *Wisdom of Israel,* S. 623.

62 Kahler, „Book Review of *The Wisdom of Israel*", S. 924.

63 Franz Kafkas Parabel „Der Aufbruch" mit der Pointe „Weg-von-hier" entspricht seinem persönlichen jüdischen Galuthwitz: „Ich befahl mein Pferd aus dem Stall zu holen. Der Diener verstand mich nicht. Ich ging selbst in den Stall, sattelte mein Pferd und bestieg es. In der Ferne hörte ich eine Trompete blasen, ich fragte ihn, was das bedeutete. Er wusste nichts und hatte nichts gehört. Beim Tore hielt er mich auf und fragte: ‚Wohin reitet der Herr?' ‚Ich weiß es nicht', sagte ich, ‚nur weg von hier, nur weg von hier. Immerfort weg von hier, nur so kann ich mein Ziel erreichen.' ‚Du kennst also dein Ziel', fragte er. ‚Ja', antwortete ich, ‚ich sagte es doch: ‚Weg-von-hier' – das ist mein Ziel.' ‚Du hast keinen Eßvorrat mit', sagte er. ‚Ich brauche keinen', sagte ich, ‚die Reise ist so lang, daß ich verhungern muß, wenn ich auf dem Weg nichts bekomme. Kein Eßvorrat kann mich retten. Es ist ja zum Glück eine wahrhaft ungeheure Reise." Franz Kafka, *Die Erzählungen* (Frankfurt am Main: S. Fischer Taschenbuch, 1996). Über die Bedeutung und Schönheit der Prosa Kafkas schreibt Kahler in *Jews Among the Nations:* „Kafkas Prosa gehört zur schönsten, und zwar klassisch schönen, deutschen Prosa, die je geschrieben wurde." (S. 109)

64 Stephane Courtois and Mark Kramer, *The Black Book of Communism: Crimes, Terror, Repression* (Cambridge, MA: Harvard University Press, 1999), S. 317.

65 Erich Kahler, *Judentum und Judenhass: Drei Essays* (Wien: ÖBV-Publikumsverlag, 1991), S. 38.

66 Kahler, „Book review of The Wisdom of Israel", S. 925.

67   Vgl. dazu Kapitel 5 und die ausführliche Diskussion von Siegfried Kadner, *Rasse und Humor* (München: J. F. Lehman Verlag, 1936).

68   Diese Ansicht muss auch in Bezug zu ihrem Umkehrschluss gestellt werden, wonach die „deutsch-jüdische Selbstsatire eine pathologische Verinnerlichung der schlimmsten antisemitischen Stereotype entlarvte" und jüdische Selbstverhöhnung und Antisemitismus dadurch in einen Teufelskreis von Ursache und Wirkung gerieten. Steven Aschheim, *At the Edges of Liberalism*, S. 183. Zu jüdischem Selbsthass und Selbstsatire vgl. Peter Gay, „Hermann Levi: A Study in Service and Self-Hatred", in: *Freud, Jews and Other Germans: Masters and Victims in Modernist Culture* (New York: Oxford University Press, 1978), S. 209–210.

69   Freud, *Der Witz und seine Beziehung zum Unbewussten* (Frankfurt am Main: S. Fischer Verlag, 1970), S. 73.

70   Browne, *Wisdom of Israel*, S. 622–623.

71   Ebd., S. 623.

72   Beim Vergleich des Schnorrers mit dem Schlemiel bemerkt Browne: „Er ist so aufdringlich wie der andere unbeschwert, so hinterlistig wie der andere begriffsstutzig" (S. 627) Zu den Anekdoten über die Chelmer Narren schreibt Browne: „Letztere gehören zu einem Zyklus, den man heute als ‚Trottel-Geschichten' bezeichnen würde." (S. 630)

73   Brief von Erich Kahler an Thomas Mann, 14. April 1951, in: *Thomas Mann und Erich von Kahler, Briefwechsel 1931–1955*, Hg. Michael Assmann (Hamburg: Luchterhand 1993), S. 124. Der Stelle gehen folgende Zeilen voraus: „Dennoch: Ich höre, und Ihr Brief deutet es ja auch an, daß Sie sich mit dem Gedanken tragen, nach Europa, in die Schweiz zu ‚übersiedeln'. Bitte tun Sie es nicht! Ich kann nicht anders als davor zu warnen. Gewinnen würden Sie nichts dadurch, denn aus dem, was diesmal passiert, gibt es nun einmal kein Entrinnen. Leidet man hier unter den Verblendungen einer stupiden, pervertierten Macht, so wird man drüben unter den ungeglaubten Illusionen einer schamvollen Ohnmacht leiden. Und wenn, was wir befürchten, unvermeidlich sein sollte, so wird es uns dort, so wie hier ereilen. Wozu also der Aufwand und die schädlichen hämischen Mißdeutungen, denen Ihr Fortgehen hier ausgesetzt wäre. Der einzige Platz, wohin zu gehn einen menschlichen und demonstrativen Sinn hätte, wäre Indien. Aber das wäre natürlich physisch für Sie beide eine allzu große Anforderung. Ich glaube, man muß bleiben und widerstreiten, wo man ist." (S. 124)

74   Salcia Landmann, „Jüdisches aus Israel", in: *Jüdische Witze* (München: dtv, 1963), S. 244. Im Kapitel „Messianismus und Zionismus" erzählt Landmann eine Version von Kahlers Exil-Witz; er spielt jedoch nicht im Atlantik, sondern im Mittelmeer und macht das gelobte Land zur umstrittenen Destination: „Im Mittelmeer begegnen sich zwei Dampfer. Der eine kommt aus Israel, der zweite fährt hin. Auf beiden Dampfern stehen auf dem Verdeck Juden, Einwanderer nach Israel auf dem einen, Rückwanderer auf dem anderen. Als die Passagiere beider Schiffe auf Sichtweite an der Reling lehnen, machen sie sich gegenseitig das Idiotzeichen, indem sie sich mit dem Finger an die Stirn tippen" (S. 242)

75 Thomas Mann an Erich Kahler, am 23. April 1951, in: *Thomas Mann, Briefe 1948–1955*, Band 2 (Frankfurt: S. Fischer Verlag, 1965), S. 203.

76 Erich Kahler an Thomas Mann, Brief vom 21. März 1935, in: *Thomas Mann und Erich von Kahler, Briefwechsel 1931–1955*, Hg. Michael Assmann (Hamburg: Luchterhand 1993), S. 11.

77 Thomas Mann an Erich Kahler, Brief vom 19. März 1935, in: *Thomas Mann, Briefe 1889–1936*, Band 1, S. 384. Der Brief beginnt so: „Ihre Bögen habe ich schon vorgestern zu Ende gelesen und bin in tiefster Seele davon angetan. Das Buch ist mit großem Abstand das Würdevollste und Durchdringendste, was mir über diese Probleme vor Augen gekommen ist, ja, man hat beim Lesen das Gefühl, daß genau Ihre Wesensmischung aus Judentum und George'schem Deutschtum und keine andere heute legitimiert und berufen ist, über all dies gültig zu reden – und ich meine mit ‚alldem' keineswegs nur die deutsch-jüdische Frage, sondern das europäische Problem selbst. Allerdings ist das große Kapitel über Deutschtum und Judentum das erdenklich Wahrste und Seelenkundigste, was gewiß je darüber angesprochen worden ist, – auch ich sage das, ein überseeisch-lateinisch gemischter Deutscher, dem es mit der Zeit immer saurer geworden ist unter Deutschen zu leben und der Ihnen gewisse hochherzige Beschönigungen in der Beurteilung des Deutschtums nicht ganz verzeihen kann."

78 Friedrich Nietzsche, *Die Geburt der Tragödie* (1886).

79 Friedrich Nietzsche, *Ecce Homo: Der Wille zur Macht* (Leipzig: Alfred Kröner Verlag, 1922), S. 206.

80 Eleanor L. Wolff (Hg.), *Erich Kahler* (New York: Van Vechten Press, 1951), S. 37.

81 Vgl. Kettler und Lauer, *Exile, Science and Bildung*, S. 63–73.

82 Vgl. David Kettler, *The Liquidation of Exile: Studies in the Intellectual Emigration of the 1930s* (London, New York: Anthem Press, 2011), S. 83–108.

83 Kettler und Lauer, Exile, S. 71.

84 Auf diesen Flüchtlingswitz stößt Richard Raskin zum ersten Mal bei Felix Mendelsohn, *Let Laughter Ring* (Philadelphia: Jewish Publication Society of America, 1941). „Seine endgültige Pointe" erhielt er jedoch erst um 1960. In der ersten Version lautet die letzte Zeile so: „Verzeihen Sie, aber sonst haben Sie nichts im Angebot?" (S. 136)

85 Kahler, *Israel unter den Völkern*, S. 169.

86 Ebd., S. 169–170.

87 Viktor Kellner, *Israel unter den Völkern* (Wien: k. A. zum Verlag, 1936), S. 2, 10.

88 Ebd., S. 10.

89 Ebd., S. 10–11.

90 Der folgende Satz erboste Scholem: „Die Juden durchlebten nicht ein zwei Jahrtausende währendes weltweites Schicksal, um in einem winzig kleinen nationalistischen Bezugssystem zu enden." (Kahler, *Jews Among the Nations*, S. 112) Scholem schrieb in einem Brief vom 17. August 1967: „Es ist mir ein tief bedrückender Gedanke, dass ein Mensch wie Sie […] einen Satz

drucken lassen konnte, der genau die Essenz des antizionistischen kosmopolitischen Geredes wiedergibt, auf das sich alle ideologischen Gegner des Zionismus meiner Jugend, wenn sie an die Wand gedrückt wurden, zurückgezogen haben, und das ich in der Tat nicht erwartet habe, aus dem Munde von Erich Kahler zu hören." In einem undatierten Schreiben wich Kahler von seiner Meinung nicht ab: „Aber wogegen ich mich wehre ist, dass der Staat Israel nun als Selbstzweck und Endzweck des Judentums gelten soll." *Gershom Scholem, Briefe III* (1948–1970), Hg. Thomas Sparr (München: C.H. Beck, 1995), S. 186–187. Steven E. Aschheim greift das Kahler-Zitat und Sholems Einwand ebenfalls auf, vgl. „The Metaphysical Psychologist: On the Life and Letters of Gershom Scholem", in: *At the Edges of Liberalism: Junctions of European, German, and Jewish History* (New York: Palgrave Macmillan, 2012), S. 81.

91   Kahler, *Israel unter den Völkern*, S. 155.

92   Kahler, *Jews Among the Nations*, S. 109.

93   Kahler, *Israel unter den Völkern*, S. 154.

94   Ebd., S. 151.

5 Von Witzen und Propaganda

Die Mobilisierung des jüdischen Witzes in der NS-Zeit

In seinem Buch *Propagandes*, das sich mit den charakteristischen Merkmalen politischer Propaganda befasst, schreibt der französische Philosoph und Soziologe Jacques Ellul über die totale Propaganda, dass sie die Integration des Feindes in den eigenen Bezugsrahmen voraussetzt. Ellul bezeichnet dieses totalitäre Modell als die „Propaganda der Selbstkritik". Ellul: „Der Feind des Regimes [...] kann, *obwohl er immer noch der Feind ist,* dazu gebracht werden, dem Regime recht zu geben und zu erklären, dass seine Opposition kriminell und seine Verurteilung gerecht sei – das ist das ultimative Resultat totalitärer Propaganda. Der Feind (obwohl er immer noch der Feind ist und weil er der Feind ist) wird zum Befürworter des Regimes umfunktioniert."[1] Den Nazis ging es selbstverständlich nie darum, die Juden durch Gehirnwäsche oder erfolgreiche Propaganda zu Befürwortern des NS-Regimes zu bekehren, das ist hier auch nicht das Thema; es soll vielmehr gezeigt werden, wie die Aneignung jüdischer selbstkritischer Witze den Nazis entscheidend in die Hände gespielt hat, um ihre antisemitischen Propagandazwecke zu verfolgen und zu beweisen, dass die Verurteilung der Juden vollkommen gerechtfertigt war und sie lediglich wiederholten, was die Juden ohnehin über sich selbst sagten. Auf diese Weise wurde der jüdische Witz als Modell für die Propaganda der Selbstkritik von den Nazis neu definiert.[2]

Die Paradoxie vom „Feindhelfer" erinnert an die absurde Logik jüdischer Witze und ihre radikale Inversion. Ein Beispiel: Zwei Juden sitzen im Restaurant und beide bestellen Forelle. Als das Essen serviert wird, nimmt sich einer die größere Portion und überlässt dem Freund die kleinere. Als dieser sich beschwert, dass das doch unhöflich sei und dass er, wenn er aufgetragen hätte, sich die kleinere Portion genommen hätte, erwidert der andere, er habe sie doch jetzt auf dem Teller und warum er sich beschwere. So wird eine unhöfliche oder auch ungerechte Handlung verdreht (und herangezogen) und als das präsentiert, was das Opfer ohnehin immer schon wollte.[3] Das Beispiel suggeriert eine mögliche strukturelle Ähnlichkeit der raffinierten und hinterhältigen Logik von Witzen und Propaganda. Für die

Propaganda der Selbstkritik bietet sich der jüdische Witz aber aus einem noch wichtigeren Grund an: „Selbstkritik" und „Selbstironie", die beiden Elemente, die seit Sigmund Freud und bis zum Holocaust das Verständnis seiner Funktionsweise maßgeblich prägen, machen den Kern des jüdischen Witzes aus.[4] Hier noch einmal Freuds Analyse in *Der Witz und seine Beziehung zum Unbewussten:* „Diese Bedingung der Selbstkritik mag uns erklären, daß gerade auf dem Boden des jüdischen Volkslebens eine Anzahl der trefflichsten Witze erwachsen sind. [...] Ich weiß übrigens nicht, ob es sonst noch häufig vorkommt, daß sich ein Volk in solchem Ausmaß über sein eigenes Wesen lustig macht."[5] Diesen Gemeinplatz übernimmt der NS-Propagandist Siegfried Kadner in seine 1936 erschienene Abhandlung über Rasse und Humor und schreibt: „Es ist bekannt und soll keineswegs bestritten werden, daß der Jude viel Selbstironie aufbringt, und daß die wirksamsten Judenwitze von Juden stammen."[6]

Im Lichte dieses spezifischen Merkmals erschließt sich die Aneignung jüdischer Witze für die NS-Propaganda fast von selbst. Witze und Propaganda wurden immer schon so begriffen, dass sie die strategische Sprache der Kriegsführung als zu mobilisierende Waffe einsetzen; insofern ist beiden hinsichtlich dessen, wie sie operieren und fluktuieren, ein bestimmter Mobilisierungsfaktor gemein.[7] Für die Mobilisierung des jüdischen Witzes als totalitäre Propagandawaffe gelangte eine zweischneidige Strategie zur Anwendung: Sie persiflierte und verspottete den jüdischen Feind und nahm seinen Witz gleichzeitig allzu ernst. So kann die NS-Propaganda behaupten, ihr Rufmord an den Juden finde seine faktische Bestätigung in den negativen Klischees jüdischer Witze, die die antisemitische Position unterstützen. Dieses Kapitel behandelt die Aneignung und Verdrehung des jüdischen Witzes durch die NS-Propaganda, wobei die gegenständliche Fallgeschichte Aufschluss darüber liefern soll, wie der jüdische Witz in den Dienst der „Propaganda der Selbstkritik" gestellt und dafür gesorgt wurde, dass sich selbstkritische und selbstironische jüdische Witze gegen die Juden selbst wandten. Die „Witz-Propaganda" der Nazis nahm die Form eines grausamen Gelächters an, das die Juden aus der Position der Überlegenheit als minderwertige Rasse ins Visier nahm. Doch bevor näher auf Kadners *Rasse und Humor* und seine heimtückische Manipulation des jüdischen Witzes für die NS-Propaganda eingegangen wird, sollen einige allgemeine Beobachtungen über Theorie und Praxis von Witzen in der NS-Propaganda angestellt und die Behauptung widerlegt werden, Humor hätte im Arsenal der NS-Propaganda keine bedeutsame Rolle gespielt.

Humor in der Propaganda: Theorie und Praxis der Nazis

In seinem Buch *Ethnic Humor Around the World: A Comparative Analysis* unterwirft der Humorsoziologe Christie Davies eine Gattung ethnischer Witze über eine Gruppe, die er „ausgeschlossene Unternehmer" nennt, einer kulturübergreifenden Analyse. Das negative Klischee vom jüdischen Geschäftsmann als fremdartigem Wirtschaftskörper und seinen raffinierten (bei Davies „gerissenen"), ethisch jedoch suspekten und unehrlichen Praktiken wird in dieser Witzgattung zur zentralen Figur. Davies vergleicht die Witze über jüdische Schwindler zunächst mit den Themen der antisemitischen Propaganda und verortet ihren Schnittpunkt folgendermaßen: „Zwischen dem Inhalt dieser Witze und jenem antisemitischer Vorurteile, Ideologie und Propaganda herrscht eine bemerkenswerte Übereinstimmung."[8] Doch ungeachtet dieser von ihm bestätigten inhaltlichen Koinzidenz weigert sich Davies zu glauben, dass diese Witze im Ausdruck antisemitischer Ressentiments eine große Rolle spielen: „Auch habe ich Zweifel an der Ansicht, dass die von Gerissenheit erzählenden Witze für den Ausdruck antisemitischer Ressentiments ein bedeutsames Instrument darstellen."[9] An späterer Stelle zählt er auf, womit die Juden in der Bildsprache der NS-Propaganda verglichen wurden – Ungeziefer, Läuse, Maden und Spinnen, um nur einige zu nennen – und stellt die rhetorische Frage: „Bei einer

Rhetorik und Bildern wie diesen, wer braucht da noch Witze?"[10] Einer Gegenüberstellung mit Theorie und Praxis, die in die von den Nazis betriebene Mobilisierung von Humor und insbesondere von jüdischen Witzen eingingen, hält Davies' Einwand freilich nicht stand: Sie macht deutlich dass antisemitische Klischees von Rasse und Kultur sehr wohl propagiert und gefestigt wurden. So war Kadners *Rasse und Humor* auf jüdische Witze angewiesen, die nicht nur von „Gerissenheit", sondern auch von anderen, weit weniger sympathischen Merkmalen erzählten – Witze, die er für die Artikulation und die Mobilisierung antisemitischer Ressentiments im Dritten Reich instrumentalisierte.

Davies' Verharmlosung der Rolle, die Witze und Witztheorie in der NS-Rhetorik und -Bildsprache einnahmen, steht in vollkommenem Gegensatz zu den Ansichten des emigrierten Soziologen Hans Speier in *Witz und Politik: Essay über die Macht und das Lachen*. Im Abschnitt über „Das Lachen der Mächtigen" ist Speier vom Witz als Propagandawaffe nicht nur überzeugt, er schlägt mit dem Begriff „ideologischer Witz" auch gleich eine neue Kategorie vor, um diese Kriegspraxis mit anderen humoristischen Mitteln zu benennen. Anders als Davies diskutiert Speier die Notwendigkeit der ideologischen Witze: „Selbst der kürzeste Hinweis auf das Lachen der Mächtigen über die Unterdrückten wäre unvollständig ohne eine Erwähnung des Witzes, der von totalitären Regierungen als Waffe der Propaganda benutzt wird. Seine Opfer sind politische, religiöse und ethnische Minoritäten (oder das feindliche Ausland). Es sind die Witze und Karikaturen, die in den offiziell erlaubten Witzblättern und Kabaretts im nationalsozialistischen Deutschland nicht nur dargeboten werden konnten, sondern dargeboten werden mußten. [...] so könnte man diese modernen Geistesprodukte als ‚ideologische Witze' bezeichnen."[11] Um Davies' Ansicht zu widerlegen und zu verstehen, wie das gehässige und aggressive Lachen über den jüdischen Feind zur unverzichtbaren Waffe in der NS-Propagandatheorie und -praxis werden konnte, müssen zunächst die Quellentexte der wichtigsten NS-Strategen des „ideologischen Witzes" herangezogen werden.

Den Anfang macht der führende NS-Propagandatheoretiker und Sendeleiter im deutschen Rundfunk Eugen Hadamovsky, der die Prinzipien seines Handwerks in *Propaganda und nationale Macht,* einer aufschlussreichen Anleitung, erläutert. Im Kapitel „Psychologische Grundlagen" weist er dem Hohngelächter und insbesondere der Karikatur im Arsenal der propagandistischen Waffen gegen die Feinde der nationalen Macht einen besonderen Stellenwert zu. Hadamovsky vergleicht und kontrastiert Spott und Furcht als die Schlüsselfaktoren der NS-Propaganda. Beide sind als Auslöser bzw. Antriebsmomente zu verstehen, damit die Massen in den Erregungszustand und die psychologische Bereitschaft versetzt werden, die für die optimale Rezeption der positiven Suggestionen der Partei förderlich sind – bzw. für das, was die Alliierten später Indoktrinierung oder Nazifizierung nannten.

> Karikatur, Entstellung, Einseitigkeit scheinen zum Wesen der Propaganda zu gehören. Das Lachen über den Gegner ist so notwendig wie die Furcht vor seiner Gewalttätigkeit. Die Lehre von der Suggestion – in vielem anfechtbar – hat ein wahrscheinlich richtiges Gesetz gefunden, wenn sie behauptet, die Suggestion komme erst im Zustand der Erregung zur Wirkung. Spott und Furcht sind in gleicher Weise Gefühlsreaktionen, Erregungen, die das Eintreten der Suggestion begünstigen. Der Spott gibt das Gefühl der Überlegenheit, denn wo Lachen ist, ist auch Siegeszuversicht. Die Furcht aber drängt bei an sich aktiver Einstellung unmittelbar zum Handeln, weil sie Gefahren zu erkennen glaubt. So sind Spott und Furcht zwei Inhalte der Propaganda, die für ihren Erfolg unentbehrlich sind.[12]

Mit seinen totalisierenden, um nicht zu sagen, totalitären Kommentaren über das Lachen („Spott gibt das Gefühl der Überlegenheit, denn wo Lachen ist, ist auch Siegeszuversicht") adaptiert Hadamovsky eine von Hobbes formulierte Sicht des Lachens, wonach Humor aus der „sudden glory" erwächst, also daraus, dass man aus der Erkenntnis der eigenen Überlegenheit „plötzlich sich selbst rühmt".[13] Hadamovsky zufolge besteht die Subjektposition des Nazi-Gelächters in der dominanten Stimme einer Autorität, die an den Sieg glaubt und sich überlegen fühlt, wenn sie laut herauslacht. Strukturiert wie die Propaganda selbst, vermag das Nazi-Subjekt nur in ein spottendes und schmähendes Lachen zu verfallen, das einzig darauf abzielt, den Feind lächerlich zu machen. Es gibt nicht den geringsten Spielraum für Selbstzweifel – für dieses unterschwellig ambivalente Gefühl, das ein Lachen (in der jüdischen selbstironischen Tradition) als spannungslösendes Moment bzw. als Selbstzweifel auslösen würde. Hadamovskys propagandistische Ansichten über das Lachen der Nazis und die Notwendigkeit des gegen den Anderen gerichteten Tendenziösen schließen somit die Möglichkeit eines jüdischen selbstironischen Witzes definitionsgemäß aus. Hadamovskys systematische Weigerung, anzuerkennen, dass eine Minderheit zu einer anderen Art von (selbstironischem) Lachen fähig sein kann, fügt sich ein in den brutalen und autoritären NS-Komik-Diskurs.

Unterdessen begann der junge Propagandist Joseph Goebbels (dem Hadamovsky sein Buch widmete) seine Demagogenkarriere Mitte der 1920er-Jahre mit der systematischen Verunglimpfung jüdischer Namen in seiner Zeitschrift *Der Angriff*. Diese Attacken nahmen gezielt den Berliner Polizeipräsidenten Bernhard Weiß ins Visier, dem Goebbels den negativ konnotierten Spottnamen „Isidor" verlieh und damit auf eine klassische Strategie tendenziöser Witze zurückgriff. Goebbels praktizierte, was Freud folgendermaßen beschrieb: „Der tendenziöse Witz [braucht] der Technik nach nichts anderes als ein Wortwitz zu sein. So z.B. sind Witze, die mit Eigennamen ‚spielen', häufig von beleidigender, verletzender Tendenz."[14] Der NS-Propagandist als politischer Spaßvogel machte sich also das soziale Stigma zunutze, das in Deutschland diesem stereotypen jüdischen Namen anhaftete, und wandte es spöttisch auf Weiß an. Aus ihren Beiträgen stellten Goebbels und der NS-Karikaturist Hans Schweitzer ein

Buch zusammen, das die Wirksamkeit ihrer strategischen Kombination aus Witzen und Propaganda – eine zersetzende Mischung aus Lachen und Hass – veranschaulichte: *Das Buch Isidor: Ein Zeitbild von Lachen und Hass.*[15]

Goebbels erwies sich auch als emsiger Hetzer gegen die Macht und Autorität politischer Persönlichkeiten in der Weimarer Republik. In einem Kommentar in *Der Angriff* vom 12. März 1928 über die Namensänderung eines Juden von Sternberg zu Stebens geht Goebbels nach dem Muster eines klassischen jüdischen Witzes vor: „Herr Kanalgeruch hat Aussichten. Wenn's ihm Spaß macht und er hat Freunde im Ministerium, heißt er bald Graf Hohenheim, und bleibt doch Kanalgeruch."[16] Goebbels' Anspielung auf den Adelstitel (der deutsch und somit heimisch klingt), hinter dem sich ein ausgestoßener, herabgewürdigter und übel riechender jüdischer Name verbirgt, ähnelt von der Struktur her dem Namenstausch in der klassischen Zote über den Ewigen Juden aus dem galizischen Schtetl namens Mosche *Pischachs*. In Berlin ändert er seinen mit Urin assoziierten Namen zunächst in Moritz Wasserstrahl und dann – auf dem Höhepunkt seiner Karriere in Paris – in Maurice La Fontaine. Unter der Überschrift „Mimikry" veröffentlichte das NS-Satirejournal *Die Brennessel* eine aktualisierte antisemitische Version dieses Witzes, die den vor den Nazis fliehenden Juden im Januar 1933 in Paris ankommen lässt.[17] Der Witz spielt auf das antisemitische Stereotyp vom jüdischen Trickster an, dem Meister der Mimikry, der, um sich anzupassen und als Christ durchzugehen, in seiner Umgebung aufgeht, am Ende aber dennoch einer komischen Demaskierung anheimfällt, die seinen „degenerierten" Charakter verrät.

In *Kampf um Berlin* blickt Goebbels auf die ersten beiden Jahre seines Lebens als Agitator zurück und widmet sich in einem ausführlichen Kommentar der Rolle der politischen Karikatur und tendenziöser Witze. Goebbels bekräftigt darin den Zynismus als wirksame Waffe gegen den jüdischen Feind im Arsenal der Verleumdungen. Damit bestätigt er Adorno, Löwenthal und Massing, die in ihrem Essay *Anti-Semitism and*

Fascist Propaganda die NS-Propaganda zu entmystifizieren versuchen und argumentieren: „Cynical soberness is probably more characteristic of the fascist mentality than psychological intoxication." (Zynische Nüchternheit ist für die faschistische Mentalität charakteristischer als psychologische Berauschtheit.) [18] Goebbels ist auch davon überzeugt, dass für eine gute propagandistische Wirkung das Lachen das Denken ersetzen kann: „Dazu kam ein ganz neuer Stil der politischen Karikatur. [...] Die Karikatur geht nach ihren Wesen nach [sic] auf groteske, ironische und manchmal auch zynische Wirkungen aus. Sie regen mehr das Lachals das Denkvermögen an. Und wer die Lacher auf seiner Seite hat, der hat bekanntlich immer recht." [19] Goebbels' psychologische Beobachtung, dass man „die Lacher auf seine Seite" ziehen muss, entspricht Freuds Analyse des tendenziösen Witzes, wobei diese Konvergenz Elluls Ansicht untermauert, dass sich die „Hitler-Propaganda in hohem Maße auf Freuds Theorie von Verdrängung und Libido stützte". [20] Mit anderen Worten: Die NS-Propaganda sollte den Massen ermöglichen, ihre verdrängten aggressiven und libidinösen Impulse am jüdischen Sündenbock als ihrem gerechtfertigten Hassobjekt auszulassen. [21] Da sich die Nazis dagegen verwahrt hätten, irgendetwas mit der sogenannten „jüdischen Wissenschaft" zu tun zu haben, könnte Freuds Begriff von der kathartischen Entspannung als unbewusste Grundlage für die NS-Propagandatheorie herhalten und für die Rolle, die „feindselige Witze, die der Aggression dienen", darin einnehmen. Verglichen mit Goebbels, der demjenigen recht gibt, der die Lacher auf seiner Seite hat, konzentriert sich Freud auf die „Bestechung", zu der es bei dieser Art von kommunikativem Austausch kommt:

> Wir sind nun auf die Rolle des Witzes bei der feindseligen Aggression vorbereitet. Der Witz wird uns gestatten, Lächerliches am Feind zu verwerten, das wir entgegenstehender Hindernisse wegen nicht laut oder nicht bewußt vorbringen durften [...]. Er wird ferner den Hörer durch seinen Lustgewinn bestechen, ohne strengste Prü-

fung unsere Partei zu nehmen [...] „Die Lacher auf seine Seite ziehen", sagt mit vollkommen zutreffendem Ausdruck unsere Sprache.[22]
Einen ähnlichen theoretischen und praktischen Ansatz bezüglich der Rolle des spöttischen Humors in der Propaganda findet man auch bei Adolf Hitler. Der gescheiterte Künstler, der sich zum Nazi-Diktator wandelte, war der Erstellung eigener antisemitischer Karikaturen für politische Zwecke nicht abgeneigt, wie das Wahlplakat verdeutlicht, das Hitler 1920 in seiner Funktion als Leiter der Propagandaabteilung der noch jungen Partei entworfen hatte. Die Graphik stellt das Profil der idealen „deutschen Maid" neben jenes des grotesken Juden. In seiner Andeutung alles Künftigen steht das satirische Bild für das Gespenst, das das letzte Kapitel von *Die Juden in der Karikatur* von Eduard Fuchs heimsucht.[23]

Mit diesen biographischen Details vor Augen fällt es schwer, Davies' Einschätzung von Hitlers Ansichten in *Mein Kampf* über die Bedeutung von Humor in der Propaganda zuzustimmen. Davies gelangt zu dem Schluss, dass Hitler „jüdischen Humor als Humanisierung jener ansah, die sie [die Nazis] dämonisieren wollen, und als komische Verharmlosung eines Volkes, das sie als bösartige Gefahr darstellen wollen."[24] Diese Paraphrasierung ist jedoch eine Fehlinterpretation dessen, was Hitler in der betreffenden Passage tatsächlich sagt. Er verurteilt Karikatur und Witze als Waffe keineswegs pauschal. Er beschwert sich lediglich darüber, dass jüdische Witzblätter (die für die propagandistischen Zwecke der Nazis ungeeignet sind) die Juden als eher „unbedeutend" denn gefährlich erscheinen lassen. Um Hitler zu zitieren: „In Witzblättern besonders bemüht man sich, die Juden als ein harmloses Völkchen hinzustellen, das nun einmal seine Eigenarten besitzt – wie eben andere auch [...] Wie man sich überhaupt bemüht, ihn [den Juden] immer mehr unbedeutend als gefährlich erscheinen zu lassen."[25] Sollte Hitler tatsächlich grundsätzlich gegen antisemitische Witze und Karikaturen gewesen sein, dann stellt sich die Frage, warum er und die Parteiführung 1931 der Veröffentlichung der Zeitschrift *Die Brennessel* durch den Münchner Verleger Franz Eher zustimmen sollten, die sich vorgenommen hatte, zum *Simplicissimus* der Nazis zu werden, und deren Ausgaben vor antisemitischen Witzen und Karikaturen nur so strotzten. Dass diese toxische Satire eine Propagandawaffe der Nazis gegen das Antidot jüdischer Journalisten war, lässt sich auch an der Werbetrommel ablesen, die im *Illustrierten Beobachter,* dem offiziellen Parteiblatt, für die *Brennessel* gerührt wurde.[26] Tatsächlich kann die von 1931 bis 1938 in einer Auflage von wöchentlich 80.000 Exemplaren erschienene Satirezeitschrift mit ihrem giftigen Spott als der metaphorische Vorbote für alle künftigen Angriffe gesehen werden, die den Boden für die anschließende Eskalationsskala im Kampf gegen den verachteten jüdischen Feind bereiten sollten.[27]

Wirklich verstörend wird die Verschränkung von Lachen und Propaganda bei den Nazis dort, wo sie das Gespenst des Todes und die Möglichkeit einer Annäherung an den todbringenden Witz heraufbeschwört. Im übertragenen Sinn stützt sich dieser tödliche Diskurs auf die deutsche Redensart des „sich Totlachens". In der NS-Propagandasprache ist dieses Verb aber keineswegs selbstreflexiv gemeint, vielmehr musste für dieses aggressive bzw. sadistische Lachen ein Objekt herhalten. *Lacht ihn tot!* lautet denn auch die als Slogan gemeinte Überschrift eines 1937 erschienenen Buches des NS-Karikaturisten Walter Hofmann (alias Waldl); das Vorwort stammt von Gunter d'Alquen, dem Herausgeber der SS-Zeitung *Das Schwarze Korps,* und ist mit „Wir lachen sie tot!" überschrieben (Abb. 19).[28] Für Adorno und seine Kollegen war die faschistische antisemitische Propaganda nichts anderes als die Projektion des Wunsches, an den Juden einen Ritualmord zu begehen.[29] Die Witz-Propaganda der Nazis drückt diesen Vernichtungswillen mittels eines brutalen und tendenziösen Gelächters aus. Die Verschmelzung von Witzen mit Kriegsführung erreicht in d'Alquens Ausrufezeichen und dessen Wunschdenken ihren Höhepunkt. Wie die Propaganda ist der Witz eine auf den jüdischen Feind gerichtete, ihm den Tod wünschende Lanze. Die als

Abb. 19   Deckblatt von Walter Hofmann für *Lacht ihn tot!: Ein tendenziöses Bilderbuch von Waldl* (1937)

Witze verschleierten Projektionen symbolisieren tödliche Projektile. „Kanonier Waldl hat seine Geschütze geladen. Die Salven werden abgefeuert, und wen sie treffen, den lachen wir zu Tode!" Sollte noch irgendein Zweifel an der ethnischen Identität des Feindes bestehen, wird er durch die Illustration auf dem Cover ausgeräumt. Eingeklemmt zwischen Titel („Lacht ihn tot!") und Untertitel („Ein tendenziöses Bilderbuch") steht wie in einer Freakshow ein schauderhaft gespenstisches Wesen auf der Bühne. Die kahle, Grimassen schneidende Figur trägt eine dunkle Brille, die jede menschliche Betrachtung durch Augenkontakt verhindert. Da sie repräsentativ ist für die stereotype Nazi-Fantasie vom bösen Juden, lohnt es sich, noch einmal aus der Analyse der Frankfurter Schule zu zitieren: „Fascist propaganda attacks bogies rather than real opponents, that is to say, it builds up an imagery of the Jew [...] and tears it to pieces, without caring much how this imagery is related to reality." (Anstelle eines realen Gegners greift die faschistische Propaganda ein Schreckgespenst an, das heißt, sie schafft ein Bild vom Juden [...] und reißt es in Stücke, ohne sich darum zu scheren, ob dieses Bild der Realität entspricht.)[30] Vier identische Zuschauer – sie stehen für den undifferenzierten kollektiven Willen der Massenpsychologie und sind die eifrigen Konsumenten der Witzpropaganda der Nazis – sitzen mit aufgerissenem Mund da und feuern aggressive und hasserfüllte Lachsalven auf den „fremden" jüdischen Anderen ab. So verband sich die Kriegsführung mit dem Witz (das Zu-Tode-Lachen des jüdischen Anderen) und konnte zum kollektiven Binde- und Agitationsmittel im Waffenarsenal der NS-Propaganda werden. Wie andere propagandistische Mittel diente die Illustration dem Zweck, die Klischees über die Doxologie des Kults zu verstärken, und trug dazu bei, die deutschen Massen für eine Gesinnung zu mobilisieren, die spätere Aktionen mit tödlichen Folgen unterstützen würde.[31]

Als führender Witzpropagandist des Regimes reihte sich auch Kadner unter die Autoren, die die Redensart vom Totlachen zu schätzen wussten. Gleich zu Beginn von *Rasse und Humor* schwört er seine Leser darauf ein, dass „Redewendungen wie ‚die Geschichte ist zum Schreien', ‚zum Totlachen' zeigen mögen, wie nahe sich hier Tragisches und Komisches im Bewußtsein der Sprachgestaltung berührt".[32] Er geht noch weiter und erzählt eine sadistische Foltergeschichte aus dem Dreißigjährigen Krieg, die voll von ambivalentem Gelächter und ominösen Andeutungen auf den Todeskult des Tausendjährigen Reiches ist: „Eine der abscheulichsten Folterungen, die von entmenschten Kriegsknechten im Dreißigjährigen Krieg ersonnen wurde, bestand darin, das Opfer zu binden, ihm die nackten Fußsohlen mit Salz einzureiben und diese alsdann von Ziegen ablecken zu lassen. Diese Bedauernswerten haben sich buchstäblich ‚zu Tode gelacht'".[33]

Kadners tödlicher Diskurs

Unter Anwendung der NS-Eugenik und -Rassenlehre auf seine Humorstudie bringt Kadner von Anfang an die schweren, brutalen Geschütze der antisemitischen Ideologie gegen den jüdischen Witz in Stellung. Kadners Hauptthese in *Rasse und Humor* lautet: „[...] so sind auch die mannigfaltigen Spielarten des Humors und der Komik von Grund auf nur zu verstehen, wenn sie nicht nur im nationalen, sondern im rassischen Zusammenhang betrachtet werden."[34] Folglich ist das Buch in Kapitel unterteilt, die sich dem Wesen und der Bewertung des Humors und der Komik der Rassen widmen und nach einem Pyramidensystem vorgehen, beginnend mit den noblen Nordvölkern an der Spitze und absteigend zu den „verachtenswerten" und „degenerierten" Juden am unteren Ende. Der philosophischen Betrachtung des „französischen Juden" Henri Bergson, die das Lachen jenseits rassischer Unterschiede als universelles menschliches Phänomen behandelt, kann Kadner daher nur wenig abgewinnen. Wie Marcus Patka zusammenfasst: „[...] dass sogar die Eugenik sich mit dem Phänomen seines [des jüdischen] Humors auseinandersetzte, wobei sie den Humor allgemein nach Rassen und Völkern klassifizierte. So mokiert sich der nationale Autor Siegfried Kadner in seinem Buch *Rasse und Humor* schon deswegen über den Juden Henri Bergson, weil dieser den Humor als allgemein menschliches Phänomen untersucht, was an sich schon das Gegenteil der Rassenlehre darstelle."[35] Auch wenn sich die negativen Zuschreibungen über die Juden und ihre Beziehung zum Humor in Kadners *Rasse und Humor* zunächst in Grenzen halten, werden seine rassistische Exegese des Judenwitzes und der Bezug zur „Judenfrage" im Kapitel „Spitzfindigkeit und Zynismus" überdeutlich. Für die zweite Ausgabe von 1939 (nach der Erstauflage 1936) wurde am Text dieses Kapitels zwar nur wenig verändert, bemerkenswert ist aber die Änderung der Kapitelüberschrift – denn zur Verstärkung der rassistischen Aussage lautet sie nun „Jüdischer Zynismus".[36] In diesem dem jüdischen Witz gewidmeten Kapitel weicht Kadners Humoranalyse von den gebrauchsfertigen Formeln der NS-Propaganda ab. Seiner ursprünglichen Quelle entrissen und ohne Adressat, befeuert der *Judenwitz* jetzt den Brand der rassistischen Tirade und wird zum ideologisch eingesetzten Mittel, denn Kadner versetzt jedem Witz einen antisemitischen Dreh, der sich explosionsartig gegen den jüdischen Feind wendet und ihn mit Spott, Hass und Aggression überschüttet. Nach der (von Ellul definierten) „Propaganda der Selbstkritik" operierend, entsteht der Eindruck, als würden die selbstkritischen jüdischen Witze von sich aus Zeugnis ablegen und den Beweis liefern, dass alles, was die Nazis an Abscheulichem über die Juden verbreiteten, gerechtfertigt sei. So rüstet die Propaganda der Selbstkritik die jüdischen Scherze zu Beweisen für die Nazis um.

Das die Analyse beherrschende Argument lautet, dass sich hinter der Maske der jüdischen Witze etwas Todernstes verbirgt. Unter Verweis auf das letzte Kapitel von Eduard Fuchs' *Die Juden in der Karikatur* greift der NS-Ideologe die Charakteristik der „jüdischen Selbstironie" auf: „Es ist bekannt und soll keineswegs bestritten werden, daß der Jude viel Selbstironie aufbringt, und daß die wirksamsten Judenwitze von Juden stammen." Er verabschiedet sich aber gleich wieder von dem marxistischen Denker und dessen Klassenanalyse und interpretiert jüdische Selbstironie als „das Bestreben, die rassisch bedingten Bedenklichkeiten in die harmlose Beleuchtung der Spaßhaftigkeit abzurücken".[37] Mit dieser Diagnose vollführt Kadner eine überaus zynische Geste: Sein Vorwurf, der jüdische Witz betreibe Zynismus und Sophisterei, lässt sich nämlich ebenso gut auf seinen Text anwenden – insofern kann die Zuschreibung dieser Merkmale an den jüdischen Witz als Übertragung verstanden werden. Mit der Geste kristallisiert sich aber auch eine andere typische Strategie des Propagandisten heraus. Dazu Ellul: „Der Propagandist wird dem Feind nicht bloß irgendeine Untat vorwerfen. Der Vorwurf, der die Absichten des Anderen ins Visier nimmt, verrät immer auch die Absicht des Anklägers."[38] Im konkreten Fall wird den spielerischen Möglichkeiten des jüdischen Witzdiskurses – dass also diese Witze posieren und im Scherz erfolgen – die zynische Haltung des Nazismus entgegengehalten, dass die komischen Äußerungen, wie ja von den Juden selbst bestätigt, die Wahrheit über den jüdischen Charakter aussagen. Durch die Interpretation der jüdischen Anekdoten als bloße Dokumentierung der Charakterschwächen und Laster einer „verdammten Rasse" möchten die Nazis ihren Status als Witze genauso ausrotten wie die eigentlichen Erzähler dieser Geschichten. In einem Tagebucheintrag vom März 1942, der die Wende vom jüdischen Witz zum tödlichen Judenwitz am deutlichsten markiert, schreibt Goebbels: „Das Judentum hat nichts zu lachen."[39] Kadners tödlicher Diskurs über den jüdischen Witz greift dieser Aussage vor; er kehrt die Leichtigkeit in äußersten Ernst um, sodass am Ende der jüdische Witz selbst nichts zu lachen haben wird. Aus dieser ernüchternden Perspektive und in einer Rückkehr zur „rassisch bedingten Bedenklichkeit" diffamiert Kadners rhetorische Strategie den selbstironischen jüdischen Witz und seine „Spaßhaftigkeit" als schädlich bzw. definiert ihn in knallharter antisemitischer Doktrin und im Sinne der Rassenideologie der Nazis neu.

Die zentrale Opposition, die der Propaganda und tendenziösen Witzen gemeinsam ist und die zu einer

Frage von Freund gegen Feind, von uns gegen sie wird, ist bereits im Titel *Rasse und Humor* verankert. Die Juden wären demnach a priori von jedem Anspruch auf diese beiden Begriffe ausgeschlossen, wenn Kadner „argumentiert", dass der Jude weder einer Rasse angehört noch Humor hat. Damit wiederholt er die stereotypen Begriffe, die im 19. Jahrhundert mit dem Diskurs über den „Judenwitz" aufgekommen waren und von Jefferson Chase in seiner Arbeit über die satirischen „Judenwitzler" Heinrich Heine, Ludwig Börne und Moritz Saphir ausführlich diskutiert werden.[40] Kadner privilegiert den Deutschen als „rassischen Humoristen" und wertet den jüdischen Anderen als „gegenrassische Witzfigur" ab.[41] Damit wird entlang rassischer Grenzen eine scharfe Trennung zwischen Witz und Humor gezogen. Kadner zufolge eigneten sich die Juden zwar die aggressive Witzkunst an, doch zu den lebensbejahenden und milderen Formen von Humor, die lieber der Fröhlichkeit als der Pointe frönen, sind sie nicht imstande. Zu Beginn des Kapitels steht die unangemessene und „aufdringliche" Einflussnahme der Juden auf das deutsche intellektuelle und kulturelle Leben und die Massenmedien. Ob im Film, auf der Bühne, in der Presse oder an den Vergnügungsstätten, allem hat die jüdische Komödie ihren kontaminierenden Stempel aufgedrückt. Doch ungeachtet des großen Einflusses, den der Jude auf die komischen Ausdrucksformen und den Witz hatte, „liegt der eigentliche Humor außerhalb des jüdischen Wesens".[42] Schon im ersten Absatz werden der dualistische Gegensatz und die ethisch gefärbte Hierarchie zwischen wahrem deutschen Humor und unwahren (und spitzfindigen) jüdischen Witzen hergestellt: „Seit der ‚Emanzipation', der ‚Loslassung' spielte das Judentum im Geistesleben Europas und besonders Deutschlands eine immer aufdringlicher wirkende Rolle. Zu Beginn des 20. Jahrhunderts drückte es der Presse, dem Theater, den Vergnügungsstätten und später dem Film seinen Stempel so unverkennbar auf, daß es auch in den Äußerungsformen der Komik und des Witzes – der eigentliche Humor liegt außerhalb des jüdischen Wesens – den Ton angab."[43]

Als ob diese Dichotomisierung nicht genug wäre, malt die SS-Zeitung *Das Schwarze Korps* in einer als Buchbesprechung getarnten Reklame für *Rasse und Humor* ein noch krasseres Schwarzweiß-, um nicht zu sagen, nordisch-jüdisches Bild: „Der Humor ist etwas spezifisch Nordisches. [...] Humor kann nichts Angelerntes sein, er muß im Menschen sein. Witz nicht. Witz und Satire sind geistige Konstruktionen."[44] Der Rezensent nutzt dann die Gelegenheit, um ein dämonisches Bild vom jüdischen Witz als fremd und parasitisch zu propagieren: „Der jüdische Witz hat nichts gemein mit dem der anderen Völker Europas. Er ist wesensfremd wie die Juden selbst und spielt auch nur eine ‚Gastrolle' in jedem Lande. Und es ist gerade für die jüdische Rasse bezeichnend, daß sie keine Humoristen hervorbringen kann, nur zersetzende Zyniker, die sich in Angelegenheiten anderer Völker mischen."[45] Mit dieser Verleumdung bestärkt das Nazi-Blatt den seit langem kursierenden antisemitischen Vorwurf, der „Fremdkörper" des jüdischen Witzes zersetze und korrumpiere die deutsche Kultur. Die Unterstellung, der komödiantische Jude sei ein Zyniker, wird von der Kapitelüberschrift der Ausgabe von 1936 („Spitzfindigkeit und Zynismus") noch unterstrichen.

In seinem zweiten Ausschluss argumentiert Kadner paradoxerweise, dass die Juden eine Rasse bildeten, die eigentlich gar keine sei. Hier übernimmt er die Ideen des NS-Rassentheoretikers Hans F. K. Günther,[46] der anhand der Dichotomie argumentierte, die nordische Rasse stelle den Idealtypus dar, wohingegen die Juden lediglich gemischtrassig seien. Günthers rhetorisch gestellte anthropologische Frage („Wie kann irgendjemand von einer ‚jüdischen Rasse' sprechen?"[47]) ist Wasser auf die Mühlen des Imaginären der Nazis und ihrer populären negativen Stereotypisierung des Juden als „Promenadenmischung" und „Bastard". Mit dieser Rassentheorie vor Augen, wird dann auch die Schlussfolgerung von *Rasse und Humor* nachvollziehbar, die in ihrer Rhetorik jener der Buchbesprechung folgt. Im Gegensatz zu Davies und seiner Einschätzung Hitlers vertreten sie beide die von den Nazis propagierte Ideologie, der subversive Zynismus des jüdischen Witzes stelle für den deutschen Volkskörper eine gefährliche Bedrohung dar. Kadner: „Die Regungen, die von ihm ausgehen, sind auch auf dem Gebiet des Komischen gegenrassisch und rassengenerisch, sie sind nicht zusätzlicher, sondern zersetzender und ätzender Natur, in ihren Folgen sehr nachhaltig, aber eben deshalb dem deutschen Volkskörper um so schädlicher." [48] Am Höhepunkt seiner Analyse zollt Kadner Günthers Einfluss und seiner Interpretation der NS-Eugenik Anerkennung, wenn er Goethe (den er als antisemitischen Erz-Denker versteht) [49] und seinen Faust aufruft, um die Juden (mit einem weiteren Seitenhieb auf ihre „zweideutige Scheinlogik") und andere „Gegenrassige" zu dämonisieren. Diese essentialistische Passage, die eine extreme Opposition zwischen der nordischen Rasse und dem „jüdischen Teufel" (neben anderen „Anderen") herstellt, ist ein Ruf zu den Waffen:

> Dass ein rassischer Zweikampf in dem Konflikt zwischen Faust und Mephisto ausgefochten wird, ein Ringen zwischen dem nordischen Menschen mit seinem unstillbaren Hunger nach Erlebnis, Erkenntnis und Tat, und dem Gegenrassigen, der ihn in Genuß, Trägheit, Stumpfsinn und Reue ersticken möchte, zwischen kühner Aufrichtigkeit des Denkens und zweideutiger Scheinlogik, hat schon F. K. Günther in seinem „Ritter, Tod und Teufel" ausgesprochen. [50]

Mit dem Begriff „Spitzfindigkeit" in der Kapitelüberschrift bringt Kadner ein ganzes Spektrum an Bedeutungen und Konnotationen ins Spiel – Sophisterei, Haarspalterei, Wortklauberei, Rabulistik, Raffinesse und Scharfsinn, um nur einige zu nennen – und stellt eine nachvollziehbare Verbindung zu den von jüdischen Witzen angewandten rhetorischen Strategien her. [51] Sophisten wird (ähnlich wie Propagandisten und Witzbolden) gerne nachgesagt, mit rhetorischer Argumentation und Überzeugungskraft die Suche nach der authentischen Wahrheit ersetzen (bzw. übertrumpfen) zu wollen. So gesehen geht mit dem Gebrauch von Begriffen wie Sophisterei und Kasuistik und ihrer schlauen, jedoch insbesondere im Zusammenhang mit ethischen Fragen wenig stichhaltigen Denkweise eine abwertende Konnotation einher. Aber Kadner schwebt ein spezifisch jüdisches Modell vor; er will den sophistischen und kasuistischen Tendenzen des jüdischen Witzes nachspüren, und zu diesem Zweck greift er auf den Talmud zurück. Der Talmud, so Kadner, ist die hohe Schule des Advokatenstandes wie auch des jüdischen Witzes. Wenngleich die erbärmlichen rassistischen Bemerkungen nicht aufhören, folgt mit dieser Behauptung eine von Kadners profunderen Passagen, wenn er der institutionellen Grundlage der gewandten, haarspalterischen Logik nachspürt, die auch den jüdischen Witz begleitet:

> Freilich ist der jüdische Witz damit noch nicht abgetan. Er ist intellektueller Natur, spielt in überspitzter Gedankenschärfe Gegensätze gegeneinander aus oder jagt einen Gedanken auf seinen Gipfel scheinbarer Absurdität. Die systematische, artgemäße Schulung dieser Anlagen bietet der Talmud, der dem Juden eben nicht nur eine Sammlung religiöser Vorschriften und Satzungen bedeutet, sondern ein für seine Art ausgezeichnetes Übungsgelände, Lehrmeinungen zu begründen, zu verteidigen, zu widerlegen, sie mit dem Scheine des Rechts in ihr Gegenteil zu verkehren, und zuletzt aus Schwarz Weiß zu machen. Abgesehen von der Unappetitlichkeit und sittlichen Anrüchigkeit zahlreicher Stellen, ist der Talmud keineswegs leere Gedankenplänkelei, sondern die hohe Schule der jüdischen Advokatenkünste und des jüdischen Witzes.[52]

Kadner kann sich die Anspielung auf die „Unappetitlichkeit und sittliche Anrüchigkeit" des Talmud nicht verkneifen und stellt ihn auf eine Ebene mit der griechischen Tradition der Sophisterei und Gedankenakrobatik im Dienste der Täuschung. In seinem Kommentar über den die talmudischen Geschichten durchdringenden Fragemodus zeigt sich eine auffällige Parallele zur Struktur des jüdischen Witzes: „Bezeichnend ist, daß auf die Frage wieder eine Frage antwortet, die noch keineswegs einen Abschluß bietet; dann folgt die Ansicht eines angesehenen Schriftgelehrten. Nicht selten kommt ihrer ein halbes Dutzend zu Wort, und das Gegeneinanderausspielen ihrer kasuistischen Erläuterungen bietet eben das Trainingsfeld jüdischer Spitzfindigkeit."[53]

Bemerkenswert an dieser Passage über die talmudischen Wurzeln des jüdischen Witzes ist, dass sich die Ausführungen des NS-Propagandisten teilweise mit dem Stand der judaistischen Debatte seiner Zeit decken. So merkte der junge Gershom Scholem in einem Tagebucheintrag von 1918 an, dass sich zwischen der unaufhörlichen Auseinandersetzung mit dem Talmud und dem jüdischen selbstironischen Witz so manche verblüffende Verbindung herstellen lässt, insbesondere dann, wenn die hochsinnige rabbinische Disputation in den anspruchslosen komischen Zank verfällt. In diesem Zusammenhang stellt Scholem auch die pointierte Überlegung an, der jüdische Witz könne als „willkürliche Methode" des Talmudstudiums angesehen werden, die der mathematischen Progression folgt und eine jüdische Version der lateinischen *reductio ad absurdum* darstellt. Im folgenden Midrasch (Auslegung) gelangt Scholem zu dem fast schon kabbalistisch anmutenden Schluss, dass „jede talmudische Reihe eine unendliche Anzahl von Witzen" enthält:

> Was heißt „talmudisch"? Talmudisch heißt im pervertierten Sprachgebrauch das Sich-Auseinanderlegen der Worte im Urteile, so daß die sich widersprechenden Elemente erscheinen. Das Talmudische, als *willkürliche* Methode geübt, ist eine mechanische Weise, unendlich viele Witze in einer arithmetischen Progression von Zerlegungen zu erzeugen. In jeder arithmetischen Progression sind unendlich viele Primzahlen, so sind in jeder „talmudischen" Reihe unendlich viele Witze enthalten. Das Gesetz dieser Reihe ist systematische Entzweiung. Der jüdische Witz, wo er sich ironisch gegen sich selbst wendet, benutzt diese Art des Talmudischen auch, freilich in ganz anderer Erfüllung, als es sonst geschieht.[54]

Kadners tödlicher Diskurs

Auch der zionistische Bildungsphilosoph Ernst Simon unterstreicht in seinem Aufsatz „Zum Problem des jüdischen Witzes" (1928) die talmudische Tradition des *Pilpul* (wörtlich pfeffern) als wesentlichen Impuls für den Scharfsinn und die logische Gedankenakrobatik, wie sie gerade im jüdischen Witz oft zur Anwendung gelangen: „Eine weitere Eigentümlichkeit talmudischen Denkens hat man als ‚Pilpul' oder in späterer Zeit als ‚Chilluk' bezeichnet. Es handelt sich um eine logische Bewegung, die vollkommen Selbstzweck geworden ist und über das eigene Denkziel mit kreisendem Schwung hinausschießt. Sie wurde auch ganz bewußt ausgeführt – ‚um die Schüler zu schärfen'." [55]

Kadner stützt sich auf zwei Beispiele aus dem Talmud, um seine Argumentation zu veranschaulichen. Im ersten geht es um die Frage an den Rabbi Hisda, ob man einen vergessenen Segensspruch auch noch nach dem Essen sprechen kann. Hisda beantwortet die Frage mit einer anderen Frage und stellt eine Analogie zu Mundgeruch her (der immer zum Lachen reizt): „Soll, wer Knoblauch gegessen hat und einen Geruch verbreitet, nochmals Knoblauch essen, damit sich sein Geruch noch mehr verbreitet?" [56] Die Wahl dieser übel riechenden Anekdote ermöglicht Kadner zudem das negative Klischee von mangelnder jüdischer Hygiene einfließen zu lassen. Das zweite Beispiel betrifft die talmudische Debatte, ob es einem Juden erlaubt sei, am Schabbat ein Feuer zu löschen, und ob der Ruf nach dem „Schabbesgoj" ein Ausweg aus diesem Dilemma ist. Kadner weiß dieses talmudische Traktat offenkundig zu schätzen, illustriere es doch die Doppelmoral des Juden, der, wenn es um den heiligen Schabbat geht, keine Vorbehalte hat, den Christen nach seiner Pfeife tanzen zu lassen und zu instrumentalisieren. Auch erinnert die „unverbindliche Art zu reden", mit der der Jude der Notwendigkeit einer klaren Aussage – „lösche es!" oder „lösche es nicht!" – ausweicht, an einen jüdischen Witz (und ist auch so strukturiert). Kadner zufolge kann sich der Jude über diesen Umweg, also „durch die Mithilfe der Gojim, ohne selbst gegen den Buchstaben des Gesetzes zu verstoßen", [57] selbst vor Schaden bewahren. Unübersehbar sind die Parallelen zwischen der in der talmudischen Passage unverbindlichen Art zu reden und dem uneindeutigen „höchstwahrscheinlich" des jüdischen Angeklagten in einem Witz, den Kadner als Beispiel für den hinterhältigen Juden und seine Unfähigkeit erzählt, unter Eid beschwören zu können, ob er seinem Ankläger eine bestimmte Summe bezahlt habe oder nicht (siehe dazu weiter unten).

Bei aller zuvor erwähnten Orientierung der NS-Propaganda an Freud und seinen Überlegungen zur Kanalisierung der unterdrückten Aggression halten sich Kadners Sympathien für Freud in *Rasse und Humor* in Grenzen. Aber wenn die Theorie vom jüdischen Witz umgeformt und an das Nazi-Dogma angepasst werden soll, muss er sich mit der psychoanalytischen Witztheorie Freuds auseinandersetzen. Kadners Interpretation von Freud beginnt mit einer bewusst gesetzten rassistischen Bemerkung und weist alle Merkmale einer Verleumdungskampagne auf. Er sieht zwar davon ab, Freud und seiner Theorie vom Witz das Element des Tendenziösen zuzuschreiben, doch seine Attacke und die Art und Weise, wie er ihn zum Sündenbock und Feind erklärt, stimmen mit den Absichten des tendenziösen Witzes absolut überein (und sind nur ein weiteres Beispiel dafür, wie die Propagandamaschinerie der Nazis von Freud für ihre Zwecke lernte und sie anschließend gegen den Psychoanalytiker einsetzte). Freud: „Indem wir den Feind klein, niedrig, verächtlich, komisch machen, schaffen wir uns auf einem Umwege den Genuß seiner Überwindung."[58] Kadners Aggression konzentriert sich auf das „Psychische" in Freuds Witzanalyse und deutet die Lehre vom Unbewussten als eine jüdische Wissenschaft, die vom erkrankten Gemüt lebt – vom schlechten Gewissen und „krankhaften Gemütsvorgängen". Es scheint, als würde in seinen Kommentaren die Nazi-Parole „Der Jude ist schuld!" ständig mitschwingen. Kadners Kritik am Wiener „Sexualmagier" unterscheidet einmal mehr zwischen dem gesunden nordischen Humor („unbefangene und natürliche Heiterkeit") und dem krankhaften jüdischen Witz.

Nur einem Juden, Sigmund Freud, konnte es einfallen, den Witz als ein Ergebnis krankhafter Gemütsvorgänge darzustellen, als eine fürs erste unbewußte, dann vom Verstand kontrollierte und spielerisch geäußerte „Fehlleistung" der geistigen Funktionen. Der äußere Gleichklang oder die Lautähnlichkeit der Vokabeln werde dazu benutzt, ein Vertauschungsspiel mit Begriffen zu erzeugen, ein Spiel, in dem der Psychoanalytiker, also Sigmund Freud selbst, in der Tiefenzone der Seele das schlechte Gewissen als primäre Ursache zu erkennen vermöge. Wir sind nicht imstande, dem seltsamen Sexualmagier auf diesem Wege zu folgen, wir glauben an eine unbefangenere und natürlichere Heiterkeit, geben aber gerne zu, daß Freuds Untersuchungen für seine Rassengenossen in vollem Umfang gelten. [59]

Den Witzen, die Kadner den klassischen Sammlungen entnimmt und die er manipuliert, scheint oft eine umgekehrte Moral innezuwohnen. Sie ist zugleich simpel und simplifizierend: Weil die Juden (wie aus ihren Witzen hervorgeht) sich selbst als sittenwidriges und ungerechtes Volk erweisen, haben die Nazis gute Gründe, diese Gruppe aus der deutschen Gesellschaft auszuschließen und sie auf sittenwidrige und ungerechte Weise zu behandeln. Die negative Stereotypisierung – die ein gemeinsames Merkmal von antisemitischen Witzen und Propaganda konstituiert – stellt ein geschlossenes Bild vom Juden als Lügner und Betrüger her, dem es an Ehre und Respekt mangelt. Kadner stellt seine jüdischen Charaktertypen stets als einen aus Schnorrern, Vagabunden und Taugenichtsen zusammengewürfelten Haufen dar. Den *Minjan* zum Beispiel, der sich den Lebensunterhalt damit verdient, für das gemeinsame Gebet in der Synagoge den erforderlichen zehnten Mann zu stellen, charakterisiert Kadner als „galizischen Taschendieb aus Moabit". [60]

Einer der Witze, die bei Kadner wie auch bei Freud vorkommen, ist ein Klassiker und dreht sich um die Frage der Wahrheit; sieht man sich jedoch die extrem auseinanderfallenden Interpretationen an, stellt sich die Frage, ob es sich um denselben Witz handelt. Kadner mobilisiert den Witz als Beweis für die Unaufrichtigkeit und Verschlagenheit des jüdischen Denkens. Bei ihm wird der Witz zu einer tendenziösen Geschichte, die den Juden als zwanghaften Lügner entlarvt und deren Moral an ein zentrales Thema der NS-Propaganda anknüpft. In seinem Eifer, Beweise für den rassischen Rufmord zu liefern, versteht Kadner den Witz als ernst gemeinte Aussage über eine fremdartige und nicht authentische Lebensweise, deren grundlegende Falschheit die Möglichkeit einer ehrlichen und einwandfreien Kommunikation von vornherein ausschließt. Ein Witz, der polnische Juden als zwanghafte Lügner diffamiert, war in Nazi-Deutschland zwischen 1936 und 1939, bzw. nur wenige Jahre, bevor die „Judenfrage" in die Phase ihrer „Endlösung" eintreten sollte, von einer politischen Sprengkraft, die hervorgehoben werden muss:

> Da nun ein Jude am anderen die gleiche Geistesgymnastik voraussetzt, der jede Aufrichtigkeit und Geradheit ferne liegt, so kommt es zu Gesprächen wie folgendem:
> Chaim trifft seinen Freund Herschel im Zug.
> „Nu, Herschel, wo fohrscht de hin?"
> „Nach Lemberg."
> „Nebbich, zu mir sagst de, du fohrscht nach Lemberg, daß ich glauben soll, du fohrscht nach Warschau. Du fohrscht aber doch nach Lemberg. Also – zu was lügst de?" [61]

Wie wir aber bereits gesehen haben, argumentiert Freud, dass es in diesem komplexen jüdischen Witz, der „durch die Technik des Widersinns wirkt", nicht um die Lüge oder ein moralisches Fehlverhalten geht, sondern darum, dass die Wahrheit keine bloße Beschreibung der Dinge ist, wie sie sind. Mit seiner Version (auf der Fahrt von Lemberg nach Krakau) illustriert er, dass man berücksichtigen muss, wie „der Hörer das Gesagte auffassen wird", wenn man „die Wahrheit" spricht. Freud stellt die sogenannte Korrespondenztheorie der Wahrheit in Frage und ordnet diesen jüdischen Witz einer einzigartigen Kategorie tendenziöser Witze zu, die er als *skeptisch* klassifiziert. Bei Freud ist der Witz unpersönlich gehalten, wohl auch, um der Möglichkeit der Sündenbockzuweisung vorzugreifen. Nicht Herschel, der lügende Jude, wird hier angegriffen, sondern die Gewissheit der Erkenntnis an sich. „Was sie angreifen, ist nicht eine Person oder eine Institution, sondern die Sicherheit unserer Erkenntnis selbst, eines unserer spekulativen Güter."[62] Wesentlich ist auch, dass in Freuds Erzählweise die Dimension des epistemologischen Zweifels enthalten ist, die in Kadners Version wegfällt – er konzentriert sich ausschließlich auf die Frage der Glaubhaftigkeit („daß ich glauben soll"). Bei Freud vollzieht sich die Logik des Lügens, wie sie der namenlose jüdische Skeptiker darlegt, in einem Bereich, der beides anzweifelt – den Wunsch zu glauben („willst du doch, daß ich glauben soll") *und* die Gewissheit der Erkenntnis („nun weiß ich aber").[63] Schließlich suggeriert uns die raffinierte Logik des Hörers des Lemberg-Krakau-Witzes (bei dem man sozusagen zwei Mal hinhören muss) die radikalere und dekonstruktive Auffassung, dass die Lüge (in ihrer doppelten Negation) gewissermaßen eine notwendige Voraussetzung ist, um die Wahrheit überhaupt erst herzustellen.

Kadner kehrt dann noch einmal zu Freud zurück, um – abseits einer spezifischen Witzanalyse – noch ein paar abschätzige Bemerkungen anzubringen. In diesem Kontext mobilisiert er die „Propaganda der Selbstkritik" auf eine neue Weise – und zwar nicht nur, um die rassistische Zuschreibung vom „dreckigen Juden" zu verstärken, sondern auch zur Untermauerung des antisemitischen Klischees, der Jude sei vom „schnöden Mammon" besessen und korrumpiert, wobei er es so hindreht, dass Freud zur eigentlichen Quelle dieser Sichtweise wird. Freuds Diktion (von *Kot* oder *Dreck*) teilweise abschwächend, erinnert Kadner an die skatologische Assoziation des Psychoanalytikers von Geld und Schmutz. Er spielt dabei auf Freuds Text über „Charakter und Analerotik" (1908) an, in dem dieser schrieb: „Es ist möglich, daß der Gegensatz zwischen dem Wertvollsten, das der Mensch kennengelernt hat, und dem Wertlosesten, das er als Abfall (,refuse') von sich wirft, zu dieser bedingten Identifizierung von Gold und Kot geführt hat."[64] Kadner ignoriert geflissentlich, dass Freud den analen Charakter als universelle Kategorie menschlicher Persönlichkeit versteht und die Identifikation von „Gold und Kot" nicht auf bloß eine Kultur (bzw. wie bei Kadner auf eine „Rasse") beschränkt ist. Dem Nazi-Propagandisten geht es vielmehr darum, die jüdische Rasse und Nation als ein Ghetto aus „Geld und Schmutz" zu identifizieren und darauf einzugrenzen. Indem er das Degenerierte in Freuds Denken ausmacht, wird der Begründer der „jüdischen Wissenschaft" der Psychoanalyse zum stellvertretenden Beweis für die Degeneration des gesamten jüdischen Volkes. Kadners satirische Geste – der selbst ein gewisses Maß an skatologischem Humor innewohnt – begründet dieses Klischee nicht nur als rassisches Merkmal; sie will Freud als den typischen Vertreter einer habgierigen Mischrasse verstanden wissen, dem es niemals gelingen wird, wissenschaftliche Objektivität zu erlangen. Am Ende folgt ein weiteres zweifelhaftes Kompliment: „Und wieder denken wir an Sigmund Freud, der da feststellen wollte, daß in den Urvokabeln und Symbolen der Traumsprache Geld und Schmutz innig miteinander verwandt seien und gelegentlich füreinander stünden. Auch als Forscher kann niemand über die Grenzen seiner Rasse und seines Volkstums hinaus. Auf die Tiefenpsychologie seiner eigenen Mischrasse bezogen, hat auch hier Sigmund Freud zweifellos recht."[65]

Die Anspielung auf Freud als Schmutzhändler wirft außerdem ein bezeichnendes Licht auf Kadners Auswahl einer ganz bestimmten antisemitischen Karikatur. Eduard Thönys „Galizien"-Karikatur, die ursprünglich 1907 im Satiremagazin *Simplicissimus* erschienen war (Abb. 20), stellt zwei osteuropäische Juden mit Bart und Kappe und in schwarzem Schtetl-Gewand dar – der eine mit überzeichnetem breitem Grinsen und der andere, dem Stereotyp vom mauschelnden Juden entsprechend, mit verzerrter Miene und erhobener linker Hand (soll sagen: er ist beim Reden mit den Händen bzw. beim Mauscheln erwischt worden – auf diesen Aspekt wird weiter unten noch genauer eingegangen). Das Klischee vom „schmutzigen

Juden" wird aber erst deutlich, wenn man die Bildunterschrift liest: „Was kratzt de dich? Hast de Flöh?" – „Was haißt Flöh? Bin ich e Hund? Läuß hab ich."⁶⁶ Thönys Darstellung mag auf den ersten Blick antisemitisch wirken, sie dürfte aber ursprünglich als Verspottung der Hygienegewohnheiten osteuropäischer Juden durch ihre bereits assimilierten Glaubensgenossen gemeint gewesen sein. In seiner pauschalen Abwertung der „jüdischen Rasse" hält sich Kadner mit dieser Art von Differenzierung freilich nicht auf. Wie Marcus Patka anmerkt: „Eine Differenzierung zwischen ost- und westjüdischer Welt kann demzufolge bei Kadner nicht gefunden werden."⁶⁷

Ein anderer typisch antisemitischer, den Juden seit jeher gemachter Vorwurf lautet, dass ihre Schwüre nichts wert sind. Auf der Ebene der religiösen Differenz wird dieser Vorwurf kompliziert, da es einem Juden grundsätzlich nicht möglich war, einen Eid auf die christliche Bibel zu schwören, und er schon allein deshalb von dieser kulturellen Praxis ausgeschlossen war. (Insofern ließe sich das Problem auch so auslegen, dass die Juden einen Eid, den sie nicht leisten durften, auch nicht einhalten konnten.) Das Mittelalter beggenete diesem Umstand mit dem *More Iudaico* bzw. dem „Judeneid", der nicht selten an ein antisemitisches Zeremoniell gekoppelt war, etwa indem man den Juden zwang, barfuß auf einer Sauhaut zu stehen, während er den Eid ablegte. Vor diesem historischen Hintergrund griffen die Nazis die Eidesverweigerung auf, münzten sie in jüdische Falschheit um und säkularisierten die Martin Luther zugeschriebene Volksweisheit „Trau keinem Fuchs auf seiner Heid und keinem Jud bei seinem Eid". Ein vom Stürmer Verlag herausgegebenes Kinderbuch gleichlautenden Titels, das aus boshaften Karikaturen bestand, erschien im selben Jahr wie die erste Ausgabe von *Rasse und Humor*.⁶⁸

Kadner muss diese heimtückische Anschuldigung also gar nicht weiter begründen. Sie war so sehr im antisemitischen Diskurs verankert, dass ohnehin jeder sofort wusste, wovon die Rede war und dass es sich um eine gängige Zuschreibung handelte. Um die doxolo-

Abb. 20 Eduard Thöny, „Galizien", Karikatur für Simplicissimus (1907), aus: Kadner, *Rasse und Humor,* S. 205

gische Bedeutung zu bestätigen und eine Lesart gemäß der „Propaganda der Selbstkritik" auszulösen, reichte es völlig, darauf anzuspielen und einen passenden jüdischen Witz folgen zu lassen. Kadners Ausrufezeichen als Ausdruck seiner Empörung wirkt wie eine im Nazi-Morsecode verfasste Botschaft, die der ideologisch Gleichgesinnte sofort versteht:

> Wie über die Ehre, so über den Eid! Die Einstellung spiegelt sich trefflich wider in folgendem Zwiegespräch:
> Vorsitzender: „Also, was können Sie beschwören? Haben Sie dem Kläger die Summe bezahlt?"
> Beklagter: „Höchstwahrscheinlich."
> Vorsitzender: „Höchstwahrscheinlich gibt es nicht beim Eid. Sie haben zu schwören, ich habe bezahlt, oder ich habe nicht bezahlt."
> Beklagter: „Ja, e so möcht' ich schwören." [69]

Dem Nazi bietet sich der Witz auch deshalb an, weil der feindliche Sprecher auf der Anklagebank sitzt und sich in der Defensive befindet. Die Ambivalenz und das Schwankhafte, die vom Witz ganz generell, besonders aber vom jüdischen Witz und seinem Fragemodus vermittelt werden, stoßen an diesem Nazi-Gerichtshof mit seiner Forderung nach eidlicher Gewissheit freilich auf taube Ohren. Stattdessen wird die Ambivalenz des Angeklagten zum Kennzeichen seiner zwielichtigen Unredlichkeit verdreht. Tatsächlich leistete die Strategie der Witzpropaganda die Vorarbeit, um das politische Ziel der Nazis zu rechtfertigen, die Juden außerhalb des gesetzlichen Rahmens zu stellen.

Die „Propaganda der Selbstkritik" reicht auch in die Domäne der (Hoch-)Kultur hinein. Hier lautete das Ziel, den Juden dazu zu bringen, seine Ungebildetheit – bzw. seine „Entartung" – in Fragen der deutschen Hochkultur einzugestehen. Zu diesem Zweck wird, einschließlich Kadners tendenziöser Intervention, der folgende Witz angeführt: „Frau Isaaksohn – sie gehört nicht zu den Klügsten – wird gefragt: Wie hat Ihnen die Tristan-Aufführung gefallen? Nu, sagt sie, mer lacht." [70] In den Ohren des Nazi-Kulturfanatikers klingt die Antwort der Frau Isaaksohn wie die reinste Blasphemie, fasst sie doch Richard Wagners *Tristan und Isolde* – eine der ernsthaftesten Errungenschaften der deutschen Hochkultur – als Witz auf. Kadner kann den Witz nicht für sich stehen lassen, als Wagnerianer muss er mit dem Finger auf den degenerierten Juden zeigen, der wahre Kunst nicht versteht und dem die Hochkultur unzugänglich bleibt. Dass er aber auf den Unverstand der Sprecherin ausdrücklich hinweisen muss, impliziert, dass sein Leser nicht intelligent genug ist, um selbst zu diesem Urteil zu gelangen. Kadners Intervention soll das subversive Potential dieses Witzes eindämmen und den Leser dahingehend beeinflussen, dass er den kulturellen Status quo akzeptiert bzw. eine Welt, in der *Tristan und Isolde* ein tragisches Drama ist, das tiefer Kontemplation bedarf. Diese nur angedeutete Verunglimpfung illustriert nicht nur die Kontrollsucht Kadners, sondern auch, wie ein jüdischer Witz mit einem tendenziösen, der Kulturpropaganda der Nazis entsprechenden Handlungsstrang erzählt wird.

Ganz anders beim jüdischen Satiriker Alexander Moszkowski, der den Witz 1921 im Rahmen seines Vortrags über die Philosophie des jüdischen Witzes erzählt, jedoch nicht in Form eines verkürzten Monologs einer unbedarften Jüdin, sondern als Dialog zweier jüdischer Geschäftsleute. Seine Version verleiht dem Witz eine andere soziohistorische Dimension, die das kulturelle Kapital des unaufgeklärten Ostjuden mit jener seines assimilierten und aufgeklärten deutsch-jüdischen Kollegen konfrontiert und vergleicht. Erst durch die Gegenüberstellung versteht man, warum dem Besucher die Wagner-Oper noch kein Begriff ist. Zunächst will der Besucher aus dem Osten wissen, was man in der großen Stadt so unternimmt:

„Ich bin doch fremd in Berlin, wo soll ich abends hingehn?"
„Nu, geh ins Opernhaus."
„Was spielt man im Opernhaus?"
„Tristan und Isolde."
„Wie ist das, Tristan und Isolde?"
„Nu, – me lacht!"[71]

Im Unterschied zu Kadners zynischer Lesart, die die jüdische Komik mit einer ernsten Pose unterlaufen will, greift Moszkowski die im Witz angedeutete Ironie auf, die sich über die Umwandlung des Tragischen ins Komische entfaltet. „Man wird billig bezweifeln dürfen, ob ihm dieses tragische Kunstwerk in seiner ganzen Tiefe aufgegangen ist."[72] Der deutsch-jüdische Vertreter der kulturellen Assimilation möchte den Witz im Sinne der humanistischen Tradition der westlichen Philosophie deuten; er zitiert Seneca („eine ernste Sache ist eine wahre Freude") und Nietzsche (der den „wagnerischen Parsifal" als „Operettenstoff par excellence" bezeichnete) als philosophische Parallelen zu diesem jüdischen Witz, der das Erhabene ins Lächerliche zieht. So stützt sich der jüdische Witz auf eine ironische Distanzierung, die den Prätentionen tragischer Empfindsamkeit die Luft aus den Segeln nehmen und Wagner in den Bereich des komisch Hysterischen versetzen soll.

Wenig überraschend erzählt Kadner auch die Version eines Witzes, der mit der Bewertung des Deutschen und des Jiddischen spielt. Ein Junge namens Sigismund liest ein Buch auf Deutsch und wiederholt jeden Satz auf Jiddisch und in jiddischer Intonation; auf die Frage seines Vaters, was er da tue, antwortet er, er übersetze Schiller ins Deutsche („ich verdaitsch mer den Schiller").[73] Für einen Germanisten wie Kadner, der über den korrekten Gebrauch des Deutschen ein Buch[74] geschrieben hat, ist dieser „Verdeutschungs"-Witz (der lieber verdaitscht als verdeutscht) gleichbedeutend mit einer Perversion der linguistischen und kulturellen Normen.

Dieser Witz muss im Kontext der Debatten über die deutsche Sprache und die nationalistischen Befürchtungen verstanden werden, die Reinheit und Integrität des Deutschen geriete durch die Invasion fremder Elemente in Gefahr. Kadners Kommentar – „über die Mischform der jüdischen Mauschelsprache"[75] – ist ideologisch aufgeladen, und zwar nicht nur, weil er das Jiddische als eine die deutsche Sprache verunreinigende Mischsprache ablehnt; er geht noch weiter und wertet es mit dem Begriff *Mauschelsprache* als undeutliches

Sprechen ab, dem er betrügerische Absichten unterstellt.[76] Hier klingen die negativen Bemerkungen über „das Mauscheln" (abgeleitet vom hebräischen Vornamen Moshe) in Kapitel 3 von *Rasse und Humor* nach und das hochgradige Misstrauen, das er der jüdischen Tendenz des „Redens mit de Händ" ausspricht und ihrer janusköpfigen Fähigkeit, diese „komischen" Gesten in Gesellschaft ihrer Gastvölker zu verbergen. Kadner: „In einem abstoßend-befremdlichen Sinn versteht er es, sich fingerfertig und mundfertig zu tarnen; aber unter seinesgleichen fällt er unweigerlich wieder in den naturgegebenen, ihm gemäßen Rhythmus."[77] Marcus Patka dazu: „Die einwandfreie Verwendung der deutschen Sprache war für den Antisemiten nur eine Maske, derer sich Juden zur Tarnung ihrer wahren Interessen bedienen würden. Für diese [Kadners] Untersuchung bleibt entscheidend, dass die Antisemiten schon lange vor dem NS-Hetzblatt *Der Stürmer* den Juden per se zur Witzfigur erklärt hatten."[78]

Sander Gilman erinnert an die Mauschelvorwürfe der Deutschnationalen im 19. Jahrhundert, die sich auch gegen den Juden in der Rolle des Schriftstellers richteten, der „die Welt anders wahrnähme und deshalb auch anders spräche", und dass „mit dem Aufschwung des Journalismus im frühen 19. Jahrhundert […] das schon bestehende Bild ‚des Juden' und das neu entstandene Bild ‚des Journalisten' austauschbar werden."[79] Den jüdischen Journalisten und ihrer ironischen, von Witz und Spott durchtränkten Sprache war nicht zu trauen, und schon gar nicht – wie im Fall von Moritz Saphir – ihrem jüdischen Tonfall, dem man zur Mitte des 19. Jahrhunderts „nihilistische Satire"[80] unterstellte. Kadner folgt diesen Spuren, wenn er zum Angriff gegen den jüdischen Journalismus und seinen Missbrauch der deutschen Sprache und Kultur bläst: „In bewußter Feindseligkeit gegen Staat und Gesellschaft, Kirche und Wirtschaft, gegen die überkommenen Bindungen menschlichen Gemeinschaftswesens, tritt uns jüdischer Witz in seiner zynischsten Form, in ätzender Schärfe und Ironie entgegen in Gestalten wie Ludwig Börne (Baruch) und Heinrich Heine (Chaim Bückeburg)."[81]

Das in Klammern hinzugefügte Stigma jüdischer/hebräischer Namen soll die jüdische Herkunft der zum Christentum übergetretenen Literaten aufdecken und andeuten, dass sie sich den Zutritt in die europäische Hochkultur „erschlichen" hätten. Was als scheinbar harmloser Witz beginnt, der spielerisch zwischen Deutsch und Jiddisch hin und her springt, gerät für Kadner zur Beleidigung und löst eine ideologisch aufgeladene Diffamierung der witzigen Tradition jüdischer kultureller Produktion (und somit die Wende zum „Judenwitz") und ihrer Proponenten (den „Judenwitzlern") aus.

Ein anderer propagandistischer Gebrauch eines klassischen jüdischen Witzes erfolgt in visueller Form und über den Abdruck einer Karikatur des NS-Künstlers Hans Schweitzer (1901–1980) alias Mjölnir. Schweitzer, der sich zum Hammer des nordischen Gottes Thor stilisierte, war für seine im Auftrag von Goebbels gestalteten Propagandaplakate bekannt. Die Karikatur erschien am 31. Oktober 1935 im SS-Blatt *Das Schwarze Korps* [82] und ist ein Beispiel dafür, wie sich die Frage der Umsiedlung der Juden im Sinne der Nazis durch das bloße Umstellen des ursprünglichen Kontextes und Settings vermitteln ließ. Der Witz handelt von zwei Juden auf einem sinkenden Schiff – eine für die Lage der deutschen Juden durchaus passende Metapher (Abb. 21). Die Bildunterschrift lautet: „Hilfe Sigi, das Schiff geht unter!" „Was schreiste Isi, is es dein Schiff?" In *Jüdische Miniaturen,* einer Sammlung von Paul Nikolaus, die nur elf Jahre zuvor auf dem Höhepunkt der Weimarer Republik kursierte, findet sich indes eine völlig andere Version. Hier befinden sich die beiden Protagonisten Baruch und Finkelstein auf dem Weg nach Amerika, sie sind also Teil einer anderen Auswanderungswelle. Inhaltlich ändert sich jedoch nichts weiter. [83] Die Überschrift „Egoismus" deutet die hier wirkende jüdische Selbstironie bereits an. In Mjölnirs Karikatur hingegen heißt das Schiff „Monte Zion" und ist auf dem Weg nach Palästina, wobei Kadner die zugespitzte Bildunterschrift – „(Satirische Anspielung auf die Einrichtung eines jüdischen Sonder-Schiffsverkehrs

Abb. 21 Mjölnir, „Hilfe Sigi, das Schiff geht unter!", Das Schwarze Korps (31. Oktober 1935), aus: Kadner, *Rasse und Humor,* S. 210

nach Palästina)" – beisteuerte. In diesem Kontext nimmt die Nazi-Version des Witzes eine neue Dimension an und geht über die bloße Verspottung des jüdischen Stereotyps hinaus, noch im Angesicht der Katastrophe nur auf den persönlichen Reichtum fixiert zu sein. Die „satirische Anspielung" versetzt jeden jüdischen Auswanderer in die Lage von Sigi und Isi, zumal es jüdischen Flüchtlingen, die das Glück hatten, aus Nazi-Deutschland zu entkommen, untersagt war, persönlichen Besitz mitzunehmen. Darüber hinaus drückt die Karikatur den todernst gemeinten Wunsch der Nazis aus, ihre jüdischen Feinde lieber im Meer ertrinken zu sehen als ihnen zu erlauben, Deutschland zu verlassen und unbeschadet in ihrer angestammten Heimstätte Palästina anzukommen, um dort ein neues Leben unter zionistischen Vorzeichen zu beginnen.

Gegen Ende des Kapitels treten die propagandistischen Absichten Kadners am offensichtlichsten zutage. Ein vorgeblich der Analyse des jüdischen Witzes gewidmetes Kapitel endet mit einer üblen Tirade gegen die „Bastardehen" und bringt den NS-Begriff der Rassenschande ins Spiel. Damit sein Argument der NS-Eugenik gemäß verstanden wird, wendet sich Kadner dem deutschen Schriftsteller Wilhelm Hauff zu und bezeichnet ihn als einen der „ersten Kämpen rassischer Satire".[84] Unter den Nazis sollte Hauff als Autor der antisemitischen Novelle *Jud Süß* (1827) zu posthumem Ruhm gelangen, die auf Geheiß von Goebbels adaptiert wurde und 1940 als der berüchtigtste NS-Propagandafilm in die deutschen Kinos kam. In *Rasse und Humor* zieht Kadner Hauffs Kurzgeschichte „Phantasien im Bremer Ratskeller" (1827) heran, die sich über das sexuelle Verlangen des deutschen Herrn Zwerner nach der Jüdin Rebekka Simon mokiert. Jeden Zusammenhang mit der Interpretation jüdischer Witze hinter sich lassend, rückt Kadner die Schmährede eines Proto-Nazis in den Vordergrund, die vor den Gefahren der Mischehe warnt. Mittels dieser entschieden unromantischen Erzählung wird der Nazi-Leser in seine Zeit zurückgeholt und mit dem „Gesetz zum Schutze des deutschen Blutes und der deutschen Ehre" (Nürnberg, September 1933) konfrontiert, das Eheschließungen und außerehelichen Geschlechtsverkehr zwischen Deutschen und Juden unter Strafe stellte. Zu guter Letzt zeigt Kadners Witzanalyse ihre wahre rassistische Färbung und äußert sich in Form einer tendenziösen Schmähung, die sich gegen jede Form von Vermischung mit dem „fremdblütigen Geschöpf"[85] wendet und abseits jeder Analyse des jüdischen Witzes eine antisemitische Satire mobilisiert, die ausdrücklich der NS-Propaganda das Wort redet.

Mit dieser Passage wird der Möglichkeit eines deutsch-jüdischen Dialogs oder selbst einer Haltung des „leben und leben lassen" endgültig eine Absage erteilt. Stattdessen wird der jüdische Witz zum Zeugen für die unüberbrückbare Kluft zwischen den zu Rassen definierten Kulturen aufgerufen. Der jüdische Witz – das seit langem bewährte Mittel für interkulturelle Annäherung – wird jetzt zum Mittel, mit dem sich die NS-Doktrin der radikalen rassischen Differenz bestätigen und weiter propagieren lässt. Kadner beschreibt den Zusammenbruch der Kommunikation so: „Zwei rassisch, gesinnungsmäßig und kulturell getrennte Welten! Von der einen führt zur anderen keine Brücke, nicht einmal die der sprachlichen Verständigung."[86] Kadners Witzpropaganda beansprucht hier beide Seiten der Medaille. Einerseits ist dem NS-Ideologen vollkommen klar, dass der jüdische Witz alles an Negativem bescheinigt, was die Nazis in ihrer Propaganda über die Juden behaupten. Somit bestätigt der jüdische Witz, dass sie die Juden wie Bürger zweiter Klasse und sogar wie „Untermenschen" behandeln dürfen. Andererseits wird der Nazi den „Judenfeind" und seine kulturellen Erzeugnisse (d.h. jüdische Witze) nie verstehen, weil es sich um die Produkte vollkommener Fremdkörper handelt. Das heißt, die Deutschen (inzwischen zu „Ariern" oder Angehörigen einer „nordischen Rasse" erklärt) verstehen den jüdischen Witz nicht und werden ihn nie verstehen, da er jetzt dem Zustand radikalen Andersseins zu ähneln beginnt. Damit sind wir, was den jüdischen Witz betrifft, in der logischen Sackgasse der Nazis angekommen. Diese Double-Bind-Situation erinnert im Grunde an die talmudische Logik eines jüdischen Witzes, allerdings mit dem zynischen Stempel der NS-Propaganda versehen und damit einer Strategie, die, während sie den jüdischen Witz zum Feind und zu ihrem absolut Anderen erklärt, seine komischen und sophistischen Manöver für die eigenen tendenziösen Zwecke nachahmt.

Schluss: Gegenpropaganda

Die historische Rückblende und kritische Auseinandersetzung in diesem Kapitel sollte eine Antwort auf Christie Davies und seine Verharmlosung der wichtigen Rolle von Witzen in der NS-Propaganda und im Ausdruck antisemitischer Ressentiments liefern. Davies' provokante Aussage, dass „religiöse und rassische antisemitische Propaganda [...] die Juden als Krankheit" darstellt, mündet in die rhetorische Frage: „Warum sollten sich diejenigen, von denen wir wissen, dass sie einst unverhohlen aggressiv waren und es in manchen Ländern immer noch sind, die Mühe machen, ihren Hass mit Humor zu maskieren?"[87] Wie wir gesehen haben, war tendenziöser Humor in der NS-Propaganda nicht als Maske konzipiert, hinter der sich Hass verbarg, sondern als Mittel zur Kanalisierung der Aggression und als Waffe, mit der die öffentliche Meinung gegen den jüdischen Feind mobilisiert werden sollte. Die von Davies angeführten parasitären Bilder wurden über das Medium judenfeindlicher Karikaturen und Witze bekanntlich sehr oft propagiert. Illustrierte Blätter wie *Der Stürmer* und der *Nazi-Boulevard* verbreiteten die halluzinatorische Phantasmagorie des Antisemitismus auf exakt diese Weise.[88] Die Bildsprache der Nazis entfaltete sich in einer Comicbuch-Welt voller jüdischer Monstrositäten, die Angst einjagen und zum Lachen reizen sollten.[89] Mehr noch: Da die Juden auf so übertriebene und drastische Weise dargestellt wurden, würde es kein schlechtes Gewissen auslösen, wenn man sie misshandelte. Von einer Opposition zwischen Witzen und Propaganda kann keine Rede sein; es geht vielmehr darum, zu verstehen, wie die Nazis die jüdische „Krankheit" mittels der Kunst der komischen Übertreibung und Verunglimpfung, also mittels der satirischen Bildsprache der visuellen Karikatur und der beißenden Rhetorik verbaler Witze darstellten. Dieses Kapitel hat im Detail dargelegt, wie ein Buch wie Kadners *Rasse und Humor* eine rassistische und tendenziöse Lesart jüdischer Witze vermittelte, die sie als wahre Aussagen über den jüdischen Charakter auslegte und zu antisemitischen Zeugnissen umfunktionierte. Der Zweck von Kadners Abhandlung bestand darin, die Juden als minderwertig, verabscheuungswürdig und unmoralisch hinzustellen; sie steht exemplarisch für eine Denkweise, die aus den jüdischen Witzen selbst die Mittel bezog, um die rassistische Propaganda der Nazis vom Juden als „Untermenschen" zu befördern und zu untermauern. Insofern konstruierte Kadner über den jüdischen Witz einen tödlichen Diskurs, der dazu beitrug, den Weg für die „Endlösung der Judenfrage" zu bereiten. Kurzum: Das brutale Gelächter der Kadner'schen Aneignung und Manipulation jüdischer Witze brachte es fertig, eine Nazi-Version von Elluls „Propaganda der Selbstkritik" in die Tat umzusetzen.

Das dem jüdischen Witz wie auch der Propaganda innewohnende Schwankende ermöglichte aber einen wieder anderen Dreh. Wenn die Nazis für ihre judenfeindliche Propaganda selbstkritische jüdische Witze instrumentalisierten, dann konterten die verfolgten Juden mit jüdischen Witzen über die Propaganda und griffen ihrerseits zu Witzen, die die NS-Propaganda als Lügendiskurs entlarven sollten. Erwartungsgemäß nahm der jüdische Witz in seiner Funktion als Gegenpropaganda vor allem die NS-Propagandamaschinerie ins Visier. Das heißt, der jüdische „Propagandawitz" forderte die „Witz-Propaganda" der Nazis heraus. Diese Witze gehören zur Gattung der politischen Flüsterwitze, die von Mund zu Mund kursierten und im Dritten Reich als psychologische und geistige Waffe gegen das NS-Regime eingesetzt wurden.[90]

Da es im Nazi-Deutschland unmöglich war, diese subversiven Witze zu veröffentlichen, stammt der letzte hier zu erzählende Witz aus der amerikanischen Sammlung *Let Laughter Ring* (1941) des Chicagoer Rabbiners

S. Felix Mendelsohn.[91] Das Kapitel „Third Reich" widmet den Flüsterwitzen gegen die Nazis vierzig Seiten. Das kurz vor Eintritt der Vereinigten Staaten in den Zweiten Weltkrieg veröffentlichte Buch markiert die Allianz, die der jüdische Witz mit den in Amerika immer größer werdenden Ressentiments gegen die Nazis einging. Diese auf ihre eigene Weise tendenziösen Witze propagierten die amerikanische Freiheitsidee – das sprachliche Substitut für das Lachen im Titel – und wurden zur Waffe im Kampf gegen den die Nazis und ihre Gewaltherrschaft.

Viele dieser Witze rückten die NS-Propagandamaschinerie von Joseph Goebbels in den Mittelpunkt und diffamierten sie als reinste Lügenfabrik. Dass Goebbels und Freud bezüglich der psychologischen Funktion von Witzen in der Propaganda und der Notwendigkeit, die Lacher auf die eigene Seite zu bringen, nicht so weit voneinander entfernt lagen, wurde bereits angesprochen. In dem dieses Kapitel abschließenden Witz wendet sich der Propagandaminister mit einem persönlichen Problem an einen Psychoanalytiker. Dazu eine Erläuterung: Unter der Nazi-Herrschaft kursierten zahllose Witze, die sich über Goebbels' Klumpfuß lustig machten und ihm eine frappierende Ähnlichkeit mit einem polnischen Juden unterstellten. Einer dieser Flüsterwitze kombinierte die Kritik an der Propaganda mit einem Witz über die Behinderung von Goebbels und bediente sich dazu einer Volksweisheit: „Man sagt nicht mehr: Lügen haben kurze Beine. Heute sagt man: Lügen haben ein kurzes Bein."[92] Vor diesem Hintergrund erschließt sich die Identitätskrise, die die Goebbels-Figur im unten stehenden Witz plagt (und ihn in die Nähe einer selbstkritischen und unsicheren jüdischen Witzfigur rückt). Doch anstatt sich wie der typische tendenziöse Witz nur auf die Minderwertigkeitsaspekte des Feindes (und dessen Rufmord) zu konzentrieren, stellt der Witz die größere Frage nach der Wahrheit. Er legt Goebbels die Fessel des klassischen Paradoxons des Epimenides an, das da lautet: „Alle Kreter sind Lügner." Damit erhält der Tagebucheintrag Goebbels' und sein autoritärer Versuch, das „jüdische

Lachen" auszulöschen, einen ironischen Dreh: Der Witz lässt ihn und uns vor den verzerrten Spiegel der Nazi-Propaganda treten (bzw. hinken) und uns fragen, was wir glauben sollen – und was nicht:

> Paul Joseph Goebbels, NS-Propagandaminister, vertraute einem engen Freund an, dass er unter chronischer Unsicherheit litt. „Selbst nach einer erfolgreichen Rede quält mich ein schmerzliches Gefühl von Unzulänglichkeit", sagte Goebbels.
>
> „Du konsultierst am besten einen Psychoanalytiker", riet ihm der Freund. „Ich weiß, was du von den Juden hältst, aber geh zu Dr. Gottfried Meyers, er kann dir sicher helfen." Also ging Goebbels heimlich zu dem Psychiater und erzählte ihm seine Geschichte.
>
> „Sie leiden unter einem ausgeprägten Minderwertigkeitskomplex", sagte Dr. Meyers. „Das Gegenmittel ist Autosuggestion. Treten Sie jeden Tag vor den Spiegel und wiederholen Sie fünfzehn Minuten lang: ‚Ich bin wichtig – ich bin bedeutend – ich bin unverzichtbar.'"
>
> „Das ist sinnlos", antwortete Goebbels. „Ich glaube doch selbst kein Wort von dem, was ich sage."[93]

1   Jacques Ellul, *Propagandes,* 1962 (Neuaufl. Paris: Économica, 1990); hier aus dem Englischen zitiert und übersetzt: *Propaganda: The Formation of Men's Attitudes,* Übersetzung von Konrad Kellen und Jean Lerner (New York: Alfred A. Knopf, 1966), S. 11–12.

2   Siehe auch Kapitel 3: Dort wird bezugnehmend auf den Central-Verein und die Kritiker „extremer" jüdischer Witze untersucht, warum sie diese Witze als zu zensierende „Selbsthassrede" auffassten. Peter Jelavich erklärt die Befürchtungen damit, dass „selbstablehnende Witze insofern als ‚Beweislage' für antisemitische Stereotype benutzt werden konnten, als die Juden die Fehler, die man ihnen vorwarf, selbst ‚eingestanden'." Siehe „When are Jewish Jokes No Longer Funny?: Ethnic Humor in Imperial and Republican Berlin", in: *The Politics of Humor: Laughter, Inclusion and Exclusion in the Twentieth Century,* Hg. Martina Kessel und Patrick Merziger (Toronto: University of Toronto Press, 2012), S. 37.

3   Siegfried Kadner setzt diesen Witz ein in *Rasse und Humor* (München: J. F. Lehmanns Verlag, 1936), S. 208. Anstatt sich in seiner Analyse auf den logischen Dreh des in den Witz eingebetteten „Feindhelfers" und die Ähnlichkeit mit den Propagandatechniken zu konzentrieren, zieht Kadner ihn heran, um die rassisch determinierten jüdischen Charaktereigenschaften zu beschreiben.

4   Für eine Kritik an der Theorie vom jüdischen Humor als Selbstkritik vgl. Dan Ben-Amos, „The ‚Myth' of Jewish Humor", in: *Western Folklore* 32, No. 2 (April 1973), S. 112–131.

5   Sigmund Freud, *Der Witz und seine Beziehung zum Unbewussten* (Frankfurt am Main: Fischer Verlag, 1970), S. 70.

6   Kadner, *Rasse und Humor,* S. 208. Siegfried Kadner (1887–1949) promovierte 1919 in den Literaturwissenschaften an der Universität Kiel. 1929 erhielt er einen Lehrauftrag für Rassenkunde an der Universität von Berlin. NSDAP-Mitglied wurde er jedoch erst 1933. Er schloss sich der SS an und war als Gauredner für Rassenkunde und Vererbungslehre im Gauschulungsamt tätig. Vgl. Hans-Christian Harten, Uwe Neirich und Matthias Schwerendt, *Rassenhygiene als Erziehungsideologie des Dritten Reichs: Bio-bibliographisches Handbuch* (Berlin: Akademie Verlag, 2006), S. 263.

7   Der Leiter für psychologische Kriegsführung der Nazis, Major Albrecht Blau, und der kommunistische Kritiker und Zeitungsherausgeber Willi Münzenberg schrieben beide ein Buch mit dem Titel *Propaganda als Waffe.*

8   Christie Davies, *Ethnic Humor around the World: A Comparative Analysis* (Bloomington: University of Indiana Press, 1990), S. 117.

9   Davies, *Ethnic Humor,* S. 124.

10   Ebd., S. 124.

11   Hans Speier, *Witz und Politik: Essay über die Macht und das Lachen* (Zürich: Edition Interform, 1975), S. 70–71. Speiers Position widerspricht der Ansicht von Eduard Engel, der meint, dass der Witz eine Waffe der Schwachen ist (vgl. Kapitel 2).

12   Eugen Hadamovsky, *Propaganda und nationale Macht: Die Organisation der öffentlichen Meinung für nationale Politik* (Oldenburg: Verlag Gerhard Stalling, 1933), S. 18–19.

13   Thomas Hobbes: „Wird man gewahr, daß jemand plötzlich sich selbst rühmt, wegen einer eignen raschen Tat, die seinen ganzen Beifall hat, oder wegen einer Vergleichung, die er zwischen dieser und eines anderen schlechten und unanständigen Handlung zu seinem Vorteil anstellt, so erregt dies Lachen." *Leviathan,* Hg. J. P. Meyer (Zürich, Leipzig: Rascher Verlag, 1936), S. 74.

14   Freud, *Der Witz,* S. 55.

15   Das Buch von Goebbels und Schweitzer erschien 1928 beim Nazi-Verlag Franz Eher in München und hatte bis 1931 die fünfte Auflage erreicht. In der Zwischenzeit gab Goebbels einen Folgeband mit dem Titel *Knorke: Ein Neues Buch Isidor für Zeitgenossen* heraus (München: Franz Eher, 1929). Der Band enthielt eine erweiterte antisemitische Interpretation des klassischen jüdischen Witzes über den reichen Juden (in diesem Fall Rothschild), der sich weigert, dem Schnorrer ein Almosen zu geben („Schmeißt mer den Kerl raus. Er brecht mer's Herz!"), um so gleich beide stereotypen jüdischen Charaktere zu diffamieren. Knipperdolling, „Aus der Asphaltwüste: Politische Ketzereien", in: *Knorke,* S. 73.

16   Dietz Bering, *Der jüdische Name als Stigma*, in: *Die Zeit,* Nr. 33, 1987.

17   *Die Brennessel* 4 (17. April 1934), S. 247.

18   T. W. Adorno, Leo Löwenthal und Paul W. Massing, „Anti-Semitism and Fascist Propaganda", in: Theodor W. Adorno, *Gesammelte Schriften, Bd. 8, Soziologische Schriften 1* (Frankfurt am Main: Suhrkamp, 1972), S. 400. (A.d.Ü.: Der Essay existiert nur auf Englisch.)

19   Joseph Goebbels, *Kampf um Berlin: Der Anfang (1926–1927)* (München: Franz Eher, 1932), S. 203.

20   Ellul, *Propagandes*, S. 5.

21   Für die Verknüpfung von Nazi-Propaganda und Freud'scher Psychoanalyse vgl. die Bücher über Propaganda von Freuds Neffen Dr. Edward Bernays, den Joseph Goebbels verehrte. Goebbels lernte viel von Bernays Klassiker *Propaganda* (New York: Horace Liveright, 1928); deutsche Erstausgabe: übersetzt von Patrick Schnur (Freiburg im Breisgau: orange-press, 2007).

22   Freud, *Der Witz,* S. 64.

23   Eduard Fuchs, *Die Juden in der Karikatur: Ein Beitrag zur Kulturgeschichte* (München: Albert Lange Verlag, 1921), S. 303. Wie bereits in Kapitel 2 diskutiert, stellte Fuchs das Wahlplakat Hitlers seinem Kapitel 11 mit der Überschrift „Die jüdische Selbstironie" voran.

24   Christie Davies, „Exploring the thesis of the self-deprecating Jewish sense of humor", in: *Humor* 4, No. 2 (Januar 1991), S. 203.

25   Adolf Hitler, *Mein Kampf* (München: Zentralverlag der N.S.D.A.P., 1936), S. 346–347.

26   Für weitere Informationen über den Einsatz der Karikatur durch die

Nazis vgl. Gerhard Paul, *Aufstand der Bilder: Die NS-Propaganda vor 1933* (Bonn: Verlag Dietz, 1990), S. 143–145, und Dietrich Grünewald, „Bemerkungen zur nationalsozialistischen Karikatur", *Aesthetik und Kommunikation* 6 (1975), S. 865–890. In Kadners *Rasse und Humor* findet sich eine antisemitische Karikatur von Paul Schondorff, die ursprünglich in *Die Brennessel* erschienen war (22. Oktober 1935). Kadner zufolge illustriert dieser „satirische Hinweis […] die rassischen Hintergründe in der Regie des Völkerbunds" (S. 213).

27   Laut Patrick Merziger wurde die „*Brennessel* 1938 wegen rückläufiger Verkaufszahlen und in Ermangelung eines neuen Themas eingestellt" (S. 284). Merziger erklärt, dass die politische Satire in Nazi-Deutschland an ihre Grenzen stieß und einer Form von „deutschem Humor" wich, die „das allumfassende Lachen der Volksgemeinschaft" jener Zeit repräsentierte. „Im spezifischen öffentlichen Raum des Nationalsozialismus konnte ein Lachen, das ausschließen wollte, nicht toleriert werden, da der Ausschluss aus der Volksgemeinschaft den totalen Ausschluss bedeutete." (S. 289) Merziger lässt in seiner Analyse den jüdischen Witz und die „Judenfrage" vollkommen aus. Dieser analytische Ausschluss ergibt jedoch Sinn, bedenkt man, dass der Jude als der total ausgeschlossene Andere fungierte. Auf diese Weise konnten die Juden entweder als Zielscheibe der politischen Satire oder als die rassisch Anderen für den neuen „deutschen Humor" herhalten, der das Volk vereinte. Patrick Merziger, „Humour in Nazi Germany: Resistance and Propaganda? The Popular Desire for an All-Embracing Laughter", in: *International Review of Social History* 52 (2007), S. 275–290.

28   Der propagandistische Titel wurde vom NS-Verlag für den Gau Sachsen in Dresden publiziert.

29   Adorno, Löwenthal und Massing, „Anti-Semitism and Fascist Propaganda", S. 406. Gerhard Paul beschrieb diesen mörderischen, in den Nazi-Karikaturen zum Ausdruck gebrachten Todestrieb als „Vernichtungswillen". Vgl. Paul, *Aufstand der Bilder*, S. 145.

30   Ebd., S. 401.

31   Die Kehrseite der Kriegsführung mit dem Witz war die Zensierung des jüdischen Witzes, wie aus der Überschrift eines Artikels in der Exilzeitung *Pariser Tageszeitung* vom 4. Februar 1939 hervorgeht: „Der Nazikrieg gegen den Witz". Darin wurde über die *Ausrottung* des Berliner Kabaretts der Komiker (KadeKo) berichtet und im Detail besprochen, wie sich Dr. Goebbels über den Komödianten Werner Finck und seine Anti-Nazi-Witze geärgert und mit Zensur reagiert hatte. Daran anschließend paraphrasiert der Artikel Goebbels' Begründung, die als Leitartikel im *Völkischen Beobachter* erschienen war: „Er erklärt dort das Witzeln für einen Überrest der liberalen Epoche und eine Degenerationserscheinung, die sofort ausgerottet werden müsse, weil das Nazi-Regime, gleich der katholischen Kirche, ein zweitausend Jahre dauerndes System erschaffen wolle." „Der Nazikrieg gegen den Witz", *Pariser Tageszeitung*, 5./6. Februar 1939, S. 2.

32   Kadner, *Rasse und Humor*, S. 10.

33   Ebd., S. 11. Vergleiche die Totlachen-Strategie der Nazis mit der fröhlich-masochistischen Antwort in *Der lachende Hiob* von Salomo Fried-

länder (alias Mynona), eine Groteske, die er im Pariser Exil schrieb (Paris: Éditions Du Phénix, 1935). Überzeugt von der Transmutation von jüdischem Leid in Lachen, vertritt Mynonas Groteske die komische Inversion – und Perversion – als einzigen möglichen Umgang der Opfer mit der Verfolgung durch die Nazis. In einem Brief skizzierte Mynona sein Projekt so: „Tatsächlich schwebt mir dieser Tage das Groteskenmotiv eines *fröhlichen* Hiobs vor, eines *lachenden Hiobs!* Der die Schläge des Geschicks als Versuche auffaßt, ihn wohlig zu kitzeln. So kitzelt der Antisemit den Juden." Siehe Mynona, „Brief an Salomon Samuel und Familie" (4. Dezember 1933), in: Salomo Friedländer/Mynona, *Briefwechsel 3: Mai 1931–Dezember 1934* (Heersching: Waitawhile, 2012), S. 291.

34 Ebd., S. 219

35 Marcus G. Patka, *Wege des Lachens: Jüdischer Witz und Humor aus Wien* (Wien: Bibliothek der Provinz, 2011), S. 37. Kadner kritisiert an Bergsons Buch vor allem, dass es hinsichtlich seiner rassischen Attribute „vermischt" ist und es ihm an konzeptueller Stringenz mangelt: „Der französische Jude Henry Bergson hat über das Lachen eine philosophische Studie geschrieben, bei der in der Tat schwer zu unterscheiden ist, inwiefern die Gedankengänge von jüdischem, inwiefern sie von französischem, d.h. in diesem Fall von keltisch-romanischem Wesen westischer Prägung diktiert sind." (Kadner, *Rasse und Humor,* S. 17)

36 Die zweite Ausgabe wurde um Wilhelm Buschs antisemitische Karikatur „Schmulchen Schivelbeiner" aus dem Jahr 1882 ergänzt. Kadner fügte den folgenden Kommentar hinzu: „Wilhelm Busch versteht es, wie so viele Erscheinungen des Daseins, so auch die des Juden in Wort und Bild auf die kürzeste, satirisch faßlichste Formel zu bringen." (S. 225–226) Andererseits wurden einige, in der Erstausgabe enthaltene Abbildungen aus der zweiten entfernt, darunter Hans Schweitzers „Monte Zion". Vgl. Siegfried Kadner, *Rasse und Humor* (München: J. F. Lehmanns Verlag, 1939), S. 215–230.

37 Kadner, *Rasse und Humor,* S. 208. Kadner möchte hier eine strenge Dichotomie zwischen nordischer und jüdischer Selbstironie herstellen. Hat der nordische Humorist „eine Vorliebe, sich über eigene Art und eigenes Wesen lustig zu machen", liegt das an dem „kühlen, jedem Beschönigen abholden Abstand vom Ich", erscheint als „ich-abgeneigt" und steht in krassem Gegensatz zur jüdischen Selbstironie, die „das innige Wohlgefallen an sich selbst und seinesgleichen" bedeutet und „das Bestreben, die rassisch bedingten Bedenklichkeiten in die harmlose Beleuchtung der Spaßhaftigkeit abzurücken". Kadners Hinweis auf jüdische Intimität erinnert an Theodor Reiks Essay über Intimität und Aggressivität im jüdischen Witz, der nur ein paar Jahre früher erschienen war: „Die Intimität im Judenwitz", in: *Nachdenkliche Heiterkeit* (Wien: Internationaler Psychoanalytischer Verlag, 1933), S. 70–90.

38 Ellul, *Propagandes,* S. 58.

39 In diesem berüchtigten Tagebucheintrag vom 27. März 1942 spricht Goebbels ausdrücklich von der Vernichtung der Juden. Siehe Elke Fröhlich (Hg.), *Die Tagebücher von Joseph Goebbels* (München: K. G. Saur, 1994), 3.2:561.

40   Vgl. Jefferson S. Chase, *Inciting Laughter: The Development of "Jewish Humor" in 19th Century German Culture* (Berlin: Walter de Gruyter, 2000).

41   Mel Gordon greift diese rassistische Wertung bei Kadner ebenfalls auf und macht sich darüber lustig: „Die Deutschen stellten sich wenig überraschend als die komischen Superstars der zivilisierten Welt heraus und die Juden als die minderwertigsten." (S. 98) Gordon, „Nazi ‚Proof' that Jews Possessed the Worst Humor in the World", in: *Israeli Journal of Humor Research* 1, No. 2 (2012), S. 97–100.

42   Kadner, *Rasse und Humor*, S. 202. Abgesehen davon, dass sie keinerlei Humor besitzen, behauptet der verunglimpfende Propagandist außerdem, dass das Lachen des jüdischen Witzbolds verkümmert und unnatürlich ist. Er schreibt an späterer Stelle, dass dem Juden „im allgemeinen ein freies, schallendes Gelächter fremd ist" und dass „listiges Augenblinzeln und Grinsen seinem Wesen mehr liegen" (S. 233).

43   Ebd., S. 201–202. Dem gegenüber steht der jüdische Folklorist Chajim Bloch, der Kadners Behauptung, die Juden besäßen keinen Humor, in *Ostjüdischer Humor* (Berlin: Benjamin Harz, 1920) bestreitet.

44   Anonym, „Rasse und Humor", in: Das Schwarze Korps, 9. April 1936, S. 10.

45   Anonym, „Rasse und Humor". Chase analysiert dieses Zitat in *Inciting Laughter* in einer Fußnote in Kapitel 5, um „den direkten Einfluss des im 19. Jahrhundert geführten Judenwitz-Diskurses auf die Nazis" und die Dichotomisierung von jüdischem Witz und deutschen Humor nach strikt rassistischen Vorgaben zu illustrieren (S. 219–220). Das Zitat aus dem *Schwarzen Korps* schließt mit abfälligen Bemerkungen über Saphir und Heine als zwei Exemplaren zynischer Juden („[…] wie Saphir in Wien, zum Teil auch Heine, dessen satirische Ader gegen Deutschland erst zu fließen begann, als er dafür von der französischen Regierung bezahlt wurde"). Chase bezieht sich jedoch nicht unmittelbar auf Kadners Buch.

46   Günthers Bücher sind beim Münchner J. F. Lehmanns Verlag erschienen, der auch Kadners *Rasse und Humor* herausgab.

47   Hans F. K. Günther, *Kleine Rassenkunde des deutschen Volkes* (München: J. F. Lehmanns Verlag, 1929), S. 9.

48   Kadner, *Rasse und Humor*, S. 233.

49   Kadners Aneignung von Goethe als antisemitischen Denker – wenngleich zu einer Zeit, „die noch nicht reif dafür war, den Maßstab der Rasse auf menschliche Verhältnisse anzuwenden" (*Rasse und Humor*, S. 233) – stützt sich auf Goethes berüchtigten Brief vom 12. Januar 1785 an Friedrich Heinrich Jacobi, nachdem er Moses Mendelsohns „Morgenstunden" gelesen hatte: „‚O du armer Christe!' rief Goethe aus, ‚Wie wird es dir ergehen, wenn der Jude nach und nach deine schnurrenden Flügel umsponnen haben wird.' Es ist nicht die einzige Stelle, in der er sich mit dem Judentum auseinandersetzt, und jedesmal werden die rassischen Abwehrkräfte in ihm wach." (S. 233) Erstaunlicherweise zitierte Kadner eine mildere Version; das eigentliche Zitat lautet: „Wie schlimm wird es dir ergehen."

50 Kadner, *Rasse und Humor*, S. 234. Günthers rassistisches Buch, das den Boden für das „nordische Denken" bereitete und die eugenischen Gefahren aufgriff, die der „nordischen Rasse" drohten, erschien 1920 beim Münchner J. F. Lehmann Verlag und erreichte 1935 seine fünfte Auflage.

51 Alexander Moszkowski überschreibt ein Kapitel seiner klassischen Sammlung jüdischer Witze mit „Schlagfertig und Spitzfindig". Siehe *Der jüdische Witz und seine Philosophie* (Berlin: Dr. Eysler, 1923), S. 90–96.

52 Kadner, *Rasse und Humor*, S. 203.

53 Ebd., S. 204.

54 Gershom Scholem, Tagebücher, 2. Halbband 1917–1919, Eintrag vom 23. Dezember 1918 (Frankfurt am Main: Jüdischer Verlag, 200), S. 421.

55 Ernst Simon, „Zum Problem des Jüdischen Witzes", erstmals am 15. Oktober 1928 in der *Bayerische Israelitische Gemeindezeitung* (Nr. 20) in München veröffentlicht, S. 315. In der zwanzig Jahre später – zum Zeitpunkt der Staatsgründung Israels – auf Englisch veröffentlichten überarbeiteten Version lobt Simon auch die „geistigen Freiübungen" (S. 44) des talmudischen Denkens. Diese Formulierung ähnelt auf unheimliche Weise Kadners „Geistesgymnastik", die in der Version des NS-Propagandisten den Lemberg-Warschau-Lügenwitz durchdringt. Ernst Simon, „Notes on Jewish Wit", *Jewish Frontier* 15, No. 10 (Oktober 1948), S. 42–48.

56 Kadner, *Rasse und Humor*, S. 204.

57 Ebd., S. 204.

58 Freud, *Der Witz*, S. 64.

59 Kadner, *Rasse und Humor*, S. 203–204. Kadner setzt seine „Schlammschlacht" gegen Freud fort und verspottet die skatologische Assoziation des Psychoanalytikers von Geld und Schmutz, über die in diesem Kapitel noch zu sprechen sein wird.

60 Ebd., S. 209. Vgl. Moszkowskis frühere Version in *Die jüdische Kiste: 399 Juwelen, echt gefaßt* (Berlin: Dr. Eysler, 1911). In dem Witz, den der jüdische Satiriker erzählt, steht der Jude im Zeugenstand (S. 38–39); bei Kadner hingegen wird der „jüdische Taschendieb" zum Angeklagten.

61 Ebd., S. 204. In Kadners Version ist Warschau das strittige Ziel, bei Freud fährt die Figur nach Krakau.

62 Freud, *Der Witz*, S. 73. Freud erzählt den Witz folgendermaßen: „Zwei Juden treffen sich im Eisenbahnwagen einer galizischen Station. ‚Wohin fahrst du?' fragt der eine. ‚Nach Krakau', ist die Antwort. ‚Sieh' her, was du für Lügner bist', braust der andere auf. ‚Wenn du sagst, du fahrst nach Krakau, willst du doch, daß ich glauben soll, du fahrst nach Lemberg. Nun weiß ich aber, daß du wirklich fahrst nach Krakau. Also warum lügst du?'"

63 Freud, *Der Witz*, S. 73–74.

64 Sigmund Freud, „Charakter und Analerotik", in: *Kleine Schriften I*, Freud: Gesammelte Werke.

65 Kadner, *Rasse und Humor*, S. 214.

66 Ebd., S. 205. Das Original erschien in Farbausführung im Simplicissimus vom 16. Februar 1907

(S. 390). 1933 wurde die Zeitschrift vorübergehend verboten und durfte nur unter strengen Auflagen weiter erscheinen. Thöny sollte es im Dritten Reich besser ergehen: Die Nazis lobten ihn und ehrten seine Leistungen, u.a. mit einer von Hitler verliehenen Professur.

67 Patka, *Wege des Lachens,* S. 37. Passend hierzu ein von Freud erzählter Witz: „Zwei Juden treffen in der Nähe des Badehauses zusammen. ‚Hast du genommen ein Bad?' fragt der eine. ‚Wieso?' fragt der andere dagegen, ‚fehlt eins?' (Freud, *Der Witz,* S. 27) Mit diesem klassischen Witz kann sich der Westjude gleich in zweifacher Hinsicht über den Ostjuden lustig machen – über seine Hygiene und seine Ehrlichkeit. Dank gebührt Norman Kleeblatt (und seinem Feingefühl), dass er mich auf den zweifachen Spott in diesem Witz hingewiesen hat.

68 Elvira Bauer, *Trau keinem Fuchs auf seiner Heid und keinem Jud bei seinem Eid* (Nürnberg: Stürmer Verlag, 1936).

69 Kadner, *Rasse und Humor,* S. 208.

70 Ebd., S. 209.

71 Moszkowski, „Die Philosophie des jüdischen Witzes", in: *Der jüdische Witz und seine Philosophie,* S. 24.

72 Ebd., S. 24.

73 Kadner, *Rasse und Humor,* S. 209.

74 Siegfried Kadner, *Die Prosaschmiede: Vom richtigen Lernen, Sprechen/Schreiben; Ein Buch vom deutschen Stil* (Berlin: Deutsche Buch-Gemeinschaft, 1932).

75 Kadner, *Rasse und Humor,* S. 209. Kadner verspottet den deutsch-jüdischen Dialekt des Jiddischen als Mischsprache einer hybriden Rasse bereits in Kapitel 3, „Gebärde und Sprache" (S. 26).

76 Über die antisemitischen Angriffe auf den jiddischen Dialekt und die jüdische Betonung des Deutschen bzw. das „Mauscheln" vgl. Sonia Gollance, „Using Yiddish to Teach About German Antisemitism", in: *geveb*, Juni 2019, https://ingeveb.org/pedagogy/using-yiddish-to-teach-about-german-antisemitism. Gollance zufolge leitet sich der abwertende Begriff „wahrscheinlich von ‚Mausche' ab" (Moses oder der hebräischen Variante Moshe); damit ist „Deutsch wie ein Jude sprechen" gemeint. Sie verweist auch auf Jeffrey Grossmans Arbeit über die Possen des Berliner Komödianten Albert Wurm (1794–1834) und seine Fähigkeit, „die jiddische Art zu reden" und „ihre Körpersprache" zu verspotten. Siehe Jeffrey Grossman, *The Discourse on Yiddish from the Enlightenment to the Second Empire* (Columbia, SC: Camden House, 2000), S. 150.

77 Kadner, *Rasse und Humor,* S. 26.

78 Patka, *Wege des Lachens,* S. 37–38. Der Gebrauch des *Mauschelns* als heimliche und korrupte Sprache der Juden wird von Sander Gilman in mehreren seiner Arbeiten aufgegriffen, insbesondere in *Jüdischer Selbsthass: Antisemitismus und die verborgene Sprache der Juden,* übersetzt von Isabella König (Frankfurt am Main: Jüdischer Verlag, 1993), S. 95–108.

79 Gilman, *Jüdischer Selbsthass,* S. 104.

80 Ebd., S. 105. Gilman beschäftigt sich nicht nur mit der Karriere von Moritz Saphir (S. 105–108), er geht auch auf Ludwig Börne und Heinrich Heine ein. In Chase' *Inciting Laughter* stehen die drei jüdischen Autoren im Mittelpunkt.

81 Kadner, *Rasse und Humor*, S. 214.

82 Ebd., S. 210.

83 Paul Nikolaus, *Jüdische Miniaturen* (Hannover: Paul Steegemann Verlag, 1925), S. 27.

84 Kadner, *Rasse und Humor*, S. 217.

85 Ebd., S. 218.

86 Kadner, *Rasse und Humor*, S. 211. Kadner lässt hier noch einen Witz folgen, dessen Pointe auf den zweifelhaften Erfolg einer bevorstehenden Taufe anspielt, und macht damit klar, dass der jüdisch-christliche Religionsunterschied aufgrund physischer und rassischer Differenzen nicht zu überwinden ist: „Ähnliche Zweifel am gegenseitigen Verständnis hat auch jener Pastor, zu dem der Konsul Veilchenfeld kommt: ,Herr Superintendent, mich möchte mer lassen täufen.' Der Pastor nach einem prüfenden Blick: ,Na gut – ich wills versuchen.'"

87 Davies, *Ethnic Humor Around the World*, S. 124.

88 Siehe z.B. die Karikatur von „Fips" (Philipp Rupprecht) in *Der Stürmer* (Nr. 37 [1932]), die einen Juden darstellt, der im Begriff ist, einen Floh zu zerquetschen, und den „Vernichtungswillen" der Nazis kaum noch verhüllt. Bevor er in den Flohhimmel aufsteigt, plädiert der Parasit auf Begnadigung: „Ich werde kaputt gemacht und er, der Jude, darf leben, obwohl er der größere Blutsauger von uns beiden ist."

89 Das vor Augen ergibt Art Spiegelmans *Maus* und die Umwandlung der Geschichte des Holocaust in einen Katz-und-Maus-Comic als gegen-diskursive Antwort auf die parasitische und animalische Darstellung der Juden in der NS-Karikatur absolut Sinn.

90 Beispiele für Sammlungen von Flüsterwitzen und die Einschätzung ihrer Rolle in der NS-Zeit sind: Hans-Jochen Gamm, *Der Flüsterwitz im Dritten Reich* (München: List Verlag, 1963); Ralph Wiener, *Als das Lachen tödlich war* (Rudolstadt: Geifenverlag, 1988); Alexander Drozdzynski, *Das verspottete Tausendjährige Reich* (Düsseldorf: Droste, 1978); Max Vandrey, *Der politische Witz im Dritten Reich* (München: Goldmann, 1967); Kathleen Stokker, *Folklore Fights the Nazis: Humor in Occupied Norway, 1940–1945* (Madison: University of Wisconsin Press, 1997).

91 S. Felix Mendelsohn, *Let Laughter Ring* (Philadelphia: Jewish Publication Society of America, 1941).

92 Drozdzynski, *Das verspottete Tausendjährige Reich*, S. 77.

93 Mendelsohn, *Let Laughter Ring*, S. 43.

6 Jüdischer Witz — Trauer und Wiedergutmachung

in Deutschland und Österreich nach dem Holocaust

Vor dem Hintergrund der Vernichtung des europäischen Judentums ist jede Beschäftigung mit jüdischen Witzsammlungen gewagt, zumal wenn sie so kurz nach der Katastrophe erschienen sind und das kulturhistorische Interesse den Ausschlag gibt. Im schlimmsten Fall ist es eine Missachtung der Ermordeten und ihres Andenkens, möglicherweise sogar ein Lachen auf ihre Kosten.[1] Doch wie Goethe über den Satiriker Lichtenberg sagte: Wo er einen Spaß macht, liegt ein Problem verborgen.[2] In diesem Sinne und unter Wahrung des gebotenen Ernstes geht dieses Kapitel davon aus, dass mit den Debatten über jüdische Post-Holocaust-Witzbücher bestimmte Probleme sozialer, kultureller, psychologischer, politischer und ökonomischer Natur verdeckt wurden, die es aufzuzeigen und zu analysieren gilt. Hier soll demonstriert werden, wie die Kontroverse um Salcia Landmann zu einer exemplarischen Bühne wurde, auf der Deutsche und Juden das sie quälende Trauma anzusprechen (oder zu verschweigen) suchten, und sei es nur unter dem Deckmantel dessen, was in seiner Unaufrichtigkeit als ein Prozess der „Witzwiedergutmachung" oder auch „Witztrauer" – im Sinne von Wiedergutmachung über den Witz bzw. einer Trauer über und durch den Witz – beschrieben werden kann. Der jüdische Witz, der inmitten erster intellektueller und geistiger Reparationen als Kulturgut aufgegriffen wurde, sollte das leisten, was sich als geistreiche Wiedergutmachung bezeichnen ließe. Insofern ist es eine Ironie der Geschichte, dass ausgerechnet der Witz (stets das geeignete Mittel, um Hemmungen und Verdrängtes zu lösen) in Deutschland und Österreich dazu beitrug, die rigide Tabuisierung von Antisemitismus, Juden und Holocaust teilweise aufzubrechen, die jede Auseinandersetzung mit der jüngsten Vergangenheit blockierte, und sich im Guten wie im Bösen als Chance anbot, mit den verheerenden Ereignissen auf der Ebene eines kollektiven kathartischen Lachens umzugehen (oder von ihnen abzulenken).[3]

Dieses Kapitel konzentriert sich auf die kritische Rezeption insbesondere einer jüdischen Witzsammlung – *Der jüdische Witz* von Salcia Landmann.[4] Nach einem Philosophiestudium in Basel und Zürich, wo sie 1939 ihre Dissertation zum Thema Phänomenologie und Ontologie publiziert hatte, wandte sich Salcia Landmann (1911–2002) nach dem Holocaust der jiddischen Folklore und Sprache zu, die fortan zu ihrem Forschungs- und Publikationsschwerpunkt wurden (Abb. 22).[5] In Deutschland, wo die Sammlung monatelang auf den Bestsellerlisten stand, wurde *Der jüdische Witz* zu einem popkulturellen Phänomen; allein in der Boulevardpresse finden sich rund hundert Besprechungen des Buches, und in den nächsten zehn Jahren verkaufte es sich in diversen gebundenen Ausgaben und als Taschenbuch über 500.000 Mal. Zu dem phänomenalen Erfolg gesellte sich aber auch der Verdacht, dass da etwas „Komisches" geschah und über die Sphäre des bloß Unernsten hinausging. Bereits die ungeheure Aufmerksamkeit, die *Der jüdische Witz* in den frühen 1960er-Jahren erlangte (und seine heftige Ablehnung durch jüdische Intellektuelle), ist ein Beweis, dass das Buch fünfzehn Jahre nach Kriegsende und in der Phase offizieller Restitutionen an den israelischen Staat und jüdische Überlebende im deutschen und jüdischen Bewusstsein einen Nerv traf – oder vielmehr in einer Wunde rührte.

Was genau hatte es mit dieser Idealisierung und Aufwertung jüdischer Witze auf sich? Worin bestand ihr Zusammenhang mit dem Versuch der Deutschen und der Juden, einen Umgang miteinander und mit dem Leid der jüngsten Vergangenheit zu finden (oder auch nicht)? Obwohl es keine „Judenfrage" mehr zu lösen gab und nach dem Holocaust kaum noch Juden in Deutschland lebten, wurden jüdische Witze und Witzbücher zum Austragungsort und Blitzableiter, als es darum ging, die Problematik der deutsch-jüdischen kulturellen Erinnerung und die Komplexitäten von Philo- und Antisemitismus – und damit die Klischees vom guten und vom schlechten Juden – zu verhandeln. Die Witzreparationen, von denen manche ironischerweise die uralten antisemitischen Klischees perpetuierten, reklamierten und verlautbarten jüdische Witze als zu restituierendes Kulturgut und Teil der (Über-)Kompensation, mit der alles Jüdische im Sinne der Wiedergut-

Abb. 22 Salcia Landmann (1988)

machung „entschädigt" werden sollte. Während die Freud'sche Psychoanalyse eine psychische, auf „Ersparnis" und „Aufwand" basierende Ökonomie des Witzes definiert, unternimmt die folgenden Analyse den Versuch, der Post-Holocaust-Ära eine psychologische und politische Ökonomie des jüdischen Witzes einzuschreiben, die auf die Querverbindungen von Schuld, Reparationsleistungen und Wiedergutmachung angewiesen war.

Zeitlich angesiedelt zwischen der sentimental-theatralischen Inszenierung des Lebens von Anne Frank, die dem Holocaust in den späten 1950er-Jahren ein menschliches Kindergesicht, und dem von 1961–1963 im Fernsehen übertragenen Eichmann-Prozess in Jerusalem, der dem Holocaust sein unmenschlichstes Gesicht verlieh,[6] gewährte *Der jüdische Witz* den Massenmedien und der Öffentlichkeit im Holocaust-Drama einen Augenblick der „befreienden Komik". Den Transmutationsprozess des jüdischen Witzes nachahmend, konnte die Öffentlichkeit das verdrängte Leid und die unterdrückten Schuldgefühle durch den Genuss eines wieder ausgewürgten Happens unterhaltsamer, zugänglicher, anonymer und ausgerotteter jüdisch-folkloristischer Kulturerzeugnisse teilweise abarbeiten. Über das Lachen bot sich hier ein Wunderheilmittel an, das allen etwas zu bieten hatte – den Antisemiten ebenso wie den Philosemiten und auch denen, die neutral, oder vielmehr unentschlossen, irgendwo dazwischenstanden. Denn wenngleich es sich, wie Landmann behauptete, um ein Buch handelte, mit dem es möglich wurde, in Sachen Juden und Holocaust wieder zu lachen,[7] bleibt offen, ob dabei *über* die Juden oder *mit* den Juden gelacht wurde.[8]

Knapp eine Generation vor Hans-Jürgen Sybergbergs *Hitler, ein Film aus Deutschland* (1977) und der Fernsehübertragung der Hollywood-Produktion *Holocaust* (1979)[9], lieferten der phänomenale Erfolg von *Der jüdische Witz* und seine Kontroverse Deutschen und Juden den Anstoß, sich mit dem Riss durch das kulturelle Gedächtnis (bzw. mit dessen Verlust) auseinanderzusetzen und der Frage nachzugehen, ob dieses

Aufeinandertreffen (von Witz und Wiedergutmachung) echter Trauerarbeit entsprach oder lediglich einem Therapeutikum, einem Abreagieren über das Lachen, einem Ablenkungsmanöver, einem Hinweis auf die Unfähigkeit oder den Widerwillen zur Trauer oder schlicht einem großen – und womöglich sogar anstößigen – Witz.

Der Witz als Trauer

Die Problematik der Witztrauer stellt die beiden Schlüsselbegriffe in Freuds *Der Witz und seine Beziehung zum Unbewussten* (1905) und die Begriffe „Trauer und Melancholie" (seines gleichnamigen Aufsatzes von 1917) nebeneinander. Will man zu einem Verständnis der Post-Holocaust-Rezeption jüdischer Witze gelangen, müssen die Grenzen zwischen *Witzarbeit* und *Trauerarbeit*, zwischen Lachen und Trauern verhandelt werden. Theodor Reik, ein Schüler Freuds, beschreibt in einem frühen Essay zwar die psychoanalytische Beziehung zwischen jüdischen Witzen und Melancholie als übertrieben selbsterniedrigende und selbstkritische Modalitäten, doch mit dem Problem von Witzen und Trauer (bzw. von Witzen im Dienste der Trauer) hat er sich nie eigens beschäftigt. Auch in seinem späteren Buch *Jewish Wit*, das 1962 in den USA (auf Englisch) und fast zeitgleich mit Landmanns Buch erschien, ging er diesen Überlegungen nicht weiter nach.[10]

Mit dem hier gewählten Begriff „Witztrauer" gelangt insofern ein instabiles sprachliches Manöver zum Einsatz, als sich seine Bedeutung umkehrt, je nachdem, ob die Betonung auf dem ersten Wort liegt (der Witz macht aus der Trauer einen Witz) oder auf dem zweiten (der Witz als eine Form von Trauer). In seiner Vielschichtigkeit ermöglicht es dieser Ausdruck, die Doppelrolle des jüdischen Witzes in der Nachkriegszeit als etwas zu betrachten, das einerseits zur Trauerarbeit beitrug und andererseits Gefahr lief, sie zu einem Witz zu machen. Das Stichwort für die Prägung dieses janusköpfigen Begriffs lieferten zwei parallel stattfindende Untersuchungen, die die beiden operativen Begriffe

ähnlich austauschbar verwenden: Freuds Konzept von
„der ‚witzigen' Kürze" und seine Ambivalenz gegenüber
der in der Witzarbeit erzielten Ersparnis, wenn sie so
viel Aufwand betreiben muss, um zu ihren Wortverdichtungen zu gelangen: „Die Kürze des Witzes ist eine
besondere, eben die ‚witzige' Kürze",[11] und Eric Santners Beschreibung der Betonungsverlagerung in der
postmodernen Aneignung von Walter Benjamins „Analyse des *Trauer*spiels als einem *Spielen* von Trauer".
Zwischen dem Post-Holocaust-„Witz-Trauernden", um
den es hier geht, und Santners postmodernem Trauernden, „der, wenngleich er auf dem Zustand von Verlust
und Zerstreuung beharrt, über die Trauer hinauszugehen versucht",[12] herrscht eine eindeutige Parallele.

Die Problematik der Witztrauer erschließt sich ferner, sobald man eines der quälendsten und zugleich vergnüglichsten Werke der Literatur des 20. Jahrhunderts
heranzieht – James Joyce' *Finnegans Wake* (1939). Der
Titel spielt auf die irische Ballade vom Abenteurer Tim
Finnegan an, einen Baumeister, der ein „ehrlacher handlanger" Mann („dacent gaylabouring") war und im Vollrausch einem Arbeitsunfall zum Opfer fällt. Den Anfang des Buches macht die feuchtfröhliche Totenwache
an seinem Sarg, die die ganze Nacht währt und bei der
gesungen, getanzt und gesoffen wird und alle sich
„grölßter faustgelassenheit" („in the shoutmost shoviality") erfreuen.[13] In einem Kapitel, das reversibel mit
„Die fröhliche Angst, die angsterfüllte Freude" überschrieben ist, greift der französische Intellektuelle
Georges Bataille den alten irischen Volksbrauch in *Finnegans Wake* ebenfalls auf und versteht ihn als Bestätigung „eines paradoxen Beispiels für die fröhliche Reaktion auf das Ereignis des Todes". Bataille weiter:
„Der irische und gälische Brauch des ‚wake' ist wenig
bekannt, doch hat man ihn noch bis Ende des neunzehnten Jahrhunderts befolgt. Er ist das Thema des
letzten Werkes von James Joyce, *Finnegans Wake*, also
Finnegans Totenwache. [...] Die Familie lud alle seine
Freunde ein, die den, der von ihnen gegangen war, desto
mehr ehrten, je länger sie vor ihm tanzten und je mehr
sie auf seine Gesundheit tranken."[14] Indem – parallel

zum jüdischen Witz – unter Tränen gelacht wird, gleicht Finnegans „Wache" einem komplizierten Verfahren, das die Toten (und den Tod) betrauert und zugleich feiert – das lacht, während es trauert, und das trauert, während es lacht.

Die Szenografie der irischen Totenwache ließe sich auf die Praxis der jüdischen Witztrauer in der Zeit der Wiedergutmachung und der Veröffentlichung von Landmanns Buch übertragen. Wenn die Totenwache für Finnegan mit Tanz, Gesang und Alkohol begangen wird, würde die Witztrauer im Gedenken an die jüdischen Holocaust-Opfer in der Rezitation der Anekdoten und Witze bestehen, die die ausgelöschte Volkskultur hervorgebracht und verbreitet und über die sie gelacht hat. Mit jüdischer Witztrauer ist eine komplexe Praxis auf dem Weg zur „Genesung" gemeint, in die sich Bergung, Restauration und neuerliches Verdrängen mischen. Der Witz-Trauernde des Holocaust trauert um den unwiederbringlichen Verlust, restituiert als Teil des „alles wieder gut machen", und möchte über die Trauer hinausgehen, indem er das Leid in ein befreiendes Lachen umwandelt. Die reversible Strategie der Witztrauer ist jedoch eine heikle Angelegenheit, denn so wie sich sagen lässt, dass diejenigen, die mit *Der jüdische Witz* lachen, ihre Trauer über das Scherzhafte abarbeiten, lässt sich ebenso gut behaupten, dass diese Art zu scherzen die Trauerarbeit *gefährdet* bzw. sogar so tut, als wäre gar nichts Schlimmes passiert.[15]

Wendet man sich nun der Sammlerin jüdischer Witze Salcia Landmann und ihren Überlegungen über ihren Bestseller zu, wird deutlich, wie die Witztrauer und ihre Reversibilität ihre scheinbar geradlinige Begründung, das Buch sei ein Beitrag für einen Dialog zwischen Deutschen und Juden, sofort unterwandern: „Als mein Buch *Der jüdische Witz: Soziologie und Sammlung* 1960 beim Walter Verlag erschien, wurde es von der Presse fast einhellig mit Begeisterung aufgenommen. Man empfand es als einen Schritt zur Normalisierung der Beziehungen zwischen Deutschen und Juden. Man war erleichtert, nach den fürchterlichen Vorgängen der Nazizeit endlich auch wieder anders als nur mit Schreck und Gram an die Juden Europas denken zu dürfen."[16] Der Schritt zur deutsch-jüdischen Normalisierung gerät freilich in dem Moment ins Stolpern, wenn die Witztrauer als ein Verfahren beschrieben wird, das sich – wie die deutsch-jüdische Vergangenheit – der Vergangenheitsbewältigung widersetzt. Landmanns jüdisches Witzbuch soll die befreiende Komik wieder möglich machen und von Schreck und Gram ablenken. Aber wenn die durch den jüdischen Witz gewährte Erleichterung ihre Herleitung – wie auch ihre Chance auf Wiedergutmachung – dem „Schreck und Gram" der jüngsten jüdischen Erfahrung schuldet, dann entsprächen das jüdische Witzbuch und sein Erfolg einer paradigmatischen Trauerarbeit, die sich aus der Trauer heraus, aber auch von der Trauer *weg* lachen würde – ob Landmann das zugesteht oder nicht.

An den Reaktionen auf Landmanns Sammlung lässt sich die Problematik von Witztrauer und Witzwiedergutmachung im Post-Holocaust-Kontext ermessen und beschreiben. Es geht mir nicht so sehr darum, nach einer Definition für dieses Phänomen zu suchen, sondern darum, den Eintritt der Witztrauer in den deutsch-jüdischen kulturellen Diskurs in beliebig vielen Gestalten zu untersuchen. Mit anderen Worten: Der Komplex „Witz und Trauer" ruft ein breites Spektrum an möglichen Rezeptionen hervor – der Witz als Trauerarbeit, der Witz als Ersatz für Trauer, der Witz als Ablenkung von Trauer, der Witz als Abkürzung für die Trauer, der Witz als die Unfähigkeit zur Trauer und schließlich der Witz als „das Andere" der Trauer. Es soll ergründet werden, wie Landmanns jüdisches Witzbuch einen Raum erschlossen hat, in dem sich aus der Verflechtung von Lachen und Trauer eine Konstellation reversibler Sehnsüchte und affektiver Antworten herauskristallisierte, und es soll ferner versucht werden herauszufinden, inwieweit dieser Kristallisationsprozess mit der Problematik von Schuld und Wiedergutmachung zusammenhängt, um die politische Gesamtökonomie des jüdischen Witzes als Antwort und Reaktion auf die Problematik der Wiedergutmachung zu begreifen.

Der Witz als Trauer

Von Trauerritualen und Bergungsaktionen

Bis zu ihrem Tod im Mai 2002 hatte Salcia Landmann über vierzig Jahre lang immer wieder Gelegenheit, sich zu den schriftstellerischen und editorischen Absichten ihres Bestsellers zu äußern. Als sie 1982 um ein Vorwort für die deutsche Ausgabe eines amerikanischen Kompendiums zeitgenössischen jüdischen Humors gebeten wurde, begann sie ihren Text selbst da noch mit einer Rückschau auf die eigene Sammlung und die Beweggründe, die zwei Jahrzehnte früher zu deren Veröffentlichung geführt hatten. Daraus geht hervor, dass *Der jüdische Witz* ursprünglich von Trauer angeleitet war: „Mit meinem 1960 zum ersten Mal erschienenen Buch *Der jüdische Witz: Soziologie und Sammlung* glaubte ich, eine Art Requiem des jüdischen Witzes geschaffen zu haben. Seine optimalen Seinsbedingungen waren ja seit dem jüdischen Holocaust der Hitlerjahre erloschen."[17] Landmann stellt ihre Witzesammlung also als Trauerarbeit dar, als Antwort auf die physische und kulturelle Vernichtung der Juden. In einem unveröffentlichten Brief an den Autor unterstreicht sie diese Absicht durch den Gebrauch eines weiteren Beerdigungsbegriffs: „Das stimmt sogar – es ist ein Nekrolog."[18]

Wenn aber Landmanns monumentale Aufgabe darin bestand, die jüdische Witzesammlung an einem Diskurs über Trauer und Nostalgie im Post-Holocaust-Kontext festzumachen, dann mutet die Wahl eines lateinischen Wortes, das den Dienst an den Toten in ein spezifisch christliches religiöses Ritual (die Totenmesse) einbettet, doch sehr merkwürdig an. Noch ungewöhnlicher ist die Wortwahl aber für eine Autorin, die sich stets ihre maßgeblichen Kenntnisse des Jiddischen und jüdischer intellektueller und religiöser Traditionen zugutehielt. Man fragt sich, warum sie sich nie auf Jiddisch oder Hebräisch auf die Intention ihres Werkes bezog und als Referenz das jüdische Totengebet *Kaddisch* heranzog. Sie hätte ja auf eine ihrer bevorzugten Methoden in *Der jüdische Witz* zurückgreifen, eine jiddische/hebräische Wendung gebrauchen und das deutsche Äquivalent in Klammern folgen lassen bzw. es in ihr Glossar aufnehmen können. Auf diese Weise konnte der unkundige Leser ihres Buches erfahren, dass „Kaddisch, a., j. Kádisch" das „Gebet männlicher Nachkommen für verstorbene nahe Verwandte" bedeutet.[19] Im Kapitel „Mame-Loschen" findet sich ein Witz über dieses Trauerritual, der doppelt ironisch wird, wenn er im Kontext der im Jahr davor verfassten scharfen Polemik von Friedrich Torberg (Abb. 23) gesehen wird: „Kaddisch (Totengebet) = Zeitungskritik."[20] Indem sie sich aber für „Requiem" (anstelle von „Kaddisch" oder „Totengebet") entscheidet, offenbart Landmann ihre eigene, dem Skript eingeschriebene Position als jüdische Trauernde, die sich so unmittelbar nach der Vernichtung des europäischen Judentums in erster Linie an ein nichtjüdisches christliches Massenpublikum wendet.[21]

Auf den jüdischen Witz bezogen, bringt die Wahl des Begriffs Requiem (oder Nekrolog) noch weitere Missverhältnisse und Widersprüchlichkeiten mit sich. Denn so wird dieser Sammlung jüdischer Witze, die zum Lachen anregen soll, ein hochfestlicher Rahmen verliehen, wobei sich die Frage stellt, was an einer Messe für die Verstorbenen oder einer musikalischen Komposition für das Totengedenken lustig sein soll. Wie würde ein Requiem für den jüdischen Witz klingen und wo dürfte da noch gelacht werden? Man fragt sich, was es an dieser mit Begriffen von Trauer und Verlust befrachteten Post-Holocaust-Inszenierung des jüdischen Witzes zu lachen geben soll. Eher scheint es so zu sein, als hoffte die Witzesammlerin, durch die Anknüpfung des jüdischen Witzes an einen Trauerdiskurs dem Vorwurf zuvorzukommen, die Dinge zu leicht zu nehmen oder gar Witze über die Toten zu machen. Nur: Dieser fromme Wunsch allein reicht nicht, um der Komplexität der Witztrauer gerecht zu werden. Denn Landmann verdrängt damit nicht nur das Risiko, dass die Witztrauer die Toten entehren könnte, sondern auch die andere Möglichkeit, dass nämlich gerade die Witztrauer ein *angemessenes* Mittel wäre, den Toten durch Lachen die Ehre zu erweisen (wie bei Joyce oder mit Batailles „angsterfüllter Freude").

Die Post-Holocaust-Darstellung der jüdischen Witzesammlerin als Trauernde ist der Neuauflage eines jüdischen Witzbuches bereits eingeschrieben, das nach dem Krieg erschien und zur Hauptquelle ihrer eigenen Sammlung wurde. In *Röyte Pomerantsen or How to Laugh in Yiddish* (1947) beklagt der jüdische Folklorist Immanuel Olsvanger den Tod des jüdischen Witzes und bedient sich einer von Nostalgie und Verlust geprägten Diktion. Wieder fällt der Gebrauch feierlich-ernster Ausdrücke wie „traurige Pflicht" und „bedrückendes Monument" auf, um ein Witzbuch zu beschreiben, das den Lesern eigentlich beibringen möchte, wie man auf Jiddisch lacht, und das die Problematik der jüdischen Witztrauer verdeutlicht: „Die Schrecken der letzten Jahre machen dieses Buch zu einem bedrückenden Monument auf dem Massengrab einer Welt, die es nicht mehr gibt. Es ist deshalb eine traurige Pflicht, die beliebten Schätze dieses Volkes vor dem Vergessen zu bewahren [...] Wir werden sie nie vergessen."[22] Diese Sätze können zusammen mit Landmanns Kommentar über ihre Rolle als Witz-Trauernde und Witz-Bergende gelesen werden: „Zweierlei wollte ich mit meinem Buche: den tragischen Hintergrund des jüdischen Witzes aufzeigen, und diesen Witz selber heute, nach dem Untergang des europäischen Judentums, noch einmal für den deutschsprachigen Leser sammeln und vor dem Vergessenwerden bewahren."[23] Beide Post-Holocaust-Sammler verbindet der Wunsch, ihre Trauer durch die Bergungsaktion aufzuarbeiten und den jüdischen Witz und das Witzbuch als Denkmal zu konzipieren – als lesbaren und witzigen Grabstein anstelle eines verscharrten Schatzes.[24] Auf diese Weise wandelt der Prozess des Sammelns und der Rückbesinnung das jüdische Witzbuch von einer folkloristischen Alltagschronik in den Bewahrer ewigen Gedenkens um. Olsvanger drückt das mit den Worten „wir werden sie nie vergessen" aus, Landmann mit „vor dem Vergessenwerden bewahren". Das jüdische Witzbuch wird zum metonymischen Symbol, das für die Trauer um den Verlust des europäischen Judentums im Holocaust einspringt und die Mahnung, die Opfer niemals zu vergessen, ersetzt.

Abb. 23   Friedrich Torberg signiert am 19. April 1951 im US Information Center in Wien sein Buch *Die zweite Begegnung*.

Aus der Position der Trauernden und Nachrufverfasserin muss Landmann behaupten, dass der jüdische Witz im Holocaust untergegangen ist. Wäre er es nicht, müsste man an ihrem Projekt zweifeln. Dieses Beharren auf dem Tod des jüdischen Witzes veranlasst Landmann, in der ersten Ausgabe teils merkwürdige, wenn nicht ganz und gar haltlose Standpunkte zu vertreten. So behauptet sie etwa, dass es im neu gegründeten Staat Israel keine jüdischen Witze gibt, weil sich die Israelis mit Waffen wehren könnten und daher keinen Bedarf dafür hätten, oder dass sie in Amerika durch „die Flucht in die psychoanalytische Behandlung" ersetzt worden wären. Landmann kehrt beharrlich an den Ort des Verbrechens zurück und insistiert auf ihrer Gleichung, dass der Tod der Juden den Tod des jüdischen Witzes bedeute: „Erst mit der Vernichtung des dortigen Judentums [in Polen] hat er ein Ende genommen. Und mit jenem Judentum zusammen ist auch der jüdische Witz gestorben ..."[25] Die drei Auslassungspunkte an der Stelle, an der ein Punkt folgen und das Ende des jüdischen Witzes signalisieren sollte, verraten jedoch, dass die Geschichte weitergeht und diese dramatische Pause eine lediglich aus sentimentalen Gründen gesetzte und überzogene rhetorische Geste sein dürfte. Im letzten Abschnitt, der mit „Der jüdische Witz in der Gegenwart und sein Tod" überschrieben ist und die Gegenwart mit dem Tod gleichsetzt, setzt Landmann ihre Elegie auf den jüdischen Witz fort und zieht einen anderen Vergleich mit dem Holocaust, bei dem der Eindruck entsteht, der jüdische Witz hätte durch seine vollständige Ausrottung ein noch schlimmeres Schicksal erlitten als die Juden. In ihrer Rolle als Bergungsbeauftragte und Antiquitätensammlerin verschiebt Landmann den jüdischen Witz in die Vergangenheit, wo er den zerstreuten Status des kulturellen Relikts annimmt. Obwohl der Witztrauernden die fragmentierende Invasion der Alterität in die Sammlung bewusst ist, wird das Entfremdungsgefühl (wenigstens für den Augenblick) überwunden und weiterhin Wert auf das Verstehen und „nur noch sammeln" gelegt: „Ein Teil des jüdischen Volkes hat den Naziterror zu überleben vermocht – nicht aber sein Witz.

Er gehört heute der jüdischen Vergangenheit an, genau wie das deutsche Volksmärchen der deutschen Vergangenheit angehört. Wir können ihn nur noch sammeln, und, solange er uns in seinen Voraussetzungen noch nicht fremd geworden ist, verstehen."[26]

Später war Landmann aufgrund des in den USA aufblühenden jüdischen Witzes zwar gezwungen, von diesem hartnäckigen Standpunkt etwas abzurücken, trotzdem blieb sie einigermaßen konsequent bei ihrer Behauptung, der jüdische Witz sei tot.[27] Wieder wird man den Eindruck nicht los, Landmanns ausgedehnte Trauer um den Witz (ob er nun *wirklich* gestorben war oder nicht) fungiere als Ersatz für ihre Trauer um die Ermordeten. Landmann inszenierte allerdings einen fast schon komischen Diskurs, der den Tod des jüdischen Witzes einerseits beklagte und ihn gleichzeitig über vierzig Jahre lang ankündigte: Der jüdische Witz ist tot; lang lebe der jüdische Witz! Eigentlich sollte man glauben, dass eine Trauerrede reichen müsste. Doch während den Lesern immer wieder gesagt wird, der jüdische Witz sei tot, erscheint das Buch in immer mehr Auflagen mit immer mehr Beiträgen (einschließlich neuer Witze) von Lesern und Kritikern. Wundersamerweise konstituiert der Prozess der Trauer um den jüdischen Witz ein Leben auf Kosten des Todes, ein Lachen auf Kosten des Todes. Er skizziert die Funktionsweise einer psychischen und politischen Ökonomie, die mit jedem neuen Nachruf auf den jüdischen Witz Gefühle von Bedauern, Schuld und Verpflichtung (Witztrauer) verbreitet, die ihrerseits die nächste Runde an lachendem Aufwand und Investition in das Buch einläuten sollen (Wiedergutmachung über den Witz).[28]

Jürg Ramspeck, der in einer frühen Rezension – mit der Überschrift „Ein historischer Schatten" – schreibt, dass der jüdische Witz von seinem eigenen „Tod" lebt, und ihn als Post-Holocaust-Wiedergänger und gespenstischen Schatten versteht, durchschaut bereits zum Zeitpunkt der Erstveröffentlichung und noch vor dessen mehrfacher Wiederbelebung die geisterhafte und spekulative Logik des Buches, die ihm ein langes Leben bescheren sollte: „In dem Zeitpunkt, in dem

Von Trauerritualen und Bergungsaktionen

Salcia Landmann diese Ausführungen macht, an einem Dezembernachmittag des Jahres 1960, ist der jüdische Witz tot, totgeschlagen, ein gespenstischer historischer Schatten nunmehr – denn zwischen ihm, seiner Blüte und unseren Tagen liegt der schrecklichste Massenmord aller Zeiten."[29] Allein der Fluss von Ramspecks dramatischer Phrasierung, in der der jüdische Witz vom Verstorbenen zum Ermordeten zum gespenstischen historischen Schatten wird, zeichnet den Prozess seiner Wiederbelebung in Zeiten der Wiedergutmachung als Kulturgut nach. Wie in *Finnegans Wake* wird der Trauerprozess, der den Witz zu Grabe tragen soll, zur Rückbesinnung und Nacherzählung und holt ihn ins Leben zurück, sodass sich die Frage stellt, ob der jüdische Witz je wirklich gestorben ist. Wäre das aber der Fall, entspräche Landmanns ausgedehnte Praxis der Witztrauer dem schwärzesten Galgenhumor und womöglich sogar einem der genialsten jüdischen Witze überhaupt.

Der jüdische Witz nach dem Holocaust: Die Umwandlung des Leidens in Lachen

In „Jüdischer Witz aus jüdischer Trauer?" widerspricht Elisabeth Petuchowski der These, der jüdische Witz entspringe dem Leid und der Trauer und wandle es in Lachen um. Indem sie das Judentum als aktive und affirmative religiöse Praxis ansieht, möchte sie die Begrifflichkeiten der Debatte und die Quelle jüdischen Humors von Trauer (und Tod) hin zum Überleben (und Leben) verschieben. Dennoch erkennt Petuchowski, dass die Hypothese vom „Witz aus Trauer", historisch betrachtet, zur Quasiplattitüde geworden ist, um den jüdischen Witz nach 1933 zu definieren.[30] Kurioserweise konzentriert sie sich aber nicht auf die Katastrophe, die zusätzlich zur Verbreitung dieser Theorie beigetragen hat, sondern zieht es vor, in allgemeinen Begriffen über die „Malaise" namens Judentum zu sprechen: „In einer ‚Psychologie des jüdischen Witzes' wird behauptet, die Trauer bringe den Witz, er sei ‚eine Art Abwehr gegen die äußeren Umstände und Lebensbedingungen, eine Auflehnung gegen die erdrückende Übermacht des

Schicksals' [...]. Der Witz wurde hier dargestellt gleichsam als Heilmittel für ein Leiden, das Judentum heißt. Diese Theorie ist so bekannt, dass sie – in den 1980er-Jahren – kaum mehr als große Entdeckung gilt."³¹

Mit der „Psychologie des jüdischen Witzes" spielt Petuchowski auf einen Essay von Jonas Kreppel an, den er seinem in Wien im Jahr der Machtergreifung durch die Nazis in Deutschland erschienenen Kompendium *Wie der Jude lacht* voranstellt. Kreppel befasst sich ebenfalls mit dem Konzept vom Unter-Tränen-Lachen, bezeichnet es aber in einer Mischung aus jiddischem *Mame-Loschen* und deutscher *Muttersprache* als „Lachen mit Jaschtescherkes (Lachen mit Herzweh)", um der These vom „Witz aus Trauer" einen das Herz ergreifenden Ausdruck zu verleihen.³² Petuchowski bezieht sich zwar auf Kreppel, sieht in ihrer Diskussion allerdings davon ab, dass Kreppels Populärpsychologie vom jüdischen Witz als „Lachen mit Herzweh" im direkten Widerspruch zur populären Definition Freuds und seiner Psychoanalyse des jüdischen Witzes stand, deren Grundlage die jüdische Selbstkritik war, um zu einem Verständnis des Witzes der Juden und ihres Lachens zu gelangen.³³

Indes stützt sich Landmanns *Der jüdische Witz* beharrlich auf das selbstkritische Modell Freuds und betont ein ums andere Mal, dass der jüdische Witz die Waffe der Wehrlosen ist. Merkwürdig ist jedoch, dass Landmann, während sie kein Problem damit hat, das von ihr nach dem Holocaust betriebene Witzesammeln als Trauerarbeit zu bezeichnen, die Theorie vom jüdischen Witz als Umwandlung von Leiden in Lachen (großteils) nicht übernimmt. Das heißt aber nicht, dass die These in ihrem Buch unerwähnt bleibt. Die Trauer als theoretische Grundlage des jüdischen Witzes wird stellvertretend von Carlo Schmid eingebracht, den Landmann um ein „Geleitwort" für ihr Buch gebeten hatte. Während die Theorie also in ihrem Essay *Der jüdische Witz und seine Soziologie* keine wesentliche Rolle spielt, wird mit dem Vorwort ein Kontext geschaffen, der die politische Kultur und Soziologie der Zeit nach dem Holocaust direkt und empathisch aufgreift und die Umwandlung von Leid und Trauer in Lachen sehr wohl thematisiert.

Es verwundert ein wenig, dass ein führender Sozialdemokrat und Vizepräsident des westdeutschen Bundestags das Vorwort für eine Sammlung jüdischer Witze schreibt und sich gewissermaßen zum Kenner erhebt. Diese fraglos als Reklame gedachte Geste lässt Zweifel an Landmanns ethnozentrischer Behauptung aufkommen, man solle bei der Beurteilung des phänomenalen Erfolgs ihres Buches den Fokus auf die Qualität des jüdischen Witzes an sich legen und nicht allein auf die tagesaktuellen psychologischen und politischen Gegebenheiten.[34] Unbestreitbar ist, dass die politische Ökonomie des jüdischen Witzes unterstrichen wird, wenn fünfzehn Jahre nach Kriegsende ein führender deutscher Politiker und Vertreter der deutsch-jüdischen Versöhnung der Wiederaufnahme jüdischer Witze (wie auch jüdischer Überlebender) in die deutsche kulturelle und gesellschaftliche Landschaft seine Stimme leiht und sie unterstützt.[35]

In Schmids kurzem Text zum jüdischen Witz und seinem Verständnis davon taucht das Schlüsselwort Trauer zwei Mal auf. Beim ersten Mal wird der jüdische Witz selbst als ein Trauern über die Kluft zwischen Anspruch und Realität definiert. Schmid: „[...] und doch spürte ich darin etwas, was mich über die Situationskomik hinaus berührte: eine Melancholie eigener Prägung, etwas wie Trauer darüber, daß Anspruch und Realität sich offenbar nie decken."[36] So inkongruent das scheint, aber wenn es um den jüdischen Witz geht, übertreffen Melancholie und Trauer die an der Oberfläche lauernde Situationskomik. Im zweiten Fall nimmt der Begriff die Form einer philosophischen Maxime an, mit der Schmid den Text beschließt: „Der jüdische Witz ist heiter hingenommene Trauer über die Antinomien und Aporien des Daseins."[37] Spürbar defensiv lenkt Schmid mit dieser philosophischen Geste vom Partikularen und Persönlichen (also der Trauer um die Opfer des Holocaust im Jahr 1960) ab und verlagert die Trauer hin zu einer Überlegung über eher globale, unpersönliche und universelle Angelegenheiten (zur

Trauer über die Widersprüche und Ausweglosigkeiten des Daseins).

Im Kontext der zum Zeitpunkt der Wiedergutmachung kolportierten Definition des jüdischen Witzes als Trauer sollte noch auf eine spätere Wortmeldung hingewiesen werden. Im „Nachwort" für *Das große Buch des jüdischen Humors* greift Fritz Muliar die Theorie Schmids auf, legt ihm dann aber einen Satz in den Mund, den dieser so nie gesagt hat: „Der jüdische Witz, ‚das sind Tränen, die zu einem Lachen geworden sind'. So charakterisiert der große Humanist Carlo Schmid den Witz der Juden."[38] Eine sogar noch klischeehaftere These vom „Witz aus Trauer" findet sich in einer anderen Sammlung jüdischer Anekdoten, die 1961 herauskam. Offenbar im Bewusstsein der Paradoxien der Witztrauer deutet diese pathetische Darstellung lediglich ein tränenreiches Lächeln an: „[Der jüdische Witz] fließt aus dem Leid des Lebens, aus dem Schmerz der Zeit. Er hat seinen Ursprung im Tragischen [...] Er löst selten Gelächter aus, viel öfter jenes Lächeln, auf dem eine Träne glitzert."[39]

Schmid hält in seinem Text aber nicht nur an einer *Definition* vom auf der Holocaust-Trauer beruhenden jüdischen Witz fest, er erzählt auch noch selbst einen jüdischen Witz, der aus früheren Zeiten stammt und angesichts dessen, dass unter der Oberfläche die Post-Holocaust-Witztrauer und Wiedergutmachung lauern, überdeterminiert scheint. Schmids (historisch) deplatzierter Witz wartet mit einer paradoxen Situation finanzieller und moralischer Schuld und Reparation auf, die im Kontext der eigentlichen *Schuld* eine radikale Umkehr herbeiführt. Was die Ironie aber noch bitterer macht, ist die Anspielung auf ausgerechnet jenen Vertrag, der die Juden nach dem Ersten Weltkrieg zu Sündenböcken machte:

> An dieses Wissen um solche Paradoxie reiht sich ein anderes: daß von einer bestimmten Größenordnung ab ein Sachverhalt in sein Gegenteil umschlägt, gar nicht metaphysisch, sondern recht irdisch verstanden: daß wenn einer einem Bankier eine Million schuldet, dieser seinen Schuldner in

der Hand hat; daß dagegen, wenn die Schuld zwanzig Millionen beträgt, der Schuldner den Bankier in der Hand hat ... Daran hat mir in den zwanziger Jahren in Berlin ein großer Bankier den eigentlichen politischen Kern des Reparationsproblems deutlich gemacht, das der Versailler Vertrag geschaffen hat.[40]

Die elliptischen Auslassungspunkte zwischen der Erzählung dieser Anekdote aus den 1920er-Jahren und ihrer Erinnerung im Jahr 1960 deuten an, dass diese Rechnung etwas (Unaussprechliches) auslässt – etwas, das keiner wie auch immer gestalteten Abrechnung unterzogen werden kann. Die Pointe über die Versailler Reparationszahlungen hallt im Zeitalter der Wiedergutmachung nach, wenn aus der Verschuldung (also Schuld), die nie beglichen werden kann, ein Witz gemacht – und sogar so weit gegangen wird, als in der Beziehung zwischen Schuldner und Gläubiger eine radikale Umkehr erfolgt. Diese Umkehrbarkeit schwingt in der Problematik der Witztrauer zwar generell mit, doch auf die Zeit der Wiedergutmachung übertragen teilt uns Schmids Witzparabel eine paradoxerweise irreparable Situation mit, in der die Post-Holocaust-Juden die deutschen Banker in der Hand haben, weil die schuldigen Deutschen den Juden einfach zu viel schulden. Offen bleibt freilich, ob mit dem Kauf des Buches der Schuldbegleichung Vorschub geleistet wird (wie Schmid offenbar glaubt) oder die Schuld damit eher noch größer wird. Daraus erwächst eine Situation, die an den komischen Gott in einem jüdischen Witz über Abraham und Isaak erinnert und sich als Parabel für die Wiedergutmachung anbietet: „Joil und Moische haben wegen Verfolgung und Unterdrückung im Dritten Reich eine Wiedergutmachung erhalten. Auf dem Heimweg sagt Joil: ‚War doch gut beraten der Jehova im Himmel, daß er hat nicht durchführen lassen von Abraham den Mord an Isaak!' Darauf Moische: ‚Wie meinst du das, Joil?' ‚Wär er doch niemals von der Wiedergutmachung losgekommen!'"[41] Von den Reparationszahlungen wird man sich also nie befreien können. Um die zwei Seiten dieser janusköpfigen Situation besser darzustellen, muss der ambivalente Charakter der Witzreparationen durch Vergleich und Gegenüberstellung der philosemitischen mit den antisemitischen Aufwendungen in Landmanns Buch noch genauer untersucht werden.

Landmanns Buch als philosemitische Erfolgsgeschichte

1952 erklärte der Hamburger Politiker Erich Lüth, die Restitution des jüdischen Beitrags zur modernen deutschen Kultur sei eine notwendige Voraussetzung, um mit dem neu gegründeten Staat Israel zu Frieden und Verständigung zu gelangen: „Es wird daher die Aufgabe unserer und der nächsten Generation sein, den großen jüdischen Beitrag zur Entwicklung Deutschlands wieder ins Bewusstsein der Menschen zu bringen."[42] Zum Teil verdankt Landmanns Buch seinen Erfolg zweifellos diesem genuin philosemitischen Wunsch, das Bewusstsein für den jüdischen Beitrag auf der (volkstümlichen) kulturellen Ebene wiederzubeleben. Und tatsächlich dürfte es sowohl am Vermögen des jüdischen Witzes gelegen haben, mit Tabus zu brechen, wie auch an seiner ironischen und satirischen Haltung zur jüdischen und deutschen „Entwicklung", dass er in einer so schwierigen und belasteten Phase des deutsch-jüdischen Verhältnisses zu einem geeigneten Kulturgut werden konnte.

Unterdessen trieb Landmann die Theorie vom jüdischen Witz im Dienst der deutsch-jüdischen Verständigung voran, indem sie im Vorwort zur Ausgabe von 1972 – „Zum jüdischen Witz" – ausnahmsweise eine eigene Anekdote erzählte und dabei unbeabsichtigt die Rolle der jüdischen Heiratsvermittlerin *Schadchanit* einnimmt. Mit dem Erfolg ihres Buches, so Landmann, erhielt sie Hunderte Zuschriften begeisterter Leser mit deren Lieblingswitzen. Da sie viele dieser Beiträge in die später erweiterten Ausgaben aufnahm, glich ihr Buch mit der Zeit einer kollektiven Anstrengung. Aus Dankbarkeit nannte Landmann am Ende des Buches die Namen der Witzespender, und ebendiese „Spenderliste" veranlasste sie zur folgenden Anekdote, die die idealisierte Auffassung vom jüdischen Witz als Beitrag zur deutsch-jüdischen Versöhnung erkennen lässt: „Manche haben sich in den Hitlerjahren aus den Augen verloren. In meiner ‚Spenderliste' fanden sie sich wieder. In einem Fall kam es sogar zur Heirat zwischen einem jüdischen Auswanderer nach Übersee und seinem ‚arischen' Schulschatz, nach welchem er im jetzigen Ostteil Deutschlands nach Kriegsende vergeblich gesucht hatte. Die Dame war nach Westdeutschland geflüchtet ... Möge die Spenderliste auch weiterhin nicht nur als Ausdruck meiner Dankbarkeit, sondern als Treffpunkt der Liebhaber des jüdischen Witzes ihren Sinn erfüllen."[43] Die Anekdote versetzt uns in eine Witzparabel, die an Jean Pauls Definition von Witz und an Theodor Vischers Addendum erinnert und sie bestätigt. Jean Paul: „Der Witz ist der verkleidete Priester, der jedes Paar traut"; Vischer: „Er traut die Paare am liebsten, deren Verbindung die Verwandten nicht dulden wollen."[44] Übertragen auf die Anekdote, wird Salcia Landmann (die jüdische Heiratsvermittlerin) zur verkleideten Priesterin, deren Witze (für die sie als metonymisches Substitut funktioniert) das Liebespaar nach dem Krieg wieder zusammenführen – selbst wenn die Eltern (die Familie wird ausdrücklich als arisch bezeichnet) die Ehe nicht gutgeheißen hätten. Die Saga von der Wiedervereinigung wird zur perfekten Wiedergutmachungs-Love-Story und zur Witzparabel. Als Vermittler und Begegnungsort vereint der jüdische Witz die beiden unter einem tragikomischen Baldachin, der für eine um Wiederbegegnung und Versöhnung ringende Generation zur Brücke zwischen Ost und West und zwischen einer Deutschen und einem Juden wird. So gesehen, war der jüdische Witz – verglichen mit der zeitgleichen Etablierung jüdisch-christlicher Begegnungs- und Dialogverbände in Deutschland – das eindeutig effektivere Mittel.[45] Als zwischenmenschlicher, um ein gemeinsames und heilsames Lachen bemühter Kommunikationsmodus trug er nach dieser Sichtweise dazu bei, die Verständigung zwischen Deutschen und Juden wiederherzustellen.

Die deutsche Presse schloss sich fast einhellig diesem Argument an. Landmanns Sammlung, so der Tenor, könne im Sinne einer direkten Begegnung zwischen Deutschen und jüdischen Überlebenden und im Sinne eines Trauerprozesses, der die Opfer über ihren Humor ins Leben zurückruft, „als mögliche Basis einer neuen Verständigung zwischen Deutschen und Juden" dienen.[46] In seiner Rezension in *Die Zeit* begrüßte Josef Müller-Marein den jüdischen Witz daher als Therapeutikum und äußerte die ehrliche Hoffnung, ein mit einer Prise jüdischen Humors ausgelöstes kathartisches Lachen könne die Spannungen, Blockaden und Verkrampfungen in der deutschen Gesellschaft lösen oder zumindest lindern.[47] Wenn es den Juden mit ihrem Witz gelungen sei, einen Umgang mit dem Leiden zu finden, das ihnen als verfolgtem und misshandeltem Volk angetan worden war, dann könnten sich die Nachkriegsdeutschen – die unter der Schuld des Genozids litten und nach Versöhnung strebten – ein wenig von der in Landmanns Witzrezeptur enthaltenen Medizin ihrer jüdischen Opfer ausleihen und die Wunden mit einem heilenden Lachen lindern.

Friedrich Torberg war nicht nur überzeugt davon, dass die Zustimmung, die die Sammlung durch die Antisemiten erhalte, die Schuld nur noch vergrößerte (siehe den nächsten Abschnitt), er argumentierte darüber hinaus, dass die philosemitischen Witz-Reparationen kontraproduktiv wären und eine ungesunde Lösung konstituierten. Sie würden nur noch mehr Spannungen hervorrufen, wenn sie die Werte so weit umkehrten, dass jedes Buch, ganz egal welcher Qualität, automatisch für gut befunden würde, sofern es nur von einem Juden stammte. Die genuinen Motive hinter der *geistigen Wiedergutmachung* verstand Torberg sehr wohl, darum ging es ihm nicht, er fürchtete die Kehrseite des Philosemitismus und der *geistreichen Wiedergutmachung*. Torbergs satirische Kritik, die er an der Rezeption von *Der jüdische Witz* übte, veranlasste ihn zu der Formel: „wiedergutmachen bedeutet wiederschlechtmachen", wenn es das Schlechte wieder gut macht.

Gott erhalte den Deutschen ihre Verkrampfung, eh daß sie sich mit Hilfe dieses Buches löse! Denn es wäre eine höchst unheilvolle und ihrerseits verkrampfte Lösung. Der Krampf besteht in einem völlig mißverstandenen, wenn auch den edelsten Motiven entsprungenen Bedürfnis, eine „geistige Wiedergutmachung" zu leisten, die es offenbar nicht zuläßt, ein Buch schlecht zu finden, wenn es von einem Juden, einem Emigranten oder antinazistischen Widerständler verfaßt ist oder wenn es (selbstverständlich auf „positive" Art) einem der drei entsprechenden Themenkreise angehört. Im vollen Bewußtsein meines avantgardistischen Risikos wage ich zu behaupten, daß auch das Buch eines Juden, eines Emigranten oder eines Antinazis schlecht sein kann und daß die zweifellos wünschenswerte Entkrampfung des Verhältnisses zwischen Juden und Deutschen nicht befördert, sondern behindert wird, wenn man das im gegebenen Fall verschweigt.[48]

Robert Neumann, ein Freund Torbergs und Bewunderer seiner Polemik,[49] nimmt in seiner beißend sarkastischen Beurteilung des aus seiner Sicht „verblüffend erfolgreichen" Buches kein Blatt vor den Mund. Er schließt sich Torbergs Kritik an, bezeichnet die Sammlung aber nicht nur aus formalen Gründen als „hanebüchen", sondern vor allem deswegen, weil sie die „Unbefangenheit" im Umgang mit einer Thematik vorgibt, die im nur wenige Jahre zurückliegenden Nazi-Terror einer vollständig gegensätzlichen Konnotation unterworfen war:

> Trotzdem ist diese Landmann-Sammlung in Deutschland verblüffend erfolgreich. Nicht etwa, weil man wieder einmal über Juden antisemitisch lachen will. Im Gegenteil, man tut sich etwas darauf zugute, es zu einem so hohen Grad von Unbefangenheit gebracht zu haben, daß man diese Juden nicht als Untermenschen sieht, sondern als Objekte sonnigen Humors; au pair mit dem vergeßlichen Professor und den anderen deutschen Witzblattfiguren; so weltaufgeschlossen und libe-

ral ist man. Über die Witze der Salcia Landmann lachend, reagiert Deutschland sein Auschwitz ab.⁵⁰ Neumanns Analyse rückt die Frage in den Vordergrund, inwiefern in diesem komplizierten Prozess der Witztrauer – das Lachen als oder anstelle von Trauer und das damit möglich gewordene Zulassen unterdrückter Emotionen – der Witz an einem alchemistischen Reinigungsprozess des Geistes teilhat, um sich aller negativen Unreinheiten (des Bilds vom „schlechten Juden" als „Untermensch" und „Abschaum") zu entledigen. ⁵¹

In diesem Punkt unterscheidet Neumann sich nur geringfügig von einem anderen Aspekt in Torbergs Beurteilung der philosemitischen Reaktion auf Landmanns Buch; Torberg beschreibt sie als eine Art Prickeln. Aus Torbergs Sicht bietet der sublime und sublimierende Prozess der Witztrauer eine einfache und attraktive Möglichkeit, die Vergangenheit bei gleichzeitig gutem Unterhaltungswert und ohne Aufpreis zu bewältigen: „Unbewußt (oder wie man's auf neudeutsch lieber sagt: unterschwellig) haben die Leser, denen dieses Buch gefällt, das gleiche angenehme prickelnde Gefühl wie die Kritiker, die es loben: sie haben die Vergangenheit bewältigt und haben sich dabei auch noch gut unterhalten. Mehr kann man nicht verlangen." ⁵² An der Witztrauer hegt Torberg seine Zweifel und muss befürchten, dass sie den Trauerprozess verkürzt und zugleich kurzschließt. Kurzum, der Prozess lässt zu wünschen übrig, da er in seiner Beschleunigung nicht dieses „Mehr" einfordert, das aber sein muss, damit seine und künftige Generationen den Holocaust als eine unbewältigte (wenn nicht unbewältigbare) Vergangenheit betrauern.

Die von Landmann proklamierte Praxis der Witztrauer steht bei Torberg überdies im Verdacht, zu einem Ablenkungsmanöver zu werden und die Vorspiegelung einer deutsch-jüdischen Verständigung dazu zu nutzen, den dieser Kulturproduktion zugrunde liegenden Massenmord zu kaschieren und der Kulturtechnik als solcher irreparablen Schaden zuzufügen. Das heißt: die philosemitische Witztrauer verdrängt womöglich ausgerechnet das, was das Bedürfnis nach jüdischen „Witz-

Reparationen" überhaupt erst ausgelöst hat. Eine Witztrauer, die sich der Ablenkung und der befreienden Komik befleißigt, weckt laut Torberg bei jenen, die den Witz angemessen zu Grabe tragen möchten, die Illusion, er sei nicht einer durch nichts zu relativierenden Gewalt zum Opfer gefallen. Für sie hat der jüdische Witz die Funktion einer Wundsalbe, die sie den klaffenden Riss vergessen lässt, der die Glanzzeit der Weimarer Republik von der Bundesrepublik Deutschland trennt. Durch ihren Beitrag zu diesem fehlgeleiteten Denken, so Torberg, operiert Landmann „mit so unbekümmertem Behagen, als wäre das trügerische Konzept jener grausam kurzen Epoche deutsch-jüdischen Einverständnisses mittlerweile glorreich bestätigt worden und nicht etwa unter das blutigste aller von der Geschichte zurückgedrehten Räder gekommen." Und weiter: „All das erleichtert es gerade den Wohlmeinenden, sich dem aus freundlichster Absicht herbeigewünschten Eindruck hinzugeben, daß der jüdische Witz eines sozusagen natürlichen Todes gestorben sei."[53] Das natürliche Ableben des jüdischen Witzes im philosemitischen Witztrauer-Szenario begräbt noch eine andere Geschichte, die Zeter und Mordio schreit. Was aber, wenn die Geschichte von Mord und Totschlag nicht als zurückgedrehtes Ereignis in der Geschichte des 20. Jahrhunderts aufgefasst würde? Das ist zwar eine extreme und politisch reaktionäre Formulierung, sie zwingt uns aber, die antisemitische Lesart von Landmanns jüdischem Witzbuch und deren tödlichen Diskurs näher in Betracht zu ziehen, der die Trauer schlimmstenfalls als Witz auffasst. Anders gesagt: Was, wenn das Post-Holocaust-Witzbuch den Antisemiten und ihrer gehässigen Verspottung der Juden neue Munition lieferte?

Entschlüsselung einer antisemitischen Erfolgsgeschichte

Zu der Zeit, als Salcia Landmann in St. Gallen *Der jüdische Witz* schrieb und für eine Veröffentlichung überarbeitete, fand auf der anderen Seite der Grenze eine andere Art von schriftlicher Aktivität statt, die ein Wiederaufflammen des Antisemitismus in Deutschland signalisierte. Die Rede ist von der sogenannten *Schmierwelle,* die von Dezember 1959 bis Januar 1960 anhielt und es schlussendlich auf rund fünfhundert Zwischenfälle brachte. Der gravierendste Angriff wurde auf die Kölner Synagoge verübt, die am Weihnachtsabend mit Hakenkreuzen und antisemitischen Sprüchen (z.B. „Juden raus") beschmiert wurde.[54] Ein Witz aus jener Zeit, der auf die Entweihung der Kölner Synagoge anspielt, findet sich auch in einer der späteren Ausgaben von Landmanns Sammlung:

> Was ist Mut?
> Wenn einer nachts mit einem Pinsel um eine Synagoge herumstreicht, und in fünf Meter Entfernung geht ein Polizist.
> Und was ist Übermut?
> Wenn der Betreffende auf den Polizisten zugeht und fragt:
> „Wird Jude mit oder ohne h geschrieben?"[55]

Am häufigsten waren jüdische Friedhöfe betroffen, deren Grabsteine und Denkmäler geschändet wurden.[56] Somit ereignete sich die Rückkehr des (antisemitisch) Verdrängten im Nachkriegsdeutschland an den Begräbnisstätten, und es waren die Orte jüdischer Trauer, die zur Zielscheibe der sogenannten „spitzbübischen" Angriffe wurden.

Die westdeutsche Regierung versuchte natürlich, die Vorfälle herunterzuspielen und verfolgte zu diesem Zweck zwei rhetorische Strategien: Zum einen verharmloste sie die antisemitische Welle als das Werk von Vandalen, Halbstarken und Spitzbuben, die fern jeder politischen Absicht einfach nur Krach schlugen. Als Konrad Adenauer am 16. Januar 1960 eine Radioansprache hielt, beschrieb er die Welle als „fast ausschließlich Flegeleien ohne politische Grundlage" und bezeichnete die Täter als „Lümmel". Gleichzeitig ging aus einer vom Frankfurter Institut für Sozialforschung durchgeführten Umfrage hervor, dass diejenigen, die der Kategorie „erwachsene Antisemiten" zuzuordnen waren, dieselbe Rhetorik anwandten und sich einer Strategie des Leugnens und Abstreitens befleißigten. Wie Peter Schönbach schrieb: „Viele [...] versuchten, die unguten Assoziationen und Schuldgefühle abzuwehren, indem sie die psychologische Distanz zwischen sich und den Vorfällen vergrößerten. Das gelang, weil sie die Zwischenfälle vor sich selbst und vor anderen als die unpolitischen Streiche von Strolchen und Spitzbuben rechtfertigten."[57] Zum anderen behalf sich die deutsche Regierung mit einer während des Kalten Krieges nicht unüblichen Strategie: Finstere auswärtige Elemente – die ostdeutsche Regierung – hätten die Täter zu ihrem antisemitischen Vandalismus angestiftet und so die westliche Demokratie zu destabilisieren versucht. In beiden Fällen fand die Sündenbockpolitik, die vor dem Zweiten Weltkrieg die Juden ins Visier genommen hatte, eine neue Zielscheibe und versuchte, das Wiederaufflammen des Antisemitismus an den Rand bzw. in das „andere" Deutschland zu verfrachten.

Doch angenommen, es handelte sich tatsächlich nur um Lausbubenstreiche, dann wird zwischen den Streichen einer antisemitischen Schmierkampagne und der Anziehungskraft jüdischer Witze mit latentem oder offenkundig antisemitischem Inhalt (und sei es nur als unbeabsichtigte Folge jüdischer Selbstkritik und Selbstironie) eine interessante Parallele erkennbar. Denn so gesehen können tendenziöse Witze wie auch Schmierereien als zwei Parallelaktionen aufgefasst werden, die ihre Vorurteile und ihre Feindseligkeit gegenüber dem Juden als dem sozial Anderen mit antisemitischen Slogans und komischen Stereotypen ausdrücken. Vor diesem soziokulturellen Hintergrund – und ungeachtet der besten Absichten der Autorin[58] – wird die Hypothese plausibel, dass Landmanns Buch ein Ventil geliefert haben könnte, das dem Wiedergutmachungsdiskurs einen Strich durch die Rechnung machte und zur Verbreitung antisemitischer Klischees beigetragen hat bzw. dazu, dass über die Juden gelacht wurde. In diesem Fall ließe sich sehr wohl sagen, dass das Lesen von (und das Lachen über) *Der jüdische Witz* oder das Hinwegsehen über die Schmierwelle einen Anlass lieferten, die rigide Tabuisierung des Antisemitismus zu durchbrechen.

Und in ihrer extremsten Form würde das eine wie das andere nicht die Unfähigkeit zur Trauer bedeuten, sondern ihre Verweigerung.

Das ist der soziopolitische Kontext, in dem Torberg ausführt, der phänomenale Erfolg von *Der jüdische Witz* ließe sich teilweise durch ein antisemitisches Bewusstsein erklären: dass sich also das „Wiedergutmachen", das den Juden und der jüdischen Kulturproduktion in Deutschland zuteilwerden sollte, auf die Wiedereinführung negativer Stereotype stützte, die den Juden alles andere als gut darstellten. Liest man Torbergs Kritik an den antisemitischen Klischees bei Landmann, stellt sich jedoch die Frage: Wie kann ein jüdisches Witzbuch ohne die entsprechenden Klischees auskommen und noch als solches bezeichnet werden? Die Artikulation gruppentypischer Stereotype und deren Verspottung machen den Kern jüdischen und ethnischen Humors generell aus. Hinzu kommt, dass Torbergs Polemik bewusst über die Selbstironie und Selbstverspottung hinwegsieht, die die Inszenierung antisemitischer Klischees in Landmanns Sammlung häufig begleiten.

> Es dient vielmehr dem „nochmals gesammelten" Beweis, daß die Juden betrügerisch und geldgierig sind, verlogen und verschlagen, schmutzig und unappetitlich, dummdreist und ungebildet, gefühlsroh und wehleidig, pietätlos und taktlos, feig und wasserscheu, körperlich und charakterlich minderwertig […] Daß sie, kurzum, genauso sind, genauso reden, genauso handeln und vermutlich genauso aussehen, wie es der übelste Vulgär-Antisemitismus seit jeher wahrhaben wollte, angefangen vom schon erwähnten *Kikeriki* über die penetranten Groschen-Witzheftchen mit Titeln à la *„100 pikfeine Lozelach vün ünsere Lajt"* bis zum *Stürmer*.[59]

Torberg zufolge entsteht der Eindruck, als hätte Landmanns Buch mit diesem paradoxen Akt der „Wiedergutmachung" seinen Lesern einen Streich gespielt – denn während es den jüdischen Witz als positives Kulturgut wiederherstellt, konkretisiert es gleichzeitig negative Verzerrungen und lässt den tödlichen Diskurs über den jüdischen Witz wiederaufleben. Torberg konzentriert sich in seiner Kritik aber weder auf einen „militanten Judenhass" noch in soziologischer Hinsicht auf die 16 Prozent der Befragten in Schönbachs Umfrage, die „milde bis ausgeprägte antisemitische Reaktionen" erkennen ließen. Sein Blick liegt auf dem Wiedererwachen alter Gewohnheiten, die seiner Meinung nach den großen Anklang erklären.

> Das Buch ist gerade deshalb ein Erfolg geworden, *weil* es antisemitisch ist, *weil* es den Vorstellungen entgegenkommt, die sich ein deutscher Durchschnittsbürger von den Juden macht (nicht immer aus militantem Judenhaß, sondern oft nur aus lieber Gewohnheit) oder die er sich von Hitler beibringen ließ (nicht unbedingt aus partei-aktivistischer Überzeugung, sondern einfach aus Folgsamkeit). Und jedenfalls kann einem heutigen deutschen Durchschnittsbürger nichts Besseres passieren, als – noch dazu von jüdischer Seite – bestätigt zu bekommen, daß der Führer auch in diesem Punkt recht hatte; mit den Bolschewiken und den Autobahnen hatte er's sowieso ... [60]

Damit rückt Torberg eine im Nachkriegsdenken beliebte Rechtfertigung in den Mittelpunkt, die dem „Führer" (rückblickend) politische Voraussicht und Treffsicherheit attestierte, um antisemitische Ressentiments rational zu begründen. Theodor W. Adorno weist ebenfalls auf diese Umkehrtaktik in der Zeit des Kalten Krieges hin: „Oder das beliebte Argument: ‚Hitler hat in so vielem recht gehabt, er hat zum Beispiel die Gefahr des Bolschewismus rechtzeitig erkannt; nun, er wird schon mit den Juden auch nicht ganz unrecht gehabt haben.'"[61] Adorno sprengt diese Doxologie freilich mit dem Gegenargument, dass es Hitler gewesen sei, der für die russische Nachkriegsbedrohung gesorgt hätte. Während Adorno der logischen Ordnung des retrospektiven Trugschlusses vom Bolschewismus zum Antisemitismus auf der Spur ist, führt die Reihenfolge bei Torberg noch über den „Autobahnismus" (den Mythos, die deutschen Autobahnen seien ursprünglich Hitlers Idee gewesen) zum Antisemitismus, indem die negativen, vom jüdischen Witz verbreiteten Stereotype wieder aufgerufen werden.

Torberg war aber nicht der einzige jüdische Kritiker, den die antisemitischen Elemente in Landmanns Sammlung aufbrachten. Jan Meyerowitz sollte Torbergs Antisemitismus-Vorwurf zehn Jahre später in *Der echte jüdische Witz* wiederholen und um die negativen sprachlichen Auswirkungen des Buches erweitern, die dem geschuldet sind, was als *Wiederschlechtmachung* bezeichnet werden könnte. In seinem 1971 erschienenen Buch befasst sich Meyerowitz mit dem authentischen (also dem echten anstelle des schlechten) und nicht antisemitischen jüdischen Witz, um der Überhöhung seines Wertes und seiner Verfälschung durch die spekulative Witzökonomie der Wiedergutmachung den Kampf anzusagen. Paradoxerweise beginnt er mit einem Argument, das eine Steigerung dessen andeutet, was Landmanns Unternehmen dem jüdischen Witz schuldig geblieben ist. So wie Friedrich Nietzsche in *Zur Genealogie der Moral* gelingt es Meyerowitz, die sprachlichen Register der moralischen und finanziellen Verschuldung Landmanns gegenüber dem Witz mit seinem Gebrauch des Wortes „schuldig" zu verknüpfen, wenn er von irreparabler Schuld spricht, die nach (oder aufgrund) der Ära der Wiedergutmachung bestehen bleibt.[62] „Dieser Versuch ist der Aufgabe so ziemlich alles schuldig geblieben, und die weitere Verbreitung des Buches ist ein großes, vielleicht unreparierbares Mißgeschick. Wir würden gar nicht darüber reden, wenn es nicht eine solche historische Entgleisung wäre. Die Presse hat das Buch – wohl in Wiedergutmachungsabsicht – allgemein sehr gelobt. [...] Auf viele Juden hat die *Soziologie und Sammlung* jedenfalls fast so abstoßend und schmerzlich gewirkt wie so manches in der Nazizeit Geschriebene ..."[63] Ironischerweise hätte dann ausgerechnet das Buch, das für die Bemühung um jüdische „Witzreparation" steht, verheerenden Schaden angerichtet und sich als nicht wieder gutzumachende Fehlleistung herausgestellt. Mit dieser Bankrotterklärung von einem Buch und seiner Perpetuierung antisemitischer Klischees und jüdischer „selbstbesudelnder

Tendenz" wird man nach Meyerowitz' Ansicht in Deutschland mit Trauerarbeit und Sühne oder der Frage nach moralischer und kultureller Restitution nie vorankommen.

Meyerowitz geht mit seiner Kritik noch weiter, wenn er in der Zeitschleife, die sich in Landmanns jüdischer Witzesammlung auftut, eine Rückblende in die Nazizeit erkennt. Bestimmte Witze in Landmanns Sammlung waren tatsächlich in den 1930er-Jahren im Nazi-Satireblatt *Die Brennessel* zu lesen – in exakt gleicher Form, wenn auch in einem anderen historischen Kontext und zu einem anderen Zweck.[64] Das mag erklären, was Meyerowitz mit der „historischen Entgleisung" meint. Anstatt Trauerarbeit oder Wiedergutmachung zu leisten, lässt Landmanns in seinen Augen abstoßendes Witzbuch die bösen Dämonen und qualvollen Erinnerungen an die jüdische Erfahrung unter den Nazis wieder aufleben. Spiegelbildlich und in perverser Weise reproduziere und wiederhole es für Deutsche und für Juden den Schmerz und das Leiden, wodurch die Bewältigung und Überwindung der Trauerarbeit umso schwieriger würde.

Diese antisemitischen Lesarten vor Augen, lohnt es sich, *Die Unfähigkeit zu trauern* von Alexander und Margarete Mitscherlich (1967) zur psychoanalytischen Unterstützung der These heranzuziehen, der Erfolg von Landmanns jüdischer Witzesammlung beruhte auf der Unfähigkeit und Weigerung der deutschen Nachkriegsgesellschaft zu trauern. Aus dieser Perspektive erlauben jüdische Witze keine authentische Identifizierung mit dem Opfer und schieben die Trauerarbeit daher nur auf (eine Parallele zu Torbergs Kritik). Ferner besteht die konkrete Möglichkeit, dass das Lachen über jüdische Witze und negative Klischees ein Ventil für unterdrückte judenfeindliche Aggressionen darstellt.[65] Dieser Theorie zufolge würden tendenziöse Witze deutsche Abwehrmechanismen bestärken, die eine Anerkennung der Schuld und der an den Juden begangenen Verbrechen von sich weisen. Angesichts eines solchen antisemitischen Drehs wird die unglaubliche „Leichtigkeit" jüdischer Witze zu einer der „Reaktionsformen, mit denen die Einsicht in die überwältigende Schuldlast ferngehalten wird".[66] Über jüdische Witze und negative jüdische Stereotype zu lachen, zögert die kollektive Melancholie hinaus, die die Folge einer totalen Trauerarbeit wäre. In diesem Sinne wäre das Lachen ein fester Bestandteil dessen, was die Alexander und Margarete Mitscherlich als „die erfolgreiche Abwehr der Melancholie der Massen" verstehen.[67]

Torberg gegen Landmann — jüdischer Witz als Trauer und Wiedergutmachung

Friedrich Torberg beginnt seine satirische Polemik gegen Salcia Landmann und *Der jüdische Witz* mit einer pointierten und geistreichen Anekdote, die ein echter Trauerwitz ist:

> In einer mährischen Judengemeinde gab es einen weithin bekannten Trauerredner, der zu allen Beerdigungen herangezogen wurde – sofern die Hinterbliebenen sich's leisten konnten. Denn billig war er nicht.
>
> Wieder einmal hatte ein angesehenes Gemeindemitglied das Zeitliche gesegnet und die Familie – die nicht gerade im Ruf der Freigiebigkeit stand – erkundigte sich nach den Kosten eines würdigen Nekrologs.
>
> „Je nachdem", antwortete der Vielbegehrte. „Die große, wirklich erschütternde Grabrede, die ich nur bei außergewöhnlichen Anlässen halte, kommt entsprechend teuer. Aber sie ist ihr Geld wert. Alles weint – die Trauergäste – der Rabbiner – sogar die Sargträger – was soll ich Ihnen sagen: der ganze Friedhof ist in Tränen gebadet. Kostete 200 Gulden."
>
> „200 Gulden? Soviel können wir nicht ausgeben."
>
> „Gut, dann nehmen Sie die zu 100. Immer noch sehr ergreifend. Ich garantiere Ihnen, daß sämtliche Trauergäste weinen, und vielleicht wird auch der Rebbe ein paar Mal aufschnupfen."
>
> „Darauf legen wir keinen Wert. Haben Sie nichts Billigeres?"

> „Hab ich. Zu 50 Gulden. Allerdings weinen da nur noch die nächsten Familienangehörigen."
>
> „Auch 50 Gulden für eine Trauerrede sind uns zu teuer. Gibt es keine andre?"
>
> „Es gibt", sagte der Trauerredner, ohne sich seine Ungeduld anmerken zu lassen, „noch eine zu 20 Gulden. *Aber die hat bereits einen leicht humoristischen Einschlag!*"⁶⁸

Dieser Anekdote über den professionellen Trauerredner stellt Torberg die verkürzte, von Landmann wiedergegebene Version gegenüber, um zu einer Kritik an den stilistischen und inhaltlichen Mängeln des Buches auszuholen. Der Umstand, dass Torberg gerade diesen Witz auswählt, sagt aber noch mehr aus. Der Trauerwitz (in beiden Versionen) kann auch als Parabel für Torbergs Kritik an Landmanns fragwürdigem „Shoah-Geschäft" gelesen werden, das aus der politischen Ökonomie jüdischer „Witzreparationen" unverdientermaßen Kapital schlägt. Mit dem berechnenden Trauerredner und seinem ausgeprägten Sinn für das Geschäft mit dem Tod dürfte also niemand anderer gemeint sein als Salcia Landmann selbst, die nach dem Holocaust ein Buch auf den Markt bringt und vom anhaltenden Interesse an jüdischer Witz-Wiedergutmachung und Witztrauer profitiert. Insofern lässt sich die Pointe in Torbergs Version auch auf unsere Spekulationen über die Witztrauer anwenden, da selbst eine noch so feierliche Trauerrede je nachdem, ob der Preis stimmt (oder wie in diesem Fall nicht stimmt), zu einer humoristischen Angelegenheit werden kann. Bei jeder Art von Trauerpraxis bleibt also, wie die Pointe zeigt, immer auch implizit die Möglichkeit und Gefahr bestehen, dass über sie gelacht wird.

Fasst man den Witz als Parabel auf Landmanns eigene Praxis jüdischer Witztrauer auf, stechen in ihrer Version, vergleicht man sie mit jener von Torberg, mehrere Dinge heraus. Sie erzählte den Witz so: „In einer kleinen Gemeinde, die den Rabbiner nur mäßig besolden konnte, war es üblich, daß die Gemeindemitglieder jede einzelne Leistung des Rabbiners extra bezahlten. Ein Bürger bestellt nun eine Trauerrede auf seinen verstorbenen Vater. Der Rabbiner offeriert ihm: ‚Ich habe eine besonders schöne Predigt, die kostet aber auch achtzig Gulden. Ich habe eine zweite, auch noch ganz schöne Predigt, die können Sie schon für fünfzig Gulden haben ... Und dann habe ich noch eine Predigt für zwanzig Gulden – aber offen gestanden: die kann ich Ihnen selber nicht empfehlen!'" [69] Ob bewusst oder nicht, sei dahingestellt, aber die Übernahme bestimmter Elemente wäre für Landmanns Vorhaben wohl zu entlarvend gewesen. Jedenfalls wird aus dem Trauerredner die neutralere Figur des amtierenden Rabbiners; außerdem wird die Trauerrede auf eine simple Predigt reduziert. Schließlich wird eine wesentliche Verschiebung in der Pointe sichtbar: Bei Landmann fehlt jeder Hinweis auf den Humor, stattdessen beschränkt sie sich auf die Empfehlung des Rabbi, keine verbilligte Trauerrede zu kaufen. Denn gerade das Angebot einer billigen Trauerrede mit „garantiert humoristischem Einschlag" bringt Torbergs Kritik an Landmanns Witztrauer als Ablenkungsmanöver auf den Punkt.

In *Jüdischer Selbsthaß* diskutiert Sander Gilman die Kontroverse um die Bühnenfassung für das *Tagebuch der Anne Frank,* zu der es in den 1950er-Jahren in den USA gekommen war. Durch den Vergleich der Position von Meyer Levin, der das ursprüngliche Script geschrieben hatte, mit jener des Teams Goodrich/Hackett, den Autoren des endgültigen Scripts, wird deutlich, wie sehr die stereotypen Bilder vom „guten" und vom „schlechten" Juden und die philosemitischen und antisemitischen Projektionen die Post-Holocaust-Debatte über das Vermächtnis von Anne Frank beherrscht und strukturiert haben. [70] Zur gleichen Zeit und durchaus ähnlich dreht sich die heftige Debatte zwischen Torberg und Landmann über das Vermächtnis des jüdischen Witzes um Bilder vom guten und vom schlechten Juden und um die Angemessenheit jüdischer Witztrauer und Witzwiedergutmachung. Die Vorwürfe, die sie sich gegenseitig an den Kopf werfen, entspringen der grundsätzlichen Gegenüberstellung vom guten und schlechten Trauernden, sei es um den Witz oder – allgemein – um den Holocaust. Insofern interessiert hier nicht so sehr der Inhalt der Debatte, sondern wie ihre Inszenierung rund um die Figuren von guter und schlechter Trauerpraxis strukturiert ist.[71]

Mit dieser Dichotomie vor Augen, verspricht der ursprüngliche Trauerwitz neue Einsichten. Torberg erzählt ihn in beiden Versionen – der Leser soll selbst sehen, dass es eine gute und eine schlechte Erzählweise gibt und folglich eine gute und eine schlechte Trauer um die Toten und deren volkstümliches kulturelles Vermächtnis (jüdische Witze). Anhand dieser aufwendigen Inszenierung will Torberg zeigen, dass er weiß, was einen guten Witztrauernden kennzeichnet und wie man den Toten Respekt erweist – im Gegensatz zu Landmann, die demonstriert, dass sie das nicht weiß. Torberg stellt die guten Absichten Landmanns und ihrer Rettungsaktion nicht in Abrede: „Salcia Landmann hat ganz gewiss einen projüdischen Zweck im Auge gehabt, nämlich die Rettung des jüdischen Witzes."[72] Was er aber bestreitet, ist die Tauglichkeit der Mittel, mit denen sie ihr Ziel zu erreichen gedenkt. Erst aus diesem Scheitern erwächst der philosemitischen Absicht ihre antisemitische Wirkung, und Landmann wird – entgegen ihrer Absicht – zur schlechten Trauernden. Ihr Versuch, den jüdischen Witz zu retten, erweist sich als misslungen und schädlich. Torberg, der die Witze in ihrer Sammlung sehr genau gelesen hat, entlarvt die fehlgeleitete Trauerpraxis anhand einer ganzen Liste an Verfehlungen.[73] Mit einem rhetorischen Dreh wendet er Landmanns mutmaßliche Unschuld im Sinne der antisemitischen Wirkung des Buches in die eigentliche Beweisführung für ihre Schuld. Insofern verdeutlicht die Moral von der Geschichte eine radikale Umkehr und unbeabsichtigte Folge, da demonstriert wird, dass durch Landmanns jüdische Witzreparationen nur noch mehr Schuld entsteht: „Dieses Buch ist von Grund auf antisemitisch, und damit, daß sie das weder gewollt noch gewußt hat, liefert Salcia Landmann nur den letzten, entscheidenden Beweis für die mörderische Beziehungslosigkeit, mit der sie über ihre Materie hergefallen ist."[74]

Der Gebrauch des Wortes „mörderisch" in diesem Kontext (und auch an anderer Stelle) verweist auf ein anderes zentrales Thema in Torbergs Kritik. Landmann, davon ist Torberg überzeugt, ist nicht nur eine schlechte Trauernde um den jüdischen Witz, sie ist darüber hinaus dessen Mörderin. Vielleicht hat sie ja auch erst der Mord zur schlechten Trauernden gemacht. Spöttisch polemisiert Torberg, dass nicht die Nazis das jüdische Kulturgut vernichtet haben, sondern Salcia Landmann, die den jüdischen Witz in ihrer Sammlung hinrichtet. So wird sie, ohne sich dessen bewusst zu werden, selbst Teil des tödlichen Diskurses über den jüdischen Witz. Diesen Vorwurf erhebt Torberg bereits im Untertitel des Artikels – „oder Salcia Landmann ermordet den jüdischen Witz" –, und mit „Wai geschrien!", dem häufig im jüdischen Witz verwendeten Ausdruck für Schmerz und Leid, macht er von Anfang an kein Geheimnis aus seiner Ablehnung. In einem anderen, ebenfalls satirisch-polemischen Essay treibt Edwin Hartl diese mörderische Zusammenfassung tödlicher Vorwürfe auf die Spitze: „Dieser traurige und trauervolle Bestseller: ein geistiger Holocaust an der jüdischen Ironie und Selbstverspottung."[75]

Wenngleich Torberg davon absieht, sich selbst als den „guten Trauernden" in dieser Debatte zu präsentieren, wird dieses Image in einem biographischen Text von Harry Zohn suggeriert. Im Kontext der Landmann-Kontroverse bezeichnet Zohn Torberg als „den Wachsamen" – was an den Central-Verein erinnert und dessen Wächterrolle gegenüber den jüdischen Kabarettisten in der Weimarer Republik. Zohn zufolge wird Torberg in der Rolle des Wächters zum guten Trauernden, der über den jüdischen Witz und seinen guten Ruf wacht. Im Unterschied zu Landmanns Vermittlung antisemitischer Stereotype hält Torberg mit seiner Kritik die dem jüdischen Witz gebührende Trauerwache: „Vor einigen Jahren übte der Wachsame scharfe Kritik an einem Buch von Salcia Landmann, *Der jüdische Witz,* das in Deutschland bedenklicherweise zu einem Bestseller wurde, obwohl (oder vielleicht weil) es viele stereotype Verzerrungen jüdischen Humors und jüdischer Eigenart enthält."[76]

In Landmanns Augen ist Torberg jedoch ein Schuft, der ihre der Trauer um den jüdischen Witz gewidmete Arbeit ruinieren möchte. In einem Brief an den Autor bezeichnet sie Torberg als einen, der seinen jüdischen Namen verheimlicht und sich ein suspektes Alias zugelegt hat. Landmann konstruiert die Szene so, als wäre der „böse Wolf" in ihr Märchennarrativ eingedrungen. Die Erzählung beginnt mit einer Charakterbeschreibung, die an Rufmord grenzt: „Es lebte aber in Wien ein jüdischer Schmock – ein anderes Wort fällt mir zu seiner Bezeichnung nicht ein – Namens Fritz Kantor, der unter dem Namen Friedrich Torberg schrieb. Jetzt saß er mit irgendwelchen Wiedergutmachungsgeldern in Wien, mit denen er eine Monatszeitschrift herausgab."77

In ihrer Charakterisierung fallen gleich zwei abwertende Begriffe, die in einer Analyse der Inszenierung von Witztrauer und Witzwiedergutmachung nicht übergangen werden dürfen. Der erste – von dem sie aus Gründen des Anstands lieber absehen würde, den sie aber dennoch gebraucht – bezeichnet Torberg als „jüdischen Schmock"; abgesehen davon, dass der Begriff mit dem männlichen Geschlechtsteil konnotiert ist, werden mit dem „Schmock" aber auch insofern antisemitische Zwischentöne laut, als er den professionellen Journalisten und insbesondere den jüdischen Journalisten als Schmierfink, als satirischen Witzbold bezeichnet. Im Kontext der Kulturgeschichte dieses negativen jüdischen Stereotyps und seiner Herleitung aus dem Stück *Die Journalisten* von Gustav Freytag (1852) mit einer Hauptfigur gleichen Namens wäre das Adjektiv „jüdisch" im Grunde genommen überflüssig. Auch bei Freud stößt man auf den satirischen Charakter des „Schmock" und dessen negative Attribute: Er beschreibt ihn (mit antisemitischen Zwischentönen) als „einen jener Ungebildeten, die mit dem Bildungsschatz der Nation Handel und Mißbrauch treiben".78 Diese Charakterisierung dürfte den beiderseitigen Rufmord einigermaßen erfassen, wobei sich Landmann und Torberg gegenseitig als unkultivierte Selbstdarsteller beschimpfen, deren Geschäft darin besteht, den jüdischen Volksschatz zu entwerten und zu missbrauchen. Mit ihrer zweiten Beleidigung entlarvt Landmann versehentlich die politische Ökonomie des Witzes, denn auf den „Schmock" folgt die Information, dass dieser jüdische Journalist par excellence seine Arbeit nur dank der „Wiedergutmachungsgelder" wieder aufnehmen konnte.

In ihrem Brief lenkt Landmann die Diskussion von der Kennzeichnung Torbergs als dem schlechten Trauernden hin zu sich selbst als der guten Trauernden. Auf Torbergs spezifischen Vorwurf, sie hätte den jüdischen Witz mit ihrer sprachlich und stilistisch in jeder Hinsicht misslungenen Witzerzählung ermordet, geht sie unmittelbar ein und erklärt, dass es ihr nicht um eine „Kabarett"-Version des jüdischen Witzes gegangen sei, sondern um ein historisches Dokument. Ihre Rettungsaktion sei als Dienst an der Öffentlichkeit aufzufassen, da sie das „Witzgut" gerettet und gesammelt habe, bevor es zu spät war. Das Pathos dieser sich selbst entlastenden Dramaturgie steigt mit dem Grad ihrer Selbststilisierung zur guten Witztrauernden. Weit davon entfernt, die Mörderin des jüdischen Witzes zu sein, sei allein sie es gewesen, die den Ermordeten mit der Transkription letzter komischer Überlieferungen Respekt und Pietät erwiesen habe. Im Gegensatz zu Torbergs Gebrauch von Adjektiven, die Landmann eine aktive Täterschaft zuschreiben (z.B. mit „mörderischem Zugriff"), verlagert sie den Fokus des Mörderischen auf die ermordeten Opfer, mit denen sie sich identifiziert und deren volkstümliche Geschichten sie mit ihrer Sammlung rettet: „Letzteres kann insofern stimmen, als ich nicht eine Kabarettvorlage, sondern eine *Sammlung* vorlegte, und zwar das Witzgut einer gemordeten Gemeinschaft, das ich aus Pietät zu den gemordeten Verfassern nach Möglichkeit wörtlich übernahm, was jeder begriff." [79]

Landmann weiß aber, dass Torberg nicht der einzige jüdische Schriftsteller ist, der ihrer Sammlung kritisch gegenübersteht. Anders als die nichtjüdischen Rezensenten, die ihr Buch einhellig als angemessene Trauerarbeit (als ein Witz-„Requiem") und als einen Schritt hin zur interkulturellen Normalisierung loben,[80] gibt es noch einige andere „jüdische Kollegen", die deren Begeisterung nicht teilen können. Zu ihrer Verteidigung antwortet sie mit dem „traditionellen" und maßgeblichen Anspruch auf einen höheren Grad an jüdischer Authentizität:[81] „Mit dem wachsenden Erfolg des Buches [...] kamen natürlich auch Angriffe. Etliche aus den ehemaligen jüdischen ‚Witzzentren' – also Wien, Berlin etc. – aus der Feder jüdischer Kollegen. Sie übersahen unter anderem, daß es hierfür ziemlich solider Kenntnisse der jüdischen Geistestradition bedarf."[82]

Eine Möglichkeit, dieses Narrativ zu deuten und herauszufinden, worum es in der Debatte wirklich ging, wäre die, es dem jüdischen Witz und seiner Volksweisheit zu überlassen, auf die umstrittene Frage nach guter und schlechter Trauer, nach guter und schlechter Wiedergutmachung zu antworten. Denn ironischerweise spiegelt die von Landmann beschriebene Situation die Struktur eines in der jüdischen Witzüberlieferung prominenten jüdischen Witzes in doppelter Weise. Gemeint ist das (dem Weimarer Satiriker und Witzesammler Alexander Moszkowski zugeschriebene) Bonmot, das in der Frage nach der Rezeption des jüdischen Witzes eine scharfe Unterscheidung zwischen „uns" und „ihnen" trifft, zwischen Juden und Nichtjuden, zwischen Insider und Außenseiter. Bei Landmann konstituiert dieser Witz im Kapitel „Der Jude und sein Witz" das große Finale und zugleich den Abschluss ihres Buches und er wird auch von Eduard Fuchs in seiner Analyse jüdischer Selbstironie zitiert:

> Alexander Moszkowski hat die jüdische und die goische Reaktion auf einen Witz in Versform zusammengefasst:
> E jüdischer Witz mit e jüdische Akzent:
> Was e Goi nischt versteht
> Und e Jüd immer schon kennt.[83]

Nimmt man die Pointe dieses ethnozentrischen Witzes aber ernst und wendet sie auf Landmanns Beurteilung der Reaktionen auf ihr Buch an, dann würde sie die positive Kritik von nichtjüdischer Seite, die das Buch als Beitrag zur Trauerarbeit lobt, in Frage stellen und den Rezensenten ein Miss- bzw. Unverständnis attestieren.

Umgekehrt würde sie zu einem besseren Verständnis der Ansichten der „Besserwisser" unter den jüdischen Kritikern beitragen, die für sich beanspruchen, Experten des jüdischen Witzes zu sein, und somit dem Buch vorwerfen, es verbreite antisemitische Tendenzen und leiste schlechte Trauerarbeit.

Die fast schon amüsante Situation, in der ein jüdischer Witzklassiker für seine Herausgeberin zum Bumerang wird, knüpft an einen anderen jüdischen Witz an, dessen Pointe ebenfalls auf die Rezeption jüdischer Witze abzielt. Dabei handelt es sich um die Langversion des Bonmots von Moszkowski, den schon erwähnten Witz über die vier unterschiedlichen Reaktionen (eines Bauern, eines Gutsherrn, eines Offiziers und eines Juden) auf den jüdischen Witz, über den der Jude als Einziger nicht lacht. In Landmanns Sammlung steht er an vorletzter Stelle und die Pointe lautet: „Erzählt man aber einem Juden einen Witz, so sagt er: ‚Den kenn ich schon!' und erzählt einen noch besseren."[84] Bezogen auf die Kontroverse mit Torberg, könnte die Pointe auch so lauten: „Erzählt man aber einem jüdischen Kritiker einen Witz, so sagt er: ‚Der ist nicht echt jüdisch', und erzählt einen, der es ist." Es kann aber auch anders kommen. Denn wenig überraschend sieht sich Torberg durch Landmanns Version dieses Witzes zu einem seiner schärfsten Angriffe veranlasst: Ihre Erzählweise, so seine Behauptung, ruiniere die Pointe, denn in der klassischen Olsvanger-Version erzählt der Jude keinen besseren Witz, sondern er unterbricht den Erzähler und sagt: „‚Ach was, ein alter Witz!' – und er kann ihn dir besser erzählen."[85] Damit ließe sich die Auseinandersetzung zwischen Landmann und Torberg auf den Punkt bringen: „Erzählt man aber einem jüdischen Kritiker einen Witz, unterbricht er dich und sagt, dass du ihn nicht richtig erzählst, und erzählt ihn dir besser." Vielleicht lässt sich Torbergs Kritik an Landmanns Sammlung als ein in erzähltechnischer Hinsicht irreparables Reparationswerk und als ein Fall von schlechter Trauer am ehesten über die zweckentfremdete Pointe dieses jüdischen Witzklassikers verstehen.

Der Witz von der „Wiederjudmachung":
Jüdische Witze als Revanche

Zur Wiedergutmachung selbst gibt es mehrere Witze. Formal gelangen sie durch die komische Umkehrtechnik zur Pointe – ein Mittel, das perfekt geeignet ist, um die Kehrtwende im offiziellen Wertekanon des besiegten Deutschland und den Gesinnungswandel auf den Punkt zu bringen, der das Jüdische von einem negativen in ein positives Kennzeichen umwandelte, oder anders ausgedrückt, um über die Bekehrung vom Anti- zum Philosemitismus zu spotten.[86] Mit Wortspielen und Umkehrungen der Logik (dem logischen Dreh) macht sich der Wiedergutmachungswitz über das abrupte „Kehrt Marsch" in der deutschen Politik und Kultur lustig, liefert darüber hinaus aber auch einen Einblick, inwieweit diesem neuen Kapitel im deutsch-jüdischen Verhältnis nach wie vor bestimmte negative Merkmale der jüngsten Vergangenheit anhafteten.[87]

Der erste Wiedergutmachungswitz liest sich wie ein Metakommentar über den Erfolg von Landmanns Buch und dessen Fähigkeit, die philosemitischen Empfindlichkeiten ebenso anzusprechen wie die antisemitischen. Als das Buch 1960 herauskam, war der Witz noch nicht enthalten, wurde aber, beflügelt durch den Erfolg der Sammlung, in spätere Ausgaben aufgenommen. In seiner Kürze kommt ihm etwas Enigmatisches zu:

Wiedergutmachung.
Was ist das Gegenteil von Arisierung?
Wiederjudmachung.[88]

Die freudsche Verdichtungstechnik befolgend, verwendet der Witz dasselbe Wortmaterial zweimal. Die Wirkung entfaltet sich über den Kalauer und liefert eine perfekte Definition der Wiedergutmachung durch die offizielle philosemitische Brille: wiedergutmachen = wieder jüdisch machen. In seiner idealen Kombination aus Klang und Sinn entspricht das zwischen „gut" und „Jud" pendelnde Wortspiel Freuds Definition vom „guten Witz": „Ein ‚guter Witz' kommt aber zustande, wenn [...] mit der Ähnlichkeit der Worte wirklich gleichzeitig eine andere wesentliche Ähnlichkeit des

Sinnes angezeigt ist."[89] Der Austausch wird durch die Apokope oder Weglassung am Wortende möglich und dadurch, dass das Wort „gut" wie in einigen deutschen Dialekten als „jut" ausgesprochen wird.[90]

Mit „Jud" findet aber noch ein weiterer Dreh statt, und zwar je nachdem ob der jahrhundertealte abwertende Gebrauch des Wortes durch Juden oder Antisemiten aufgerufen wird. Dem jüdischen Witz fiel im 19. Jahrhundert durch die fortschreitende Assimilation der Juden die zweischneidige Funktion zu, sich über die stereotypen Bilder vom Juden in der europäischen Gesellschaft und insbesondere über die negativen antisemitischen Klischees vom „schlechten Juden" lustig zu machen. Adorno sagte einmal über den Antisemitismus, er sei das Gerücht über die Juden.[91] Vielleicht lässt sich daher sagen, der selbstkritische jüdische Humor verarbeite die Gerüchte des Antisemitismus zu Witzen, die die Juden einander erzählen (und über die sie lachen) und die sie unter den Nichtjuden verbreiten. Bedenkt man zudem die selbstironischen, selbstkritischen und auch selbsterniedrigenden Merkmale der jüdischen Witzüberlieferung, kann der Witz über die „Wiederjudmachung" auch als Verinnerlichung und Verspottung der Rückkehr des schlechten Juden gelesen werden. In seiner Ambivalenz artikuliert und verspottet er darüber hinaus den latenten Antisemitismus (und dessen Kehrseite, den jüdischen Selbsthass), indem er aufzeigt, dass unter der Oberfläche selbst noch der edelsten Wiedergutmachungsabsichten stets auch der abwertende Begriff „Jud" lauert.

In einem kritischen Aufsatz über den Sprachgebrauch Paul Celans in „Gespräch im Gebirg" (im August 1959 geschrieben) beschäftigt sich Stéphane Moses mit der obsessiven Wiederholung des Begriffs *Jud* in Celans Prosatext.[92] Seine Analyse gelangt zu einem wieder anderen Dreh, der auf die Umkehrlogik im „Wiederjudmachungswitz" und das Doppelverfahren von *geistiger* und *geistreicher Wiedergutmachung* anwendbar ist.

> Bei Celan dagegen kann die in ihrem innersten Vermögen getroffene Sprache von neuem erstehen, doch nur unter der Bedingung, daß sie ihre

Schuld bis zum Ende auf sich nimmt: man könnte von einer Katharsis sprechen, die Celans Text hier sozusagen mit Gewalt an einer widerstrebenden Sprache vollzieht: (daher etwa die obsessive Wiederkehr des Wortes „Jude", zumal in seiner pejorativ apokopierten Form „Jud"). Dieses Zurschaustellen der Sprache der Unterdrückten, die in parodistischer Verhöhnung gleichzeitig die ihrer Unterdrücker wurde („der Jud und Sohn eines Juden") zeugt von tiefem Leiden, ja, von einem Hang zur Selbsterniedrigung, dabei aber auch vom Willen, das *Tabu zu brechen*.[93]

Die „Sprache der Unterdrückten" (die nach der Shoah mit den Begriffen Verschuldung und Schuld besetzt ist) kann demnach eine kathartische Umkehr durchlaufen. Aber im Unterschied zur Ökonomie, die in Landmanns Witzwiedergutmachung eingeschrieben ist geschieht das bei Celan nur, wenn die Sprache selbst die Schuld auf sich nimmt. Wie beim selbstironischen jüdischen Witz findet dieser Prozess häufig über einen parodisierenden und spöttischen Sprachgebrauch statt. Durch die obsessive Wiederholung und seine spöttischen Kadenzen durchläuft der abwertende Begriff *Jud* bei Celan (und in der „Wieder*jud*machung") eine alchemistische Transformation, die ihn wieder gut macht, wenn der jüdische Dichter das Pejorative in einer radikalen Umkehr der Werte „wieder auf sich nimmt". Dem Leiden, der Selbsterniedrigung und der Trauer entsprungen, lenken uns Celans Sprache ebenso wie der jüdische Witz, ob durch poetische Transzendenz oder ein befreiendes Lachen, zur Wiedergutmachung nach dem Holocaust. In diesem Sinne eignen sich die Wortverdichtungen im jüdischen Witz und in der Lyrik Celans als Mittel, um den Leser mit den Post-Holocaust-Tabus zu konfrontieren und diese im Dienste der Restitution des *Jud* zu durchbrechen.

So bringt der Begriff *Wiederjudmachung* die jüdische Witzwiedergutmachung und Witztrauer auf den Punkt, indem die philo- und die antisemitischen Lesarten von Landmanns Buch im Makrokosmos der deutsch-jüdischen kulturellen Beziehungen im Mikrokosmos der Polyvalenz des Wortes *Wiederjudmachung* aufgerufen werden, und zwar unabhängig davon, ob man sie als Bestätigung *(Jud* = wieder gut), als Pejorativ *(Jud* = wieder schlecht) oder als erneute Bestätigung *(Jud* = schlecht wiedergutgemacht) des Juden in Nachkriegsdeutschland versteht.

Auf Landmann bezogen weist dieser Metawitz aber noch andere Besonderheiten auf, auf die einzugehen lohnt. Zunächst wäre da die merkwürdige Platzierung in ihrem Kompendium. Anstatt diesen pointiert mit „Wiedergutmachung" überschriebenen Witz chronologisch zuzuordnen, taucht er bei Landmann im Abschnitt „Hitlerzeit" auf. So ergibt sich eine Zeitschleife, wenn ein Witz über die Zeit nach 1945 mit Wiederherstellung demokratischer Verhältnisse in Westdeutschland – einschließlich einer offiziellen Reparationspolitik für jüdische Überlebende – rekursiv in einem Abschnitt über die Zeit der totalitären Nazi-Herrschaft und den Genozid an über sechs Millionen Juden auftaucht. Man könnte das allerdings auch so interpretieren, dass zwischen jüdischen Witzen über die Nazis und jenen über das Vermächtnis der Nazis so viel Kontinuität herrscht, dass sich eine Unterscheidung erübrigt. Zudem ließe sich argumentieren, die editorische Entscheidung der Platzierung stelle eine Interpretation des Witzes an sich dar – dass *Wiederjudmachung* zwar eine mutmaßliche Umkehr nach der Zeit der NS-Politik vorgibt, die durch das Wiederaufwärmen des negativ besetzten Begriffes „Jud" angedeuteten antisemitischen Ressentiments aber nach wie vor unter der Oberfläche lauern. Der eigentliche Grund, warum ein Witz über die Wiedergutmachung dem Abschnitt über die Nazizeit zugordnet wird, dürfte jedoch die zu Beginn des Kapitels beschriebene Problematik der Witztrauer und ihr (verspätetes) Timing sein. Als trauernde Chronistin des jüdischen Witzes muss Landmann an ihrer Behauptung festhalten, dass der jüdische Witz im Holocaust ausgerottet wurde. Ein Witz wie „Wiederjudmachung" und das damit zum Ausdruck gebrachte Wiederaufleben des jüdischen Witzes nach dem Krieg würde das Bild des Witz-Requiems in Frage stellen, zu dem sie ihre Leser einlädt.

Deshalb war es wohl besser, diesen Witz gemeinsam mit den Nazis (und ihren Opfern) zu begraben.

Diese Deutung würde auch die historische Ungenauigkeit in diesem Witz erklären. Damit kehren wir zur Politik der Begrifflichkeiten zurück, die die deutsch-jüdischen interkulturellen Beziehungen und Auseinandersetzungen immer schon geprägt hat. Zu sagen, das Gegenteil von „Arisierung" sei Wiedergutmachung, ergäbe hier keinen Sinn. Da wäre eher der Begriff „Verjudung" anzuführen – in der deutschen antisemitischen Rhetorik von Fritsch bis Hitler eingesetzt für einen von ihnen angeprangerten Prozess, den es mit dem „arischen" Gegenmittel der „Entjudung" zu bekämpfen galt. Ein Witz mit einer Pointe über die Nachkriegszeit wurde also so erzählt, dass die darin gestellte Frage eher der antisemitischen Rhetorik der Hitlerjahre entspricht als der philosemitischen unter Adenauer: Das Gegenteil von „Arisierung" wäre in der Nachkriegszeit zwangsläufig Entnazifizierung.[94]

Die „Umwertung" der auf die Juden bezogenen „Werte", die die Kulturpolitik der „Wiederjudmachung" ausmachen, wird in einem anderen Witz aufgegriffen, der auf eine spielerische Umkehr setzt und eine radikale Bedeutungsänderung herbeiführt. Durch den Tausch zweier Wörter beschreibt der zurückgekehrte jüdische Überlebende die abrupte Kehrtwende im deutsch-jüdischen Nachkriegsverhältnis und entlarvt damit ein extremes Unbehagen. So als könnte durch den Tausch zweier Wörter alles so wie früher, also wieder gut werden: „Ein jüdischer Flüchtling sagte nach seiner Rückkehr nach Deutschland: ‚Der Übergang vom Jud Süß zum süßen Jud ist für beide Seiten nicht sehr angenehm.'"[95] Mit *Jud Süß* ist der bereits mehrfach erwähnte antisemitische Film von Veit Harlan aus dem Jahr 1940 gemeint, ein Machwerk der NS-Propaganda über das Leben und die Zeit von Jud Süß Oppenheimer. In *Im Anfang war Auschwitz* untersucht Frank Stern diese Verschiebung in der deutschen Fantasie vom „schlechten" Juden vor dem Zweiten Weltkrieg zum „guten" danach. Die Rolle des „schlechten" Juden nimmt – wenig überraschend – Jud Süß ein. Der „gute" Nachkriegsjude – oder der „süße" Jude im Wiedergutmachungswitz – ist indes kein anderer als Lessings Nathan der Weise. Diese Vorgehensweise der Wiedergutmachung löst die Rückkehr des alten stereotypen Vorbilds der (jüdischen) Aufklärung aus und besetzt damit die Rolle des „guten" Juden: „Dem NS-Hetzbild vom Juden wurde hier der gute Jude, der tolerante, aufgeklärte, letztlich emanzipiert-assimilierte Jude entgegengesetzt. [...] Es lag in der Logik solcher wohlmeinenden Umgruppierung von Vorurteilen, dass ‚Jud Süß' 1945 zeitgemäß von ‚Nathan' abgelöst wurde."[96] Dieses simple philosemitische Klischee so kurz nach dem Krieg steht jedoch in krassem Widerspruch zur Vielschichtigkeit von Landmanns Sammlung und der Schwierigkeit, das Charakterensemble jüdischer Witzüberlieferung – die Schlemiehl, Schadchen und Luftmenschen, ganz zu schweigen von den raffinierten Geschäftsleuten – mit der Rolle des „süßen" Juden zu besetzen. Dabei dürfte gerade die Ambivalenz dieser Charaktere ihren Reiz für die Mischung aus manifest philosemitischen Empfindungen und latent antisemitischen Ressentiments erklären, die dem Buch in Zeiten der „Wiederjudmachung" zu seinem Erfolg verhalfen.

In einem anderen komischen Dreh trifft die Struktur des Jud-Süß-Witzes auf Veit Harlan und seine eigene Nachkriegserfahrung zu, die, gemessen an seiner Entnazifizierung in den späten 1940er-Jahren und seinen Anstrengungen, seinen guten Ruf zurückzuerlangen und seine Filme zu rehabilitieren,[97] selbst zur Imitation eines jüdischen Witzes wurde. Als Harlan 1950 von allen Vorwürfen „entlastet" wurde, hatte er das Hamburger Schwurgericht erfolgreich davon „überzeugen" können, dass er in Wirklichkeit ein „Philosemit" war, der unter Zwang einen antisemitischen Film gedreht hatte. Harlan gab Goebbels und der NS-Propagandamaschinerie die Schuld und behauptete, ein Märtyrer der Nachkriegs-Entnazifizierung zu sein. So gelang es Harlan, das Szenario des Witzes vom „süßen Juden" in seine aufpolierte Biographie zu übernehmen und im öffentlichen Bewusstsein zu verankern.[98]

Und schließlich noch ein Witz, der sich ebenfalls über die Umkehrdynamik lustig macht – diesmal allerdings aus deutscher Perspektive. In der auf den Kopf gestellten Welt der Wiedergutmachung ist es auf einmal der schuldbeladene Deutsche, der, indem er sich einen klassischen jüdischen Sündenbockwitz aneignet und umdreht, die einstige Opferrolle des Juden annimmt. 1962 präsentierte Salcia Landmann diesen Wiedergutmachungswitz einem amerikanischen Publikum:

> Und nun [...] zu einer Geschichte, die in der Bundesrepublik kurz nach dem Sieg über Nazi-Deutschland wieder aufgetaucht ist:
> Alliierten-Offizier: „An allem Bösen in der Welt sind nur die Deutschen schuld."
> Der Deutsche: „Nein, nicht die Deutschen, die Radfahrer."
> Alliierten-Offizier: „Wieso die Radfahrer?"
> Der Deutsche: „Wieso die Deutschen?"[99]

Mit der Aneignung der jüdischen Sündenbockrolle bestätigt die Pointe die These Mitscherlichs in *Die Unfähigkeit zu trauern*, wonach die Nachkriegsdeutschen sich mit dem Opfer identifizieren müssen, damit sie die Schuld und die Verantwortung für die an den Juden begangenen Verbrechen ablegen können, derer das deutsche Volk angeklagt ist.[100] Die Kehrseite der Wiedergutmachung sieht also so aus, dass ein Vorkriegswitz über den „schlechten Juden", der sich gegen einen Antisemiten zur Wehr setzt, zu einem Nachkriegswitz über den „schlechten Deutschen" wird, der sich gegen den Antigermanismus zur Wehr setzt und die Nazi-Vergangenheit verdrängt. Alexander und Margarete Mitscherlich erkennen in dieser Identifizierung nur einen weiteren Abwehrschirm, der von der Aufgabe der kollektiven Trauer ablenkt. Bezogen auf Landmanns Buch, ist diese Art von Abwehrstrategie eine weitere psychologische Erklärung für seinen Erfolg: Indem er über die jüdischen Witze lacht, kann der deutsche Leser seinen Schuldgefühlen als einstiger Täter ausweichen, und indem er sich mit dem zu Unrecht beschuldigten Opfer identifiziert, wird er zu dem, was er jetzt, in der schönen neuen Welt der „Wiederjudmachung", zu sein glaubt.

Aufgrund einer bizarren Konvergenz erhält diese komische Geschichte aber noch einen Dreh. Denn zur gleichen Zeit, als Salcia Landmann einem amerikanischen Publikum die deutsche Neuverpackung dieses alten antisemitischen Sündenbockwitzes präsentierte, hielt der Philosoph Theodor Adorno in Deutschland einen Vortrag über die Bekämpfung des Antisemitismus und kennzeichnete den Radfahrer und seine „Radfahrernatur" als Schlüsselmetapher. Adorno gebraucht dieses Bild, um die antisemitische Veranlagung im deutschen Charakter zu beschreiben bzw. das, was die Tendenz zur Autoritätshörigkeit der deutschen Persönlichkeit ausmacht:

> Der autoritätsgebundene, der spezifisch antisemitische Charakter ist wirklich der Untertan, wie Heinrich Mann ihn darstellte, oder, wie man es schlicht auf gut deutsch sagt, diese Radfahrernatur, charakterisiert durch eine gewisse Art des pseudorebellischen „da-muß-doch-endlich-was-geschehen, da-muß-doch-endlich-mal-ordnung-geschaffen-werden"; aber dann ständig bereit, vor den Trägern der wirklichen Macht, der ökonomischen oder welcher auch immer, sich zu ducken und es mit ihr zu halten.[101]

Wendet man Adornos Antisemitismus-Analyse auf die deutsche Version des Radfahrerwitzes an, wird er zum Bumerang. Denn allein der Versuch, über den scheinbar unverfänglichen Vergleich mit den Radfahrern von der Schuld abzulenken, ist geradezu der Beweis dafür, dass der Deutsche im Sinne seiner „Radfahrernatur" schuldig ist, die ihn als gehorsame und gefügige Figur kennzeichnet, jederzeit bereit, sich den Forderungen der Macht zu beugen. Über Adornos Beschreibung des antisemitischen Charakters und seinen Gebrauch der Figur des Radfahrers gelangen wir zum abschließenden Paradoxon. Nimmt man Adornos Konzept von der deutschen „Radfahrernatur" ernst, dann bestünde die „Revanche" für Landmanns Wiedergutmachungswitz und ihr jüdisches Witzbuch (mit seiner Entlarvung der Ablenkung von der Trauer) in einer zusätzlichen Steigerung der Schuld der Deutschen nach Auschwitz. Denn so wird die Beweglichkeit des klassischen jüdischen Witzes mit den Radfahrern – als deutsche Aneignung des Witzes, mit der man sich (selbst-)ironisch über die eigene Opferrolle im Rahmen der Wiedergutmachung mokiert – zum Anlass für den nächsten antisemitischen Dreh.

Denkbar wäre aber noch eine andere Perspektive, aus der sich dieser Witz in seiner antisemitischen Vorkriegsvariante verstehen lässt und die auch auf die wiederaufbereitete antigermanische Nachkriegsversion zutrifft. Slavoj Žižek erinnert uns daran, dass der eigentliche Zweck des ursprünglichen jüdischen Sündenbockwitzes darin bestand, die radikale Kontingenz herauszustellen, um die „Falle des Antisemitismus" zu widerlegen, die bei den Juden nach einer inhärenten Charakteristik oder einem bösen Wesen sucht und die fatale Annahme einer Prädestination herstellen möchte, so als ob sich an der Wurzel des antisemitischen Hasses irgendeine valide Rechtfertigung finden ließe. In diesem Sinne endet der jüdische Witz mit einer selbstreflexiven Frage, die auf die Sündenbockanschuldigung mit einem einfachen Warum antwortet. In der Rolle eines Stand-up-Philosophen lässt Žižek die Frage in diesem klassischen jüdischen Witz über den Antisemitismus offen:

> Eine der Konsequenzen, die daraus gezogen werden müssen, ist, dass, versucht man, eine Antwort auf die Frage: „Warum wurden gerade die Juden für diese Sündenbockrolle in der antisemitischen Ideologie auserkoren?" zu geben, gerät man allzu schnell in die Falle des Antisemitismus und sucht in ihnen nach mysteriösen Merkmalen, als ob sie für diese Rolle prädestiniert wären: Die Tatsache, dass es die Juden waren, die für diese Rolle erwählt wurden, ist letztlich kontingent, wie es der bekannte antisemitische Witz zeigt: „Die Juden und die Radfahrer sind für unsere ganzen Schwierigkeiten verantwortlich. – Warum die Radfahrer? WARUM DIE JUDEN?"[102]

Wendet man Žižeks Bestätigung der Kontingenz, seine Dekonstruktion der Wesenskerne und die Anfechtung der Prädestination auf Adornos Analyse von der autoritätshörigen Radfahrernatur und auf den Post-Holocaust-Witz in der Erzählung von Landmann an, vermeidet man die Falle des Antigermanismus und dessen essentialistische Sündenbockpolitik, wenn gefragt wird: „Warum die Deutschen?"

1   Die Folkloristen Alan Dundes und Thomas Hauschild sind allerdings der Ansicht, dass je „heiliger, tabuisierter oder abscheulicher" das Thema ist, es desto öfter zum „eigentlichen Schrot für die Mühlen des Humors" wird; siehe ihre Studie vom „Zyklus der kranken Witze", auch als Auschwitz-Witze bekannt, in: *Western Folklore* 42, No. 4 (1983), S. 249–260.

2   In diesem Zitat aus den *Maximen und Reflexionen* verweist Goethe auch auf die hellseherische Macht in den Scherzen von Lichtenberg: „Lichtenbergs Schriften können wir uns als der wunderbarsten Wünschelrute bedienen: wo er einen Spaß macht, liegt ein Problem verborgen." Richard Dobel, *Lexikon der Goethe-Zitate* (Zürich: Artemis, 1968), S. 526. Ähnlich postuliert dieses Kapitel den Diskurs im und über den jüdischen Witz als Möglichkeit, die Probleme der kulturellen und intellektuellen Wiedergutmachung zu erahnen. Während Goethes Fokus hier auf dem Spaß liegt, bezieht er sich in den Karlsbader Tagebüchern ausdrücklich auf den jüdischen Witz. Für eine Diskussion und Rezitation der von Goethe geschätzten Witze, darunter einen, in dem sich das Problem von Witzen und Trauer verbirgt, siehe Chajim Bloch, *Das jüdische Volk in seiner Anekdote: Ernstes und Heiteres* (Berlin: Verlag für Kulturpolitik, 1931), S. 7–8, 327–328.

3   Zur „Frage der Tabus, die die neue deutsche Gesellschaft um jeden Preis zu vergessen suchte" (S. 188), siehe Jean-Paul Bier, „The Holocaust, West Germany, and Strategies of Oblivion, 1947–1979", in: *Germans and Jews Since the Holocaust: The Changing Situation in West Germany,* Hg. Anson Rabinbach und Jack Zipes (New York: Holmes and Meier, 1986), S. 183–207.

4   Salcia Landmann, *Der jüdische Witz: Soziologie und Sammlung* (Olten und Freiburg im Breisgau: Walter Verlag, 1960). Im Folgenden mit DJW zitiert, gefolgt vom jeweiligen Jahr der Ausgabe und der Seitenangabe.

5   Landmanns Doktorarbeit *Phänomenologie und Ontologie: Husserl, Scheler, Heidegger* (Leipzig: Heitz, 1939) wurde unter ihrem Mädchennamen Salcia Passweg veröffentlicht. Stellt man die künftige jiddische „Witzenschaftlerin" Landmann der jungen Doktorandin über den Nazi-Sympathisanten Heidegger gegenüber, entsteht ein ebenso interessantes wie ironisches Bild. Auf den jüdischen Witz stieß sie angeblich „als Studentin bei der Behandlung der Kantschen Aporien im philosophischen Seminar von Prof. Hermann Schmalenbach in Basel". Dort sei ihr die Wesensverwandtschaft mit Kants unlösbaren Aporien aufgefallen, „also die Frage, ob Raum und Zeit endlich oder unendlich sind". Salcia Landmann in einem Brief an den Autor vom 10. Februar 1995.

6   Die Inszenierung von Anne Frank in Deutschland diskutiert Anat Feinberg in *Wiedergutmachung im Programm: Jüdisches Schicksal im deutschen Nachkriegsdrama* (Köln: Prometh Verlag, 1988), S. 20–24. Der späteren Vervielfältigung der Medien, die dem Gedenken an Anne Frank gewidmet sind, gehen Barbara Kirshenblatt-Gimblett und Jeffrey Shandler nach (Hg.), *Anne Frank Unbound: Media, Imagination, Memory* (Bloomington: Indiana University Press, 2012).

7   Landmann: „Durch diese Einleitung war es möglich, nach der Schoah sich dem jüdischen Witz zuzuwenden und im Zusammenhang mit den Juden auch wieder zu lachen". Salcia

Landmann in einem Brief an den Autor vom 10. Februar 1995.

8   Die Kritiker Landmanns, die ihr die Verbreitung von Antisemitismus vorwarfen, vertraten die Ansicht, dass es einzig ein „Lachen über" war. Siehe z.B. Edwin Hartl, „In Sachen erklärter Widersprüche: Friedrich Torberg als Satiriker und Polemiker", in: *Und Lächeln ist das Erbteil meines Stammes: Erinnerung an Friedrich Torberg,* Hg. David Axmann (Wien: Edition Atelier, 1986). Hartl schreibt, dass „es dem unchristlich verbliebenen Teil der Christenheit mühelos ermöglichte, über die Juden zu lachen, anstatt mit ihnen" (S. 44).

9   Eine Analyse von Trauer und Nostalgie bei Syberberg unternimmt Eric Santner, „Allegories of Grieving: The Films of Hans Jürgen Syberberg", in: *Stranded Objects: Mourning, Memory and Film in Postwar Germany* (Ithaca, NY: Cornell University Press, 1990). Santner zitiert auch Syberbergs provokante Forderung nach Wiedergutmachung durch Amerika: „Nach diesem *Holocaust* aus Hollywood hat Amerika in den deutschen Medien einiges wiedergutzumachen." (S. 104)

10   Theodor Reik, „Zur Psychoanalyse des jüdischen Witzes", in: *Lust und Leid im Witz* (Wien: Internationaler Psychoanalytischer Verlag, 1929), S. 33–58. Vgl. Reik, *Jewish Wit* (New York: Gamut Press, 1962), das keinen Bezug zu seiner früheren Arbeit zum Thema Witz und Melancholie herstellt.

11   Sigmund Freud, *Der Witz und seine Beziehung zum Unbewussten* (Frankfurt am Main: S. Fischer Verlag, 1970), S. 100.

12   Santner, *Stranded Objects,* S. 12.

13   James Joyce, *Finnegans Wake: Deutsch,* Hg. Klaus Reichert und Fritz Senn, übersetzt von Harald Beck (Frankfurt am Main: Suhrkamp Verlag, 1989), S. 30.

14   Georges Bataille, *Hegel, der Mensch und die Geschichte,* übersetzt von Rita Bischof (Berlin: Matthes & Seitz, 2018) S. 59–60.

15   Die Schwierigkeit, wie Witztrauer zu lesen bzw. wie ihre Botschaft nicht zu lesen ist, wird in den Abenteuern von Moses Steinpilz wiedergegeben. Die Sinnesfreuden stehen stellvertretend für den Witz, der die Trauerarbeit auf den nächsten Morgen verschiebt. Aus einer anderen Perspektive kann die Satire in dem Witz jedoch auch so verstanden werden, dass man die Toten besser ehren sollte: „Moses Steinpilz nimmt sich auf seiner Geschäftsreise eine leichte Person mit in sein Hotelzimmer. Da klopft es, und der Kellner übergibt ihm ein Telegramm. Steinpilz erbricht den Umschlag, wirft einen flüchtigen Blick auf den Inhalt, sieht, daß ihm darin der plötzliche Tod seiner Frau gemeldet wird, steckt das Telegramm erschrocken weg und sagt: ‚Werd ich morgen früh einen Schreck haben und weinen!'" (DJW [1960], S. 385)

16   Salcia Landmann, „Zum jüdischen Witz", in: *Neues von Salcia Landmann* (München: F. A. Herbig, 1972), S. 7.

17   Salcia Landmann, „*Vorwort: Jüdischer Humor aus Amerika*", in: *Das große Buch des jüdischen Humors,* Hg. William Novak und Moshe Waldoks (Königstein: Athenäum Verlag, 1982), S. 9.

18   Salcia Landmann in einem Brief an den Autor vom 10. Februar 1995.

19 Landmann, „Glossar", in: DJW (1962), S. 657.

20 Ebd., S. 185.

21 Landmann bemerkt zu ihrer Publikationsliste: „Der jüdische Witz wurde für mich zum Einstieg in weitere Publikationen, in welchen ich den Gojim die Juden vorstellte." Salcia Landmann in einem Brief an den Autor vom 10. Februar 1995.

22 Immanuel Olsvanger, *Röyte Pomerantsen or How to Laugh in Yiddish* (New York: Schocken Books, 1947), xvii. (Anm.d.Ü.: Ursprünglich 1935 als *Rêjte Pomeranzen* bei Schocken in Berlin erschienen.)

23 Landmann, „Vorwort zur Taschenbuchausgabe", in: *Jüdische Witze: Ausgewählt und eingeleitet von Salcia Landmann* (München: dtv, 1963), S. 11.

24 In seiner fabelhaften und humorvollen Buchbesprechung „The Everlasting Joke" (Der ewige Witz) ließ der jiddische Schriftsteller und Nobelpreisträger Isaac B. Singer diesen Aspekt von Landmanns Projekt nicht gelten. Singer schrieb die folgende Erwiderung: „Mit diesem Buch möchte Frau Landmann dem jüdischen Witz ein Denkmal setzen. Die Leiche ist aber noch nicht ganz unter der Erde. Im Gegenteil, sie ist sogar sehr lebendig und erfindet in New York, Tel Aviv, Buenos Aires und selbst in Moskau munter neue Witze." Danach geht er auf die amerikanische Wiederbelebung des jüdischen Witzes ein und macht sich über Landmanns Theoriebildung lustig: „Um Mark Twain zu paraphrasieren: Der Bericht über den Tod des jüdischen Witzes war eine starke Übertreibung. Das erinnert mich [...] an die Anekdote über den Arzt, der einen Patienten bereits aufgegeben hat und der, als der Patient ihn vor Gesundheit strotzend besuchen kommt, sagt: ‚Raus hier. Theoretisch sind Sie eine Leiche.'" Isaac B. Singer, „The Everlasting Joke", in: *Commentary Magazine,* 1. Mai 1961, S. 458–462.

25 Landmann, DJW (1960), S. 105.

26 Ebd., S. 111. Es handelt sich um eine Wiederholung der früheren Passage über die Auslöschung des jüdischen Witzes im Holocaust: „Mit der Ausnahme der Massenvernichtungen durch die Hitler-Schergen hat der jüdische Witz auch tatsächlich alles überdauert" (S. 102).

27 Das führt zu einer eher ambivalenten Passage, die ein Trauern um den jüdischen Witz empfiehlt, zugleich aber findet, dass es nicht schade um ihn ist, da er in jüdischer Schwäche wurzelt und schreckliche Bedingungen voraussetzt. Hier dürfte Landmann der Hypothese vom „Witz aus Trauer" am nächsten gekommen sein: „In Israel ist der Judenwitz bereits untergegangen, weil er dort keine lebenswichtige Funktion mehr hat. Aber auch rund um die Welt geht er seinem Exitus entgegen. Schade um ihn! Er hatte – und hat – nicht seinesgleichen. Doch wenn man bedenkt, an welche bittern Konditionen er gebunden ist, und daß er speziell in Israel erst im Zusammenhang mit einem zweiten Juden-Holocaust wieder zum Leben erwachen würde, kann man ihm zwar nachtrauern, aber seine Wiederauferstehung nicht wünschen. Er gehört, zusammen mit dem europäischen Judentum, unwiderruflich der Vergangenheit an." Salcia Landmann, *„Der Jüdische Witz und Sein Tod",* unveröffentlichtes Manuskript, S. 9. Landmann ließ mich 1995 wissen, dass der Artikel in *Die*

Welt erscheinen würde, gedruckt ist er aber unauffindbar.

28   Damit kehren wir zu Landmanns Einschreibung des Begriffs „Requiem" zurück und zur Frage des Timings der Witztrauer. Wenn ihr Requiem auf den jüdischen Witz 1960 geschrieben wurde, warum tritt sie dann 1982 bei Novak und Waldoks, deren Sammlung der Wiederbelebung des jüdischen Witzes gewidmet ist, als Gast-Trauerrednerin auf? Sie selbst scheint sich diese Frage in „Ende des jüdischen Witzes?" ebenfalls zu stellen. Dieser merkwürdige Widerspruch entlarvt das dem Diskurs über die jüdische Witztrauer und Wiedergutmachung nach dem Holocaust innewohnende Produktionsmuster, das aus lauter Eulogien besteht, die in Wiederauferstehungen und Wiederbelebungen umgekehrt werden.

29   Jürg Ramspeck, „Ein ungewöhnlicher Bestseller", in: *Die Weltwoche*, 30. Dezember 1960, S. 15.

30   Diese These wird von Elliott Oring weiterentwickelt, siehe „The People of the Joke: On the Conceptualization of a Jewish Humor", in: *Western Folklore* 42, No. 4 (1983), S. 261–270. Oring verfolgt sie zurück zu B. Rohatyn, „Die Gestalten des jüdischen Volkshumors", in: *Ost und West* 11 (1911), und stellt die eher rhetorische Frage: „Kann man Leid und Qual denn besser überwinden als durch ein Lachen?" (S. 267)

31   Elisabeth Petuchowski, *Das Herz auf der Zunge: Aus der Welt des jüdischen Witzes* (Freiburg im Breisgau: Herder, 1984), S. 53.

32   Jonas Kreppel, „Einführung", in: *Wie der Jude Lacht: Anthologie jüdischer Witze, Satiren, Anekdoten, Humoresken, Aphorismen – Ein Beitrag zur Psychologie des jüdischen Witzes und zur jüdischen Volkskunde* (Wien: Verlag „Das Buch", 1933), S. vi.

33   Freud, „Die Motive von Witzen", in: *Der Witz*, S. 70: „Diese Bedingung der Selbstkritik mag uns erklären, daß gerade auf dem Boden des jüdischen Volkslebens eine Anzahl der trefflichsten Witze erwachsen sind, von denen wir ja hier reichliche Proben gegeben haben […] Ich weiß übrigens nicht, ob es sonst noch häufig vorkommt, daß sich ein Volk in solchem Ausmaß über sein eigenes Wesen lustig macht."

34   Landmanns ethnozentrische Verteidigung des jüdischen Witzes liest sich so: „Indes erklärt sich der Erfolg des Buches nicht nur aus der momentanen politischen und psychischen Situation in Mitteleuropa. Der jüdische Witz ist formal und inhaltlich jedem anderen Volkswitz überlegen." („Zum jüdischen Witz", in: *Neues*, S. 9)

35   Im Kontext der interkulturellen Versöhnung und Verständigung hielt Carlo Schmid am 1. Januar 1961 eine Radioansprache mit dem Titel „Wir Deutschen und die Juden". Eine überarbeitete Version in Druckform findet sich bei Carlo Schmid, *Politik als geistige Aufgabe* (München: Knaur, 1976). Darin ist auch die folgende pauschale Bejahung jüdischer Veröffentlichungen im Rahmen der Wiedergutmachung enthalten (mit Betonung auf „gut"): „Freilich erscheinen auch in unseren Tagen noch viele Bücher jüdischer Schriftsteller deutscher Sprache, die den Weg zu uns finden. Es ist gut, daß wir sie lesen; wir können davon viel haben, viel über die Welt und über uns selbst lernen." (S. 296)

36 Carlo Schmid, „Geleitwort", DJW (1960), S. 9.

37 Ebd., S. 12.

38 Fritz Muliar, „Nachwort", in: Novak und Waldoks, *Das große Buch des jüdischen Humors*, S. 312.

39 J. Klein-Haparash, *Krug und Stein: Jüdische Anekdoten* (München: Piper Verlag, 1961), S. 7.

40 Schmid, „Geleitwort", DJW (1960), S. 11.

41 J. G. Burg, *Jüdische Anekdotiade* (München: C. Ederer, 1977).

42 Erich Lüth, Durch Wahrheit zum Frieden: Aktion „Friede mit Israel" (Hamburg: Gesellschaft für christlich-jüdische Zusammenarbeit, 1952), S. 20.

43 Landmann, „Zum jüdischen Witz", DJW (1960) S. 17.

44 Zitiert bei Freud, *Der Witz,* S. 2:

45 Diese Ansicht wurde auch von dem umstrittenen Autor J. G. Burg in den Schlussbemerkungen zu seiner Nachkriegssammlung *Jüdische Anekdotiade* vertreten: „Wahrheitsgetreue Anekdoten werden auch mehr zur Verständigung zwischen Juden und Deutschen beitragen, als groß aufgebauschte und oberflächliche, sich kalendermäßig wiederholende Wochen der ‚Brüderlichkeit' es tun können." (S. 225)

46 Friedrich Torberg, „Wai geschrien!', oder Salcia Landmann ermordet den jüdischen Witz", in: *Der Monat* 14, Heft 157 (Oktober 1961), S. 64.

47 Josef Müller-Marein, „Die Waffe der Wehrlosen: Ein Buch, das helfen könnte, die deutsche Verkrampfung zu lösen", in: *Die Zeit,* 5. Mai 1961.

48 Torberg, „Wai geschrien!", S. 64. Er fährt fort: „Von dieser Bereitschaft, Gesinnung für Qualität zu nehmen, Charakter für Talent oder Leiden für Leistung, hat noch kein schlechtes Buch mit so viel Unrecht profitiert wie das Buch der in der Schweiz ansässigen Jüdin Salcia Landmann, welches weder Gesinnung noch Qualität, weder Charakter noch Talent bekundet und nichts weiter für sich geltend machen kann als die Wahl des in zweifacher Hinsicht dankbaren Themas: dankbar nicht nur deshalb, weil es ein jüdisches Thema ist und somit *a priori* seinen Anteil an der tabuisierten Wiedergutmachung sicher hatte, sondern weil diese Wiedergutmachung an Hand des jüdischen Witzes – eines der wenigen Lichtpunkte, die man den Juden gemeinhin zubilligt – besonders bequem und eingängig durchzuführen war." (S. 64)

49 Neumann bezeichnet Torbergs Artikel als „großartige Kritik". Siehe *Vielleicht das Heitere: Tagebuch aus einem anderen Jahr* (München: Verlag Kurt Desch, 1986), S. 310. Neumann schrieb zum Thema jüdische Witzerzählung außerdem zwei Artikel in *Die Zeit* (20. Dezember 1963 und 3. Januar 1964): „Über das Erzählen von Witzen".

50 Neumann, *Vielleicht das Heitere,* S. 310–311.

51 An dieser Stelle soll an den Auschwitz-Witz erinnert werden, den der Theatermacher George Tabori in einem Interview erzählte. Als einer, der in der Post-Holocaust-Ära zu den wichtigsten Tabubrechern am deut-

schen Theater gehörte, regt Tabori mit seiner geistreichen und von Galgenhumor geprägten Bemerkung zum Denken an. Anders als Neumanns Aussage vom Abreagieren ist Toris Pointe additiv: „G.T. Ich gebe Ihnen ein Beispiel. Kennen Sie den kürzesten deutschen Witz überhaupt? / H. K. Nein. / G. T: Auschwitz." Tabori nennt den Witz einen deutschen und keinen jüdischen, weil dieser tödliche Witz in der Realität auf Kosten der Juden ging. Übereinstimmend mit dem Post-Holocaust-Skript vom „Lachen aus Trauer" definiert Tabori den jüdischen Witz als etwas, das das Unerträgliche erträglich macht und das einer kollektiven Erfahrung von Schmerz und Leid entspringt. Siehe Herlinde Koelbl, *Jüdische Portraits* (Frankfurt am Main: S. Fischer, 1989), S. 236–237.

52 Torberg, „Wai geschrien!", S. 65.

53 Ebd., S. 64–65.

54 Für eine genaue Untersuchung der Schmierwelle als politischen Konflikt mit mehreren Seiten siehe Werner Bergmann, „Antisemitismus als politisches Ereignis: Die antisemitische Welle im Winter 1959/1960", in: *Antisemitismus in der Politischen Kultur nach 1945,* Hg. Werner Bergmann und Rainer Erb (Opladen: Westdeutscher Verlag, 1990), S. 253–275.

55 Landmann leitet diesen Witz mit einem soziokulturellen Kommentar ein, der einen weiteren Irrtum in der historischen Berechnung aufweist (1959 bis 1945 = 14 Jahre). Sie schreibt: „Zwanzig Jahre nach Ende der Nazizeit beschmierten in einigen deutschen Städten Rowdies Synagogenwände mit Hakenkreuzen und antisemitischen Aussprüchen. Die Schmierer wurden empfindlich bestraft. Damals kam folgender Witz auf" (DJW [1976], S. 575).

56 Vgl. Julius H. Schoeps, „*Sepulcra hostium religiosa nobis non sunt*: Zerstörung und Schändung jüdischer Friedhöfe in der Bundesrepublik Deutschland seit 1945", in: *Antisemitismus nach dem Holocaust: Bestandsaufnahme und Erscheinungsformen in deutschsprachigen Ländern,* Hg. Alphons Silbermann und Julius H. Schoeps (Köln: Verlag Wissenschaft und Politik, 1986), S. 33–39.

57 Peter Schönbach, *Reaktionen auf die antisemitische Welle im Winter 1959/1960* (Frankfurt am Main: Europäische Verlagsanstalt, 1961), S. 82.

58 Angesichts der Vorwürfe Torbergs versucht Landmann, den Angriff auf die persönliche Ebene zu bringen, und weist die Behauptung, das Buch verbreite Antisemitismus, kategorisch als Unsinn zurück: „Er zersprang vor Neid über meinen Erfolg und verfasste ein mehrseitiges Pamphlet in seiner Zeitschrift, in welchem er mir vorwarf, mit meinem Buch Antisemitismus zu verbreiten und manche Witze nicht perfekt zu formulieren. Ersteres ist Blödsinn." Salcia Landmann in einem Brief an den Autor vom 10. Februar 1995.

59 Torberg, „Wai geschrien!", S. 62.

60 Ebd., S. 62–64.

61 Theodor Adorno, „Zur Bekämpfung des Antisemitismus heute" (1962), *Vermischte Schriften 1,* in: *Gesammelte Schriften,* Hg. Rolf Tiedemann (Frankfurt am Main: Suhrkamp, 1986), 20.1:368. Paul Stöcklein zufolge soll Adorno mit Landmanns Buch keine Freude gehabt haben, er hat nur nie dazu geschrieben: „Übrigens lehn-

te auch Theodor W. Adorno die Sammlung leidenschaftlich ab, leider ohne sich öffentlich zu äußern." Franz-Heinrich Hackel, „Mittel der Sprach- und Inhaltsanalyse am Beispiel des Essays über Salcia Landmann", in: *Zur Sprachkunst Friedrich Torbergs. Parodie – Witz – Anekdote* (Frankfurt am Main: Peter Lang, 1984), S. 87.

62 Nietzsche formuliert dieses doppelte Spiel in Form einer fragenden Gleichung: „Haben sich diese bisherigen Genealogen der Moral auch nur von ferne etwas davon träumen lassen, dass zum Beispiel jener moralische Hauptbegriff ‚Schuld' seine Herkunft aus dem sehr materiellen Begriff ‚Schulden' genommen hat?" Friedrich Nietzsche, *Zur Genealogie der Moral: Eine Streitschrift* (Leipzig: C. G. Naumann, 1900), S. 66.

63 Jan Meyerowitz, *Der echte jüdische Witz* (Berlin: Colloquium Verlag, 1971), S. 13–14.

64 Einen Witz, der in der *Brennessel* erschienen war, gibt Landmann wortwörtlich wieder. Darin geht es um eine satirische Darstellung des Zionismus, die den Juden in die Rolle des unaufhörlichen Wichtigtuers und Vermittlers versetzt. „Was ist Zionismus? Wenn ein Jude einen zweiten beauftragt, Geld von einem dritten zu sammeln, mit dem man einen vierten nach Palästina schicken kann." Landmann „Messianismus und Zionismus", in: *DJW* (1960), S. 483.

65 Passend zum Argument der unterdrückten Aggressionen Henryk Broders provokanter Satz: „Antisemitismus gibt es nicht *trotz,* sondern *wegen* Auschwitz", Broder, *Der Ewige Antisemit: Über Sinn und Funktion eines beständigen Gefühls* (Frankfurt am Main: Fischer, 1988), S. 11.

66 Alexander und Margarete Mitscherlich, *Die Unfähigkeit zu trauern: Grundlagen kollektiven Verhaltens* (München: Piper, 1967), S. 40.

67 Ebd., S. 60.

68 Torberg, „Wai geschrien!", S. 48.

69 Landmann, DJW (1960), S. 193.

70 Sander L. Gilman, *Jüdischer Selbsthaß*, Vierter Teil, Die Asche der Shoah, Das tote Kind spricht, S. 314–334.

71 Für eine gründliche Auseinandersetzung mit Torbergs Polemik siehe Hackel, „Mittel der Sprach- und Inhaltsanalyse", S. 87–118.

72 Torberg, „Wai geschrien!", S. 54.

73 Vgl. Lutz Röhrich, *Der Witz,* S. 284. So wie Torberg vertritt Röhrich die Ansicht, dass sich hinter Landmanns gut gemeinter Trauer („eine Art Ehrenrettung") schlechte Trauer verbirgt: „Obwohl das Buch von einer Jüdin verfaßt und als eine Art Ehrenrettung des jüdischen Humors gedacht war, hat es böse Kritik erfahren. [...] Bei Salcia Landmann sind die Pointen oft verbogen oder gekillt. Friedrich Torberg tadelt die trostlose Blässe der Fassungen, ihre Humor- und Pointenlosigkeit, dilettantischen Erzählstil, Gefühllosigkeit und Instinktlosigkeit. Hinzu kommen Wiederholungen, irreführende Definitionen, Unkenntnis der historischen und theologischen Voraussetzungen, Systemlosigkeit und Oberflächlichkeit des Kommentars, falsche Zitate und Literaturangaben. Aufgrund all der genannten Fehler wirft Torberg dem Buch unjüdischen und damit zwangsläufig antijüdischen Charakter vor."

74 Torberg, „Wai geschrien!", S. 56.

75 Hartl, „In Sachen erklärter Widersprüche", S. 43.

76 Harry Zohn, *Wiener Juden in der deutschen Literatur: Essays* (Tel Aviv: Edition „Olamenu", 1964), S. 104–105.

77 Landmann in einem Brief an den Autor vom 10. Februar 1995.

78 Freud, *Der Witz*, S. 138.

79 Landmann in einem Brief an den Autor vom 10. Februar 1995.

80 Ebd., „Es gab, wie gesagt, nur begeisterte Rezensionen von Zeitungen und Zeitschriften und elektronischen Medien der Nichtjuden."

81 Die Behauptung, eine Kennerin der jüdischen Tradition zu sein, dürfte eine in diesen Fragen erwiesenermaßen versierte Autorität nicht überzeugt haben. Auch wenn Gershom Scholem Landmanns Sammlung nicht namentlich nennt, ist unschwer zu erraten, von wem die Rede ist, wenn er seine Ablehnung zeitgenössischer jüdischer Witzbücher gegenüber jenen aus seiner Jugend und hier insbesondere dem 1907 erschienenen *Das Buch der jüdischen Witze* von Manuel Schnitzer ausdrückt, das „turmhoch manchen heutigen greulichen Erzeugnissen dieses Genres überlegen, bei denen ein Leser, der mit jüdischen Dingen vertraut ist, aus Staunen und Ärger nicht herauskommt." Vgl. Gershom Scholem, *Von Berlin nach Jerusalem: Jugenderinnerungen* (Frankfurt am Main: Jüdischer Verlag, 1982), S. 45. Ich danke Jacob Hessing für den Hinweis.

82 Landmann, „Zum jüdischen Witz", S. 7.

83 Landmann, DJW (1962), S. 645.

84 Ebd., S. 645.

85 Max Präger und Siegfried Schmitz (Hg.), *Jüdische Schwänke* (Wien: R. Löwit Verlag, 1928).

86 Frank Stern beurteilt die Transformation des Philosemitismus zur offiziellen Staatspolitik folgendermaßen: „Denn mit der Wiedergutmachung wurde der Philosemitismus von einem ambivalenten sozialpsychologischen Element des deutschen Nachkriegs zu einem festen Bestandteil der ideologischen Legitimität der Bundesrepublik. Er wurde zum politisch instrumentalisierten Philosemitismus." Stern, *Im Anfang war Auschwitz: Antisemitismus und Philosemitismus im deutschen Nachkrieg* (Gerlingen: Bleicher Verlag, 1991), S. 300.

87 Siehe hierzu Sterns Analyse der Nachkriegsbeigabe manifester philo- und latenter antisemitischer Elemente: „Die projüdischen und philosemitischen Erklärungen und Verhaltensweisen, soweit sie öffentlich sind, erfolgen oftmals über einer tieferen Schicht von Meinungen und Einstellungen, die ein Konglomerat von traditionellen und neuen anti-jüdischen oder antisemitischen Elementen darstellen." (S. 330)

88 Landmann, *Jüdische Witze* (München: dtv, 1963), S. 240.

89 Freud, *Der Witz,* S. 121. Der „Wiederjudmachungswitz" erinnert formal und inhaltlich an einen ambivalenten jüdischen selbstkritischen/antisemitischen Witz, der Freud zufol-

ge mit einer geringfügigen Veränderung zweier Vokale spielt. Diese Modifikation, wie von Herrn N. erzählt, wendet sich gegen einen anonymen jüdischen Täufling und Wendehals: „Er hört von einem Herrn, der selbst als Jude geboren ist, eine gehässige Äußerung über jüdisches Wesen. ,Herr Hofrat', meint er, ,Ihr Ant*e*semitismus war mir bekannt, Ihr Antisemitismus ist mir neu.'" (S. 33)

90   In einem nur wenige Jahre vor Landmanns Buch erschienenen Wörterbuch namens *Berliner Witz* kommt das noch stärker zur Geltung. Es enthält unter dem Eintrag „JUT" die folgende Anekdote über den braven Egon Schulze: „Herr Egon Schulze stellt sich vor. Berliner: Sehr anjenehm! (Für sich): Ejon? Ejon is jut." Vgl. Alfred Mühr (Hg.), *Berliner Witz-ABC* (Berlin-Grunewald: Non-Stop Bücherei, 1957), S. 60. Mit dem Wechselspiel zwischen g und j und dessen Auslassung gelangt ein jüdischer Witz der Jahrhundertwende über jüdisches Leid und die Abwesenheit Gottes zur gleichen linguistischen Pointe: „Frage: ,Was sind die 'Uden?' Antwort: ,Ein Jottverlassenes Volk.'"

91   Das Adorno-Zitat lautet: „(ich habe einmal gesagt, der Antisemitismus sei das Gerücht über die Juden)", in: „Zur Bekämpfung des Antisemitismus heute", S. 363.

92   Passend hierzu taucht das Wort auch in einem Brief Friedrich Torbergs an Paul Celan auf, in dem er Celan überreden möchte, seine Entscheidung vom März 1964 rückgängig zu machen, als er wegen zweier antisemitischer beleidigender Äußerungen durch Paula Ludwig aus dem österreichischen PEN-Club ausgetreten war. Der selbstkritische Torberg bezieht den Begriff auf sich selbst und seine Glaubwürdigkeit als Jude: „In meiner Eigenschaft als ,Jud vom Dienst', also als militanter Verfechter eben jenes Standpunkts, der auch der Ihre ist." Der Versuch, Celan wieder für den PEN zu gewinnen, schlug allerdings fehl. Siehe den Brief von Torberg an Celan vom 24. März 1964, in: Friedrich Torberg, *In diesem Sinne ...* (München: Langen Müller, 1981), S. 80.

93   Stéphane Moses, „Wege, auf denen die Sprache stimmhaft wird: Paul Celans ,Gespräch im Gebirg'", in: *Argumentum e Silentio: Internationales Paul Celan-Symposium Seattle 1984*, Hg. Amy D. Colin (Berlin: Walter de Gruyter, 1987), S. 50.

94   Es ist nicht so, als wäre Landmann dieser Begriff nicht vertraut gewesen. Die sechste Ausgabe von *Der jüdische Witz* enthält einen jüdischen Post-Holocaust-Witz (unter der Überschrift ENTNAZIFIZIERUNG), der sich über die bürokratische Farce der Nazi-Rehabilitierung lustig macht, die stets auf Kosten der Leichen im Keller zu gehen scheint: „Der Beamte bemüht sich, den einfachen Parteigenossen Müller zu entnazifizieren. ,Waren Sie unter Hitler eingesperrt? Haben Sie zur Widerstandsbewegung gehört? Hatten Sie sonstwie unter Hitler zu leiden?' ,Nein', gesteht Müller, ,es ist mir sogar sehr gut gegangen. Ich hatte immer genug zu essen und hatte sogar im Keller eine Menge sehr guten Wein versteckt.' Der Beamte: ,Ausgezeichnet! Fräulein, schreiben Sie: Das einfache Parteimitglied Müller hielt während der ganzen Hitlerzeit in seinem Keller einen gewissen ,Oppenheimer' versteckt." Landmann, *Der jüdische Witz* (Frankfurt am Main: Büchergilde Gutenberg, 1976), S. 574.

6   Jüdischer Witz — Trauer und Wiedergutmachung

95 Alexander Drozdzynski, *Das verspottete Tausendjährige Reich* (Düsseldorf: Dorste, 1978), S. 219.

96 Frank Stern, *Im Anfang war Auschwitz*, S. 356.

97 Für eine kritische Auseinandersetzung und eine facettenreiche zeitgenössische Dokumentation vgl. Siegfried Zielinski, *Veit Harlan, Analysen und Materialien zur Auseinandersetzung mit einem Film-Regisseur des deutschen Faschismus* (Frankfurt am Main: Rita G. Fischer Verlag, 1981).

98 Die Drehungen und Wendungen, die das Schwurgerichtsverfahren prägten, beschreibt Wolfgang Benz in „Postwar Society and National Socialism: Remembrance, Amnesia, Rejection", in: *Tel Aviver Jahrbuch für deutsche Geschichte* (Gerlingen: Bleicher Verlag, 1990), 19:3–5. Harlans eigene Stilisierung zum Philosemiten findet sich in seiner Autobiographie, Veit Harlan, *Im Schatten meiner Filme: Selbstbiographie* (Gütersloh: H. C. Opfermann, 1966).

99 Salcia Landmann, „On Jewish Humour", in: *Jewish Journal of Sociology* 4, No. 2 (Dezember 1962), S. 199.

100 In den Worten von Alexander und Margarete Mitscherlich: „Die Ersetzung der Trauer durch Identifikation mit dem unschuldigen Opfer geschieht häufig; sie ist vor allem eine konsequente Abwehr der Schuld [...] Im Bewußtsein stellt sich die Vergangenheit dann folgendermaßen dar: Man hat viele Opfer gebracht, hat den Krieg erlitten, ist danach lange diskriminiert gewesen, obgleich man unschuldig war, weil man ja zu alledem, was einem jetzt vorgeworfen wird, befohlen worden war." *Die Unfähigkeit zu trauern*, S. 60.

101 Obwohl der Vortrag „Zur Bekämpfung des Antisemitismus heute" Ende 1962 gehalten wurde, erschien er erst zwei Jahre später in *Das Argument* 6, Nr. 29 (1964), S. 88–104. Siehe Adorno, *Gesammelte Schriften*, 20.1: 372.

102 Slavoj Žižek, *Verweilen beim Negativen. Psychoanalyse und die Philosophie des deutschen Idealismus*, Band 2, übersetzt von Lydia Marinelli (Wien: Turia + Kant, 1994), Zitat in Teil III, Hegels „Wesenslogik" als Ideologie, Fußnote 30, S. 206. Er wiederholt den Witz in *Žižek's Jokes: Did You Hear the One About Hegel and Negation?* (Cambridge, MA: MIT Press, 2014), S. 117.

Ein letzter
Lacher

Ich will mit einer letzten Anekdote und einem letzten, durch den jüdischen Witz und seine komische Instabilität ausgelöstes Lachen schließen. Nur wenige Jahre nach der Kontroverse um Salcia Landmanns Buch und die jüdische Witz-Wiedergutmachung verlagerten sich der Schauplatz für das Lachen im Dienste der Versöhnung und die Spannungen der jüdischen Witztrauer von der BRD in den noch jungen Staat Israel. Als es zu Beginn der 1965 zwischen Westdeutschland und Israel aufgenommenen offiziellen diplomatischen Beziehungen zur ersten Begegnung des deutschen Botschafters mit seinen israelischen Gastgebern bei einem Abendessen in Tel Aviv kam, spielte das Lachen – quasi als Botschafter des guten Willens – eine wesentliche Rolle. Als gemeinsame kulturelle Erinnerung und als Vermittler – eine Kreuzung aus deutschem Vermittler und jüdischem *Schadchen* – bildete der jüdische Witz die interkulturelle Brücke. Die Szenerie entspricht einer modernen Variante des gemeinsamen Gastmahls um einen festlich gedeckten Tisch, bei dem der jüdische Witz die schwierige Aufgabe des hin und her pendelnden Diplomaten übernimmt – aus nächster Nähe und inmitten der Gefahr, dass ein einziger Fauxpas genügt, um den Small Talk der deutschen und israelischen Gäste eskalieren zu lassen und die Chance auf Heilung und Versöhnung zu vergeben. Der jüdische Witz, so will es die Geschichte, war dieser Aufgabe gewachsen. Welche Witze der junge israelische Industrielle der Tischgesellschaft erzählte, ist leider nicht überliefert, aber es ist durchaus möglich, dass sie in Landmanns Sammlung enthalten waren, wenn nicht sogar aus ihr entnommen.

Der emigrierte Soziologe und Experte für Nazi-Propaganda Hans Speier beschreibt und analysiert diese Anekdote, die an der Kreuzung von Witz und Politik spielt. Bezeichnend ist, dass Speier die Aufnahme der diplomatischen Beziehungen auf dem Höhepunkt von Wiedergutmachung und Rückkehrgesetz irrtümlich mit den Begriffen einer sich wiederholenden Geschichte beschreibt – im Sinne einer *Wieder*herstellung der Beziehungen.

> Bestimmte politische Witze können also Streitende miteinander versöhnen [...] Dafür noch ein weiteres Beispiel. Die diplomatischen Beziehungen zwischen der Bundesrepublik und Israel wurden erst zwanzig Jahre nach Ende des Zweiten Weltkriegs unter Bundeskanzler Erhard wiederhergestellt. Verständlicherweise gab es anfangs Widerstand gegen die Anwesenheit eines deutschen Botschafters in Israel. Es kam sogar zu Demonstrationen, gegen die Botschafter Rolf Pauls klugerweise nicht protestierte. Vierzehn Tage nach seiner Ankunft in Tel Aviv wurde er zum ersten Mal zu einem privaten Essen eingeladen. Ein junger israelischer Industrieller unterhielt die Gäste mit jüdischen Witzen. Pauls wollte in das Lachen miteinstimmen, nahm aber aus Takt oder Befangenheit davon Abstand. Er berichtete später, daß das Eis erst gebrochen war, als der charmante Erzähler sich an ihn mit den Worten wandte: „Lachen Sie, Herr Botschafter. Machen Sie uns das Vergnügen und lachen Sie bitte.¹

Ja, hier wurde eine deutsch-jüdische, genauer, eine deutsch-israelische Verständigung erreicht – dass es sich dabei aber um keinen gesellschaftlichen Anlass wie jeden anderen handelte, wird durch das betretene Zögern des deutschen Botschafters und die zweischneidige Aufforderung des israelischen Industriellen vermittelt. Denn der Eisbrecher äußert sich in einem zwischen Befehl und Bitte schwankenden Tonfall, in einer zwischen Herrn und Knecht und im weiteren Sinn zwischen Henker und Opfer posierenden Geste und beschwört die quälende Erinnerung an die extreme Unausgewogenheit der Beziehung herauf, die dieser deutsch-jüdischen Nachkriegsbegegnung und den dabei erzählten Witzen anhaftet. Lach, verdammt noch mal, so lach doch! Ich bitte Sie, mein Herr, seid so gut und lacht.² Am Ende des Abends mochten also durchaus Zweifel angebracht gewesen sein, ob die dem Botschafter abgerungene Witzwiedergutmachung ein gezwungenes oder natürliches Lachen war. Folgt man Speiers versöhnlicher Interpretation, signalisierte ihr Lachen eine Bereitschaft zur Wiedergutmachung, einen möglichen Weg, den Schmerz und das Leid ihrer gemeinsamen Geschichte aufzuarbeiten – und um die deutschen Verbrechen und die jüdischen Opfer zu trauern. Möglich ist aber auch, dass Pauls' anfängliches respektvolles Zögern und sein Taktgefühl richtig waren und dass ihr Lachen von einer angemessenen Trauer und Versöhnung ablenkte, sie missachtete oder gar zunichtemachte. So wird das, was in diesem Witzaustausch zur Aufführung gelangt, in einem Atemzug und mit einem Lachen zur Möglichkeit wie auch zur Unmöglichkeit einer Versöhnung.[3]

Wenn es darum geht, etwas so Komplexes und Ambivalentes wie die reversiblen Praktiken der Witzwiedergutmachung und Witztrauer zu verstehen, bzw. wenn es um die Frage geht, ob beim Lachen über diese Witze, seien sie selbstironisch oder anders gemeint, philosemitische oder antisemitische Beweggründe am Werk (oder im Spiel) sind, steht nur eines fest: Sie lachen, und so lange sie lachen, weiß es niemand.

1   Hans Speier, *Witz und Politik: Essay über die Macht und das Lachen* (Zürich: Edition Interform, 1975), S. 16-17. Speiers Quelle: R. F. Pauls, „Der neue Beginn in Israel", *Das Parlamaent 22,* Nr. 45 (November 1972): 9.

2   Die Wortwahl des jungen Israeli erinnert an Nietzsches Zarathustra und seinen Befehl zu lachen: „Das Lachen sprach ich heilig, ihr höheren Menschen, lernt mir – lachen!" Friedrich Nietzsche, *Also sprach Zarathustra: Ein Buch für Alle und Keinen* (Stuttgart: Alfred Kröner Verlag, 1950), S. 328.

3   Bei dieser Szene denkt man an die Ambivalenz des von Theodor Reik erzählten Jom-Kippur-Witzes, den Jacques Derrida so interpretiert, dass ein Akt des Vergebens immer bereits von Feindschaft und gebrochenen Versprechen belastet ist: „Two Jews, longtime enemies, meet at the synagogue, on the Day of Atonement [le jour du Grand Pardon]. One says to the other [as a gesture, therefore, of forgiveness—J.D.]: 'I wish for you what you wish for me.' The other immediately retorts: 'Already you're starting again?'" (Zwei Juden, seit langem miteinander verfeindet, begegnen einander am Versöhnungstag in der Synagoge. Sagt der eine zum anderen [in einer daher versöhnlichen Geste – J.D.]: ‚Ich wünsche dir, was du mir wünschst.' Darauf der andere: ‚Fängst du schon wieder an?') Derrida spricht von einer unfassbaren Geschichte ("an unfathomable story"), die das Vergeben an den Abgrund des Unmöglichen versetzt ("to the abyss of impossibility"). Jacques Derrida, "Hospitality," in *Acts of Religion,* ed. Gil Anidjar (New York: Routledge, 2002), S. 381.

Epilog

Der jüdische Witz in Amerika unter Trump

Inwiefern hat sich der selbstironische und subversive jüdische Witz seit der Wahl Donald Trumps im November 2016 verändert? Hat der Diskurs über den jüdischen Humor durch den Rechtspopulismus in den USA und den ihn begleitenden Antisemitismus eine nennenswerte Veränderung erfahren? Hat das toxische, von Rassismus und Fremdenfeindlichkeit geprägte politische Umfeld die Grenzen des Zumutbaren auf eine Weise verschoben, die der Situation unter Hitler und den Nationalsozialisten oder dem Ende der Weimarer Republik vergleichbar wäre? Wurde der jüdische Witz durch die antisemitische Gewalt in der *Tree of Life*-Synagoge von Pittsburgh und die rassistischen Krawalle der *Unite the Right* in Charlottesville zum Verstummen gebracht? Ist die politische Lage zu unbeständig und bösartig geworden, sodass man bestimmte (von den Zensoren als „politisch nicht korrekt" eingestufte) Witze nicht mehr erzählen kann, ohne dem Antisemitismus der Alt-Right-Bewegung Munition zu liefern? Oder eignet sich der jüdische Witz nach wie vor in schamloser und selbstbewusster Weise antisemitische Bilder an und ist sogar noch provokanter geworden? Und welche Wirkung haben die von den Neonazis im Internet verbreiteten antisemitischen Witze, die sich über den Holocaust lustig machen und das unter dem Deckmantel der Ironie tun?

Das sind wichtige Fragen, die es wert wären, genauer erforscht und im Rahmen einer eigenen Studie behandelt zu werden. Ich will mich hier auf drei aufsehenerregende Beispiele beschränken, die den jüdischen Witz abermals ins Rampenlicht der Öffentlichkeit gerückt und seine Relevanz im Kontext angespannter politischer und kultureller Verhältnisse bestätigt haben. Bei näherer Betrachtung dieser Fälle bietet sich der todbringende Diskurs über den jüdischen Witz in der deutsch-jüdischen Geschichte als richtungsweisender Präzedenzfall an und liefert wertvolle Erkenntnisse, wie er gegenwärtig in den USA und anderswo wieder instrumentalisiert wird.

Als Larry David (der jüdische Comedian und Autor von *Seinfeld* und *Curb Your Enthusiasm*) am 4. November 2017 bei *Saturday Night Live* seinen Einstandsmonolog hielt, dürfte die Reaktion des Publikums verhaltener ausgefallen sein, als er sich das vorgestellt hatte. Den Anfang machten Witzeleien über die Vorwürfe der sexuellen Belästigung gegen den Hollywood-Mogul Harvey Weinstein, die er als „ziemlich ziemlich" schlechte Nachrichten für die Juden bezeichnete. („Aus altbekannten Gründen mag ich es nicht, wenn Juden in den Schlagzeilen stehen. Was ich mir wünsche: Einstein entdeckt die Relativitätstheorie, Salk entdeckt ein Mittel gegen Kinderlähmung. Was ich mir nicht wünsche: Weinstein nahm ihn heraus.") Auf Weinsteins Übergriffe folgten übergriffige Holocaust-Witze und die Frage, wie er sich an weibliche Mitgefangene herangemacht hätte, wäre er im KZ gewesen. („Ich habe mich immer schon gefragt, wäre ich in Polen aufgewachsen, als Hitler an die Macht kam, und in einem Konzentrationslager gelandet, wäre ich den Frauen dann immer noch hinterhergelaufen? Ich glaube schon – ‚Hey, Schlomo, siehst du die aus Baracke 8? Ich hab schon seit Wochen ein Auge auf sie und würde sie gerne ansprechen, irgendwas zu ihr sagen.' Das Problem ist nur, für eine Anmache im Konzentrationslager gibt es keine guten Stehsätze.)

Die Online-Kommentare auf Davids Witze fielen gemischt aus: Die einen reagierten mit Ekel und Ablehnung, die anderen verteidigten sie standhaft, und insgesamt entstand der Eindruck einer Neuauflage der Kade-Ko-Kontroverse in Berlin am Ende der Weimarer Republik, als sich jüdische Kabarettisten mit dem von jüdischen Zensoren erhobenen Vorwurf des Antisemitismus konfrontiert sahen. Während Alfred Wiener vom jüdischen Central-Verein mit Leitartikeln auf die Unverschämtheiten des KadeKo reagierte, entschied sich Jonathan Greenblatt von der Anti-Defamation League für Twitter und postete am nächsten Morgen: „Gestern Abend #LarryDavid #SNL Monolog gesehen.

Er schafft es, beleidigend, instinktlos & unwitzig zu sein, und das alles gleichzeitig. Ziemliche Leistung."[1] Das Medium mag ein neues (und verkürztes) sein, die Botschaft ist unverändert die alte: Die Redefreiheit der Komiker soll eingeschränkt werden. Der konservative Funktionär und Wächter von heute reagiert ähnlich reflexartig auf eine ungehörige Darbietung „politischer Unkorrektheit", indem er dieselben alten Ängste vor dem destruktiven jüdischen Witz schürt. Er schießt sich auf den Comedian ein und kritisiert dessen „beleidigenden" und „respektlosen" Humor als inakzeptabel. Mehr noch, Greenblatt beleidigt ihn mit den Worten, er sei „nicht witzig" – der KZ-Flirt lässt ihn an die Grenzen seiner (jüdischen) Weisheit stoßen.

Der jüdische Humorwissenschaftler Jeremy Dauber hat sich das SNL-Debakel genauer angesehen. Er nennt den Elefanten im Porzellanladen beim Namen, den er in den meisten Reaktionen im Netz vermisst und der Davids Holocaust-Witze unter Trump so unpassend und beklemmend erscheinen lässt. 2004 machte sich David in *Curb Your Enthusiasm* mit der Episode „The Survivors" über die Begegnung eines Holocaust-Überlebenden mit dem „Survivor" einer Game Show („Holt mich hier raus") lustig. Zwischen den beiden bricht ein Streit aus, wer mehr erlitten hat – der KZ-Überlebende oder der TV-Held. Die Komik der Show baute gekonnt auf fehlgeleiteter Kommunikation und Inkongruenz auf, wobei das Reality TV, konfrontiert mit Auschwitz, ordentlich sein Fett abbekam: „Aber diese zum Nachdenken anregende *Curb*-Episode wurde 2004 gesendet, jetzt befinden wir uns im Jahr 2017, nach Charlottesville. Davids Anspielung am Samstag auf das Konzentrationslager als eine Art provokantes Versteckspiel [...] mag besonders hohl klingen in einem Amerika, in dem die Neonazis für alle sichtbar auf die Straßen gehen und immer mehr Memes weißer Ultranationalisten im Netz kursieren."[2] Die Ausschreitungen in Charlottesville fanden am 11. und 12. August statt, nicht ganz drei Monate vor Davids Monolog. Davids Kritiker verurteilten daher das Timing als unangebracht und unsensibel.

Eine Woche später kehrte der keinerlei Reue zeigende David in der SNL-Show zurück, diesmal in der Rolle von Bernie Sanders, der sich über eine in kulturelle Tabus eingezwängte Zensur lustig machte und ihr mit altmodischem jüdischem Humor die Stirn bot. („Diese Komiker da draußen, die meinen, es sei okay, Witze über Konzentrationslager zu reißen. Der Typ soll in der Hölle schmoren.") Ob wissentlich oder nicht, aber David wandelt auf den Spuren von Kurt Robitschek und dessen Verteidigung subversiver jüdischer Witze gegen die Angriffe von Alfred Wiener: „Aber – um Gottes Willen! – keine kleinliche Zensur! Witz und Satire müssen erlaubt sein, wenn auch hie und da einzelner hart getroffen wird."[3] David ruft ebenfalls den jüdischen Selbstspott auf, wenn er sich in dieser selbstironischen komischen Tradition sieht und im entscheidenden Moment seiner Stand-up-Routine diese Art von (skatalogischem) Humor pflegt. Der Comedian grenzt sich von Weinstein ab, der nicht nur das negative Klischee Sexualtäter repräsentiert, sondern als Jude zugleich die Aufmerksamkeit auf die Verschwörungstheorie lenkt, die Juden kontrollierten Hollywood. Im Kontrast dazu witzelt David, dass man ihn mit Ausnahme zweier Dinge schwerlich als Juden erkennen würde: „Wären da nicht die Selbstironie und das Reizdarmsyndrom, Sie kämen in einer Million Jahren nicht drauf."

Von Borat zu Morad

Unterdessen erklärte der britisch-jüdische Komiker Sacha Baron Cohen wiederholt, seine politische Satire- und Showtime-Serie „Who is America?" (2018) sei als Antwort auf die Machtübernahme Donald Trumps entstanden. In dieser Serie schlüpft Baron Cohen in unterschiedliche Rollen, damit er seine Interviewpartner hinters Licht führen und seine Stunts durchziehen kann. Bemerkenswert gegenüber früheren Arbeiten ist jedoch, dass der antisemitische, von jüdischen Klischees ausgehende Humor relativ spärlich gesetzt ist. Was man in „Who is America?" vergeblich sucht, ist der mit der Figur des kasachischen Journalisten Borat Sadijew und dessen rassistischen Witzen verbundene Humor, mit dem er den Antisemitismus in der Ära Bush parodiert und provoziert hatte. Das heißt, die traditionelle Dialektik im Herzen des jüdischen Witzes (zwischen Selbstironie und antisemitischer Attacke) spielt nur noch am Rande eine Rolle. An die Stelle von Borat ist der israelische Ex-Mossad-Agent Erran Morad getreten, ein großspuriger Terrorexperte, der seine Gäste dazu verleitet, ein mitunter haarsträubend rassistisches Verhalten an den Tag zu legen. Die Morad-Figur, die ihre „Gäste" zu islamophoben Handlungen anstiftet, bringt auf satirische Weise Baron Cohens profunde Kritik am rechtsextremen israelischen Zionismus zum Ausdruck – sowohl hinsichtlich seiner rassistischen Neigungen wie auch seiner Politik des starken Arms.

Indem er neuerdings den zionistischen Extremismus zur Zielscheibe seines Spotts macht, reagiert Baron Cohen außerdem unmittelbar auf Trump und ein verändertes politisches Klima in Amerika, das der Sündenbockpolitik und dem antisemitischen Diskurs der Alt-Right heute toleranter gegenüber steht. (Man denke an Trumps berüchtigte Antwort auf Charlottesville: „Es gab auf beiden Seiten anständige Leute.") Nach Charlottesville und Pittsburgh muss der in der amerikanischen Gesellschaft schwelende Antisemitismus nicht mehr entlarvt werden. Die Zeiten, in denen Baron Cohen, um Sander Gilman zu zitieren, die „selbstbewußte jüdische Aneignung antisemitischer Klischees"[4] betrieb, sind vorbei, weshalb er seine selbstironische jüdische Komödie und politische Satire auf Israel und den Zionismus verlagert hat. Diese Zielverschiebung ermöglicht ihm ferner, über die bedingungslose Bewunderung der militärischen Macht Israels und ihre Unterstützung durch die amerikanische religiöse Rechte sowie über Trumps unheilige Allianz mit rechten Zionisten zu spotten. Das war denn auch das Thema der extrem erfolgreichen ersten Episode und ihrer Kritik am *Second Amendment* (dem zweiten Zusatzartikel der amerikanischen Verfassung, der das Recht auf den Besitz und das Tragen von Waffen garantiert), in der der Satiriker in der Rolle des Colonel Morad seine rechtsextremen amerikanischen Verbündeten für das „Kinderguardian"-Programm anwirbt, das Schulkinder mit als Stofftiere getarnten Schusswaffen ausstatten soll. Aber auch wenn die beißende Satire „Who is America?" keine Diffamierung der Diasporajuden betreibt, ändert das nichts daran, dass sich Baron Cohen nach wie vor den Vorwürfen von Vulgarität und Ungeheuerlichkeit aussetzt und dass dies ein Markenzeichen der langen Tradition des *Judenwitzlers* und der antisemitischen Attacken auf den jüdischen Charakter darstellt. In diesem Sinne setzt sich in Baron Cohens Charakteren (etwa dem ehemaligen Strafgefangenen und Fäkalienkünstler Rick Sherman) der Diskurs über den jüdischen Witz als das verwerfliche, nihilistische Produkt vulgärer, unsittlicher und schmutziger Juden fort. Und selbst wenn er in „Who is America?" nicht mehr so offensichtlich ethnisch diffamierend auftritt wie mit seinem früheren Protagonisten Borat, bleibt das Potential für antisemitische Spötteleien bestehen und konstituiert eine Fortsetzung der historischen Präzedenz, wie sie sich in der moralischen Verurteilung des jüdischen Witzes in Deutschland im 20. Jahrhundert manifestiert hat.

Ironischer Nazismus und andere antisemitische Eskapaden

Tatsächlich beunruhigend in der politischen Landschaft nach 2016 sind aber die antisemitischen Witze und Memes, die von Neonazis und *White-Supremacy*-Nationalisten auf Websites und in sozialen Netzwerken wie *The Daily Stormer*, *4chan* und *Gab* verbreitet werden. Diese Alt-Right-Taktik orientiert sich an der propagandistischen Aneignung der Witze unter den Nationalsozialisten und an der Judenhetze im Stile eines Siegfried Kadner oder Joseph Goebbels. Ganz egal, ob sie den selbstironischen jüdischen Humor für rassistische Zwecke ausbeuten, die provokante Position eines „ironischen Nazismus" einnehmen, der liberale Gegner aus der Reserve locken soll, oder ihre eigenen tendenziösen und judenfeindlichen Witze erfinden: Diese antisemitischen Witzstrategien rufen bevorzugt den Holocaust als inhaltliche Grundlage auf und versuchen, Goebbels' schauderhafte Worte wiederzubeleben, das Judentum hätte nichts zu lachen.

Wenn also der britische Alt-Right-Provokateur und ehemalige *Breitbart*-Nachrichtenredakteur Milo Yiannopoulos sagt, dass sich „jeder rassistische Witz auf wissenschaftliche Tatsachen"[5] gründe (auch wenn es im konkreten Fall um die Hetze gegen Frauen und Asiaten ging), oder wenn der Styleguide des *Daily Stormer* empfiehlt, „rassistische Bemerkungen so zu formulieren, dass sie sich wie halb im Scherz anhören – also wie ein rassistischer Witz, über den alle lachen, weil er wahr ist",[6] dann schallt einem laut und deutlich das Echo aus Siegfried Kadners *Rasse und Humor* entgegen. Mit seinem Eintreten für einen „ironischen Nazismus" im Internet verleiht Yiannopoulos dem antisemitischen Plot einen postmodernen Spin – denn bezogen auf das historische Narrativ des vorliegenden Buches, tut er etwas Unvorhergesehenes. Er stellt die perverse Behauptung auf, viele junge Menschen, die diese grauenvollen und hasserfüllten antisemitischen Witze verbreiten, seien in Wirklichkeit keine Nazis, sie wollten nur ein wenig über die Stränge schlagen und die politisch-kulturellen Tabus der Liberalen herausfordern, nicht anders als ein Larry David, wenn er von der anderen Seite des Zauns Holocaust-Witze erzählt. Yiannopoulos zufolge geht es den Jungs nur um ihren (transgressiven) Spaß. Ähnlich verhält es sich mit der anhaltenden Kontroverse um den schwedischen Gaming-Videoblogger PewDiePie (Felix Kjellberg) und den tendenziösen antisemitischen Humor, den er auf seinem von Millionen abonnierten YouTube-Kanal verbreitet – auch hier wird zu seiner Verteidigung behauptet, es handle sich um Ironie und Satire. Eine ganz andere Sprache sprechen freilich seine Empfehlung eines berüchtigten Neonazi-Kanals im Dezember 2018 und seine Links zu anderen Alt-Right-Sites. Wie vielfach angemerkt wurde, ist die unselige Wirkung dieses „ironischen Nazismus" immer noch eine antisemitische. In ihrer Reportage über den YouTube-Star fasst es Aja Romano so zusammen: „Ungeachtet der Absicht von PewDiePie ist die Wirkung jedes antisemitischen Kommentars – ganz egal wie ‚scherzhaft' er gemeint ist – potentiell gefährlich."[7]

Die Scheinheiligkeit der Logik von Yiannopoulos besteht aber darin, dass viele dieser ironischen Witzbolde praktizierende Neonazis sind. In den Worten des *Guardian*-Kolumnisten Jason Wilson handelt es sich um einen „nicht ironischen Nazismus, der sich als ironischer Nazismus maskiert".[8] Ironie triggert daher nicht nur die Liberalen, sondern entwaffnet auch die Gegner, indem ihnen vorgegaukelt wird, die Neonazis seien nicht ernst zu nehmen (und könnten somit auch nicht wegen Verhetzung vor Gericht gestellt werden). Die Nazi-Ironie dient aber noch einem anderen Zweck, nämlich als Köder für potentielle Anhänger – weil sich Humor dafür besser eignet als reine Hasspropaganda. So kann man im Styleguide des *Daily Stormer* nachlesen: „Der Leser kommt zunächst aus Neugierde oder wegen des frechen Humors; für die Realität empfänglich wird er durch wiederholtes Lesen derselben Argumente."[9] Für den Historiker Gavriel Rosenfeld handelt es sich um die propagandistische Wirkung des digitalen Antisemitismus, der sich „von Ironie in Ideologie" verkehrt. Rosenfeld verweist ferner darauf, dass der „ironische Nazismus" der Alt-Right dem „Gesetz der ironischen Hitlerisierung" folgt, wie es auf die Memes im Internet angewandt wird: je populärer das Image im Web, desto größer die Wahrscheinlichkeit, dass es eine ironische Hitler-Anspielung enthält, die von „Teletubby-Memes mit Hitlerbärtchen bis zu scherzhaften Darstellungen des Führers" reicht.[10] Rosenfelds Schlussfolgerungen knüpfen an Poes Gesetz an, wonach es in der netzwerkbedingten Kommunikation nicht möglich ist, eine politisch oder religiös extremistische Aussage so zu parodieren, dass die Parodie eindeutig als solche erkennbar ist – deshalb sei es umso wichtiger zu verstehen, auf welche Weise die Neonazis aus antisemitischem Humor schöpfen.

Richard Spencer, der amerikanische Anführer der Alt-Right- und White-Supremacy-Bewegung, eignete sich diese ironische Haltung ebenfalls an, als er die Hitlergrüße in Schutz nahm, die bei seiner Rede nur wenige Wochen nach den Wahlen von 2016 in Washington als Reaktion auf seine Ausrufe („Hail Trump! Hail our People! Hail Victory!") zu sehen waren. Spencer sagte in einem Interview mit dem *PBS NewsHour*-Produzenten P. J. Tobia: „[dazu ist es] sicher nur aus Ironie und Überschwang gekommen."[11] Jeet Heer analysiert Spencers fadenscheinige Begründung in „Ironic Nazis are Still Nazis" folgendermaßen: „Spencers Verteidigung der Nazi-Geste seiner Anhänger als im besten Fall witzig gemeinte Geste ist eine beliebte Abwehrtaktik [...] Damit soll eine Art glaubhafte Bestreitbarkeit geschaffen werden, um in dem Moment, in dem der Rassismus hinterfragt wird, die vorbereitete Gegenantwort parat zu haben: *Verstehen Sie keinen Spaß?*"[12] Aus diesem Grund heißt der Artikel von Tabatha Southey „Neo-Nazis are No Joke – They Just Want You to Think They Are" und darunter steht: „Hinter ihrem selbstparodierenden ‚Humor' lauert die Finsternis."[13] Wie Southeys Anführungszeichen bereits andeuten, findet sie das überhaupt nicht lustig, und in der Tat ist die Selbstparodie der Nazis dort angesiedelt, wo man mit seiner Weisheit am Ende ist. Southeys Artikel bekräftigt, dass wir in einer schönen neuen Welt leben, die behaupten kann, Neonazis würden sich selbst parodieren bzw. pflegten so etwas wie Selbstironie.

Die Pose, die Rolle des Nazis ironisch einzunehmen, sollte den Lesern dieses Buches inzwischen bekannt vorkommen – außer, dass sie bisher immer den sich selbst ironisierenden Juden zugeschrieben wurde. Seit Edmund Edels Zitat aus *Der Witz der Juden* (1909), der den Anfang unserer Forschungsreise auf den Spuren des jüdischen Witzes in der deutschen Geschichte machte, haben wir einen weiten Weg zurückgelegt. Man stelle sich vor, 2022 erschiene ein Buch mit dem Titel *Der Witz der Neonazis*. Das wäre dann wohl der nächste Dreh. Würde man den „Neonazi" gegen den „Juden" austauschen, könnte das Buch auf die folgende ironische Weise beginnen: „Der Neonazi liebt es, sich nicht nur über die anderen lustig zu machen, sondern scheut nicht davor zurück, bei jeder Gelegenheit seine eigene Persönlichkeit zu ironisieren."

1	Jonathan Greenblatt, zitiert bei Debra Birnbaum, „Larry David Criticized for ‚SNL' Jokes About Holocaust", in: *Variety,* 5. November 2017, https://variety.com/2017/tv/news/larry-david-snl-monologue-holocaust-1202607500/.

2	Jeremy Dauber, „Why Larry David's Holocaust Joke Was So Uncomfortable", in: *Atlantic,* 7. November 2017.

3	Kurt Robitschek, „Der Standpunkt der Künstler", in: *C.V.-Zeitung,* 30. April 1926.

4	Sander Gilman, „‚Jüdischer Humor' und die Bedingungen, durch welche Juden Eintritt in die westliche Zivilisation fanden", übersetzt von Angelika Beck, in: *Der Jüdische Witz: Zur unabgegoltenen Problematik einer alten Kategorie, Hg.* Burkhard Meyer-Sickendiek und Gunnar Och (Paderborn: Wilhelm Fink, 2015), S. 169.

5	Joel Stein, „Milo Yiannopoulos Is the Pretty, Monstrous Face of the Alt-Right", Bloomberg, 15. September 2016, https://www.bloomberg.com/features/2016-america-divided-milo-yiannopoulos/.

6	Tabatha Southey, „Neo-Nazis Are No Joke – They Just Want You to Think They Are", *MacLeans,* 15. Dezember 2017, https://www.macleans.ca/opinion/neo-nazis-are-no-joke-they-just-want-you-to-think-they-are/.

7	Aja Romano, „YouTube's Most Popular User Amplified Anti-Semitic Rhetoric. Again", *Vox,* 13. Dezember 2018, https://www.vox.com/2018/12/13/18136253/pewdiepie-vs-tseries-links-to-white-supremacist-alt-right-redpill.

8	Jason Wilson, „Hiding in Plain Sight: How the ‚Alt-Right' Is Weaponizing Irony to Spread Fascism", *Guardian,* 23. Mai 2017, https://www.theguardian.com/technology/2017/may/23/alt-right-online-humor-as-a-weapon-facism. Wilson weiter: „Experten zufolge hat die Alt-Right-Bewegung das Mainstream-Bewusstsein gestürmt; sie hat die Ironie zur Waffe gemacht hat und setzt Humor und Uneindeutigkeit als Taktik ein, um ihre Gegner auf dem falschen Fuß zu erwischen."

9	*The Daily Stormer Style Guide,* zitiert bei Southey, „Neo-Nazis Are No Joke".

10	Gavriel D. Rosenfeld, „Digital Anti-Semitism: From Irony to Ideology", *Jewish Review of Books* (Winter 2019), https://jewishreviewofbooks.com/articles/4963/digital-anti-semitism-from-irony-to-ideology/. Siehe auch Gavriel D. Rosenfeld, *Hi Hitler! How the Nazi Past is Being Normalized in Contemporary Culture* (New York: Cambridge University Press, 2014), Kapitel 6.

11	Joshua Barajas, „Nazi salutes ‚done in a spirit of irony and exuberance', alt-right leader says", *PBS NewsHour,* 22. November 2016, https://www.pbs.org/newshour/politics/white-nationalist.

12	Jeet Heer, „Ironic Nazis Are Still Nazis: Hatred Often Hides Behind a Mask of Jokiness", *New Republic* (online), 25. November 2016, https://newrepublic.com/article/139004/ironic-nazis-still-nazis.

13	Southey, „Neo-Nazis Are No Joke".

Danksagung

Ich möchte mich bei Christian Döring für die großzügige Unterstützung bedanken, die es ermöglicht hat, dass diese Ausgabe so rasch erscheinen konnte, und dafür, dass er die Notwendigkeit erkannt hat, die vorliegenden Überlegungen zum jüdischen Witz einem deutschen Publikum zugänglich zu machen. Die Arbeit mit meiner Übersetzerin Jacqueline Csuss war ein Vergnügen und ich weiß ihren Einsatz für dieses Projekt, zumal in Zeiten der Pandemie, aufrichtig zu schätzen. Ebenfalls zu Dank verpflichtet bin ich Ron Mieczkowski für das Lektorat und die editorische Begleitung dieses Projekts.

Wichtig ist mir, die Unterstützung der Fordham University Press in New York hervorzuheben, die dieses Buch ursprünglich publiziert hat. Zum dritten Mal in fünfundzwanzig Jahren durfte ich das Privileg genießen, mit Richard Morrison zusammenzuarbeiten und von seinem ausgezeichneten Lektorat zu profitieren. Dank unserer langjährigen Zusammenarbeit hat sich zwischen uns eine von Vertrauen und gegenseitigem Respekt geprägte Beziehung entwickelt. Er hat sich sofort und mit der für ihn typischen Begeisterung (und Chuzpe) auf dieses Projekt eingelassen und mir mit weisen Ratschlägen und Orientierungshilfen beigestanden. Ich möchte mich auch bei John Garza, Eric Newman, Kate O'Brien-Nicholson und Katie Sweeney Parmiter von der Fordham University Press für ihre liebenswürdige Hilfe bedanken – und nicht zuletzt bei Will Cerbone, der sich um die ausländischen Rechte gekümmert hat.

Zutiefst verpflichtet bin ich zwei akademischen Einrichtungen und ihrem entscheidenden Beitrag zu dieser Arbeit. Das Franz Rosenzweig Forschungszentrum für deutsch-jüdische Kulturgeschichte und Literatur an der Hebrew University in Jerusalem ermöglichte mir als Post-Doktorand, an einem Projekt zu arbeiten, das damals unter der Bezeichnung „Der Witz und die Frage" firmierte. Das Zentrum war das anregendste akademische Umfeld, das ich je erleben durfte, und ich erinnere mich bis heute an die intensiven Seminargespräche in einer Gruppe von außergewöhnlichen Mentoren und Kollegen (darunter der inzwischen verstorbene Gründer Stéphane Mosès, Joel Golb, Raphael Gross, Jeffrey Grossman, Jacob Hessing, Paul Mendes-Flohr, Hanni Mittelmann, Gabriel Motzkin und Martina Urban). Später, als Gastdozent während eines Sabbaticals am Center for Jewish History in New York, konnte ich in einem anderen stimulierenden akademischen Umfeld mit Zugang zu den Archiven und Bibliotheken des Leo Baeck Institute und des YIVO (YIVO Institute for Jewish Research) an der zweiten Hälfte des Manuskripts arbeiten. Ermöglicht haben mir diese extrem produktive Forschungserfahrung Judy Siegel und Christopher Barthel – auch ihnen gilt mein Dank.

Intellektuell bin ich Steve Aschheim zu größter Dankbarkeit verpflichtet; er hat dieses Projekt von Anfang an unterstützt und begleitet und sich im Kontext der beiden akademischen Einrichtungen sehr dafür eingesetzt. Der Umstand, dass wir beide zur selben Zeit in New York waren (2013–2014), war mehr als ein glücklicher Zufall, denn damals nahm Steve seine Rolle als Gesprächspartner und zuverlässiger wissenschaftlicher Betreuer wieder auf. Seine gründliche Durchsicht der einzelnen Kapitel wurde mir unerschütterlicher Ansporn, das Buch fertigzuschreiben. Jeremy Dauber möchte ich für seine großzügigen Worte und seine Fürsprache danken. Elliott Oring und Jarrod Tanny haben das Manuskript gelesen und mit ihrem exzellenten Feedback einen wertvollen Beitrag geleistet. Ihre Kritik hat dem Buch in vielfacher Hinsicht einen Dienst erwiesen. Zutiefst dankbar bin ich meinem alten Freund Martin Bauer, der dem Buch von Anfang an und bis zu seiner deutschen Veröffentlichung mit weisem Rat zur Seite stand. Ed Dimendberg ist ein anderer guter Freund, dem ich Dank schulde. Er las das Manuskript und war stets voll der guten Ratschläge, außerdem half er mir, mich in der nordamerikanischen Verlagswelt vorzustellen.

Von großer Hilfe für die Forschungsarbeit waren die Bibliotheken und Archive in vier verschiedenen Ländern. Dazu gehören die Robarts Library an der Universität von Toronto, die Widener Library an der Harvard University, die israelische Nationalbibliothek auf dem Givat Ram Campus der Hebrew University in Jerusalem, die Wiener Library an der Universität von Tel Aviv, die Staatsbibliothek Preußischer Kulturbesitz in Berlin sowie das YIVO und Leo Baeck Institute und deren bibliothekarische Sammlungen im Center for Jewish History in New York.

Das Anne Tannenbaum Centre for Jewish Studies an der Universität von Toronto unter der Leitung seiner renommierten Direktorin Anna Shternshis förderte dankenswerterweise die ursprüngliche Publikation. Vom kanadischen Social Sciences and Humanities Research Council wurde mir ein Forschungsstipendium gewährt, das vom Department of Visual Studies unter der Leitung meiner Kollegin Jill Caskey an der Universität von Toronto Mississauga verwaltet wurde. An familiärer Front waren mir die liebevolle Unterstützung und der couragierte Elan meiner Lebensgefährtin Melissa Shiff eine große Hilfe. Beide sind wir dankbar für unseren Sohn Sacha Kaplan-Shiff, der uns mit seinem sprühenden Humor unweigerlich zum Lachen bringt – selbst dann, wenn er nichts als Schabernack im Sinn hat.

Die Umwandlung von Leid in Lachen ist eine jüdische kulturelle Tradition, die mich als mein persönliches Ethos die meiste Zeit meines Lebens geleitet hat. Diese Haltung verdanke ich meinem Vater Leon Kaplan, der meinem Bruder Arnol und mir in vielerlei Hinsicht ein Vorbild ist. Im Gedenken an meine Mutter Sarah bereitet es mir große Genugtuung, ihm am Beginn seines zweiten Jahrhunderts voller Lebensfreude, Liebe und Lachen dieses Buch zu widmen.

Louis Kaplan

Toronto, Kanada
April 2021

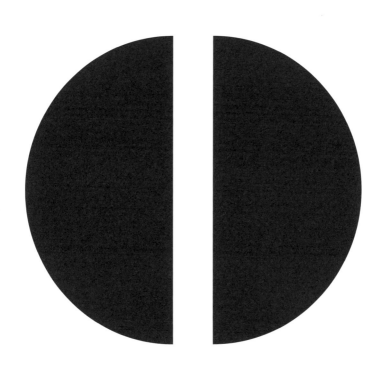

1.1 Sigmund Freud: *Der Witz und seine Beziehung zum Unbewussten*, Leipzig/Wien (Franz Deuticke), 1905. Privatarchiv.

1.2 Edmund Edel: *Der Witz der Juden*, Berlin (Louis Lamm), 1909. Privatarchiv.

2 H. Itler: *Jüdische Witze*, Dresden (Rudolph'sche Verlagsbuchhandlung), 1927. Privatarchiv.

3 Alexander Moszkowski: *Der jüdische Witz*, Berlin (Eysler & Co.), 1922. Privatarchiv.

4 Arthur Trebitsch, Portrait von 1926, Fotograf unbekannt.

5 „Die Socialdemocratie im ‚Spiegel der Wahrheit'", dargestellt vom Kikeriki, aus: Eduard Fuchs: *Die Juden in der Karikatur*, München (Albert Langen), 1921, S. 195.

6 Lithographie von Julius Bohmer und H. Delius, aus: Eduard Fuchs: *Die Juden in der Karikatur*, München (Albert Langen), 1921, S. 120.

7 Charles Lucien Léandre, *Le Roi Rothschild* auf dem Titelblatt des französischen Humorblatts Le Rire, 16. April 1898, aus: Eduard Fuchs: *Die Juden in der Karikatur*, München (Albert Langen), 1921, S. 208.

8 Anonym: „Wie Amschel Rothschild durch die Welt kutschiert – die Pleitegeier vorgespannt" Frankfurt ca. 1845, aus: Eduard Fuchs: *Die Juden in der Karikatur*, München (Albert Langen), 1921, S. 112.

9 Adolf Hitler: Antisemitisches Plakat für die Reichstagswahl, 1920, aus: Eduard Fuchs: *Die Juden in der Karikatur*, München (Albert Langen), 1921, S. 303.

10 Rachel Szalit-Marcus: „Die Fahrt nach Amerika, oder Die Amerikafahrer: Die Sonne geht im Westen auf", ca. 1920, aus: Eduard Fuchs: *Die Juden in der Karikatur*, München (Albert Langen), 1921, S. 267.

11 Felix H. Man, Kurt Robitschek, Conferencier, Deutschland 1930. © Foto von Felix H. Man / Ullstein-Bild.

12 Paul Simmel: „Im Bade.", aus: Robitschek, Morgan: *Die Einsame Träne*, Berlin (Drei Masken Verlag), 1924, S. 97. Privatarchiv.

13 Paul Simmel: „Nicht so heftig!", aus: Robitschek, Morgan: *Die Einsame Träne*, Berlin (Drei Masken Verlag), 1924, S. 111. Privatarchiv.

14 Fotografie: Dr. Alfred Wiener an seinem Schreibtisch in der Bibliothek am Manchester Square, London, 1953. Mit freundlicher Genehmigung der Wiener Holocaust Library Collections, London.

15 Titelseite von Erich Kahlers *Israel unter den Völkern* (1933) mit handschriftlicher Anmerkung, Fahne, datiert mit 23. Januar 1933, Manuskriptseite des Buches und Ausschnitt aus dem Manuskript des Autors. Mit freundlicher Genehmigung des Leo Baeck Institute, Center for Jewish History, New York.

16 Werner Hahmann: „Ihr Recht!", aus: Kladderadatsch Nr. 27, 6. Juli 1919. Privatarchiv.

17   Anonym: „Der deutsche Michel wird vom Juden an der Nase herumgeführt". © Interfoto/Friedrich.

18   John Heartfield, *Hitler erzählt Märchen II.* (Fotomontage auf dem Titelblatt der AIZ, 5. März 1936). © The Heartfield Community of Heirs / VG Bild-Kunst, Bonn 2021, © der Vorlage: bpk.

19   Deckblatt von Walter Hofmann für *Lacht ihn tot!: Ein tendenziöses Bilderbuch von Waldl,* Dresden (Nationalsozialist. Vlg. f. d. Gau Sachsen), 1937.

20   Eduard Thöny, „Galizien", Karikatur für Simplicissimus, 1907, aus: Siegfried Kadner: *Rasse und Humor,* München (J. F. Lehmanns Verlag), 1936, S. 205.

21   Mjölnir, „Hilfe Sigi, das Schiff geht unter!", Das Schwarze Korps, 31. Oktober 1935, aus: Siegfried Kadner: *Rasse und Humor,* München (J. F. Lehmanns Verlag), 1936, S. 210.

22   Salcia Landmann, Foto: Brigitte Friedrich, 1988. © Ullstein-Bild.

23   Friedrich Torberg signiert am 19. April 1951 im US Information Center in Wien sein Buch *Die zweite Begegnung.* Mit freundlicher Genehmigung des Image Archive of the United States Information Service in Austria (US 23.157), Österreichische Nationalbibliothek.

Vom jüdischen Witz zum Judenwitz ist im Juli 2021 als vierhundertneununddreißigster Band der Anderen Bibliothek erschienen.

Die Herausgabe lag in den Händen von Christian Döring. Das Lektorat besorgte Ron Mieczkowski. Für die Übersetzung aus dem amerikanischen Englisch danken wir Jacqueline Csuss.

Das Original unter dem Titel *At Wit's End: The Deadly Discourse on the Jewish Joke* ist zuerst erschienen bei der Fordham University Press, New York 2020.

Dieses Buch wurde von BANK™, Berlin, gestaltet, ausgestattet und mit den Schriften Bradford LL Book, Bradford LL Book Italic, ABC Favorit Medium und ABC Favorit Extended Bold gesetzt.

Die Herstellung lag bei Katja Jaeger, Berlin.

Das Memminger MedienCentrum druckte auf 100 g/m² holz- und säurefreies, ungestrichenes Munken Pure. Dieses wurde von Arctic Paper ressourcenschonend hergestellt. Den Einband besorgte die Verlagsbuchbinderei Conzella in Aschheim-Dornach.

Die Originalausgaben der Anderen Bibliothek sind limitiert und nummeriert.

1–3333

Dieses Buch trägt die Nummer:

0121　✽

ISBN 978-3-8477-0439-3

© AB – Die Andere Bibliothek GmbH & Co. KG, Berlin 2021